中国城市规划设计研究院“科技创新基金”重点研究项目
旅游规划编制理论与方法研究

国家旅游休闲区规划理论与实务

周建明　宋增文 编著

GUOJIA LüYOU
XIUXIANQU GUIHUA LILUN YU SHIWU

中国旅游出版社

前　言

休闲标志着一个国家生产力水平的高低和社会文明的进步程度。2007 年 12 月，国务院将国家法定节假日由 10 天增加为 11 天，调整后的新方案为国民提供了春节和国庆两个大黄金周，以及元旦、清明、五一、端午、中秋 5 个小长假，全年共计 115 天的法定假日。2013 年，《国民旅游休闲纲要（2013~2020 年）》发布，并提出国民旅游休闲发展目标是“到 2020 年，职工带薪休假制度基本得到落实，城乡居民休闲消费水平大幅增长，国民休闲质量显著提高，与小康社会相适应的现代国民旅游休闲体系基本形成”。

世界各国的发展实践表明，大众“有钱有闲”的时期，将成为大众休闲需求的快速增长期，亦是大众休闲需求品质快速提升期。经过改革开放近 40 年的发展，2016 年，我国人均 GDP 已经达到了 8866 美元，预计到 2020 年中国人均 GDP 将达到 10000 美元。在“休闲时代”的转型背景下，我国以休闲为核心的非事务旅游者数量也必将增加[①]。中国，已经逐步进入休闲时代[②]。

巨大的需求必然催生巨大的供给。如何产生有效供给，满足人民日益增长的对美好生活的需求？需要对休闲、休闲活动、休闲心理、休闲行为、休闲效果、休闲制度、休闲环境等进行很好的研究。因休闲内容的极其宽泛性，休闲效果的相对复杂性，休闲影响因子的多重性，休闲主体属性的独特性，对休闲研究涉及哲学、社会科学和自然科学、工程技术等多个层面，形成了综合性很强的休闲科学。本书主要介绍、分析、研究休闲产品供给的新型类型地域——国家旅游休闲区的区位要求、类型特征、产品层次、功能业态和规划布局等，以期为旅游休闲区的规划建设和健康发展提供科学指导。

本书是中国城市规划设计研究院・文化与旅游规划研究所在多年的研究与实践基础上总结创作的成果。在本书的编著工作中，很多人做出了默默无闻的无私奉献。周建明、宋增文进行了本书框架的拟订工作。周建明、宋增文、周盼拟订了第一章初稿，朱诗荟、刘畅、Victoria Nguyen（美国）、陆林教授团队（安徽师范大学）拟订了第二章初稿，周建明、宋增文在整合相关规划后拟订了第三章初稿，宋增文、陈瑾妍、苏航拟订了第四章初稿，周辉、李斐然、宋增文拟订了第五章初稿，宋增文、周建明等拟订了第六章初稿。本书吸纳了环巢湖国家旅游休闲区的规划、无锡蠡湖休闲旅游区的规划设计、澳门以世界旅游休闲中心为目标的总体规划，以及杭州、成都、苏州、珠海、衢州等地区的旅游休闲发展经验。徐泽、罗希、岳凤珍、周之聪、刘小妹、米莉、周学江、陈杰、马诗梦、张高攀等同事亦对规划内容与分析研究做出了重要贡献。本书吸纳与整理了陆林教授团队（安徽师范大学）对国家旅游休闲区的美国案例研究的部分内容。周建明、宋增文最后对本书内容进行了修改、统稿。在此，对以上本书贡献者一并表示感谢。同时，感谢中国旅游出版社谯洁主任等对本书的支持与帮助。

当然，国家旅游休闲区规划理论尚待成熟，我们将不断进行完善提升。也欢迎大家提出宝贵意见与建议，以便我们日后在研究与实践中不断提高改进。相信通过我们共同的努力，我国旅游休闲事业将更加辉煌。

编著者

2018 年 11 月

于中国城市规划设计研究院

---

① 吕宛青，初晓恒 . 我国旅游市场“休闲”需求特征及关键要素构建探析［J］. 思想战线，2010（6）：78–81.

② 梁强 . 面向体验经济的休闲旅游需求开发与营销创新［D］. 天津财经大学，2008.

目　录

第一章

国家旅游休闲区背景与基础

第一节　旅游休闲相关概念

一、旅游

根据世界旅游组织1991年“旅游统计国际大会”的定义，“旅游是指一个人旅行到他通常环境以外的地方，时间少于一段指定的时段，主要目的不是为了在所访问的地区获得经济效益的活动”①，1993年世界旅游组织《关于旅游统计的建议》经联合国统计委员会批准后明确“旅游是指人们为了休闲、商务或其他目的离开他们惯常环境，到某些地方并停留在那里，但连续不超过一年的活动”②。

对旅游的定义还有许多。例如以下几个定义：

（1）旅游是非定居者的旅行和暂时居留而引起的现象和关系的总和，这些人不会导致长期定居，并且不涉及任何赚钱的活动③。

（2）旅游是人们出于日常上下班工作以外的任何原因，离开其居家所在地区，到某个或某些地方旅行的行动或活动④。

（3）旅游是流动人口对接待地区及其居民的影响⑤。

（4）旅游是人们出于非移民及和平的目的，或者出于导致实现经济、社会文化及精神等方面的个人发展及促进人与人之间的了解与合作等目的而进行的旅行⑥。

（5）旅游是人们暂时离开平时居住和工作的区域到其他目的地从事的相关活动，包括在外停留期间所进行的活动以及为这些活动的需求所建的相关设施⑦。

尽管旅游的概念在学术研究中表现得相当宽泛，但出于统计的方便，在国际和国内采用的官方数据统计中都只涉及其中非短途旅游的部分：根据世界旅游组织和联合国统计署的技术要求，旅游统计中只计入那些逗留时间至少24小时、至多1年的旅游。

旅游会产生一定的经济效益，可以认为是一种经济活动，因此也往往被称为旅游产业。但旅游也有一定的社会效益，具有作为人生教育手段、满足文化需求，乃至于满足人的其他精神享受已达到劳动力再生产的作用。因此，旅游也可以认为是一种休闲游憩活动。甚至在学术研究中，广义的“旅游”大约等于广义的休闲游憩。

因此，从这个意义上来说，“旅游”是一种更具有“目的性”的休闲游憩活动；从经济学的角度看，“旅游”是整个休闲游憩系统中有经济产出的部分，因此旅游产业发展情况可以作为整个国民休闲游憩发展状况的“晴雨表”。

---

① 鲁澎．世界旅游组织对旅游基本概念的重新定义［J］．旅游学刊，1992，7（4）：53-53.

② 王兴斌．各国如何界定与统计国内游客［N］．中国青年报，2014-02-28（011）.

③ 陆林．国际商务旅游市场浅析［J］．中国会展，2003（4）.

④ 《国家旅游政策研究最后报告》（National Tourism Policy Study Final Report）。

⑤ 英国旅游局（BTA）前执行主任里考瑞什。

⑥ 世界旅游组织（WTO）在1980年罗马会议之后，曾提到要用“人员运动”（Movements of Persons）来取代“旅游”（Tourism）。

⑦ Cooper，C.，Fletcher，J.，Gilbert，D.，and Wanhill，S.. Tourism：Principle and Practice. London，Longman Group Ltd.，1993.

二、休闲

根据《中国大百科全书》，“休闲指在非劳动及非工作时间内以各种‘玩’的方式求得身心的调节与放松，达到生命保健、体能恢复、身心愉悦的目的的一种业余生活。科学文明的休闲方式，可以有效地促进能量的储蓄和释放，它包括对智能、体能的调节和生理、心理机能的锻炼，休闲是一种心灵的体验”[①]。同时，休闲也是一个国家生产力水平和社会文明程度高低的标志。

国内外有关休闲的定义数不胜数，下面分析几个代表性的定义：

（1）杜马泽迪尔（Dumazedier）认为休闲包括三个相互关联、依次递进的部分：放松、娱乐、个性发展[②]。

（2）斯多克戴尔（Stockdale）提出有关休闲概念认识的三大要点：一是在一定时间内，个体可自由支配选择的心理活动或状态。二是在客观上，休闲与工作相对立，是非工作时间或闲暇时间的感受。三是主观上，休闲活动强调发生时的观念，其呈现的意义在于个人信念与知觉系统，因此可能发生在任何时间与任何场合[③]。

（3）萧伯纳（Bernard Shaw）指出，休闲可以看作是自由的活动，劳动则可以看作是强迫的活动。休闲是做你喜欢做的事，而劳动是做你必须做的事，做那些对自然本性来说是一种强迫的事，在此范围内你别无其他选择，或者是劳动，或者是挨饿[④]。

（4）皮柏（Pieper）强调，休闲乃是一种心智上和精神上的态度。它并不只是外在因素的结果，它也不是休闲时刻、假日、周末或假期的必然结果。它首先乃是一种心态，是心灵的一种状态[⑤]。

（5）马慧娣认为“休闲是人生命的一种形式，一般意义上是指两个方面：一是消除体力上的疲劳，二是获得精神上的慰藉”[⑥]。

（6）张广瑞、宋瑞认为，休闲是人们在可自由支配时间内自主选择从事某些个人偏好性活动，并从这些活动中获得惯常生活事务所不能给予的身心愉悦、精神满足和自我实现与发展[⑦]。

从以上定义可以看出，休闲是人类满足享受、自我身心修复需要的行为活动。既具有消费性，又具有生产性。休闲可以从闲暇时间、赋闲状态、非劳动活动、休息心态等角度进行理解，即自由支配的闲暇时间，不以工作和责任为目的，基于身体放松或精神享受等个人的偏好，按照个人意愿，自由支配时间的各类活动和某种状态。

旅游休闲是旅游形式的休闲活动。而休闲产品可以认为是旅游产品中相对于观光旅游、度假旅游的一种产品类型。休闲旅游的载体很多，从旅游景区景点到旅游城镇、乡村乃至近年来的全域旅游。但从休闲旅游规模和需求升级要求，从旅游供给侧改革、促进旅游投资和消费（国办发〔2015〕62号）、拉动地方经济发展考量，旅游休闲区是我国未来休闲旅游产品供给的重要地域。

三、游憩

在很多语境下，游憩可以和“休闲”互换。休闲与游憩指代范围类似。例如，以下学者给出了一些游憩的相关概念：

---

① 中国大百科全书编委会 . 中国大百科全书［M］. 中国大百科全书出版社，1988.

② Dumazedier. Joffre Sociology of Leisure. Marea A. McKenzie trans. Amsterdam：Elsevier Scientific Publishing Company［R］.1974.

③ Stockdale. J. What is Leisure? An Empirical Analysis of the Concept of Leisure and the Role of Leisure in People’s Lives［R］. London：The Sports Council，1985.

④ 萧伯纳 . 社会主义和文化［A］.［美］莫蒂默·艾德勒，查尔斯·范多伦 . 西方思想宝库［C］.《西方思想宝库》编委会译编 . 长春：吉林人民出版社，1988：799.

⑤ ［德］约瑟夫·皮柏 . 节庆、休闲与文化［M］. 黄蕾译 . 北京：生活·读书·新知三联书店，1991：116.

⑥ 马惠娣 . 休闲问题的理论探索［J］. 清华大学学报（哲社版），2001（1）.

⑦ 张广瑞，宋瑞 . 关于休闲的研究［J］. 社会科学家，2001（5）.

（1）加拿大学者史密斯（Stephen Smith）在其《游憩地理学》中这样论述：“游憩是一个难以定义的概念。在实际应用中，游憩常常意味着一组特别的、可观察的土地利用，或者是一套开列的活动节目单。游憩还包括被称为旅游、娱乐、运动、游戏以及某种程度上的文化等现象。”①

（2）美国的《社会学词典》（*Dictonary of Sociology*）把“游憩”定义为“休闲中所进行的所有活动”。

（3）保继刚（1999）在其所著的《旅游地理学》中提出：“游憩一般是指人们在闲暇时间所进行的各种活动；游憩可以恢复人的体力和精力，它包含的范围极其广泛，从在家看电视到外出度假都属于游憩。”②

（4）吴必虎（2001）转引 Boniface and Cooper（1987）的观点，认为“游憩是闲暇时间内从事的所有活动，包括从家庭内游憩、居室周围的户外游憩、社区游憩、一日游、国内旅游和国际旅游等渐变的游憩活动谱”③（图 1–1）。

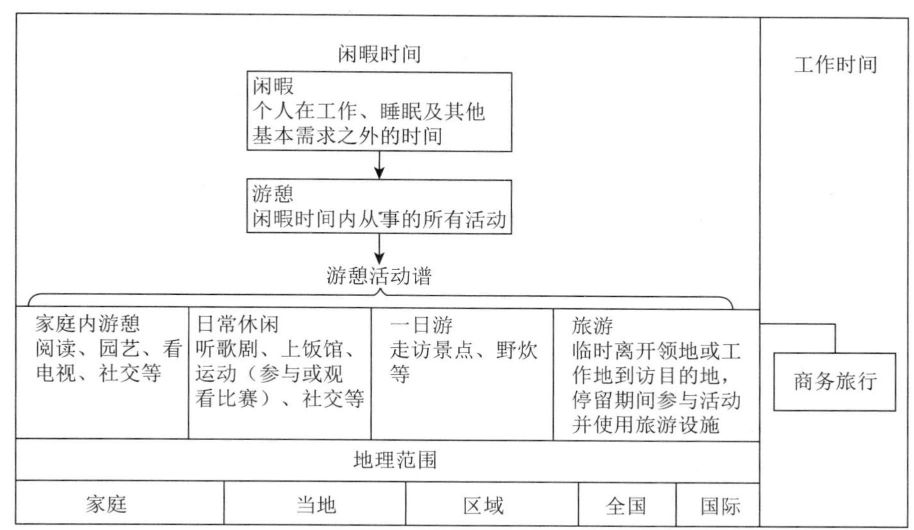

图 1–1　游憩活动谱④

从以上概念看来，游憩主要强调客观活动，休闲主要强调主观感受。在相关社会学、心理学的研究中，休闲一词使用较多；而在地理学、城市规划中，游憩则使用较多。

但从休闲和游憩两个名词看，两者之间是有一定的区别的。休闲的英文单词为 leisure，来源于古法语 leisir，是指人们摆脱生产劳动后的闲暇时间内进行的自由活动；游憩的英文单词为 recreation，来源于拉丁文，有（身体、精神）修复、再生的意思。因此，休闲侧重于闲暇时间的活动或状态，没有明确对闲暇时间支配的目的性；游憩是具有较明确目的的活动。此外，从地理学、城市规划等多用游憩的概念，甚至城市规划将游憩作为城市四大功能之一，可以看出，游憩更多是基于一些特定地域（较好资源环境和设施）、有助于人们恢复体力和精力的休闲活动。

四、娱乐

娱乐指的是欢娱快乐，表现的是一种状态，或者是快乐有趣的活动。娱乐通常是指人们在休闲时

① Smith，Stephen Smith. Recreation Geography［Z］. Longman，1982.
② 保继刚，楚义芳. 旅游地理学（修订版）［M］. 北京：高等教育出版社，1999.
③ 吴必虎. 区域旅游规划原理［M］. 北京：中国旅游出版社，2001.
④ 据 Boniface and Cooper，1987：2，转引自吴必虎. 区域旅游规划原理［M］. 北京：中国旅游出版社，2001.

间内，能够获得高度轻松、身心愉快、自由自在的精神感受，有利于增长知识、有益于健康的一系列户内外活动。其他关于娱乐的概念也从不同角度进行了界定：

（1）社会学认为娱乐是人的一种生活方式，即精神生活方式或闲暇生活方式，娱乐是消遣的、有趣的，或者让人们愉快地度过时间的行为[①]。

（2）经济学认为娱乐是人们的一种日常消费行为。从产业角度看，娱乐包括软件和硬件两部分，前者如电影、唱片、电子游戏等，后者则指物质附属物以及执行或实现软件的设备[②]。

可以看出，娱乐更加侧重于获得精神的欢乐、愉快，其范围相对休闲而言较小，往往是为获取愉悦精神而进行的休闲活动。

五、度假

广义的度假，按照宽泛的理解是“过假日”。而旅游学中，常用的“度假旅游”是指狭义的度假概念。

在旅游市场上，度假旅游与观光旅游是两种并列存在的旅游产品和旅游方式。区别于观光旅游的观赏、游览、体验美景或独特风情的形式，度假旅游被定义为以休闲、健身、疗养、娱乐等为目的，离开自己的常住地到其他地方进行的逗留时间较长的旅游活动[③]。

度假旅游的载体常常是旅游度假区。关于旅游度假区的定义，主要学者观点列举如下：

（1）旅游度假区是指人们可以大批量地去度假的旅游中心[④]。

（2）旅游度假区是一个相对自给自足的服务设施相对综合配套的旅游地，一般提供有广泛的旅游服务和设施，尤其是休闲娱乐设施[⑤]。

（3）旅游度假区是一种以休闲度假为主要目的，通过向旅游者提供配套的设施与服务并具有丰富休闲度假内容的环境良好的旅游地[⑥]。

可见度假旅游范围与休闲有一定关系，广义的休闲包括度假的内涵，狭义的休闲旅游包括狭义的度假旅游，但有时休闲旅游更强调日常休闲、周末休闲等范围。

六、相关概念关系分析

现代休闲从时间和空间角度看，毫无疑问已成为人们的一种生活常态。人们在这段时间内按照自己的意愿所从事的各种活动都称作休闲活动。从休闲与我们所熟知的旅游、游憩、娱乐、度假等活动彼此构成的关系看，其中有着相互之间交叉与包含的关系。本书中的旅游休闲主要范畴包括旅游全部（当然包括狭义休闲及其他观光旅游、度假旅游及商务旅游等），并以旅游为龙头，同时涵盖休闲娱乐（娱乐范畴内不包括电影、唱片、电子游戏等的编导、制作等部分），以及部分广义休闲内涵（包括休闲消费、城市休闲等，但不包括居家休闲、住区休闲等）（图 1–2）。

---

① 吴增基，吴鹏森，苏振芳．现代社会学［M］．上海：上海人民出版社，1997：283–286.

② ［美］Harold. Vogel. 娱乐产业经济学——财务分析指南（第五版，英文版）［M］．北京：清华大学出版，2002：18.

③ 国家旅游局规划财务司．中国旅游度假区发展报告［M］．北京：旅游教育出版社，2013.

④ A. J. Burkart，S. Medlik. The Management of Tourism–A Selection of readings［M］. London：Henemenn，1975.

⑤ Edward Inskeep. Tourism Planning［M］. John Wiley & Sons lnc，1991.

⑥ 刘家明．旅游度假区的景观生态设计思路［J］．人文地理，2004（1）：82–85.

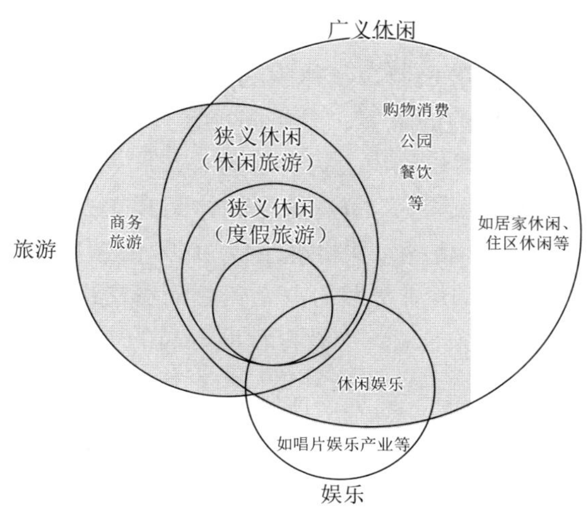

图 1–2 相关概念的关系

本书对国家旅游休闲区的研究，其主要内容包括休闲旅游市场的现状特征与趋势，休闲旅游资源的类型与评价，旅游休闲区的概念、特征、选址要求，海外休闲旅游区（含城市）的经验与不足，我国国家级旅游休闲区创新性、引领性、示范性要求，休闲旅游产品开发、设施布局与服务要求，旅游休闲区的规划建设要求等，并以浙江衢州和安徽环巢湖两个典型的旅游休闲区规划为例，对国家旅游休闲区的实践进行概括性介绍和评析。

第二节 休闲经济与休闲产业

一、休闲消费

（一）闲暇时间

休闲消费的前提之一是有闲暇时间。欧洲娱乐委员会1970年6月通过的《休闲宪章》中明确，“闲暇时间是指个人完成工作和满足生活要求之后，完全由本人自由支配的时间”。闲暇时间的多少取决于多方面的因素，生产力的发展和社会财富的积累，不同地域民族文化和消费观念的差异（如我国人民向来有勤劳节俭的传统，人均工作时间要远高于其他国家的人民，闲暇时间也要少得多），以及制度和政策的安排等（如带薪假期等休闲制度的安排）。费舍尔和杰克逊通过对英国官方数据的整理发现，过去 30 多年，英国人每周休闲时间增加了 2 小时 20 分钟。

（二）休闲消费

王琪延对休闲消费进行了界定。他认为休闲消费，是指在闲暇时间进行的休闲产品（物质的和精神的）消费活动[①]。

休闲消费是一种以精神消费为主的多目的、多层次、多形式等的消费，是一种现代生活方式。从消费内容看，休闲消费中劳务和精神消费所占比重大，甚至占主导地位。

---

① 王琪延．中国大城市将首先进入休闲经济时代［J］．学习论坛，2004，20（7）：46–50.

从消费趋势看，休闲消费的收入弹性大。从消费意义上看，休闲消费正成为衡量社会进步、国家富裕和人民生活水平的标准。从需求层次而言，休闲消费可以划分成三个层次：一是满足生理需要的消费，即身体疲劳的消除，修复身体的健康等；二是满足精神享受的消费，即愉悦身心、亲友交往的需要；三是满足发展需要的消费，如增长见识、提升能力、拓展人脉等。

以英国为例，20 世纪 90 年代以来，平均每户家庭的休闲开支占家庭总支出的 20 % 左右，休闲产值大于 1360 亿英镑，超过汽车业和食品业，并将继续以 30 % 的速度增长，休闲产业所创造的工作岗位占全国工作岗位的 1/5。美国家庭休闲消费大约占全美总消费支出的 1/3。在这种主要靠消费驱动的经济中，休闲已成为全美第一位的经济活动。受教育程度较高的个体休闲活动的多样性更丰富。

（三）影响因子

1. 经济发展与消费能力

经济与社会的发展将使人们面临着一个新的时代，即追求休闲生活的时代。是因社会大众拥有大量的闲暇时间和剩余财富产生的经济现象。休闲产业于近代工业革命后出现于欧美的发达国家，进入 20 世纪，随着科学技术的迅猛发展，社会化大生产不断深化，人们生活水平和生活质量的不断提高，休闲经济与休闲产业也逐渐为人们所重视并不断向前发展。20 世纪 80 年代以来，休闲经济与休闲产业得到迅速发展。随着社会经济的发展，个人可支配收入的提升是休闲产生的首要条件。

2. 休假制度改革和政策

充裕的闲暇时间是休闲活动的第二个必要因子。在新古典经济学对工作—闲暇的讨论中，闲暇时间总被看成是一种具有正边际效用的正常品。带薪假期制度、强制工作时间等，都会影响休闲消费和休闲产业的发展。休闲产业政策的制定、休闲公共产品的提供、休闲消费行为的控制等，是休闲经济关注的主要领域。工作时间的减少和闲暇时间的增加本身就意味着福利水平的提高。休闲的程度是社会文明进步的重要标志，休闲消费是社会进步的巨大驱动力。

3. 休闲旅游供给体系

休闲旅游供给体系影响休闲消费，优质的休闲项目、适销对路的休闲旅游产品供给能引导和提升休闲旅游消费。目前休闲项目缺乏创新与个性，专业人员极度匮乏，政府缺乏统一的规划和协调，这些因素越来越突出地表现为制约休闲消费的供给瓶颈。一方面供给过剩造成资源配置低效，另一方面国内的部分需求得不到满足，仍需耗费大量外汇进口所需的产品才能达到平衡。

4. 人们的消费理念与习惯

人们的休闲消费理念和习惯影响休闲消费非常突出。从节日旅游的疲于奔命到逍遥休闲的生活方式，理念与习惯的不同，带来的休闲消费差异显著。人们理性地选择多元化、个性化的休假方式，消费者逐渐趋于理性化和成熟化。目前，西班牙流行的休闲主题已呈多元化趋势，包括文化休闲、科技休闲、运动休闲、乡村综合休闲、环保休闲等各种休闲活动项目。仅文化休闲一项，就包括 160 多种活动，受到人们的普遍欢迎。不少人已从传统的海滩度假转向参加各种乡村文化和风情风俗活动，文化设施、科技公园、主题娱乐场所等新的休闲去处和服务项目不断出现，促进了休闲经济的发展。

5. 休闲旅游的基础支撑体系

休闲经济不仅受时间的限制，还受到空间和设施的限制。休闲消费不是生活必需消费，而是选择性消费。因此，休闲设施的供给，会直接影响到消费者。旅游交通和基础设施的完善，有利于休闲消费的实现。高速交通体系的构建，便捷成网的交通体系有利于休闲消费者实现“说走就走的旅行”，有利于自驾游的发展。旅游环境卫生条件影响旅游休闲的品质，所以旅游厕所革命的持续推动将优化旅游环境卫生条件。同时，休闲旅游的社会支持条件也非常重要。社会条件支持系统不完备，休闲产业的科技开发力量薄弱，诸如银行结算系统、信用卡、国家服务信息网等不到位，社会保障体系不健全，消费信贷利率过高，信贷手续烦琐都会对休闲旅游造成负面影响。

6. 休闲旅游研究

休闲旅游的研究咨询支撑对休闲消费也十分重要，充分的研究与咨询为休闲消费提供科学的指导与优化的助力。在学术界上，国外对休闲与休闲经济的研究已有 100 多年的历史，而在我国，有关休闲学的资料仍然不多，休闲教育更加缺乏。

二、休闲经济

休闲活动直接推动休闲产业的发展。休闲活动涉及的产品和服务供给的部门众多，仅休闲旅游部门就逾 100 个行业。

休闲活动提高休闲者的工作效能。休闲活动不仅可以消除疲劳，增进人的身心愉悦，还可以丰富人的阅历，增进人的知识，提高休闲者的工作效能。

休闲经济的基本概念，不同的学者有不同的观点，目前比较典型的定义有两种。

其一，体验经济。比如，吴承忠认为休闲经济是建立在工业经济、服务经济基础之上的，为满足人们的休闲消费而形成的经济形态，其本质是体验经济。休闲经济以旅游产业、娱乐产业、体育竞赛与健身产业、文化休闲产业（狭义的文化产业）四大产业为主要依托，是为人类生活的另一种状态——“休闲状态”服务的经济形态[①]。

其二，在休闲产业发展的基础上形成的一种新型经济。例如，王琪延认为休闲经济是指建立在休闲的大众化基础之上，由休闲消费需求和休闲产品供给构筑的经济，是人类社会发展到大众普遍拥有大量的闲暇时间和剩余财富的社会时代产生的经济现象[②]。田松青认为休闲经济是在休闲产业普遍发展的基础上孕育而成的，不同于传统的旅游业和娱乐经济，是一种具有时代特征的新的经济形态，假日经济是休闲经济的特殊表现形式[③]。马惠娣认为：休闲经济是建立在雄厚的物质基础上，突出表现是经济结构和社会结构发生比较大的改变，突出人在发展中的地位，强调经济效益和社会效益的双向存在的高效益，逐步发挥无形经济在经济发展中的重要地位。以经济资本、文化资本、社会资本、人力资本共同推进经济繁荣为己任，以物质财富和精神财富相平衡的一种新的经济形态[④]。

休闲经济是指建立在大众化休闲基础上，由休闲消费需求和休闲产品、服务供给构建的经济形态。以人的休闲消费、休闲心理与行为、休闲需求为对象，以满足人的身体放松、精神享受和个性发展为目的。研究人类休闲行为和经济现象之间互动规律的一门人文社会科学。休闲经济是对经济行为的研究，因而从本质上来看，休闲经济探讨的是如何在有限的时间和财力条件下，达到休闲体验的最大、最佳化问题，具有经济属性。

三、休闲产业

（一）产业的地位与作用

国内学者普遍认为，休闲产业作为新兴产业，在促进经济发展、就业增加、带动中国城市化等方面有重要的作用。例如，王宁（2000）对休闲产业的经济和社会意义进行了简要的讨论。

李再永（1999）认为，休闲产业可以增加就业，为再就业提供积极的平台；苟自钧（2002）认为

① 吴承忠．休闲与休闲经济有关概念辨析［A］．休闲与国计民生——2008 年中国休闲与社会进步学术年会文集［C］．2008：216-227.

② 王琪延．中国大城市将首先进入休闲经济时代［J］．学习论坛，2004，20（7）：46-50.

③ 田松青．休闲经济［M］．北京：新华出版社，2005.

④ 马惠梯：《走向人文关怀的休闲经济》［M］．北京：中国经济出版社，2004：27.

发展休闲经济可以解决当前经济难题，休闲经济与我国国民经济的发展有着内在的契合关系。王琪延（2002）认为休闲经济是中国大城市新的经济增长点。张磊、吕润（2003）认为，发展休闲产业可以带动中国城市化进程①。

休闲产业是指与人的休闲生活、休闲行为、休闲需求密切相关的产业领域，特别是以旅游业、娱乐业、服务业和文化产业为龙头形成的经济形态和产业系统（原梅生，2001）②。休闲产业是以满足人们休闲需求为目标而形成的产业形态，包括休闲旅游业、文化传播业、体育健身业和休闲娱乐业四大领域。

（1）休闲产业已经成为发达国家经济体系中的支柱产业或主导产业，休闲经济作为发达国家新的经济增长点正在发挥着不可替代的作用，并且仍将作为其经济增长的发动机，为经济的稳定、迅速发展提供动力。

（2）休闲产业及其带动的相关产业已经为发达国家提供了相当大比例的就业机会，并且随着休闲产业在整个经济产业结构中比重的不断加大，休闲产业创造的就业机会将呈上升趋势。

（3）休闲产业在发达国家已经呈现出多元化趋势。它不仅包含了旅游业、娱乐业、服务业，也包括了文化休闲产业、环保休闲产业等许多新兴的休闲产业。形成了以旅游业、娱乐业、服务业和文化产业为龙头的休闲产业系统，其涉及面很宽泛，包括国家公园、博物馆、体育、影视、交通、旅游及旅游产品、餐饮业、社区服务以及由此连带的产业群。

（二）休闲产业分类

1. 国外休闲产业分类

不同的地域和国家，从不同角度有不同的分类。比较典型的是北美和英国的分类法：

北美标准行业分类（NAICS，2007）将服务业分为八大类：贸易、运输与公共事业、金融活动、信息服务、专业与商业服务、休闲与招待业、教育与健康服务、其他服务业。休闲与招待（Leisure and Hospitality）属于服务业的组成之一，包括艺术、游憩、娱乐业（Arts，Entertainment and Recreation）与餐饮住宿业（Hospitality），其中的“休闲”是指艺术、游憩与娱乐业③。休闲与招待业包含具体行业及代码（表1–1）：

表1–1　北美标准行业分类（NAICS，2007）休闲与招待业

<table>
<tr><th>2位码</th><th>3位码</th><th>2位码</th><th>3位码</th></tr>
<tr><td rowspan="3">71 艺术游憩与娱乐业</td><td>711 表演艺术、观赏性体育及其他相关产业</td><td rowspan="3">72 餐饮与住宿业</td><td rowspan="2">721 住宿业</td></tr>
<tr><td>712 博物馆、名胜古迹和类似的机构</td></tr>
<tr><td>713 游憩、赌博和娱乐行业</td><td>722 餐饮业</td></tr>
</table>

资料来源：美国劳工部 NAICS 产业分类一览。

在美国商务部统计署（U.S. Census Bureau）发布的国家统计年鉴中，经常将艺术、娱乐与旅游（Arts，Recreanon and Travel）活动作为一项经常统计内容，其相关产业包括艺术、娱乐、体育、旅游。虽然没有直接说明上述产业是休闲产业，但是根据其划分范围，可将其视为休闲产业④。

根据《英国休闲产业状况 2012：经济增长的动力》报告，休闲产业是为满足消费者休闲需求而提供产品与服务的部门，主要包括体育、文化、娱乐、餐饮、住宿、旅游与博彩业等。同时报告认为，

① 施永福．我国休闲产业治理研究［D］．秦皇岛：燕山大学，2009.
② 原梅生，郭梅军，张艳辉．休闲经济与休闲产业［J］．山西财经大学学报，2001（5）：35–37.
③④ 王琪延，黄羽翼．关于休闲产业统计分类的思考［J］．统计与决策，2015（2）：33–36.

以旅游为目的的交通运输业及游客交通工具租赁业，学生住宿、明确以商业为目的住宿业、会展等行业不属于休闲产业。报告根据《英国经济活动标准产业分类2007》给出了休闲产业的具体分类[①]。英国休闲经济活动分类见表 1–2：

表1–2　英国休闲经济活动分类

一级分类	二级分类	三级分类
I 餐饮与住宿活动	55 住宿提供活动	55.1 酒店及类似住宿提供活动
		55.2 假日或其他快捷酒店
		55.3 露营场地，休闲车公园等
		55.9 其他住宿业
	56 餐饮服务活动	56.1 有执照及没有执照的餐馆，及外卖店
		56.2 活动用餐及其他餐饮服务机构
		56.3 有照酒馆、酒吧、夜店等
J 餐饮与住宿活动	59 电影、视频、电视节目制作，音像出版活动	59.1 电影放映活动
N 管理与支持服务活动	79 旅行社、旅游经营和其他预订服务及相关活动	79.1 旅行社及其他相关活动
		79.9 其他预约与相关服务
R 艺术、娱乐与体育活动	90 创意、艺术和娱乐活动	90.0 表演艺术活动
	91 图书馆、档案馆、博物馆及其他文化活动	91.0 图书馆、档案馆、博物馆及其他文化活动
	92 博彩活动	92.0 博彩活动
	93 体育与娱乐活动	93.1 体育活动
		93.2 娱乐活动

资料来源：《英国休闲产业状况 2012：经济增长的动力》报告。

2. 国内休闲产业分类

休闲产业的分类，国内学者主要从产业群、产业定义、产业系统和休闲产业分类原则的角度做了一些梳理。

张国富、孙金华在《论休闲产业发展与社会的全面进步》中认为：休闲产业领域是一个庞大的产业群，对这个庞大的产业群可以从不同角度进行分类[②]（表 1–3）。

表1–3　休闲产业分类

休闲结构和分类	按休闲需求划分	满足物质需求的休闲产业
		满足精神需求的休闲产业
		满足精神物质双重需要的产业
		满足知识需求的休闲产业

① 王琪延，黄羽翼 . 关于休闲产业统计分类的思考［J］. 统计与决策，2015（2）：33–36.
② 张国富，孙金华 . 论休闲产业发展与社会的全面进步［J］. 华中农业大学学报，2006（1）：91–96.

续表

休闲结构和分类	按休闲对象领域划分	农业休闲业
		体育休闲业
		休闲旅游业
		文化休闲业
		服务休闲业
		休闲咨询业
		休闲物品制造业
		休闲媒体产业
	按休闲活动方式划分	旅游休闲业
		购物休闲业
		收藏型休闲业
		保健性休闲业
		“充电型”休闲业
		娱乐型休闲业
	按人与休闲联系的程度划分	直接型休闲业
		间接型休闲业
	按休闲布局划分	城市休闲产业
		城郊休闲产业
		旅游休闲产业

弓志刚认为休闲产业可以从广义和狭义两个范围内定义。从狭义来说，休闲产业是国民经济中为满足消费者的休闲需求（物质的和精神的）而提供直接休闲物品和服务的生产行业总称。从广义来看，休闲产业包含直接和间接休闲物品，以及服务生产的经济形态和产业系统。①

魏小安认为休闲产业作为一个完整的系统，由不同的产业层次构成，具体包括：休闲基础产业、休闲延伸产业与休闲支撑产业。休闲基础产业，是休闲经济的主要组成部分，包括旅游业、体育休闲业、文化休闲业（包括游戏产业、娱乐产业、品尝产业、观赏产业、阅读产业、养趣产业）。休闲延伸产业，包括休闲农业、休闲商业（以商业游憩区、步行街、特色消费店为主）、休闲房地产业。休闲支撑产业，包括休闲工业（休闲服装、休闲装备、休闲用品）、休闲信息业、休闲中介业。②

卿前龙根据“消费者直接使用”的原则，将休闲产业分为休闲第一产业（休闲农业、休闲林业、休闲畜牧业、休闲渔业）、休闲第二产业（休闲食品加工业、休闲用品 / 具制造业、休闲建筑业）和休闲第三产业（旅游休闲业、健身和美容休闲业、文化和娱乐休闲业、餐饮休闲业、其他休闲服务业）。其中休闲第三产业称为休闲服务业，是休闲产业的主体，休闲第一、第二产业统称为休闲物品业。③

《2011 年中国休闲发展报告》课题组提出了“休闲相关产业”这个概念，包括旅游休闲（为以消遣为目的的旅游活动提供服务的部门）、文化休闲（影视、音像、网络等）、体育休闲（体育健身服务等）和其他休闲（休闲餐饮、休闲沐浴、爱好养殖等）四部分。④

本书研究的旅游休闲产业，是针对国民旅游休闲活动对应的旅游休闲产业。

① 弓志刚，陈囿淞 . 休闲产业发展规律研究［J］. 商业研究，2011（4）：203-207.

② 魏小安，丁娜娜 . 关于休闲产业体系的理论思考［A］. 现代休闲方式与旅游发展国际学术研讨会论文集［C］. 2006.

③ 卿前龙，胡跃红 . 休闲产业国内研究述评［J］. 经济学家，2006（4）.

④ 高培勇等 . 休闲绿皮书：中国休闲发展报告（2011 版）［M］. 北京：社会科学文献出版社，2011.

第三节 我国旅游休闲发展的背景、意义与趋势

一、我国旅游休闲发展面临的新背景

（一）全球经济低速增长，但旅游休闲增速高于全球经济

当前国际政治经济形势依然复杂多变，金融危机深层次影响仍在延续，全球经济总体上继续呈现低速增长、缓慢复苏的态势。据联合国世界旅游组织（UNWTO）统计数据，2013 年全球国际游客数量约增长了5%。世界入境过夜游客人数实现了大约4%的增长，高于全球经济的增速。从接待量来看，亚太地区的增幅最高，预计在 5%~6%，非洲地区次之，预计在 4% 以上。

从总体形势看，全球经济继续复苏，旅游发展进一步向好。尽管全球经济存在较多不确定性，但正走向复苏，旅游业将能够比整体经济更早实现复苏。旅游市场需求将进一步增长，未来几年，预计全球国际游客数量增长将达 5% 以上。从地区来看，中国等新兴经济体将继续提供重要的需求增长动力，美国、日本等发达经济体的旅游需求也将有所恢复。

（二）我国经济稳定增长，发展方式加速转型

在转换新旧动能、培育新经济业态、创造人民美好生活、推行国家新型城镇化战略、实施乡村振兴战略、设立各类自贸区建设等多重因素的有效刺激下，我国经济呈现出高质量发展态势。拉动消费、技术创新等对经济增长的贡献将进一步提高，经济发展和社会文化、生态文明建设的协调性将进一步增强，经济发展质量将明显改善，为旅游休闲发展提供了坚实的经济发展支撑。WTO 研究（图 1–3）表明，当人均 GDP 达到 2000 美元时，休闲游将获得快速发展；当人均 GDP 达到 3000 美元时，旅游需求出现爆发性增长，旅游形态进入以度假游为主时期；当人均 GDP 达到 5000 美元时，休闲需求和

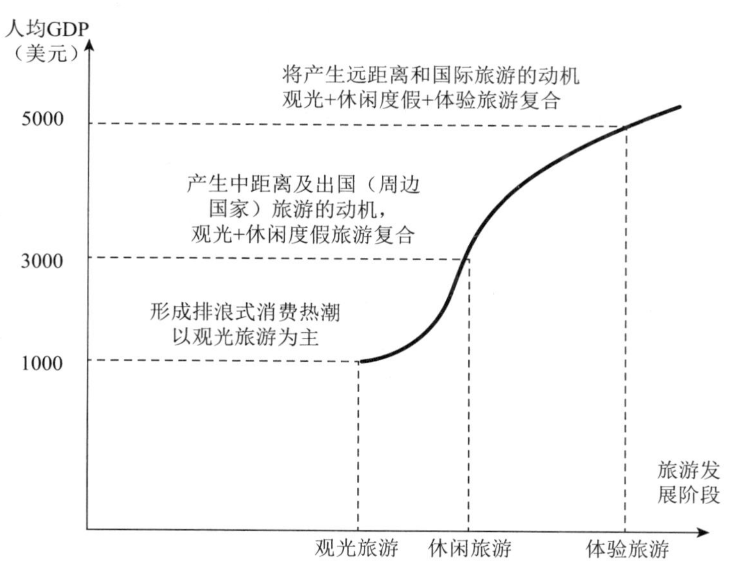

图 1–3 WTO 研究的人均 GDP 与旅游休闲发展阶段的关系

消费能力日益增强并出现多元化趋势。2013 年我国人均 GDP 增加到 6995 美元，随着全面小康社会目标的逐步实现，在我国中东部地区，已经形成了巨大的休闲游憩和旅游度假消费市场。近几年来我国旅游市场正由“观光为主”向“观光、休闲、度假并重”转变；更加注重产品和服务的品质，追求个性化体验。

（三）市场化改革深入推进，有力推动中国旅游休闲升级

中共十八届三中全会开启了中国改革开放的历史新时期，全会通过的《中共中央关于全面深化改革若干重大问题的决定》，从全局战略高度勾勒了中国下一步“五位一体”改革的总路线。特别是以处理好政府和市场的关系为核心的经济体制改革是全面深化改革的重点，为打造“中国旅游升级版”指明了战略方向，提供了制度保障。以市场化为核心推动旅游业全面深化改革，将进一步释放旅游业生产力，推动产业转型升级。

（四）新型城镇化加速发展，大众旅游休闲进入新的发展阶段

新型城镇化是当前事关我国经济社会发展全局的重要战略。无论从新型城镇化推进过程还是推进结果来看，这项战略的实施都将从空间、产品和市场等方面全方位对我国旅游产业运行和发展产生深刻影响。新型城镇化不仅是城市规模的扩张，主要是人的城镇化，并且要基于城镇和农村统筹发展。新型城镇化的加速发展，为旅游消费需求的增长提供了新的动力，同时也将进一步推动大众旅游市场的重心下移，广大中西部地区的中小城市乃至农村地区的旅游市场开始启动，我国大众旅游进入新的发展阶段。

（五）旅游休闲消费需求旺盛

随着全面建设小康社会的步伐加快，旅游已经成为人民生活水平提高的重要指标。自 2003 年以来，我国国内旅游消费需求一直保持较快增长。2013 年公务旅游消费下降，但国民休闲性旅游消费表现出强劲的增长势头。2013 年国内旅游人数同比增长 11.6%，国内旅游收入同比增长 14%。全年接待国内游客达 32.6 亿人次，人均出游约达 2.5 次。

我国居民出游意愿持续高涨，人均旅游出游预算稳定增长。根据调查，2014 年我国居民第一季度的出游意愿为 83.7%，目前消费者对旅游的关注度和旅游意愿均保持在近年来的较高水平。据调查显示，多数受访者（30%）的出游预算为 1001~3000 元，另有 24.5% 的受访者选择了 3001~5000 元的预算[①]。

（六）旅游休闲市场需求的个性化、散客化更加明显

近年来，旅游市场加快往国民需求方向调整，国民旅游市场加快往大众需求调整。老百姓常态化的旅游需求成为我国旅游市场需求增长的主力。国民休闲权利意识开始觉醒，旅游更受社会关注。

旅游者更加追求旅游过程中的品质。旅游动机更加多样化，观光仍然处于主体地位，但运动、温泉、农庄体验等休闲型的旅游活动占有越来越大的比重。

年轻人逐步成为市场需求的主体，据调查，25~44 岁的旅游者占到国内旅游人数的一半以上。他们追求时尚，勇于接受新技术、新方式，信息技术在旅游领域的应用达到前所未有的高度，各种特殊爱好兴趣的俱乐部快速发展并成为组织出游的重要方式。定制旅游开始兴起，目前一些大型旅行社中定制旅游已占到一成以上的市场份额[②]。

---

①② 中国旅游研究院 . 中国区域旅游发展年度报告［M］. 北京：旅游教育出版社，2015.

二、我国旅游休闲发展的重大意义

（一）闲暇时间的增加改变人类生活方式

由于经济的发展、技术的进步、社会制度的不断完善，人们生活的时间结构发生了巨大变化。闲暇时间的不断增长成为社会发展中最具有标志性的内容。当游憩在人的生命中所占有的比重越来越大时，能够享受游憩所带来的幸福与快乐的人数也越来越多。游憩摆脱了少数人“专享”状态而呈现出“大众化”的趋势。杜马泽德尔在20世纪60年代就预言，人类社会将进入一个新的休闲时代。[①]

2007年11月起，国家法定节假日总天数增加1天，即由此前的10天增加到11天，劳动者的休息日增加到了115天[②]。

闲暇时间的逐步增加，使游憩的品质在人们生活中所具有的重要性越来越强。除了获得快乐外，游憩还在人的发展完善、寻找生命价值的过程中做出了重要贡献。伴随着整体生活方式的巨大变化，游憩对城市的方方面面都产生了越来越重要的影响。

（二）旅游需求的增长推动城市空间演变

与闲暇的增加同时到来的还有工业革命后交通工具的飞速发展。2013年我国私人拥有轿车6410万辆，增长20.8%[③]（表1–4）。闲暇的增加为人们提供了时间上的可能，而交通工具的进步和高速交通线路体系的连通则成了城市居民活动范围扩大的必然途径。这两者的结合使休闲游憩本身和城市面貌都发生了翻天覆地的变化。一方面人们的活动范围逐步扩大，以小汽车为交通工具的普通旅游爱好者的平均出游距离已达到450千米[④]。另一方面，无论在市区还是郊区，对休闲游憩功能空间的需求都在大幅度增加。越来越多的人倾向于选择自由行产品，或通过自助策划的形式出游。自驾为主的自由行已成为游客到达景区的主要方式。根据《中国自驾游发展报告（2012~2013）》，我国自驾车出游人数达14.2亿人次，占我国居民出游总数的48%，自驾车旅游消费达6470亿元，约占我国居民国内旅游消费总量的30%。另据四川省旅游局统计，《旅游法》正式施行促使自驾游、自助游井喷式增长，旅游出游方式出现“倒三七”现象，即团队游占30%，散客占70%。

表1–4　近年来我国私人轿车保有量及增长率[⑤]

年份	私人轿车保有量（万辆）	增长率（%）
2006	1149	33.5
2007	1522	32.5
2008	1947	28.0
2009	2605	33.8
2010	3443	32.2
2011	4322	25.5
2012	5308	22.8
2013	6410	20.8

大众休闲游憩使城市空间的功能结构发生了巨大的变化，迫切需要城市提供更多的休闲游憩用地

① Dumazedier，J.Toward a society of leisure. New York：Macmillan，1967.

② 王晓慧．论职工闲暇与工会社会工作的介入［J］．中国劳动关系学院学报，2012，26（1）：39–43.

③ 《2013年国民经济和社会发展统计公报》。

④ 王珏．人居环境视野中的游憩理论与发展战略研究［M］．北京：中国建筑工业出版社，2009.

⑤ 各年《国民经济和社会发展统计公报》。

来满足人们不断增长的需求：一些土地被开辟成新的休闲游憩空间，而许多其他的功能用地中也或多或少地渗透了休闲游憩的内容。为休闲游憩而提供的空间、场所和设施（如公园、博物馆等）成为地方文明与地区发展水平的象征；而村庄、田野、河流、荒地等各种非城市的元素也逐渐渗透了休闲游憩的功能。由于可达性的提高，原本人迹罕至的“荒山野岭”，有的已经变成了结合自然保护和休闲游憩功能的重要空间。由于休闲游憩中渗透了人们对自然环境与文化、艺术体验的鉴赏与追求，也充满了为体验而消费的行为。因此，休闲游憩空间涉及了几乎所有重要的生态区域、历史遗迹、文化艺术及商业地区，休闲游憩与生态环境、历史遗产保护、文化艺术、经济发展等产生了密切关联。

（三）休闲产业的兴起调整经济格局

闲暇将带来新的产业链条和新的社会文化关系的变化。由现代科技带来的生产效率提高而游离出来的资本和劳动所创造出的新产业，以及人对美好生活的向往正是休闲产业等幸福产业发展的方向，它满足并引起人们越来越强力的游憩需求。游憩催生了新型的经济类型，撬动了最多的经济板块。为休闲而进行的各类生产活动和服务活动正在日益成为社会经济繁荣的重要因素，各类休闲活动的开展已经成为经济活动得以运行的基本条件。在游憩的发展中，城市经济模式发生转变，从对制造业的完全依赖，逐步转向以游憩活动为核心的信息、体验、服务等方向发展，衍生出复杂的产业链。

游憩带动的经济是创造快乐和幸福的经济，是一种以人为本的经济。游憩还带动了新时期的消费需求。休闲的消费一方面促进货币回笼，加快资金运转；另一方面促进了各种服务业的发展，为社会提供了就业机会。

（四）旅游休闲促进就业增加[①②③]

发展休闲产业可以创造更多的就业机会。例如，根据广东投入产出表和相关数据计算，旅游业 1 个就业岗位，可推动三大产业6.17人就业[④]。按照三次产业的发展规律来看，第三产业吸收从业人员比重将迅速上升，超过第一、第二产业成为创造就业机会最为重要的领域，这一趋势在有些国家和我国的一线、二线城市已得到验证。我国的第三产业还有很大的发展潜力和发展空间，可以为农村的城市化过程中必然出现的农村剩余劳动力转移问题提供一条解决方案，又可以为下岗分流职工创造再就业机会，对于社会的稳定和经济的发展具有极为深远的意义。

旅游业是休闲经济的重要组成部分，是综合性、关联性很强的产业。随着中国旅游业的发展，旅游产业就业机会不断出现，就业规模不断扩大。从全国旅游就业结构变动趋势看，长期以来形成的“外向型就业为主导、服务型就业为基础的就业结构”正在发生变化，特别是 1998 年以来实施的刺激假日消费经济政策以来，国内旅游和出境旅游迅速发展，快速地改变中国旅游的就业结构，中国旅游就业结构正在向“入境旅游就业为主导、国内旅游就业为主体、出境旅游就业为补充”的就业结构转型。

未来旅游就业比重将继续增长。从世界范围看，旅游直接就业占全球就业的 3%，旅游经济就业（考虑了间接带动）占全球就业的 8%，大概每 13 人中就有 1 人从事旅游相关的工作。一些世界旅游大国旅游增加值和旅游经济就业人数也分别占其 GDP 总量和就业总人数的 6%~10%。中国正在走上世界旅游强国之路，旅游就业和旅游经济总量的规模呈不断增长的总趋势。

---

① 戴斌，乔花芳．北京市旅游产业结构变迁：理论研究与实证分析［J］．江西科技师范大学学报，2005（2）：1–11.
② 王晓杰．中国产业结构变迁中的休闲产业［J］．中国市场，2006（44）：96.
③ 汪宇明．旅游促进社会就业增长的战略思考［J］．经济地理，2003，23（3）：401–404.
④ 李江帆，李冠霖，江波．旅游业的产业关联和产业波及分析——以广东为例［J］．旅游学刊，2001，16（3）：19–25.

（五）旅游休闲密切影响文化的发展

推动中华优秀传统文化的复兴，传承和弘扬中华优秀传统文化，坚定文化自信，推进中华民族伟大复兴是我国新时期的重大国策。2017 年 1 月中办、国办印发《关于实施中华优秀传统文化传承发展工程的意见》（中办发〔2017〕5 号），提出文化复兴要坚持创造性转化、创新性发展，把中华优秀传统文化内涵更好更多地融入生产生活各方面，充分利用历史文化资源优势，大力发展文化旅游。

旅游休闲作为与文化关系最为密切的内容之一，极大地影响着民族文化的发展。随着城市间文化竞争的日益激烈，休闲游憩在城市综合竞争力方面扮演着越来越重要的角色。文化是城市的核心竞争力量，而文化的经济价值，很大程度上是通过休闲游憩来实现和体现的；文化对社会的影响，也有多数是依靠人们的休闲游憩互动来贯彻执行的。发展文化、带动城市整体发展，以及结合文化设施建设来进行城市更新，归根结底都是通过发展与文化相关的休闲游憩活动来实现的。文化发展，在今天城市发展的多数场合中，就是休闲游憩的发展。健康的休闲游憩、积极的文化会促进城市和民族走向“黄金时代”①，推进社会主义“文化强国”建设。

（六）旅游休闲对生态环境提出更高的要求②

旅游休闲的发展将减缓对环境的压力，成为“美丽中国”建设的重要抓手。城市规划中休闲空间的设计越来越重要，休闲经济在日常生活中的地位将变得更加重要。随着城市化的不断发展，人们对休闲服务多样化的需求也不断扩大，并直接影响到公共的、私有非营利型的以及市场营利型的各种休闲服务。人们对生态环境的标准要求也越来越高，希望空气更加清新，追求生态园林或森林城市，各类机动车和大货车不再制造大量的噪声和尾气，环境不再因为人类的能源消耗而发生大的污染。这一方面需要新的技术创造；另一方面需要人对生态环境的自觉维护，任何一个保护生物多样化的战略都要求我们不仅保护偏远地区的野生地带，还要保护身边的自然环境。建筑师、城市规划师和公共管理人员需要想方设法使自己的规划能够增进人与自然的联系。随着人的精神追求的不断强化，休闲活动的主旨将不再是物质消费，而更多是用一种积极的人生态度享受生活、享受工作、享受休闲。

（七）旅游休闲促进区域协调发展③

休闲旅游需求的增加，意味着大量人口从客源地流向目的地。人流、物流、信息流及技术流的产生，能缩小城乡差异，实现城乡统筹互动开发。休闲旅游活动可以产生巨大关联效应，对乡村建设具有重要影响。休闲旅游的发展，可以拓宽农村创收渠道，带动农村相关产业发展，优化农村产业结构，加快农村基础设施及服务接待设施的建设和完善，促进农民观念的更新和文化素质的提高，实现城乡物质和精神文明的对接，有利于城乡协调发展。休闲旅游的发展对于解决我国城乡差异问题、三农问题，实现乡村振兴有重要作用，未来休闲旅游活动的发展将促进城乡互动开发。2013 年 12 月 12 日，中央召开了城镇化工作会议，公报中提到要“让城市融入大自然，让居民望得见山、看得见水、记得住乡愁”，休闲游憩发展无疑是美丽乡愁的重要载体。

三、我国城乡旅游休闲发展的新趋势

（一）旅游休闲活动的趋势

休闲活动主要包括休闲消费与休闲经营活动。随着经济的持续发展，休闲需求的不断升级，休闲

① 英国著名城市学家彼得·霍尔（Peter Hall）。

② 马惠娣 . 走向人文关怀的休闲经济［M］. 北京：中国经济出版社，2004.

③ 张付芝，白忠，张静平 . 区域城乡旅游互动发展研究［J］. 商场现代化，2006（10S）：307-308.

活动和休闲产品将越来越丰富多彩。

（1）休闲活动条件越来越宽松，休闲时间、可自由支配收入大量增加，休闲消费需要日益强烈，促进了休闲消费与休闲经营活动的兴旺、休闲研究与休闲教育活动的发展。

（2）休闲活动项目越来越多样，古今中外休闲项目无一不被发掘，为现代人所用，如风靡世界的来自南太平洋岛的蹦极跳；利用文化与现代高新科技不断创新休闲项目，如网络游戏、主题游乐园区，促使休闲活动主要趋向新奇、刺激（适合白领、儿童、青少年）与高雅、宁静（适合体力者、中老年）两个极端发展。休闲活动项目涉及体育、保健、娱乐（科技与文化娱乐）、教育、生态、旅游等方方面面，甚至工作、产品也趋向休闲化，如休闲工业、休闲农业、休闲食品、休闲服装、休闲住宅、休闲家具、休闲手机等。

（3）休闲活动空间从家庭走向户外，分化出个人、家庭、公共场所、网络休闲（网络游戏、网上冲浪、网上聊天）等休闲活动空间，并且越来越层次化，形成不同休闲圈层。

（4）休闲活动时间与距离，体现为长假长途旅游休闲与双休日的短途旅游休闲、就地休闲并重。

（5）休闲活动年龄与层次，由少年、青年、中年走向儿童、老年，由贵族、商贾、官僚走向平民大众，大众旅游与大众休闲不可逆转。

（二）旅游休闲经济与产业的趋势

随着经济的发展，人们休闲时间和可自由支配收入的增加，以及休闲欲望增强，休闲需求大幅上升，引发大量休闲消费。政府与社会服务组织免费或按成本价提供休闲产品远远满足不了休闲需求，给企业带来了大量商机，促使休闲的产业化经营，如“温泉经济”“体育休闲”热。同时，又促进产业的休闲化发展，包括其他产业与旅游业、休闲业融合组合，如农业旅游、休闲农业，工业旅游、休闲工业等；以及其他产业产品增加休闲文化内涵，如休闲食品、休闲服饰、休闲住宅等生活消费品。美国未来学家预测，包括旅游、娱乐、体育、保健、文化传播、社区服务等为主的休闲经济将成为下一个经济大潮，休闲经济产业将成为世界上最大的混合产业。

（三）旅游休闲环境的趋势

由休闲心理的驱动，人们不仅渴望生活环境的“自由随意”，同样希望工作环境的“轻松自在”。这将促使家庭环境、社区环境和单位环境，城市环境与乡村环境的休闲化发展，通过旅游文化和休闲文化来营造旅游和休闲氛围，其中包括自然环境的生态化（绿化美化）、物质设施的健全化（如基础设施、接待设施、体育设施、文化设施、娱乐设施）、文化环境的娱乐化、社会环境的和谐化和政治环境的自由化。

第四节　国家旅游休闲区

一、休闲空间

由于休闲旅游的复杂性，明晰休闲空间，首先要认知休闲活动的类型。不同类型的休闲活动，对应于不同类型的休闲空间。

（一）休闲活动的类型

根据荆其敏、张丽安的总结，人类的休闲活动可以从许多不同的角度进行分类[①]：

（1）动态的休闲与静态的休闲。动态的休闲是活动式的休闲或运动方式的休闲，如健身、游戏、旅游等体育活动项目。静态休闲则是大致维持身体的静止，享受精神上的休闲满足，如看电影、听音乐、读书、静坐遐想。

（2）长时间休闲与短时休闲，如假期旅游或片刻休息。

（3）偶尔休闲与经常休闲。

（4）户内休闲与户外休闲。

（5）主动式休闲和被动式休闲。

（6）满足视觉方面的休闲和文化方面的休闲。

（7）其他按人群的不同、年龄的不同、参与人数的多少等因素，划分为不同类型的休闲活动。

那么基于休闲活动的类型理解，则可以明晰不同类型的休闲空间。

（二）休闲空间的类型

休闲空间场所是适合人们从事休闲活动的各种场所，相同的休闲活动可能发生在形态各异的场所之中，同一个场所也适用于多种不同的休闲活动。根据荆其敏、张丽安的梳理，休闲活动空间主要包括如下几种类型[②]：

1. 室内休闲空间和室外休闲空间

室内休闲空间可分为家庭户内空间和室内公共空间。室外休闲空间则涵盖了一切人工建筑物以外的空间场所，大到自然界，小到住宅周围，包括露天的公共场所、城市公园与自然郊野等。

2. 运动型休闲空间场所、实用型休闲空间场所、文化型休闲空间场所

（1）运动型休闲空间场所不同于竞技体育运动场地，不以挑战身体极限为目的，而注重个人技巧的提高和内心的休闲满足感。例如，散步不一定要到正规的场地，有些则要求较接近正式的体育运动设施，还有面向家庭室内化的发展趋势，把健身房搬到了家里。

（2）实用型休闲空间场所，普遍将其划分为家务劳动一类，一般人仅注意到家务劳动的繁重和琐碎，并未重视其娱乐休闲性、创造性和自我满足性。Do it yourself（由你自己操作）已成为生活时尚，如临时修理、家庭园艺、油漆、剪草地，男性多从事修理、建造、园艺等家务，女性多从事缝纫、烹饪等家务。

（3）文化型休闲空间，如收看电视、听广播、读书阅报、参观游览、聚会交际、餐饮娱乐、文化教育等活动。注重增长知识、开阔视野，提高自身文化素质。社会生活中的文化热点自然造就了休闲生活的文化内容。

本书中国家旅游休闲区关注的旅游休闲空间，重点是公共或者半公共的城乡旅游休闲空间，不关注家居休闲空间。

二、城乡旅游休闲空间

（一）城乡旅游休闲空间的概念

城乡旅游休闲空间是指在城市或者乡村能够进行旅游休闲活动的开放空间，它是由各种要素相互作用、相互联系而构成的具有一定层次、结构、功能和动态的复杂系统。它包括硬件设施和软件设施

①② 荆其敏，张丽安．城市休闲空间规划设计［M］．南京：东南大学出版社，2001.

两个方面，硬件设施主要由旅游休闲产品、旅游休闲设施、旅游休闲线路、视觉识别、区位特性和生态环境等要素组成；软件主要由理念识别、行为识别、政策法规、管理保障与科技保障等要素组成。

（二）城乡旅游休闲空间的形成与分类

旅游休闲是人类除食、住、行和繁衍自身之外的必然需求，因此旅游休闲空间的发展也一直伴随着人类的发展、伴随着城市的发展。

从整体上看，人类休闲空间的发展演变大体包含了两条特征明显的脉络，第一条是公共休闲空间体系的发展脉络，第二条是非公共游憩空间体系演变的脉络。东西方两条脉络发展特征各自不同，形成了丰富而有趣的休闲空间体系与内容。

原始人类在最初的休闲空间中已出现了朦胧的公共空间和非公共空间的区别，但在后来的发展中，由于文化哲学上的分野，东西方休闲空间的发展走上了两条完全不同的道路。相比而言，东方古代休闲在非公共空间的领域得到了较强的发展，而公共空间则处于相对弱势的状态；西方古代休闲空间则以公共空间为主导。进入近代以后，随着我国整体的经济文化发展处于劣势，西方公共休闲方式开始舶入中国，我国一些地区出现了具有西方特色的休闲场所。现代以后，随着城市化的发展和人口的增加，属于非公共空间的庭院园林在整个休闲空间中的比重越来越少，而家庭室内的休闲功能在娱乐技术的支持下变得重要；同时，户外公共空间的体系在进入现代之后发生了巨大变化，成为公众休闲空间的主流（图 1–4）。

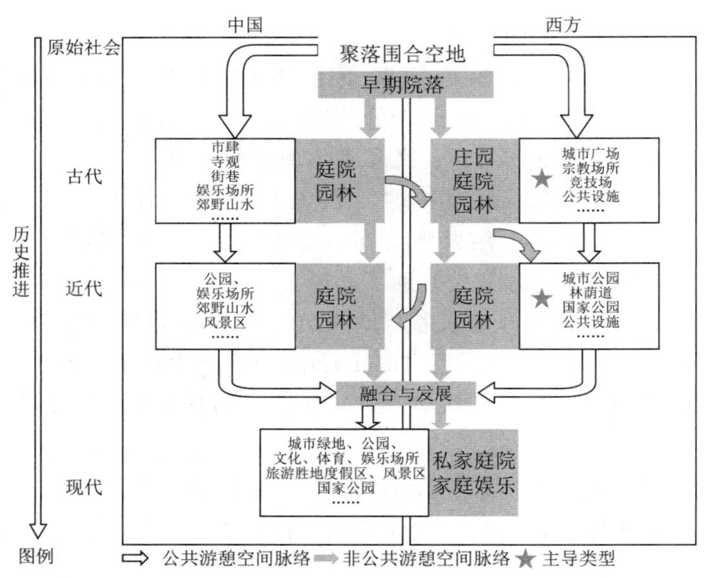

图 1–4　中国与西方休闲空间发展脉络比较示意（王珏[①]）

由于规划不涉及私人（非公共）空间的营造，因此，本研究中所指的游憩空间，一般指公共休闲空间（表 1–5）。

① 王珏.人居环境视野中的游憩理论与发展战略研究［M］.北京：中国建筑工业出版社，2009.

表1–5　公共休闲空间的分类[①]

	主类	干类	支类
面向本地居民	城市公园	市、区级综合性公园	市级公园、区级公园
		居住区公园、动物园、植物园、儿童公园	
		其他专类公园	体育公园、交通公园、雕塑公园、盆景公园、专类植物园
	道路及沿街绿地与环境设施	沿街小游园、道路红线内绿地、街旁绿地及设施	
	大型城市绿地	环城绿带（游憩带）、郊野公园、市内大型绿地、公墓陵园	
	文娱体育设施	文化娱乐场所	工人文化宫、劳动人民文化宫、工人俱乐部、民族文化宫、青少年宫、地区文化馆、社会公益活动机构
		艺术剧场	多功能剧场、歌舞剧场、话剧院、音乐厅、杂技厅、电影院
		体育场馆	体育场馆
			高尔夫球场
		小区游憩空间	宅旁绿地、邻里游憩园、儿童游戏场、小区体育运动设施
		单位内部游憩空间	
		城市广场	交通集散广场、市政广场、市民广场、纪念性广场
		步行街	商业步行街、步行林荫道
面向外来游客及本地居民	城市滨水游憩空间	滨海游憩区、滨湖游憩区、滨江游憩区、滨河游憩区	
	文博教育空间	博物馆、展览馆、美术馆、艺术馆	
	商业游憩空间与商业设施	城市商务中心区、城市特色商业街区、食宿娱乐场所	
	城市特色建筑、构筑物	建筑综合体（群）、独立建筑	
	旅游景区（点）及设施	城市旅游公园	主题公园、名胜公园、野生动物园、水族馆（海洋公园）、观光农业园、游乐园
		城市史迹旅游地	历史地段（街区）、纪念地、遗址
		城市风景名胜区、旅游度假区（休疗养区）、宗教寺观	

三、“国家旅游休闲区”的提出背景

（一）“国民旅游休闲”时代来临

根据世界旅游组织（UNWTO）的研究，旅游越来越成为一种生活必需品而不是奢侈品，“其频率

① 王珏．人居环境视野中的游憩理论与发展战略研究［M］．北京：中国建筑工业出版社，2009.

越来越高，游客数量越来越多”。按照全球休闲与旅游业发展的一般规律，当一个国家人均 GDP 超过 5000 美元时，就将进入旅游休闲逐渐成熟的阶段。2015 年我国人均 GDP 超过 7000 美元。数据表明，我国，尤其是东部发达地区，已经形成了一个巨大的旅游休闲消费市场，旅游休闲逐步成为城乡居民生活的基本内容和刚性需求。随着职工带薪年休假制度的逐渐落实，国民旅游休闲时代已经来临。为此，原国家旅游局推出国家旅游休闲区试点。

（二）落实旅游休闲大政方针的要求

党的十八大提出了建设“美丽中国”的宏伟蓝图，为国家建设提出了更高规格的战略规划。2013 年 2 月，国务院发布了《国民旅游休闲纲要（2013—2020 年）》，确立了建设“与小康社会相适应的现代国民旅游休闲体系”的旅游休闲事业与产业发展目标。国家旅游休闲区内的公共性旅游景区、完善的旅游休闲产品体系，正是适应发展目标的具体落实。国务院出台的《国务院关于促进旅游业改革发展的若干意见》（国发〔2014〕31 号）、《国务院办公厅关于进一步促进旅游投资和消费的若干意见》（国办发〔2015〕62 号）均提出了促进旅游休闲消费的系列政策措施。按照国家《“十三五”旅游业发展规划》，我国城乡居民出游人数年均增长将达 10% 左右。我国城乡居民人均出游率将由 2015 年的 2.91 次增加到 2020 年的 5 次。居民的旅游消费能力和消费需求将持续快速增长，要建设好国民旅游休闲体系，就要进行全面的制度建设，以提高国民的生活品质。

休闲游憩发展相关政策支撑
2009 年 11 月 25 日，国务院出台《关于加快发展旅游业的意见》，提出了加快发展旅游业，把旅游业培育成国民经济的战略性支柱产业和人民群众更加满意的现代服务业的目标。 2011 年 3 月 16 日，十一届全国人大四次会议通过了《中国国民经济和社会发展第十二个五年规划纲要》，提出了“全面发展国内旅游，积极发展入境旅游，有序发展出境旅游。坚持旅游资源保护和开发并重，加强旅游基础设施建设，推进重点旅游区、旅游线路建设”。 2012 年 2 月，中共中央办公厅、国务院办公厅印发《国家“十二五”时期文化改革发展规划纲要》。该纲要指出，要“积极发展文化旅游，促进非物质文化遗产保护传承与旅游相结合，提升旅游的文化内涵，发挥旅游对文化消费的促进作用，支持海南等重点旅游区建设”。 2012 年 12 月 12 日，国务院发布《服务业发展“十二五”规划》，明确提出“十二五”期间旅游业发展的四大重点：乡村旅游发展、旅游精品建设、红色旅游发展和海南国际旅游岛建设。 2013 年 2 月 18 日，国务院办公厅正式面向社会发布《国民旅游休闲纲要（2013—2020 年）》，它是中国旅游和休闲发展历程中的重要标志，为开展旅游休闲活动提供了便利的条件，对引导国民旅游休闲和活跃国内旅游市场具有重要意义，对国民旅游休闲的规模扩大和品质提升具有积极作用。 2013 年 4 月 25 日，第十二届全国人大常委会第二次会议审议通过了《中华人民共和国旅游法》，将旅游业纳入法制化管理，中国旅游业进入了依法治旅新时期，旅游业迎来新的发展机遇。 2014 年 8 月 21 日，国务院《关于促进旅游业改革发展的若干意见》提出，到 2020 年境内旅游总消费额达到 5.5 万亿元，城乡居民年人均出游 4.5 次，旅游业增加值占国内生产总值的比重超过 5%。 2015 年 8 月 4 日，国务院办公厅印发《关于进一步促进旅游投资和消费的若干意见》，部署改革创新促进旅游投资和消费工作。

（三）促进消费升级的重要抓手

在我国经济新常态的形势下，在转型升级的产业背景下，扩大内需、拉动消费成为促进发展的重要手段。而旅游休闲消费具有综合性和高度的产业关联性，成为支撑国内消费的重要动力。国家旅游休闲区的提出是适应国内经济发展方式转变和旅游休闲消费市场转型的必然。国家旅游休闲区旨在与各类国家公园等资源保护体系相区分，构建更加健全的国家空间保护与利用体系。“国家休闲区”的提出，为“国民旅游休闲产业”发展提供了重要抓手，其将区别于国家公园、旅游度假区等现有各类旅游开发地域，形成层次清晰、功能互补的旅游资源保护、开发和经营体系，促进国家旅游休闲体系的完善。国家旅游休闲区将成为产业转型、消费升级的重要切入点和突破口。

四、国家旅游休闲区的试点与内涵

（一）国家旅游休闲区的试点

1.衢州“国家休闲区”

2012年年底，衢州市人民政府向全国休闲标准技术委员会提出在全国率先创建“国家休闲区”，举全市之力、先行先试，为全面开展国家休闲区建设积累经验；2013年1月31日，全国休闲标准技术委员会复函衢州市人民政府，同意衢州市创建国家休闲区；2013年4月27日，全国休闲标准技术委员会在衢州召开国家休闲区创建工作座谈会，全国休闲标准技术委员会向衢州市人民政府颁发“国家休闲区创建试点城市”牌匾，衢州国家休闲区的创建试点工作全面启动。这里“国家休闲区”是以休闲旅游业为主导的国土资源的新型功能区，设立和发展国家休闲区，是我国探索新型休闲主体功能区，丰富和提高休闲供给，更好满足国民休闲需求的新路径[①]。

“国家休闲区”在浙江衢州的实践特点如下[②]：

（1）探索旅游景区的公共产品化。衢州将在国家休闲区框架下对境内各级旅游景区、景点的游赏价值、游客容量、社会经济收益和资源可持续性等因子进行评估，确定其中适合作为公共旅游产品的景区、景点，通过管理机制转换、经营权责划分、休闲设施引进、资源保障体系建立等一系列工作，向公众免费或低价开放，提供《旅游法》和《国民旅游休闲纲要（2013—2020年）》等法规政策中要求的国民福利属性公共旅游休闲产品。在国民休闲时代，这种旅游景区的公共产品化是大势所趋，其一方面落实了公共权利，另一方面可以迅速集聚旅游人气，构建规模化旅游休闲产业平台，以游客规模效应吸引经营性旅游项目投入。

（2）构建区内差异化良性竞争体系。根据规划内容，衢州市将对所辖的两区四县进行国家休闲区框架下的功能划分，形成五个主题差异化的旅游休闲产业专项发展功能区。差异化的主题发展功能包括城市时尚休闲、现代农园休闲、历史文化休闲、生态体验休闲和民俗休闲等。各区县以既定主题功能引导旅游休闲业态专项集聚，避免追求“以全盖偏”而造成过度同质化竞争。多元主题的旅游休闲业态集聚将共同构成衢州市域内“万花筒”般丰富多彩的旅游休闲活动与服务，并围绕各个主题功能形成若干重大项目，在县域和市域两个层面均形成“众星捧月”式的旅游休闲产品格局，这正是国家休闲区创建产品体系的理想状态。

（3）与“美丽乡村”建设切实对接。衢州以国家休闲区作为“美丽乡村”建设的重要工具。通过打造旅游专业村落、休闲农业集聚区等适合农村居民就业和创业能力的旅游休闲项目，实现农村地区第一、第三产业的复合联动，在产业转型升级的同时拓宽农民收益渠道，并令农民认识到乡村农园、民俗文化和生态环境的潜在价值，自觉主动地对其进行保护与传承。在国家休闲区绿色产业导向和乡村旅游市场需求的双重促动下，传统手工业和农耕生活方式也将得以复兴，成为旅游休闲的体验内容与环境氛围。旅游休闲产业还将推动乡村地区景观风貌、环境卫生的整体改善，并吸引青壮年人口回流。最终，生机勃勃的“美丽乡村”将在衢州国家休闲区内遍地开花。

（4）休闲设施与服务兼顾游客和居民需求。衢州建设国家休闲区，重在打破国家公园、旅游景区、风景名胜区等将本地居民隔离在旅游活动之外的僵化模式，而是要为本地居民和外来游客提供非竞争性和非排他性的公共休闲设施与服务。这些设施和服务将兼顾居民和游客需求，为其提供公共交流平台，令其共享具备地域特色的休闲体验。实际上，本地居民的良好休闲氛围和习惯是任何旅游目的地都应具备的基本特质，而优质完善的公共休闲设施与服务供给，则是政府理当提供的公共福利。国家

① 衢州发改委：http：//www.zjdpc.gov.cn/art/2013/5/8/art_10_534676.html

② 杨振之．“国家休闲区”及其理论与实践［N］．中国旅游报，2013-09-18（014）．

休闲区将这两种需求和谐统筹，是当前发展国民旅游休闲事业与产业最为理想的模式。

衢州国家休闲区是在国际经验的基础上，结合中国特色和地域特征，对国民旅游休闲事业与产业的全新探索，在科学规划与统筹实施的前提下，努力实现全面持续发展。

2. 环巢湖“国家旅游休闲区”

2015 年 8 月 12 日，安徽省人民政府向国家旅游局商请支持合肥市创建环巢湖国家旅游休闲区（皖政秘〔2015〕151 号）。2015 年 8 月 14 日，国家旅游局批复同意安徽省合肥市开展创建环巢湖国家旅游休闲区试点工作（旅函〔2015〕294 号）。批复中，国家旅游局认为合肥市环巢湖区域具备了开展创建国家旅游休闲区试点工作条件。根据国家旅游休闲区工作部署，同意合肥市开展创建环巢湖国家旅游休闲区试点工作。合肥市要按照通过开展创建环巢湖国家旅游休闲区试点工作，为我国旅游休闲区建设提供示范性、引领性、创新性工作经验的要求，制订环巢湖国家旅游休闲区试点工作方案，明确创建工作目标和重点任务，有计划、分步骤抓好落实。要科学编制《环巢湖国家休闲区总体规划》，重点突出区域休闲旅游特色和旅游公共服务，统筹做好旅游休闲区建设与优化旅游环境、促进旅游消费、推动生态文明建设、提升人民群众生活品质等方面的工作。文化和旅游部将适时组织开展创建工作评估，并根据创建工作成效组织验收。验收通过后，正式授予“环巢湖国家旅游休闲区”称号①。

（二）国家旅游休闲区的内涵

国家旅游休闲区是国土资源利用的一种新形式，是介于保护性国土资源（如风景区和遗产地等）和高密集度开发利用国土之间，有着较好的自然与历史文化旅游休闲资源，可供民众旅游休闲的国土资源。国家休闲区在美国进行了多年的实践，是一个保护性地区类别的名称，通常选址于水库较多的地域，强调接纳大量人流开展滨水和水上休闲活动，因此多数国家休闲区设于高人口密度城市群的周边地区，为城市群提供休闲旅游设施与服务②。中国国家旅游休闲区是面向大都市地区，介于国家公园等保护地和城市型开发地域之间，区别于观光景区和度假区，以休闲游憩业态集群为主要功能，突出公共性、惠民性，兼具国土主体功能区和产业专项功能区特征的多功能复合地域。

从建设目的来看，国家旅游休闲区是为了满足人民群众在国民旅游休闲时代的旅游休闲消费需求、促进旅游产业转型升级而设立的以全民旅游休闲为主要内容的专项功能区。国家旅游休闲区要求选择生态环境优良地域，划定明确区域边界，以构建国民旅游休闲产业与产品体系为导向，统筹城镇、乡村、山地、水域、农田、林地等类型资源，按照国民旅游休闲需求合理配置公共旅游休闲吸引物、公共旅游休闲服务设施、公共旅游休闲交通体系及其他旅游要素，实现区域转型升级与提升发展。

国家旅游休闲区一般具备以下几个特征：

（1）空间上更加接近大城市群。

（2）在产业发展上更为多元融合。

（3）开发限制较低但强调环境友好。

（4）强调完善公共空间、公共设施、公共服务，以体系化的公共产品满足多元化的公众旅游休闲需求。

（5）强调旅游休闲产业发展的市场化、专业化③。

---

① 国家旅游局关于同意安徽省合肥市开展创建环巢湖国家旅游休闲区试点工作的复函（旅函〔2015〕294 号）。

②③ 杨振之，齐镭．“国家休闲区”及其理论与实践（上篇）［N］. 中国旅游报，2013-09-04（014）.

（三）我国国家旅游休闲区的标准与评定研究

1. 我国国家旅游休闲区标准

借鉴美国国家休闲区评定标准，按照前述中国国家旅游休闲区定义，参考《旅游休闲示范城市》等行业标准等的要求，中国国家旅游休闲区标准应该包含如下几方面的要求：

（1）旅游休闲资源丰度高、组合性好，具有一定的区域性优势资源。

（2）旅游休闲环境优良，具有充足的旅游休闲空间。

（3）交通条件能够辐射周边大型城镇群。

（4）功能定位要以休闲活动为优先。

（5）能够吸引大量本地和外地旅游休闲客群。

（6）具有丰富的面向居民和游客的旅游休闲产品。

（7）旅游休闲满意度高。

（8）旅游休闲设施和服务比较完善。

（9）旅游休闲管理体制机制有效，推出有利的旅游休闲政策。

（10）资源环境保护与旅游休闲互促发展。

2. 我国国家旅游休闲区评定细则研究

按照上述中国国家旅游休闲区标准要求，提出中国国家旅游休闲区评定的指标体系。国家旅游休闲区的试点与创建工作要加强监测、总结经验，为国家旅游休闲区标准细则的制定奠定基础。

基于指标体系，可制定中国国家旅游休闲区的各项评分细则，并设定各项分值与总分，确定达标分数标准。表 1–6 给出了初步评分细则分值框架。总分 1000 分，分为 10 个评价项目与 36 个评价因子。各等级旅游休闲区应达到的最低分数可进行设定，如国家级旅游休闲区 900 分，省级旅游休闲区 750 分。

表1–6　中国国家旅游休闲区各项指标评分分值初步框架

标准要求	指标体系	满分分值	
一、旅游休闲资源丰度高、组合性好，具有一定的区域性资源	旅游休闲资源组合度	20	100
	旅游休闲资源丰度	20	
	旅游休闲资源数量	20	
	区域性资源数量	20	
	旅游休闲资源品牌数量	20	
二、旅游休闲环境优良，具有充足的旅游休闲空间	气候舒适度	30	100
	生态环境质量	30	
	城乡经济发展水平	20	
	旅游休闲空间容量	20	
三、交通条件能够辐射周边大型城镇群	外部交通便利性	40	100
	旅游休闲内部线路便捷性	30	
	旅游停车设施数量	30	
四、功能定位要以休闲活动为优先	纳入上位规划的级别	30	100
	旅游休闲定位的高度	40	
	政府发文推进的力度	30	

续表

标准要求	指标体系	满分分值	
五、能够吸引大量本地和外地旅游休闲客群	本地旅游休闲接待量	30	70
	外地旅游休闲接待量	20	
	本地居民人均出游次数	20	
六、具有丰富的面向居民和游客的旅游休闲产品	旅游休闲产品种类	60	200
	旅游休闲场馆人均拥有量	50	
	旅游休闲活动数量	50	
	夜间旅游休闲区数量	40	
七、旅游休闲满意度高	旅游休闲总体环境评价	20	60
	旅游休闲活动评价	20	
	旅游休闲服务评价	20	
八、旅游休闲设施和服务比较完善	旅游信息与咨询服务体系	30	120
	旅游集散服务体系	30	
	旅游休闲住宿设施	30	
	环卫设施等	30	
九、旅游休闲管理体制机制有效，推出有利的旅游休闲政策	旅游休闲发展委员会	20	100
	齐抓共管机制的建立	20	
	旅游休闲投诉受理机构	20	
	旅游休闲企业扶持政策	20	
	旅游休闲惠民政策	20	
十、资源环境保护与旅游休闲互促发展	生态保护措施	25	50
	文化资源保护的政策	25	

五、国家旅游休闲区的建设要求

国家旅游休闲区的建设将提高城乡居民幸福指数，提升国民生活品质，并将缓解当前存在的国民旅游休闲的供需矛盾，满足日益旺盛的国民旅游休闲需求。国家旅游休闲区建设还将有利于促进区域层面的城乡统筹发展和区域主体功能的优化开发。此外，国家休闲区在改善公共福利、以旅游带动地区经济发展和保护生态环境等方面都将发挥积极作用。结合学者的相关研究①，本书认为国家旅游休闲区的建设可以从以下 6 个方面着手推进。

（1）实现对公共旅游休闲资源的保护性利用。建设国家旅游休闲区的首要任务是对公共旅游休闲资源的保护性利用，实现公共旅游休闲资源的全民共享，令社会公众自主实施合理利用公共旅游休闲资源的权利，并保证公共旅游休闲资源不因当代人的利用而影响后代人对其的利用，即实现“代际均衡”。

（2）促进公共旅游休闲空间和设施的建设。公共旅游休闲空间与设施的开发和利用是建设国家旅游休闲区的主要工作内容。无论属于商业或非商业经营性质，这些旅游休闲空间与设施均需体现公共开放性，能够广泛接待各类社会人群，供其开展公共旅游休闲活动。对属于公共旅游休闲资源的景区、景点和场所坚持公共资源福利化模式，实行公益性管理。

① 杨振之，齐镭．“国家休闲区”及其理论与实践（上篇）［N］. 中国旅游报，2013-09-04（014）.

（3）加强面向旅游休闲消费需求的旅游休闲业态开发。国家旅游休闲区面向大城市群的人口聚集地区的城乡居民旅游休闲消费需求，需要围绕市场诉求，开发适销对路的旅游休闲业态。丰富旅游休闲产品体系，形成旅游休闲吸引力。完善旅游休闲产品谱系，实现旅游休闲产品的全民共享。

（4）推进“美丽乡村”与乡村旅游休闲产业的发展。促进乡村地区旅游休闲产业融合，推动乡村产业转型与发展是建设国家旅游休闲区的重要任务。国家旅游休闲区要求以旅游休闲经济为导向，对乡村产业门类进行调整，形成兼顾农业生产与休闲旅游服务功能，具有复合增值效应的现代农村休闲产业体系，提升农村产业经济效率与可持续性，全方位打造“美丽乡村”。

（5）推进特色旅游休闲城镇和村落的发展。建设国家旅游休闲区要依托现有城镇与村落作为落地空间，推动和扶持其针对旅游休闲产业的特征需求实现特色化发展，并实现产业经济、公共设施、景观风貌、人口素质的全面提升。

（6）合理开发利用商业性旅游休闲空间。商业性旅游休闲空间的开发与利用同样是国家旅游休闲区建设的重点范畴，应设置切合的扶持政策和高效合理的管理机制，引导民间资本投入国家旅游休闲区内的商业性旅游休闲空间与设施的开发和运营。

六、国家旅游休闲区与旅游景区、国家旅游度假区的区别与联系

（一）三者相互独立、方向各异

根据《李金早2015年全国旅游工作会议工作报告（即“515”战略）》[①]第23条，全国旅游工作要做到以下3点：①实施旅游精品工程，完善5A级、4A级景区创建，提升观光旅游品质，清退一批不合格5A级、4A级景区。②实施旅游度假区国家标准认定，在省级旅游度假区中，选择一批符合条件的，正式认定为国家级旅游度假区。③落实《国民旅游休闲纲要（2013—2020年）》，借鉴旅游发达国家做法，制定国家旅游休闲区标准，开展创建国家旅游休闲区试点工作。可见，A级景区、国家级旅游度假区、国家旅游休闲区是并列关系，A级景区强调旅游观光功能，国家级旅游度假区强调旅游度假功能，国家旅游休闲区强调休闲功能。

（二）国家旅游休闲区与国家旅游度假区的区别与联系

1992年国务院下发46号文件《国务院关于试办国家旅游度假区有关问题的通知》，先后批准了12处国家旅游度假区，其后一些省市也仿照国家的做法，逐步建设了一批省级旅游度假区。2015年10月，国家旅游局又公布了新的一批17家国家级旅游度假区[②]。国家现阶段提出的国家旅游休闲区与国家旅游度假区有明显的区别，综合王兴斌[③]等学者的研究成果[④]，可将二者差异归结为四个方面。

1. 产品方向：休闲旅游为主与度假旅游为主

国家旅游休闲区主要满足休闲消费需求，旅游产品非常综合，可以包括观光、休闲、度假和专项旅游产品，但基于旅游休闲区的定义和定位，其旅游产品方向应以休闲旅游为主。而国家旅游度假区，主要依托优良的旅游度假资源与环境，发展度假旅游，产品方向以滨海度假、温泉度假、康养度假等度假类旅游产品为主。虽然国家旅游度假区也有一定的观光、休闲和专项旅游产品，但其主要产品方向是度假旅游为主。产品方向的侧重，标志了二者的主要区别。

① http：//www.china.com.cn/travel/txt/2015-01/16/content_34575800.htm，2015全国旅游工作会议工作报告

② http：//www.chinanews.com/cj/2015/10-09/7560961.shtml，国家旅游局公布首批17家国家级旅游度假区

③ 景区、度假区、休闲区有什么区别？http：//travel.sohu.com/20150211/n408933164.shtml

④ 方磊. 国家休闲区与旅游度假区：差异与分化［N］. 中国旅游报，2014-05-28（016）.

2. **市场定位：大众休闲与高端度假**

国家旅游休闲区的设置是以满足国民旅游休闲需求为主要目的，以提高国民生活质量为主要诉求，其市场定位相对更加倾向于大众休闲旅游市场，面向国民旅游休闲需求。而国家旅游度假区定位为度假旅游，其市场定位相对高端、相对小众。国务院1992年下发的《关于试办国家旅游度假区有关问题的通知》中明确指出，"国家旅游度假区是符合国际度假旅游要求，以接待海外旅游者为主的综合性旅游区"。然而，这种市场定位早期导致了一定的尴尬，一是当时的度假产品还不成熟，还不能满足国际市场要求，二是国内度假市场尚未发育成熟，定位和市场需求出现错位。2011年实施的《旅游度假区等级划分》国家标准（GB/T 26358—2010）中，对旅游度假区的市场定位加以调整，由国外市场转向国内市场，但是对过夜游客的比例做出硬性规定，如国家级旅游度假区年过夜游客的人天数指标不能低于年总游客量的50%。可见，国家旅游度假区在市场定位上着重于停留时间较长的游客群，以接待过夜游客为主，即相对倾向于"小众"市场。

3. **设施与服务：相对公共性与相对封闭性**

国家旅游休闲区的设置要为本地居民和外来游客提供非竞争性和非排他性的公共休闲设施与服务，令休闲设施与服务兼顾游客和居民需求。国家旅游休闲区要求按照国民休闲需求配置公共旅游休闲吸引物、公共旅游休闲服务设施、公共旅游休闲交通体系及其他旅游休闲相关要素和设施，强调公共空间、公共设施、公共服务的完善度，以系统化的公共产品满足多元化的公众休闲需求，并实现公共旅游休闲资源的全民共享。在国家旅游休闲区内，无论商业性或非商业性旅游休闲设施和服务均需体现公共开放性，能够广泛接待各类社会人群，供其开展旅游休闲活动。对属于公共资源的景区、景点和场所加以引导和扶持，逐步推行公共资源福利化供给，实现相对公益性管理。

而国家旅游度假区内的度假设施与服务是专门为区内度假客群建设并提供的，要想享受到这些服务和设施就要付出一定的费用，因此旅游度假区的设施与服务对大多数游客来说具有封闭性，无法在经济层面有效惠及当地社区居民。

4. **土地利用：适宜强度与相对高强度**

国家旅游休闲区是一种新型国土资源利用模式，定位于完全保护性国土资源（如世界遗产地和国家公园）与高强度开发区之间，可以有效解决生态保护区开发限制多、开发强度低，而高密度开发区休闲资源和休闲设施严重不足的缺点。国家旅游休闲区强调通过强度适宜的开发，实现土地的社会、经济和生态综合效益最大化，达成资源利用的集约性与可持续性。

而国家旅游度假区的用地大致可分为三大类：第一类是直接为旅游者服务的用地，如接待设施用地、商店和服务设施用地及游览娱乐用地，一般在度假区用地中所占比重最大。第二类为公用事业、交通服务设施等用地，如供电、供水和排水设施等用地。第三类是间接为旅游度假者服务的用地，如管理、居住、加工、农副业及其他用地。当前我国旅游度假区土地利用具有土地投入强度高、建设用地比例高、直接经济效益高的特点，属于高强度土地开发模式。

（三）小结

国家旅游休闲区与各级旅游度假区的功能互补性强，市场定位各有不同，有望填补旅游度假区与旅游景区之间的空白，成为我国旅游专项功能区划体系中的关键一环，在国民旅游休闲时代发挥必不可少且无可替代的作用，集中、高效、完善地为公众提供福利性和商业性旅游休闲产品及服务，有效推动旅游产业的"供给侧"结构性改革（图1–5）。

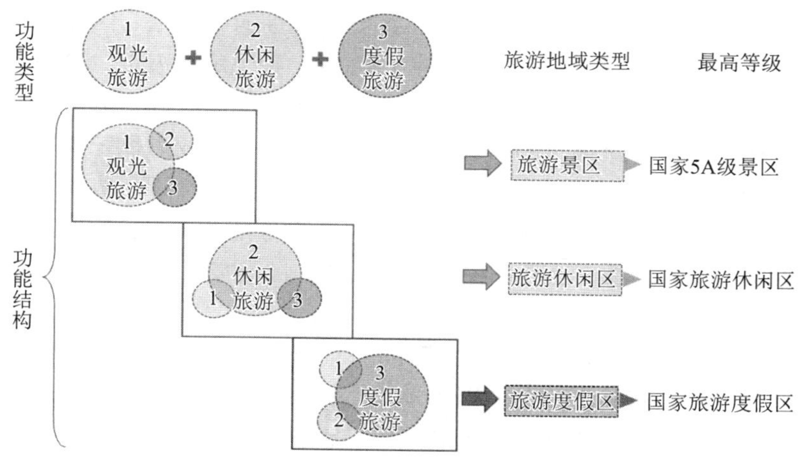

图 1-5 三者的区别与联系示意

第五节 国家旅游休闲区规划相关理论基础

一、马斯洛需求层次理论

马斯洛（Abraham Maslow，1908~1970）是美国著名的社会心理学家、人格理论家和比较心理学家，是人本主义运动的发起者之一和人本主义心理学的重要代表，也是第三势力的重要领导者（贾小明，赵曙明 . 2004）①。他认为，人类的需要是分层次的，由低到高（图 1–6）。它们是生理的需要、安全的需要、社交的需要、尊重的需要、自我实现的需要（郭卜乐 . 2005）②。

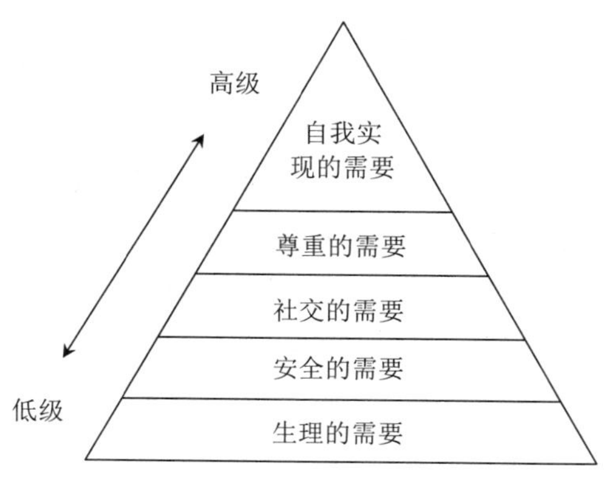

图 1–6 马斯洛需求层次

资料来源：根据郭卜乐，2005 绘制。

① 贾小明，赵曙明 . 对马斯洛需求理论的科学再反思［J］. 现代管理科学，2004（6）：3–5.

② 郭卜乐 . 马斯洛的需要层次理论［J］. 教师博览，2005（9）：38–39.

生理上的需要是人们最原始、最基本的需要，如吃饭、穿衣、住宅、医疗等。若不满足，则有生命危险。安全的需要要求劳动安全、职业安全、生活稳定、希望免于灾难、希望未来有保障等。社交的需要也叫归属与爱的需要，是指个人渴望得到家庭、团体、朋友、同事的关怀、爱护、理解，是对友情、信任、温暖、爱情的需要。尊重的需要可分为自尊、他尊和权力欲三类，包括自我尊重、自我评价以及尊重别人。与自尊有关的，如自尊心、自信心，对独立、知识、成就、能力的需要等。自我实现的需要是最高等级的需要。满足这种需要就是要求完成与自己能力相称的工作，最充分地发挥自己的潜在能力，成为所期望的人物。这是一种创造的需要。自我实现意味着充分地、活跃地、忘我地、集中精力全神贯注地体验生活。

人类都潜藏着这五种不同层次的需要，但在不同的时期表现出来的各种需要的迫切程度是不同的。人的最迫切的需要才是激励人行动的主要原因和动力。在高层次的需要充分出现之前，低层次的需要必须得到适当的满足。低层次的需要基本得到满足以后，它的激励作用就会降低，其优势地位将不再保持下去，高层次的需要会取代它成为推动行为的主要原因。

旅游休闲是人的活动的一种形式，马斯洛关于人生需求 5 个层次的论述被旅游界广泛引用作为产生旅游动机的理论基础（谢彦君，1999）[①]。保继刚与楚义芳（1999）[②] 将旅游活动分为基本活动、提高层次与专业层次，这种划分形式以及划分的内容与 5 个层次的论述有一定的潜在关联。旅游是人们在满足温饱之后而产生的一种更高层次的需求行为（王艳平，2005）[③]。而旅游休闲活动的发生与人们自我实现的需要有密切关系。自我实现是人成为自己的本性和潜力所能达到的一种需要或愿望，主要强调从人的本性出发，它实质上就是充分发挥自己的潜力所能达到的境界（戴正清、徐飞等，2005）[④]。旅游休闲区的规划与管理应充分利用马斯洛需求层次理论，满足旅游休闲者特定阶段的特定需求。

二、旅游地域系统理论

系统是在要素基础上以某种方式相互作用而形成的整体结构。旅游是旅游者旅行和在目的地暂时停留活动所形成的功能系统、空间系统和经济系统。旅游业由旅游主体（旅游者）、旅游客体（旅游资源）和旅游媒体组成（交通、宾馆、旅行社等）组成。从地理学的观点看，旅游由旅游客源地、旅游目的地和联系客源地和目的地之间的旅游通道三个主要成分组成（保继刚等，1993）[⑤]。旅游系统是由相关的供给方和需求方两部分组成，并通过旅游中介沟通的地域系统。

旅游客源地是旅游者的居住地，旅游活动的开始地，也是结束地。旅游目的地是吸引旅游者进行短暂停留、参观游览之地。主要是指为已经到达出行终点的游客提供游览、娱乐、食宿、购物、享受、体验或某些特殊服务等旅游需求的多种因素的综合体，由吸引物、设施和服务三方面要素组成。其基本构成和空间要素可能包括通道、入口、吸引物综合体、一个或一个以上的社区以及吸引物和社区间的连接道路等。旅游通道将客源地和目的地两个区域连接起来。旅游通道的特征和效率将影响和改变旅游流的规模和方向，是整个系统的桥梁（图 1-7）。

① 谢彦君．基础旅游学（第二版）［M］．北京：中国旅游出版社，1999.
② 保继刚，楚义芳．旅游地理学（第二版）［M］．北京：高等教育出版社，1999.
③ 王艳平．基于马斯洛需求层次理论看温泉地的公益性建设［J］．北京第二外国语学院学报，2005（5）：61-65.
④ 戴正清，徐飞等．论马斯洛自我实现理论［J］．宁波大学学报（人文科学版），2005，18（2）：87-90.
⑤ 保继刚，楚义芳，彭华．旅游地理学［M］．北京：高等教育出版社，1993.

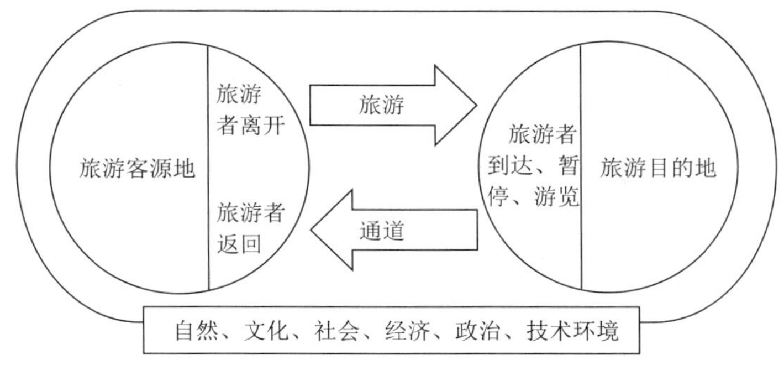

图 1-7 旅游系统

资料来源：据保继刚等，1993，转引自 B. G. Boniface & C. P. Cooper，1987，p.4。

旅游地域系统基本结构由上述及部分组成，而不同学者根据自身的侧重构建了不同的结构模型，如 C.A.Gunn（1988）①、C.A.Gunn 等（2005）②、吴必虎（1998）③ 等均给出了相似的旅游系统结构。

国家旅游休闲区研究的重点在于旅游休闲客体（即旅游休闲资源、设施与服务）与旅游休闲主体（城乡居民），进行旅游休闲需求和旅游休闲市场的研究。旅游地域系统理论将使旅游休闲功能系统、空间系统、经济系统实现整合，将旅游休闲研究各部分融为互相联系的整体，实现旅游休闲研究系统化、科学化。

三、游憩机会谱（ROS）理论

游憩机会谱（Recreational Opportunity Spectrum，ROS）理论 20 世纪 60~70 年代产生于美国（Cynthia Warzecha et al.，2001）④，是对一地的旅游资源、环境条件是否适合开发为旅游产品和开发成何种类型的旅游产品的一种规划工具（Roger Clark and George Stankey，1979）⑤。

游憩机会是指“游客得到一个真正的选择机会，选择在其偏好的环境中，参与偏好的活动，以实现其期望得到的满意体验”（U.S. Forest Service，1982）⑥，即人们必须意识到有这些机会可供选择，这些机会也必须是由他们所期望的条件构成。“游客所期望的条件”包括某个游憩地自然、社会和管理特征要素，即游憩地的自然（植被、景观、地形等）、游憩使用（使用的水平和类型）和管理（对场地的开发、道路、游客规则等）要素共同构成了一个游憩机会。将这些要素的各种变化情况组合起来，管理者就可为游客提供一系列的游憩机会。但是由于任何一个单独的游憩地都不可能提供整个谱系中的全部机会类型，因此游憩机会谱系的运用更加强调在区域的层次上加强合作，共同提供多样化的游憩机会。

最常见的游憩机会谱是美国林务局所制定的“六分法”（表 1-7），它从影响游客体验的角度将游憩地划分为 6 种类型，即原始区域、半原始且无机动车辆使用的区域、半原始且有机动车辆使用的区域、

① C. A. Gunn. Tourism Planning［M］. New York：Van Nostrand Teinhold，1988.

② C.A. Gunn，T. Var. Tourism Planning：Basics，Concepts，Cases［M］. 吴必虎，吴冬青，党宁（译）. 旅游规划理论与案例［M］. 大连：东北财经大学出版社，2005：162.

③ 吴必虎 . 旅游系统：对旅游活动与旅游科学的一种解释［J］. 旅游学刊，1998（1）：21-25.

④ Cynthia Warzecha，Robert Manning，David Lime. Diversity in Outdoor Recreation：Planning and Managing a Spectrum of Visitor Opportunities in and among Parks［J］. Managing Recreational Use，2001.

⑤ Clark，Roger N，Stankey，George H. The recreation opportunity spectrum：a framework for planning，management，and research［A］. In Gen. Tech. Rep. PNW-GTR-098. Portland，OR：U.S. Department of Agriculture，Forest Service，Pacific Northwest Research Station，1979：32.

⑥ U.S. Department of Agriculture，Forest Service. ROS users guide［S］. Washington，DC：U.S.Department of Agriculture，Forest Service. 1982：14-16.

通道路的自然区域、乡村区域及城市区域（U.S. Forest Service，1982）[①]。每种类型都对应着不同的自然、社会和管理要素。该谱系从 6 个方面对旅游地进行评价，以确定最为合适的游憩方式和产品类型。游憩机会谱的渐变式思想方法对突破以往旅游产品开发中非此即彼的二元思维具有重要的启示意义。

表1–7　游憩机会谱六个级别序列环境描述

游憩机会谱级别序列	原始	未经改变的规模很大的自然区域 使用者之间的相互作用很低，其他使用者出现的机会极少 在管理方面，人类限制和控制的影响很小 区域内禁止机动车辆
	半原始无机动车	中等到大型规模的自然区域 使用者之间的相互作用很低，但会有其他使用者出现的迹象 在管理方面，对使用地点的控制很小但其有一定的限制 区域内禁止机动车辆
	半原始有机动车	中等到大型的以自然特征为主的区域 游客集聚的程度比较低但经常能够遇到其他使用者 在管理方面，对使用地点的控制很小但具有一定的限制 区域内允许使用机动车辆
	通道路的自然区域	以自然特征为主的区域 有中等程度的人类迹象出现但基本与自然环境和谐 使用者之间的相互作用低到中等程度，但其他使用者出现得很普遍 资源改变和利用的人类活动很明显但基本与自然环境和谐 为机动车辆使用提供标准的建设道路和设施
	乡村	主要以改变的自然环境为特征，乡土植被基本保留原始状态 人类迹象明显，使用者之间的相互作用中等偏多 有相当数量的设施提供给游客使用 为密集的机动车使用提供设施及停车场
	城市	主要以城市环境为主，植被通常是外来种并且被修剪 在娱乐地点人类迹象明显 为高度密集的汽车使用提供设施和停车场 公共交通系统可以载游客进入娱乐地点

资料来源：整理：赵迪，2006[②]；蔡君，2006[③]。

游憩机会谱框架的类型是根据实际情况变化的。像 Midewin 的三类框架（Appendix D Report）、英格兰北部国家路径系统和荒野游憩机会谱的四类框架（Wenatchee）、维多利亚公园游憩机会谱的五类框架（Tourism In Parks [R]）、新西兰中央政府组织保护部门的七类框架等各种不同的游憩机会谱框架（DOC [SR]），以及不完全等同于最初框架的美国水体（Water Recreation [R]）、齐佩瓦族和苏必利尔国家森林区域（Forest Plan Revision [R]）游憩机会谱的六类框架。

国内学者对游憩机会谱理论的引进较早，范业正（1998）[④] 对游憩机会谱方法进行了引介，并认为它是针对山林自然区规划的一种方法，基于若干因素把林地旅游活动排成一个系列谱，以此来管理和规划旅游开发。游憩机会谱理论可用于国家旅游休闲区、国家公园等地域休闲游憩活动的规划与

① U.S. Department of Agriculture，Forest Service. ROS users guide [S]. Washington，DC：U.S.Department of Agriculture，Forest Service. 1982：14–16.

② 赵迪 . 浅析美国娱乐机会谱系理论及其在中国的应用 [J]. 重庆建筑，2006（9）：31–34.

③ 蔡君 . 略论游憩机会谱（Recreation Opportunity Spectrum，ROS）框架体系 [J]. 中国园林，2006（7）：73–77.

④ 范业正 . 区域旅游规划与产品开发研究 [D]. 北京，中国科学院地理研究所博士论文，1998.

管理。

四、体验经济理论

（一）体验经济的提出

1999 年，约瑟夫·派恩（B. Joseph Pine II）与詹姆斯·吉尔摩（James H. Gilmore）在其合著的《体验经济》（*The Experience Economy*）一书中首次提出了体验经济的概念。体验经济在美国发展取得一定成绩后，开始向世界其他国家和地区迅速渗透和扩展。2002 年 9 月，以“体验经济与体验设计”为主题的国际学术研讨会在沈阳召开，我国学者逐渐从景区开发管理、产品营销等角度对体验经济加以研究[①]。

（二）体验经济的内涵

体验经济是一种产生于传统经济之上的层次更高的经济形态，与其他经济形态相比，它具有显著的体验性和个性化特征以及注重人本主义和情感性特征。体验经济是企业以服务为舞台，以商品为道具，以消费者为中心，使消费者参与其中，引起其胸臆间的热烈反响，并且创造出值得消费者回忆的，令其难以忘怀的经历的活动[②]。

（三）体验的分类及价值

在体验的分类方面，经典的体验经济理论根据消费者参与体验的主动性与是否融入情境还是吸收信息的角度，体验可以分为娱乐（entertainment）体验、教育（education）体验、遁世（escape）体验和审美（estheticism）体验四大类（图 1–8）。通常，让人感觉最丰富的体验，是同时涵盖四个方面，即处于四个方面的交叉处的“甜蜜地带”（sweet spot）的体验。经济学家认为，体验是一种经济物品，体验是一个新的价值源泉。

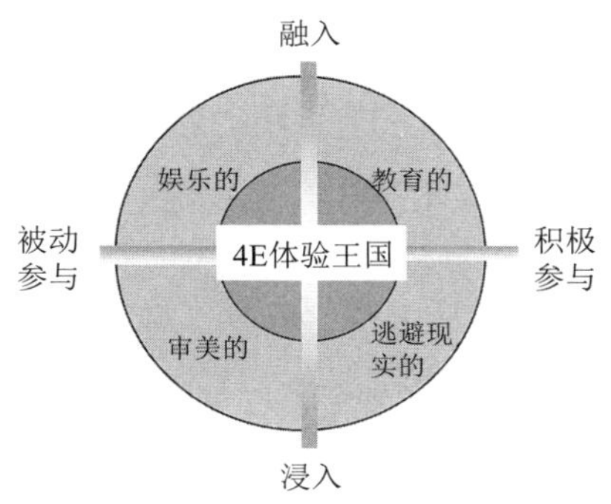

图 1–8 体验的构成

（四）创造体验价值的方法

体验与商品一样，需要经过策划、设计才能使其价值呈现出来。根据关志杰的总结[③]，设计体验有 5 个基本原则：

---

① 王欣 . 试论体验经济时代历史文化旅游产品的开发——以徐州两汉文化旅游产品为例［J］. 江苏商论，2008（5）.

② 李文杰 . 体验经济视角下的旅游产品再分析［J］. 内蒙古师范大学学报（哲学社会科学版），2007（5）.

③ 关宏志 . 交通规划的新视点——体验经济理论给我们的暗示［J］. 城市规划，2004，28（7）：80–84.

（1）确定主题。制定明确的主题可以说是经营体验的第一步。为一种体验设定主题，意味着为一个参与性的故事撰写剧本。如果缺乏明确的主题，消费者就抓不到主轴，就不能整合所有感觉到的体验，也就无法留下长久的记忆。

（2）用正面线索塑造印象。主题是体验的基础，要塑造令人难忘的印象，就必须制造强调体验的线索。线索构成印象，在消费者心中创造体验。而且每条线索都必须支持主题并与主题相一致。事实上，每一个小的服务性动作、语言都可以成为线索，都可以帮助创造独特的体验。

（3）排除负面因素。要塑造完整的体验，不仅需要设计一条条的正面线索，还必须减除削弱那些违反、转移主题的负面线索。体验的设计者必须消除分散主题的任何东西。实践证明，太多随意的服务会破坏一种体验。

（4）充分利用纪念品。纪念品的价格虽然比不具纪念价值的相同产品高出很多，但因为具有回忆体验的价值，所以消费者还是愿意购买。度假明信片使人想起美丽的景色，绣着标志的运动帽让人回忆起某一场球赛，印着时间和地点的热门演唱会的运动衫，令人回味演唱会的盛况。经过制定明确主题、增加正面线索等过程，设计出精致的体验，使消费者愿意花钱买纪念品、回味体验。

（5）整合多种感官刺激。体验中的感官刺激应该支持、增强主题，而且体验所涉及的感官越多，就越容易成功、越令人难忘。

第二章

国家旅游休闲区国际经验与案例

第一节 美国国家休闲区实践经验

基于相关学者的研究成果[①②]及国外资料的梳理分析，本书首先探索了美国对国家休闲区（National Recreation Area）的实践，以期对中国国家旅游休闲区的建设提供有价值的经验。

一、概念简述

美国国家休闲区（National Recreation Area，NRA）是美国国土资源利用的一种新形式，既是一种国土主体功能区，也是一种产业专项功能区，其所涉及的国土资源介于完全保护性公有国土资源（如国家公园和遗产地等）和高密集度开发利用的私有国土资源（如工业园区和城市居住区等）之间，通常是拥有较好的自然与文化旅游资源，由公私部门合作开发，可供民众开展公共休闲旅游活动的国土资源（表 2–1）。

表2–1 国家休闲区是美国一种处中间地带的国土主体功能区

角度	保护性国土资源	中间地带：国家休闲区	高强度开发区域
代表性业态	国家公园、自然保护区、国家地质公园、国家森林公园、国家湿地公园	城镇群周边游憩区、环城市休闲游憩带、休闲农业集聚区	度假区、工业园区、城市居住区
开发强度	弱	中等	强
保护性	强	中等	弱
开发限制	强	中等	弱
生态环境	佳	友好	要求较低
休闲资源	充足	有一定的区域性重要吸引物	不足
休闲设施	不足	充足	不足
休闲功能	弱	强	弱
经济效益	弱，较少惠及当地居民	中等，广泛惠及当地居民	强
服务对象	外来游客	兼顾本地居民和外来游客	城市以本地居民为主，度假区以外来游客为主
服务费用	不一定免费开放	向公众免费或低费开放	城市较少，且不一定免费开放；度假区较多
旅游产品	以观光旅游、生态旅游、探险旅游类产品为主，缺少休闲度假类旅游产品	以休闲游憩类产品为主，包括商务休闲、乡村休闲、文化休闲、运动休闲、养生休闲、娱乐休闲等	以商务旅游、度假旅游类产品为主，缺少休闲类旅游产品

二、设立原因

美国的国家公园系统尽管可以吸引充足客流来访，但其开发限制过多，对周边社区的经济带动

① 齐镭 . 美国国家休闲区研究与启示［N］. 中国旅游报，2013–10–16（014）.

② 杨振之 . “国家休闲区”及其理论与实践［N］. 中国旅游报，2013–09–18（014）.

效应不强，未能令旅游业的发展惠及当地，巨额资源保护补贴也给政府带来财政负担。为解决这一问题，国家休闲区应运而生。其在空间上更加接近客源地区，在产业发展上更为多元联动，在开发限制上更加灵活可操作。国家休闲区主要面向国民休闲需求，提供选择多样、容量充足的休闲设施与活动，降低国家公园系统的客流压力，其收益广泛惠及当地居民。同时，相比完全市场化开发的旅游度假区，国家休闲区在社区福利、生态保护和可持续性发展方面优势明显，更加适合国民休闲活动需要。由此，国家休闲区得以在改善公共福利、以旅游带动地区经济发展和保护生态环境等方面实现良好平衡。

三、空间分布特征

国家休闲区在美国的分布并不追求地理空间或行政区划上的绝对均衡。全美 50 个州中有 23 个未设国家休闲区。其在西海岸和东海岸经济实力较强州的分布密度明显更高。在国家公园集中但经济偏弱的中西部各州则分布稀疏。这说明国家休闲区在美国的主要功能诉求是向经济发达的都市圈靠拢，释放近中程日常休闲需求。

四、设立标准

美国国家休闲区的设立标准由总统休闲咨询委员会（Recreation Advisory Council）制定，包括两个层次。

（1）国家休闲区的一级设立标准：①应该拥有充足的用地（无量化限定）；②设计上应具有较高休闲活动容量；③必须拥有一项区域性重要吸引物；④政府性开发必须旨在以大型项目带动休闲产业发展；⑤交通条件必须可供 400 千米半径内客群便利进入；⑥户外休闲活动是首要的资源管理目的；⑦必须以休闲活动为优先功能。

（2）国家休闲区的二级设立标准：①靠近居民密度较高的地区；②靠近户外休闲活动供给不足的地区；③政府构建休闲设施容量不足的地区；④新增休闲活动相关设施应具高性价比；⑤可用于公立蓄水片区的最优化休闲开发；⑥休闲功能必须优先于其保护或资源开发功能；⑦开发计划应该遵循国家休闲计划的目标；⑧选址应向经济发展需求更迫切的地区倾斜。

五、主管机构

美国国家休闲区必须经由美国国会批准建立。现有 42 个国家休闲区的主管机构，21 个为农业部下属的国家林业局，20 个为内政部下属的国家公园管理局，另一个为内政部下属的土地管理局。

六、管理机制要点

国家公园管理局和林业局直接负责国家休闲区的统筹管理工作，并在各自下属管理部门的配合下实施垂直管理模式。国家休闲区始终贯彻“公益性理念”，管理者只有照看与维护的义务，没有随意支配的权利，管理人员收入来自公共财政拨款。国家休闲区原则上要求地方政府与原住社区、特许经营商等协作建立多方参与、权责利平衡、依法监督、公众参与的管理体制。国家休闲区在规划工作上强调系统性与标准化，如国家公园管理局主管的国家休闲区规划就统一由该局下属的丹佛规划中心独家操作完成。国家休闲区采取特许经营模式，将管理者和经营者分离。管理部门只提供后勤服务及部分旅游纪念品销售，区内餐饮、住宿等门类服务设施的经营必须以公开招标的形式征求经营者。

七、经验启示

美国国家休闲区作为我国国家旅游休闲区的概念来源，尽管两国存在诸多方面的差异，但仍为我们带来若干共性启示。首先，国家休闲区的主要功能是选择真正适合的国土资源，对其进行更为高效集约的利用，使其上附着的各类旅游休闲资源充分体现公共属性，针对国民需求提供数量充足、质量良好的公共休闲产品。其次，国家休闲区旨在解决利用禁止开发性国土资源的国家公园、核心景区等无法在经济层面有效惠及当地社区的固有矛盾，使拥有公共旅游资源的地区能够因旅游业发展切实改善经济水平，推动人居品质提升。最后，国家休闲区鼓励适当限度内的市场化、商业化开发，有效发挥自身的经济功能。在区位选址方面，主动靠拢休闲旅游市场规模大、前景好的经济较发达地区；在产业门类方面，引导度假业、会展业、文化产业、运动产业和房地产业等有序发展；在经营模式方面，灵活运用特许经营、BOT（建设—经营—转让）等工具吸引社会资金参与。

第二节　日本休闲娱乐区实践经验教训

一、概念简述

日本休闲娱乐区建设是继“新产业城市[①]”建设和“技术聚集城市[②]”建设之后，日本政府推行的又一次全国性大规模国土开发项目。根据日本的相关法律，“休闲娱乐区”是指修建在海滨或山区等风景秀丽地区，包括体育、文化、教育集会、休闲和住宿等各种设施在内，可供人们长期居住的大规模综合度假区[③]。

二、设立原因

日本经过经济高速增长，第三产业迅速发展，国民生活水平明显提高之后，对休闲需求迅速增加。根据日本内阁府的调查，1983 年以后，“休闲娱乐生活”排在了国民生活追求的第一位。同时，国民的自由支配时间增多，生活方式日益多样化，对业余生活的需求日益增长。如何消遣自由时间成为个人和国家所关心的问题。从国际经济环境看，20 世纪 80 年代以来，日本外需主导型经济结构受到了挑战。日本与欧洲，特别是与美国的贸易摩擦不断加深。不得不调整经济结构，通过扩大内需，创造更多的国内就业机会，发展内需主导型经济。休闲娱乐区构想就是在这种内外背景下提出并实施的[④]。

三、政策措施

为支持休闲娱乐区建设，日本政府给予了全面支持，出台了一系列政策措施。

第一，制定并实施专门的法律。1986 年 5 月通过《关于灵活利用民间企业能力促进特定设施建设的临时措施法》，同年 8 月开始，国土厅、农林水产省、通商产业省、运输省、建设省、自治省和环境厅 7 个省厅陆续发表了关于休闲娱乐区建设的构想。11 月，成立了由 47 个都道府县参加的“大规模休闲娱乐区建设推进协议会”，以推动大规模休闲娱乐区的开发，加强各地区间的联系和协调。12

---

① “新产业城市”，是指 20 世纪 60 年代中期开始实施的国土开发政策，旨在解决大城市产业和人口过密问题，缩小地区间的差距，在太平洋沿海工业地区以外选定主要位于临海地区的具有相当工业用地规模的 15 个地区，建立具有综合性城市功能的地方产业城市。

② “技术聚集城市”，是指在 20 世纪 80 年代初日本“科技立国”战略下提出和建设的、旨在建立以尖端技术为核心的产学住一体化的新型城市。

③ 周建明 . 旅游度假区的发展趋势与规划特点［J］. 国外城市规划，2003（1）：1–5.

④ 乌兰图雅 . 日本休闲娱乐区的建设及启示［J］. 南昌航空大学学报（社会科学版），2008（3）：1–7.

月，“利用民营力量推进恳谈会”决定，将大规模休闲娱乐区开发事业纳入“民活法”计划中。1987年6月，综合各省厅的构想，通过了《综合保养地区整治法》（简称《休闲娱乐区法》）。另外，还放宽了《自然公园法》《森林法》《农地法》《国有林法》以及《港湾法》等法律的限制条件，为休闲娱乐区建设提供了便利。

第二，在国民休假制度上大力调整，增加国民休假时间。1987年9月通过了《劳动基本法》修正案规定，以周劳动时间40小时作为法定劳动时间，1987年12月通过《工资法》修正案，规定从1988年4月开始国家公务员正式实行4周休息6天的制度。从1989年2月1日开始，金融机构每月关闭两次窗口。从此政府部门、企业、学校等逐渐普及了一周休息两日的休息制度。这为休闲娱乐产业的发展提供了前提。

第三，提供优惠的财政税收政策。日本政府在财政和税收方面对休闲娱乐区建设给予积极援助。对于具备规定条件的休闲娱乐地区，在资金方面通过政府系统的金融机构（日本开发银行、北海道东北开发公库）提供低息贷款，从政府处理NTT（日本电报电话公司）股票收益专项基金中提供无息贷款。地方政府通过发行地方债的特例措施来确保建设预算，中央财政则对地方增加转移支付。另外，民间企业出资，也是休闲娱乐区建设的重要资金来源。在税制上，对法人税和所得税提供特别折旧（第一年度为13%），免除特别土地保有税，减免事业所税（市町村税的一种）。对民间企业的建设事业，本着受益者负担的原则。

第四，民间企业和地方政府共同出资成立专门的第三部门，甚至首相也提出了个人的政策构想。全国有76处提出了开发面积占全国国土近1/3的休闲娱乐区构想。在休闲娱乐区，由民间企业和地方政府共同出资成立第三部门，促进重点整治地区内的基础设施建设。

四、建设绩效及调整

在日本，当中央政府酝酿“休闲娱乐区构想”时，就引起了各地的广泛关注。“休闲娱乐区法”成立的第二年，即1988年，被称为“休闲娱乐区元年”，1989年（平成元年）成为休闲娱乐区开发计划实施年。

然而，“休闲娱乐区法”制定仅两年后的1989年亚洲金融危机的爆发，企业开始撤资或缩小投资规模，有一半以上的道（县）计划不得不进行调整或中止。中央政府开始对休闲娱乐区的大规模建设项目进行反省和调整。在1998年制订的全国综合开发计划《21世纪的国土宏伟蓝图——促进区域自立和创造美丽的国土》（五全综）中，虽仍明确提出继续开发休闲娱乐区，但指出要根据当地的具体情况调整基本构想，并提倡建设小规模的休闲娱乐区。

五、经验教训

邻国日本的经验教训值得我们吸收和借鉴。

（一）主要教训

建设休闲娱乐区，要充分论证其可行性。要充分论证其能否盈利，能否创造较多的就业机会等。在全国能够建立多少个何等规模的综合性休闲娱乐区。以务实、谨慎的态度制定相应的法律和规划，确立和完善制度评价体系是必需的。只有在充分科学论证的基础上，才能确定某地区建设休闲娱乐区的可行性、建设规模、重点发展方向等。

（二）经验借鉴

（1）应将休闲娱乐区建设纳入全国国土开发政策体系中，明确休闲娱乐区建设的目标。日本政府休闲娱乐区建设以国土开发计划即《第四次全国综合开发计划》为前提，确立“多极分散型国土”的目标，休闲娱乐区是构建“多极分散型国土”的一项重要计划。而且，除了国土开发政策外，还将休闲娱乐区开发政策置于旅游产业政策乃至国家宏观政策体系中进行分析和调整。

（2）应由中央政府统筹规划，地方政府和民营企业合作，共同建设和经营适合地方情况的有特色的休闲娱乐区。休闲娱乐区作为一个需要相当规模占地和较高规格设施的综合性区域，以发展休闲旅游产业为目的，投资规模巨大，因此不宜以行政地区为单位，建立繁多的综合型休闲娱乐区。

（3）应加强同周边城市的合作，形成休闲娱乐城市集群，建设成熟而广阔的城市休闲产业大系统。在这些城市内部，根据不同的城市特色和资源优势，进行合理的分工与布局，进行差异化的建设与定位，从而实现联动、互促和共赢。

（4）建立和完善政策评价制度。由中央政府组织建立休闲娱乐区开发政策评价机构，对休闲娱乐区的目的、目标、选址、设施建设项目、经济和社会的预期效果等进行全面、详细的讨论、调查和研究，及时而有效地发挥政策评价结果的作用。

（5）借助本地特有的地域文化，塑造休闲娱乐区的品牌，培养和引进具有国际水准的休闲产业管理人才和高素质的休闲产业服务人才也很重要。

第三节　不同类型旅游休闲区案例借鉴（以美国为例）

一、湖泊型旅游休闲区

（一）米德湖国家休闲区（Lake Mead National Recreation Area）

1. 基本情况简介

米德湖，是美国最大的人造湖和水库。位于内华达州与亚利桑那州交界处，赌城拉斯维加斯东南48千米。米德湖距离拉斯维加斯有45分钟到1小时的车程，是世界上第十六大的人工湖。米德湖国家休闲区是个休闲娱乐的绝佳好去处。由著名的胡佛水坝（Hoover Dam）拦科罗拉多河而成。水库在大坝之后延绵180余千米，蓄水约350亿立方米，水库通过给水工程供应南加州与内华达州社区用水。米德湖的形成开始于1935年，不到一年后，胡佛水坝建成。米德湖1936年确立为巨石水坝游憩区，1964年，该地区扩大到包括湖莫哈维及其周边地区，并由美国国会指定成为第一个国家游憩区。

2. 经验借鉴

（1）以休闲活动开展为优先功能，空间上接近客源地区。米德湖国家休闲区向内华达州经济发达的都市圈靠拢，释放近中程日常休闲需求，并联串联片开发，使其上附着的各类旅游资源充分体现公共属性，针对国民需求提供数量充足、质量良好的公共休闲产品，同时建旅游厕所等配套设施，最大限度地为市民休闲提供方便。

（2）提供选择多样、容量充足的休闲设施与活动。米德湖国家休闲区内可以享受完美的日光浴，可以游泳、划船、钓鱼、徒步、玩水上摩托车，也可以在树荫下野餐，或是沿着漫长的海岸线闲逛看风景。还设有游步道和周边的沙漠景观游览区。在产业门类方面，引导度假业、会展业、文化产业、运动产业和房地产业等的有序发展（图2–1）。

图 2–1　美国米德湖国家休闲区旅游活动（划船、沙漠景观、胡佛大坝观光）

（二）埃米斯塔德国家休闲区（Amistad National Recreation Area）

1. 基本情况简介

埃米斯塔德国家休闲区位于得克萨斯州，建立于 1990 年 11 月。埃米斯塔德国家休闲区是由国家公园管理局（NPS）管理的一处公园，包括埃米斯塔德水库周边区域，该水库是由得克萨斯州几条河流交汇处的特德水坝形成的。

2. 经验借鉴

埃米斯塔德国家休闲区提供了全年水上休闲的机会，包括划船、钓鱼、游泳、潜水和滑水等。此外该国家休闲区还提供了野餐、远足、野营、狩猎的机会。该地区的考古和岩石艺术丰富，并含有多种动植物。在秋季，成千上万的帝王蝶经过该区域，它们要在从加拿大南部到墨西哥中部的迁移中飞行 4800 千米。不像大多数的国家公园，该休闲区内人们可以狩猎，只要遵守州和联邦法律的规定。在特定的时间，在规定的狩猎区内，鹿、野猪、火鸡、兔子、羊、野猪等都是允许狩猎的（图 2–2）。

图 2–2　美国埃米斯塔德国家休闲区旅游活动（垂钓、游船）

二、峡谷型旅游休闲区

（一）格伦峡谷国家休闲区（Glen Canyon National Recreation Area）

1. 基本情况简介

科罗拉多河在犹他州的最后一段本是格伦峡谷，1963 年，在科罗拉多河刚进入亚利桑那州的地方建起了“格伦峡谷大坝（Glen Canyon Dam）”，从而抬高了科罗拉多河整个峡谷的水位，还造成了一个人工湖“鲍威尔湖（Lake Powell）”。科罗拉多河在峡谷里弯弯曲曲、奔流不息，两岸的山崖峭壁气势雄伟、亮丽多彩、风光壮观秀丽。现在，200 多千米长的科罗拉多河，包括沿河的陆地总共 1200 多平方千米的范围，规划为“格伦峡谷国家休闲区”。

2. 经验借鉴

格伦峡谷国家休闲区既是登山运动的训练场，也是个水上运动项目应有尽有的水上乐园。休闲区内还有一些历史遗迹，包括利兹轮渡、戴尔农场等，游客可以聘请向导进行徒步观光之旅（往返 1.6 千米）。鲍威尔湖的旅游开发以度假休闲旅游为主，水库最受欢迎的娱乐活动是游船、垂钓、急流等水上项目。鲍威尔湖相关部门为接待游客，专门兴建了具有一定规模的船屋区用于水上住宿。为满足在格伦峡谷水电站下游大峡谷国家公园游船观光的需要，还开辟有多个游船码头。在鲍威尔湖蓄水后的 20 年，大峡谷急流娱乐活动规模急剧增加，到了 20 世纪 70 年代，国家公园局不得不施加每年漂流者人数不超过 22000 人的限制。除此之外，野营、游泳、摩托艇等活动也深受游人喜爱，管理方同样建有相应的设施提供服务[①]（图 2–3）。

图 2–3　美国格伦峡谷国家休闲区旅游活动（游艇、彩虹桥观光、水上酒店）

（二）大角羊峡谷国家休闲区（Bighorn Canyon National Recreation Area）

1. 基本情况简介

怀俄明州发源于洛基山脉东麓的大角羊河（Bighorn River）自南向北流向蒙大拿州。在进入蒙大拿州 30 千米的地方修筑了拦河大坝“黄尾大坝（Yellowtail Dam）”，从而河的上游包括怀俄明州的 30

① 丁枢 . 美国水利旅游资源开发对我国的启示［J］. 宏观经济研究，2012（6）：108.

千米一段内，形成了总长 60 千米的大角羊湖（Bighorn Lake）。湖加上两边的山就组成“大角羊峡谷国家休闲区”（图 2–4）。这里随处可见三五成群的大角羊。

图 2–4 美国大角羊峡谷国家休闲区旅游活动（徒步、划船、艺术家驻场计划）

2. 经验借鉴

徒步和划船是大角羊峡谷国家休闲区最受欢迎的两项活动。休闲区为游客提供了多条徒步线路，可以欣赏丰富多样的峡谷景观，享受安静朴素的自然环境。游客可以在接待中心获取徒步旅行的信息和地图。至于划船方面，有小船、皮划艇、独木舟等不同种类可供选择。休闲区共有两个码头，为划船者提供一些便利的服务设施。此外，大角羊峡谷国家休闲区专门为工艺品制作者、传统手工艺者、音乐家、诗人、摄影师、作家、演奏家等各类艺术家们准备了“艺术家驻场计划”，便于他们相互分享和激发各自对于自然世界的灵感[①]。

三、山地型旅游休闲区

（一）贝克山国家休闲区（Mt. Baker National Recreation Area）

1. 基本情况简介

贝克山国家休闲区位于美国华盛顿州，休闲区内巍峨的山峰、倒影如画的山间湖泊、繁花似锦的高山草甸，一幅幅美不胜收的景色吸引着无数的健行爱好者，而其中的贝克山更是充满无穷的魅力和诱惑。贝克山（Mt.Baker）海拔 3285 米，是一座终年冰雪覆盖的火山，山上有 12 条大冰河，也是喀斯喀特山脉最北端的一座山峰，以每年极高的降雪量和冰川而闻名，即使盛夏时节，山顶也依然是白雪皑皑。

2. 经验借鉴

除了徒步登山活动外，贝克山国家休闲区有四季的特色。春天，采摘野花；夏天，下河漂流；秋天，露营野餐；冬天，登山滑雪。近年来，贝克山成为远近闻名的滑雪胜地，开辟有专门的滑雪道，并且有专门人士指导滑雪，深受广大滑雪者的喜爱，游客在这里可尽享滑雪带来的乐趣（图 2–5）。

---

① 资料来源：https：//www.nps.gov/bica/index.htm

图 2-5 美国贝克山国家休闲区旅游活动（徒步、露营、滑雪）

（二）圣莫妮卡山国家休闲区（Santa Monica Mountains National Recreation Area）

1. 基本情况简介

洛杉矶大都会区的西北角是东西长 40 多千米、南北宽十多千米的圣莫尼卡山。整座山直到南面的圣莫尼卡海湾，这 800 平方千米的范围被指定为“圣莫尼卡山国家休闲地”，设立于 1978 年 11 月。休闲区包括了诸多独立的公园和开放的保护区，是典型的地中海气候，有着完整无损的生态环境，还有非常丰富的考古资源。

2. 经验借鉴

圣莫尼卡山国家休闲区提供了可移动的游客接待中心，旨在帮助各年龄阶段的游客进行不同类型的旅游活动，主要分为三大类：洛杉矶历史文化、休闲娱乐和科学活动。其中，休闲娱乐类活动包括自行车骑行、观鸟、观鲸、野营、远足和骑马等项目。在专门设计的徒步线路（Backbone Trail）上，远足旅游者可以体验地中海生态系统中独特的动植物群落，同时了解当地的历史文化[①]（图 2-6）。

图 2-6 美国圣莫尼卡山国家休闲区旅游活动（观鸟、徒步、遗迹观光）

① 资料来源：https：//www.nps.gov/samo/index.htm

四、其他类型旅游休闲区

（一）岛屿型旅游休闲区：波士顿港群岛国家休闲区（Boston Harbor Islands National Recreation Area）

波士顿港群岛国家休闲区位于马萨诸塞州的波士顿港湾，设立于1996年11月。由一系列的岛屿组成，其中许多地方是开放的公共休闲区域，如美国内战时期的要塞——乔治斯岛，美国最古老的灯塔——小布鲁斯特岛上的波士顿之光，还有一些适合野生动物生长的区域。除遗迹观光外，游客还可以进行徒步、帆船、沙滩休闲等活动（图2–7）。

图2–7　美国波士顿港群岛国家休闲区旅游活动（遗迹观光、帆船、沙滩休闲）

（二）沙漠型旅游休闲区：俄勒冈沙丘国家休闲区（Oregon Dunes National Recreation Area）

千百万年来海风的吹拂、雨水的侵蚀造成了俄勒冈州中部海岸线独特的地貌：连绵的沙丘像是高原，有些沙丘甚至高达150米。在这片“俄勒冈国家休闲区”里，越野车、摩托车、骑马、健步、露营是最适宜的了（图2–8）。

（三）复合型旅游休闲区：锯齿国家休闲区（Sawtooth National Recreation Area）

爱达荷州首府博伊西东面100千米的地方，是“锯齿国家森林（Sawtooth National Forest）”。在这片面积有上万平方千米的国家森林里，以海拔3550米高的城堡峰（Castle Peak）为中心的近1000平方千米范围划为“锯齿国家休闲地”。高山、冰河、瀑布、苔原、湖泊、森林、溪流、草地、牧场等，汇成大自然的一幅幅雄伟壮丽的画面。休闲区内可以进行背包健步、激浪漂流、攀岩登山、露营野餐、钓鱼皮艇等休闲娱乐活动（图2–9）。

图 2-8　美国俄勒冈沙丘国家休闲区旅游活动（骑摩托车、骑马、健步）

图 2-9　美国锯齿国家休闲区旅游活动（登山、钓鱼、皮艇、游泳）

五、案例借鉴小结

结合上述对美国不同类型的国家旅游休闲区案例解读，总结经验如下：

（一）可达与开放

（1）让游客能与水有接触。
（2）水岸沿线有连续的公共空间。
（3）开放、绿色。
（4）与城市中心和周边地区相连。

（5）多元化的交通方式（步行、骑行等）。
（6）欢迎所有的人。

（二）品质设施、项目与设计

（1）设计元素的连续性。
（2）建筑、物料、维修保养的质量。
（3）舒适、安全。
（4）在项目和活动设计中考虑场所的特定性。
（5）提供多样化的活动。

（三）活力经济

（1）水体是核心吸引物。
（2）为当地居民而建。
（3）公私结合。
（4）混合用途。
（5）允许滨水区建设住宅。
（6）鼓励生态旅游。
（7）尽可能有效利用滨水地区。

（四）优质环境

（1）与自然共处。
（2）修复生态功能：本地物种的多样性，生态环境修复（可持续的湿地修复和旅游）。
（3）提升水质。
（4）保持一定比例的自然区域。
（5）绿色建筑实践。
（6）积极地解读和考虑不同环境的特征。
（7）减少噪声和视觉污染。

（五）公共流程

（1）知情的参与。
（2）公开的、透明的、清楚的。
（3）提供多种方案以供评估。
（4）鼓励公众的创造性思维。
（5）愿意尝试和冒险。
（6）培养公众的归属感和自豪感。

第四节　国外休闲游憩规划理念与案例借鉴

一、国外城乡休闲游憩规划的发展阶段

在西方近现代游憩与游憩规划发展过程中，对游憩规划的需求是随着游憩的发展而发展的，而游憩规划的思想则随着整个城市规划思想和人们对游憩认识的变化而变化。结合时代背景和游憩规划在各个历史阶段的发展特点，可将国外城乡休闲游憩规划理念与实践的发展划分为四个阶段。

（一）萌芽阶段（1800~1910 年）：城市环境严重恶化，社会改良与城市美化运动推动以公园为代表的游憩空间建设

西方工业革命在极大地推进城市化进程的同时也导致城市环境恶化、社会矛盾加剧、城市游憩空间衰落，特别是城市公共卫生状况的恶化威胁到所有人的利益，穷人生活状况恶化的同时，富人也难以自保。"通过公园绿地的建设来改善不断恶化的城市环境"①成为重要的应对措施。

以公园为代表的城市游憩空间突破了私家花园和公共广场的局限，成为该时期游憩空间建设的重点。在英国，通过把封建主占有的大型花园如海德公园（Hyde Park）、摄政公团公园（Regent Park）等经过整理改造后，成为市民游憩的场所。商业性公园开始出现，如伦敦乌克思奥（Vauxhall）和瑞里那格（Ranelagh）公园等。英国大多数城市通过私人慈善团体或公共事业机构建立了对市民自由开放的市政公园，如伦敦维多利亚公园（1845 年），英国议会在 1859~1906 年制定了 4 个法案鼓励地方政府建设公园，莱斯特（Leicester）市在 1882~1990 年建了 6 个公园。同时出现了植物园、动物园。在美国，最著名的是 1858 年由奥姆斯特德（F.L.Olmsted）与英国建筑师沃克斯（C.Vaux）合作设计的纽约中央公园。奥姆斯特德在后来的公园设计中，注重从整个城市的角度出发，主张把一系列公园联系起来构成有机体深入城市，即形成公园系统，如 1880 年，他与艾里奥特（C.Elliot）合作建设了波士顿公园系统。

在萌芽阶段，城乡游憩空间虽然没有独立的、系统性的规划思想出现，但在当时出现的一系列现代城市规划主要理论与实践中都包含了丰富的城市游憩空间思想与规划方法。如奥斯曼（Hanssmann）主持规划的巴黎改建方案，在城市的两侧建造了两个森林公园，在城市中配置了大面积的公共开放空间；霍华德的田园城市理论，在空间布局中明确城市游憩用地和游憩系统结构，强调乡村的游憩功能，通过对城市规模的适度控制为每个城市居民提供较好的接触自然的机会。

（二）功能化发展阶段（1911~1960 年）：大众游憩需求增长与游憩空间减少的矛盾凸显，游憩功能备受关注，游憩空间在城市整体布局下进行系统建设

"一战"后的 20 世纪 20 年代赢来了资本主义经济的快速发展，机器大生产在大幅提升人均收入水平的同时，也使得工人们的工作时间逐渐减少，经济发展、闲暇时间增加促成了大众游憩需求增长，而新兴技术在大众游憩中的广泛使用则进一步助推了需求的增长：广播、电影的进步，使得大众基于室内的日常消遣得以发展，而汽车的普及则造就了周末和假日户外游憩，特别是郊区游

① 许浩．国外城市绿地系统规划［M］．北京：中国建筑工业出版社，2003：4.

憩活动的繁荣。当人们的游憩需求迅速扩大的时候，城市内部和郊区一些承载游憩活动的公共空间没有得到相应扩大，城市蔓延、建设挤占、游憩资源的私有化导致城市游憩空间缺乏问题日益凸显。

在此背景下，城市游憩功能获得空前关注，1933年国际现代建筑协会（CIAM）发表的《雅典宪章》将“游憩”一词引入城市规划学科的视野，并首次被提升到了四大城市基本功能的高度。它是以城市整体的视角来分析现代城市游憩发展面临的问题，并试图采用空间规划手段来解决。尽管存在现代主义的种种不足，但对于当时来说具有重要的现实意义。

在实践层面，一些城市开始尝试通过整体性空间布局的规划手法，以医治大城市发展中面临的包括城市游憩在内的诸多问题，其中，莫斯科规划（1935）、大伦敦规划（1943）、巴黎地区空间规划（1934）等都具有深远影响。这些规划以自上而下的决策方式，采用城市整体绿地空间布局的方法，为城市建立了具有一定规模的、包含主要游憩空间的布局，成为对城市游憩空间进行整体考虑，并通过游憩空间改善城市发展布局、控制城市蔓延的代表。

伴随城市发展与人口扩张，西方许多国家和城市开始制定相关的标准，以指标形式保障城市游憩空间和设施的提供。指标体系的控制方法成为城市化快速发展地区提供最基本游憩功能的保障手段。

表2–2　日本1933年公园标准

种类			面积	使用目的	服务半径
大公园	普通公园		10公顷以上	游戏、运动、观赏和教育	2千米
	运动公园			以运动为主	30分钟距离圈
	自然公园			欣赏自然风光、游赏	60分钟距离圈
小公园	近邻公园		2~5公顷	居民的日常休闲娱乐	0.6~1.5千米
	儿童公园	少年公园	0.6~0.8公顷	15岁以下儿童的娱乐、运动	0.6~0.8千米
		幼年公园	0.3~0.5公顷	12岁以下儿童的娱乐、运动	0.5~0.7千米
		幼儿公园	0.03~0.2公顷	学龄前儿童的娱乐、运动	0.25~0.5千米

资料来源：许浩.国外城市绿地系统规划［M］.北京：中国建筑工业出版社，2003：48.

（三）综合化发展阶段（1961~1980年）：经济社会深刻转型，大众游憩需求多样化，人本导向下的城乡综合游憩功能建设得到推广

以工业化和城市化为特征的第一次现代化，在20世纪50~60年代出现高潮，发达国家先后完成第一次现代化进程，在经济繁荣与产业升级的同时，西方社会也产生了深刻的转型，“科技的进步不断带来社会的‘繁荣’，然而‘繁荣’的背后也深藏了危机；社会生活的各个领域变化节奏加快、冲突加剧、不确定性增强，西方资本主义社会矛盾异常复杂”①。这种背景下，引发了西方思想家们对人、对社会、对未来的深切关注和认真思考，对于过去城市规划中的现代主义、功能主义的理论方法也进行了深刻的反思，形成了城市理论与游憩相关的思想发展的新高峰。

伴随着对现代主义割裂历史、无视人的感受和地域特征的批判，后现代主义摆脱功能理性思维，将“人本”作为规划思想的核心，他们认为，“如果没有良好的社会环境，即便有了阳光、空气和绿

① 刘先觉.现代建筑理论：建筑结合人文科学自然科学与技术科学的新成就［M］.北京：中国建筑工业出版社，1999：213.

地，生活依然无法令人满意"[①]。在后现代主义规划思潮的影响下，游憩空间规划的思想中开始越来越多地融入对"城市生活"的思考，由最初的仅仅"建造设施供人们使用"上升到"如何发现和满足社区的游憩需求"，"争取生活的意义"在很大程度上融入城市公共空间和游憩设施的建设之中，而"提供多样性选择"在这个阶段中成为游憩发展的重要思想。

另外，伴随西方各国人民生活水平的提高和闲暇时间的进一步增加，闲暇问题成为威胁社会安全的一大隐患，加快建设大众休闲设施、发现并满足人们的游憩需求成为解决社会问题的重要途径之一。20 世纪 60 年代之后，在英国和许多欧洲其他发达国家中，城市的综合规划中开始逐步重视通过建设城市及其周边的游憩中心和游憩系统，满足人们的游憩需求。英国在 1960~1985 年兴起了游憩中心运动，1969 年第一个社区运动中心在哈洛（Harlow）出现，20 世纪 70 年代户外游憩中心增加了将近 50%，室内游憩中心增加了 200% 以上。鲁尔在距离中心 20~30 千米的环带内建了 6 个主要游憩中心，每个 20 多平方千米，其中 5 个以湖泊或水库为基地；荷兰西部根据游憩需求研究确定的适宜游憩距离，特别设计了高容量的日游憩中心；1975 年巴黎区域规划对日游憩中心的开发制订了特别方案，同年在巴黎市中心 20~40 千米的范围内，用地规模在 8~40 平方千米规划了 12 个游憩中心，有 3 个位于新城，以便加强新城的休闲游憩功能，增强其吸引力[②]。对游憩中心的整体布局思考，标志着区域或城市综合规划中对游憩的考虑已不仅仅是绿地、公园，而开始真正关注城市的综合游憩功能。

这个时期除了主流的社区游憩中心发展外，传统资源通过新的综合业态供应形式得以扩大。在商业部门中，社会游憩、文化、娱乐、运动、商业会议等融合发展，出现了商业游憩区、商业休闲综合体等新的游憩空间。

（四）可持续发展阶段（1981 年至今）：可持续发展理念深入人心，游憩发展与生态环境、社会文化、经济发展良性互动

随着对环境问题的全球关注日益加深，1987 年世界环境与发展委员会（WCED）在《我们共同的未来》报告中正式使用了可持续发展概念，该报告明确了可持续发展的定义："能满足当代人的需要，又不对后代人满足其需要的能力构成危害的发展"。它包括两个重要概念：需要的概念，尤其是世界各国人们的基本需要，应将此放在特别优先的地位来考虑；限制的概念，技术状况和社会组织对环境满足眼前和将来需要的能力施加的限制。

在可持续发展的大背景下，城市规划和区域规划更加注重区域整体在生态环境和文化方面的"可持续发展"的意义。为了给未来的游憩发展留有余地，同时为保护生态环境做出贡献，游憩规划更加注重以游憩为手段，对地方的自然景观和历史遗迹等资源及其承载空间在开发前加以提前保护。在保护的基础上，注重为人们提供游憩的机会，尤其是接触自然和文化的机会，根据人的需求提供方便的游憩空间和设施。

这一阶段规划思想百花齐放，休闲游憩的发展深度融入这一时期兴起的系列规划思潮和实践中，并与生态环境、社会文化、经济等可持续发展形成良性互动的格局。美国的"精明增长（Smart Growth）"则为城市划定一条"城市增长边界"，其外部作为生态开敞空间加以控制，内部则鼓励紧凑布局和土地的混合开发利用，提升中心区活力，并创造富有个性和吸引力的社区场所[③]。欧洲以城市文化为导向的城市复兴策略（Culture-led Regeneration Strategy）以大型文化设施的兴建和休闲游憩功能的植入作为主要手段，用来提升老城中心的活力与吸引力，吸引人们回归老城中心居住和

① 王珏.人居环境视野中的游憩理论与发展战略研究［M］.北京：中国建筑工业出版社，2009：230.

② 吴志强，吴承照.城市旅游规划原理［M］.北京：中国建筑工业出版社，2005.

③ 刘海龙.从无序蔓延到精明增长——美国"城市增长边界"概念述评［J］.城市问题，2005（3）.

就业[①]。

生态环境意识的深度觉醒，也使得“生态网络”和“绿道系统”成为规划领域研究的重点，绿道成为“公园、自然保护地、名胜区、历史古迹，及其他与高密度聚居区之间进行联接的开敞空间纽带”[②]。在生态网络中开始注重步行空间系统的时候，城市旧城、历史街区、文化地区的复兴和发展中也越来越注重步行空间的质量，力图为人们提供安全、舒适、赋予趣味的休闲空间，已经成为现代商业文化区域最关注的内容。

（五）小结：国外城乡休闲游憩发展的变化趋势

从国外城乡休闲游憩发展历程来看，经济发展、闲暇时间增加及交通方式变迁所引发的大众休闲游憩需求变化是城乡休闲游憩发展变化的直接原因，而经济社会和科技发展的大背景是城乡休闲游憩发展变化的根本原因。国外城乡休闲游憩的发展呈现出以下趋势：

（1）目标上。从被动地满足城市卫生需要、美化需要，缓解社会矛盾，到主动地寻求居民生活品质提升，促进生态环境、社会文化、城乡经济可持续发展；由关心部分人走向关心每一个人。

（2）内容上。由早期以公园绿地为主的单一功能的游憩空间建设，向以游憩中心、商业游憩区等为代表的城乡综合游憩功能建设转变。

（3）方法上。由功能分割走向系统融合，由自上而下的“标准”控制走向自下而上的需求导向。

二、国外当前休闲游憩规划案例借鉴

（一）大伦敦规划（2004）的启示：享受伦敦带来的美好生活

1. 规划概况

英国在1999年通过了《大伦敦市政府法》，并根据该法在2000年选举成立了大伦敦市政府。该法要求市长组织编制大伦敦发展战略规划，编制完成后，各城区的发展规划应与该战略规划协调一致。

为了进一步整合伦敦的空间资源，应对新的发展形势要求，增强伦敦的城市竞争力，由大伦敦市长主持的《伦敦规划——大伦敦空间发展战略》（*The London Plan: Spatial Development Strategy for Great London*）在经过了长达4年的努力之后，于2004年2月编制完成。这个以“为伦敦的社会、经济和环境构建一个综合的框架”为编制目标的重要文件，是伦敦完成的第一个法定战略性规划，以指导伦敦未来20年的发展。作为大伦敦规划核心的开发策略，是寻求一种整合的、多中心的路径来实现其发展目标，因此它特别强调要为次区域层面的开发活动提供持续的规划框架。

《伦敦规划——大伦敦空间发展战略》以空间为基础，确定了四个方面的“政策主题”（thematic policies），包括住在伦敦、工作在伦敦、联结伦敦、享受伦敦（Living in London，Working in London，Connecting London，Enjoying London），基本上对应了雅典宪章的居住、工作、交通、游憩四个方面。其中，涉及游憩的“享受伦敦”，以消费、文化与体育、旅游以及公共环境为主要考虑对象的主题成为一项重要的内容。从这里可以看出《雅典宪章》所提出的四大功能，对今天的城市空间发展仍有重要的意义。

2. 大伦敦规划中的休闲游憩内容要点

“享受伦敦”规划的目的非常明确，即提高市民生活品质，并通过它来提高城镇中心的质量、增强休闲与文化对城市的贡献。使伦敦更具吸引力，成为具有良好设计品质的绿色城市。因此，伦敦规划

① 张乃戈，朱韬，于立．英国城市复兴策略的演变及“开发性保护”的产生和借鉴意义［J］．国际城市规划，2007，22（4）．

② 刘滨谊，余畅．美国绿道网络规划的发展与启示［J］．中国园林，2001（6）：77-81.

强调“设立相关的政策措施，使人们能够通过这里的文化、购物、体育活动、旅游和开放空间，来获得多种类型的机会，享受伦敦带来的美好生活”。而其关注点与采取的措施包括如下几个方面：

（1）对城镇中心的关注：增强城镇中心的活力，建立城镇中心的分级网络，增强它们的零售业和休闲价值。

（2）对文化和体育运动的关注：发展并提高伦敦的艺术与文化品质，发展体育设施。

（3）对伦敦旅游发展的关注：发展游客相关的住宿与服务设施增强伦敦的游客接待能力。

（4）提高伦敦的开放空间环境质量：充分发掘伦敦开放空间的价值，保护并发展伦敦绿带，管理城市开放土地（Metropolitan Open Land，MOL），对开放空间加以特别保护，实施开放空间战略，在开放空间中渗透生态与自然保护的理念，提高郊区的可达性并改善城市边缘地区的景观面貌，促进伦敦的农业繁荣等。

规划提出将在各城镇中心和泰晤士河门户地区开发新的文化设施，这些设施将不仅能够满足当地居民的需要，而且将在伦敦中心区之外创造新的旅游吸引点。这些文化设施的开发活动将与各城镇中心的更新计划紧密结合在一起，特别是需要与那些复兴郊区中心的发展计划高度整合。

（二）纽约规划（PlaNYC，2007 版、2011 版）的启示：市民性与城乡休闲游憩

1. 规划概况

进入 21 世纪以来，全球气候转变对于城市建成环境的影响日趋严重，如何承接历史、面向未来地调整城市建成环境成为规划工作的重心。同时，纽约在完成整个城市的原始积累之后，市民的日常生活方式不断丰富，2003 年美国休闲游憩产业所创造的产值占 GDP 的 80%，大众休闲成为城市功能的主要组成部分。人的需求推动了休闲游憩的发展，这也使得人们对于空间的诉求愈发多样化。

2006 年，纽约市长布隆伯格成立“远景规划与可持续市长办公室”，制定了一系列“纽约计划（PlaNYC）”等战略性规划，以强调应对未来人口增长带来的潜在问题、基建设施的陈旧问题以及如何打造更加绿色、环保的纽约。

在近年两版的纽约计划中，对于休闲游憩的强调并没有开辟单独的章节，而是寄于多个系统当中。具体而言，在公共空间、绿色交通、改善水质、宗地改造乃至住房供给规划中的公共领域设计等多个章节、不同的规划子系统中均对游憩功能做出了相应探讨，并辅以针对本土实际情况的措施和对策。这侧面印证了游憩功能在城市管治当中载体的多样性和可兼容性，使得休闲游憩成为规划中贯穿始终的考虑因素，而不仅仅是公园绿地的定量提供。

2. 纽约规划中的休闲游憩内容要点

（1）整合规划公共领域。纽约计划（2007）将开放空间的规划目标定为支撑更多纽约人使用，并延长现有场地的使用时间，重新设计提升公共领域（Public Realm）。自此出发，纽约计划提供了一系列规划措施，如开放全市校园的户外场所作为全市共享，为竞技体育需求提供更多的选择，为现有场地提供更多功能的丰富设施乃至提供绿色交通等，以在质、量以及空间布局三个方面同时进行改善。在每一个规划行动项目下，规划具体阐述了行动的必要性、具体执行方案指引、案例研究乃至包括多部门协作的规划实施方案、实施评价指标等。其中，规划总结至 2030 年，绝大多数纽约人将在步行 10 分钟内到达就近的公园或绿带进行休闲游憩活动。

在之后 2011 版的纽约计划中，公共领域继续被不断强调，“十分钟步行圈”依旧是规划的终极目标之一，而绿色廊道网络系统、街景设计以及寻找可利用公共空间（如垃圾堆填区改造）、鼓励都市农业等成为新版规划中的重点。其中，部分措施不断被细化，如通过交通分流岛的改造、海岸改造（图 2-10）的成功案例展示如何“活化”废弃或利用率低的空间，以使得这些空间被更多人使用，被更多样地使用。

图 2-10 交通分流岛改造（左）与海岸改造（右）

此外 PlaNYC 将绿色基础设施（Green Infrastructure）作为一个特殊专题，通过研究现状中的不足和具有潜力的改造空间，提出了一系列关于如何提供更多、更高质量的绿色基础设施的措施。具体而言，其中包括一串的大项目推动（如绿道和市区重建），以及一些通用于城市各处的微观改进措施（如人行道绿化、停车场绿化、新建市民广场、开放校园运动场等）。此项专题研究以提供绿色基础设施为出发点，以促进环境改善与满足市民活动需求为目标，提供了关于"绿色街道""纽约市社区广场项目""校园变公共空间"等措施的具体实施计划与空间布局。

表2-3 绿色空间行动计划

STRATEGY/策略	DESCRIPTION/描述	EFFECT/效果
Street Trees 行道树	Million Trees NYC is a public/private initiative to plant one million trees citywide. New DCP zoning amendment requeires street tree planting. 公共 / 私人倡议在纽约全市种植百万棵树木。新的 DCP 分区修正案要求行道树种植。	Parks Department and NYRP will plant 220000 street trees by 2017, while private parties will plant many more. 到 2017 年，公园部和纽约市立大学将种植 22 万棵行道树，而私人组织将种植更多。
Greenstreets 绿色街道	PlaNYC calls for increasing Greenstreets by 40 projects per planting season for 10 years, resulting in 800 new Greenstreets by 2017. 纽约规划呼吁在 10 年内每个种植季节通过 40 个项目增加绿色街道，到 2017 年产生 800 个新的绿色街道。	Increase Greenstreets from 2200 in 2007 to 3000 by 2017. 绿色街道从2007年的2200个增加到2017年的3000个。
Green Roof Tax Abatement 屋顶绿化减税	New law will allow NYC property owners to receive a tax abatement for installing a green roof on their building. 新的法律将允许纽约的地产所有者因建筑物屋顶绿化而获得减税。	Provides $4.50 per square foot up $100000 in costs for all green roofs built in NYC between August 2008 and 2013. 为纽约所有建于 2008 年 8 月至 2013 年的绿色屋顶提供 4.50 美元每平方英尺上到 10 万美元的费用。
Greening of Parking Lots 停车场绿化	DCP zoning changes require vegetation and stormwater controls in new parking lots. DCP 分区变化要求新停车场的植被和雨洪控制。	300 acres of new parking lots over the next 20 years will capture 8 million additional gallons of rainwater per storm. 未来 20 年 300 英亩的新停车场在每场暴雨中将捕获 800 万加仑的额外雨水。
NYC Plaza Program 纽约广场计划	The NYC Plaza Program is a DOT initiative to create public plazas from underutilized roadway areas. 纽约广场计划是一个 DOT 倡议以从未充分利用的道路地区增加公共广场。	Potential to add on plazas in each of the 59 community board areas. 在 59 个社区都可能增加广场。
Bluebelt Program Expansion 绿带计划扩展	The Bluebelt Program is a successful initiative to utilize open space to capture stormwater and control flcoding. 绿带计划是一个成功的倡议，以利用开放空间集水并控制雨洪。	Goal established in PlaNYC to increase Bluebelt program by 4000 acreas over the next 25 years. 纽约规划确立目标以在未来 25 年内增加绿带计划 4000 英亩。

续表

STRATEGY/策略	DESCRIPTION/描述	EFFECT/效果
Asphalt to Turf 沥青改草坪	Parks is converting asphalt surfaces into permeable play surfaces. 公园将沥青地表转化为透水的游乐地表。	24 sites will be retrofitted at a total cost of $38 million. 24 个地点将进行改造，总成本为 3800 万美元。
Schoolyards to Playgrounds 校园变游乐场	PlaNYC established an initiative to open all playgrounds for recreation use. 规划纽约将所有操场开放为休闲空间。	290 playgrounds will be opened to the public；many will be retrofitted with trees and green space. 290 个游乐场将向公众开放，许多将用树木和绿地进行改造。

（2）综合规划城市水岸。2030 年的纽约或许会面临海平面上升对城市的严重蚕食问题，同时，现状中的水质问题也成为影响人们生活质量的一大制约因素。纽约计划在水质规划中提出了一系列工程改造的措施，而其中，推广建造更多的绿色隔离（如停车场绿化、海岸绿化等）与生态湿地将成为解决水质问题的方案重心。更为一举两得的是，将城市水岸综合设计、水陆岸线相结合，以提供休闲游憩用途，将成为纽约未来的一大亮点。

就此，PlaNYC 特地进行了相关研究并制定了《纽约市综合水岸规划》（*New York City Comprehensive Waterfront Plan*），规划将关注水岸可达性、水岸活力、水岸对城市功能的辅助支撑、应对水质与城市弹性回复力等问题，分别从纽约市五个行政区的范围内划定了行动范围，一方面制定一系列应对自然灾害的措施，另一方面强调了水岸在城市功能中的重要性，其中休闲游憩成为水岸主要的支撑功能。此次规划下，若干个缺乏空间再生产力的货柜码头、工业遗址等，将重新规划设计，为更多的市民提供进入和使用的游憩功能（图 2–11）。

在今后的城市水岸中，带状的绿道将贯穿始终，线状、斑状的开放空间与活动场所将像珍珠一样串联在水岸上，提供运动、艺术、风光体验等一系列休闲游憩活动类型，为城市带来更多活力。

图 2–11　未来的纽约水城

（3）高线公园。高线公园（High Line Park）前身是 1930 年修建的连接肉类加工区与哈德逊港口的一条货运专用铁路，于 1980 年弃用。近年来，货运铁路完成了由产业需求导向到市民活动需求导向的转变，而高线公园的成功使之成为纽约的一张崭新的城市名片（图 2–12）。

特别的是，高线公园并不是在任何宏观规划下的落地产物。相反，由附近居民自发形成的关注组（Concerning Group）“高线之友（FHL：Friend of High Line）”成为遗迹重建的重要推动者。高线之友的设想得到了市议会的支持，并通过层层悉心设计，高线公园最终得以完成市民性蜕变。这样的自下而上响应休闲游憩需求的规划过程也使得纽约的规划理念更加接近民生。

图 2-12　高线公园

3. 纽约案例经验总结

（1）休闲游憩功能与城市发展目标相融合。在《纽约规划》案例中，休闲游憩功能的供给与城市发展目标相互配合，强调了市民生活质量在规划中的重要性。而休闲游憩功能又贯穿于各项子系统的规划当中，成为其中一项主要的考虑因素。这也使得在城市建成环境的各个方面，尤其是在公共领域当中，休闲游憩富有更多元化的特征，得以支撑更多类型、更长时间、更多人群的活动需求。

（2）休闲游憩活动与环境保护的关联日趋加强。在《纽约规划》案例当中，具有环境价值的空间（如水岸、城市公园等）同时也成为支撑休闲游憩活动的主要场所。例如，水岸的“蓝带（Blue Belt）”计划当中，一方面水质保护成为未来工作的一项重要任务，另一方面如何利用优质的岸线为市民提供休闲游憩的场所也推动了计划的进一步设计与实施。

（3）公众参与辅助休闲游憩规划决策。在《纽约规划》案例当中，每一份规划报告都经过了层层的公众咨询程序，以不断修正规划方案。此外，高线公园的案例也告诉我们，应该尽可能地发挥第三部门在决策者与公众之间的作用，这样将促进规划方案更有效地了解并解决公众对于休闲游憩空间、设施的需求。

（三）弗吉尼亚州哈里森堡城市规划：休闲游憩规划的小城镇实践

1. 规划概况

哈里森堡市（Harrisonburg）是弗吉尼亚州（Virginia）北部的小城市，人口约 5 万人，市域面积约 45 平方千米。哈里森堡市中心紧靠著名的詹姆斯 · 麦迪逊大学，形成了独特的美国小城镇景观。哈里森堡曾经是美国独立战争中一场决定性战役的发生地，丰富的历史人文资源与配套活动项目吸引了较多的游客驻足。城市居民以服务业为主，而得益于多样的服务项目，市民的业余活动丰富多彩。

图 2-13　哈里森堡市民活动空间

城市规划方面，除了区划（Zoning）之外，规划部门制定了一系列的综合规划，从人口、土地利用、住房、教育、历史保护、交通、公园与游憩、经济发展与旅游等多个方面提出了具有针对性的发展与改善策略。

2. 多元的游憩空间塑造

基于城市总体（综合）规划，哈德森堡后续制定了四个规划，分别为《单车与步行规划》《绿道总体规划》《市中心街景规划》以及《公园与游憩总体规划》（图 2–14）。

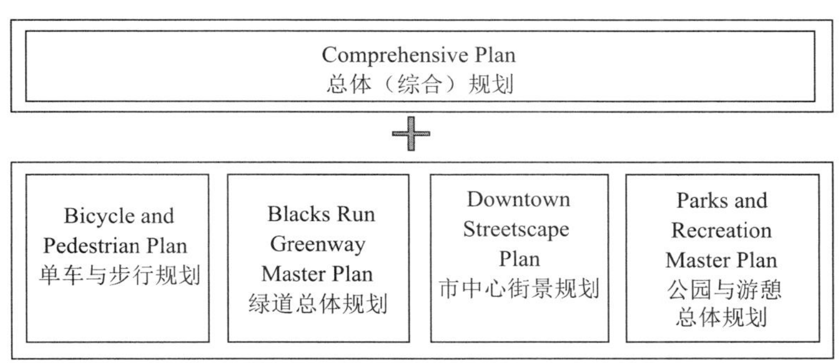

图 2–14　哈德森堡总体规划与四个专项规划

四个规划在不同的公共领域子系统中体现了市民休闲游憩活动对空间的需求。例如，在街景规划中，市民的游憩行为成为设计导则考量的主要因素之一，即如何提供相应的街景设计以支撑更多元的活动产生。此外，总体规划当中对于旅游产业的重视也将优化市民活动范围内的公共领域。这些多系统对于休闲游憩的考量使得市民的活动将不局限于公园绿地，甚至走上了街头、走进了建筑内部，存在于城镇的每一个角落（图 2–13）。

3. 需求导向的规划路径

在制定规划的过程中，规划部门进行了一系列的公众参与活动（问卷调查、访谈、工作坊等），使得市民的意见得到了广泛的重视。这在游憩设施的供给之中作用非常显著：因为个体对于设施的类型、特点有不同的需求，为了制订出合理的方案，规划决策部门在制定过程中总结归纳了公众参与活动中得到的所有信息，将所有设施合理分类，按照类别和各自的特点甚至市民的意愿结构相应地、有排序地合理布局游憩设施（图 2–15）。

Greatest Need最大需求:

- Soccer Fields 足球场
- Swimming Pools 游泳池
- Recreation Center (Specifically indoor gymnasium space) 游憩中心（尤其是室内运动空间）

Moderate Need中等需求:

- Neighborhood Parks 邻里公园
- Dog Park 狗狗公园
- Picnic Areas 野餐区
- Trails 游径
- Lacrosse Fields 长曲棍球场

Smallest Need最小需求:

- Community Parks 社区公园
- District Parks 地区公园
- Baseball Fields 棒球场
- Basketball Courts(Outdoor)篮球场（室外）
- Disc Golf 飞盘高尔夫
- Football Fields(stand-alone) 足球场（单机）
- Horseshoes 掷马蹄铁运动
- Skateboard Park 滑板公园
- Running Track 跑道
- Tennis Courts 网球场
- Volleyball(Outdoor) 排球场（室外）
- Racquetball 壁球场
- Golf 高尔夫球场

图 2–15　市民游憩设施需求层级总结

三、小结：经验借鉴

休闲游憩功能与城市整体的综合发展目标相融合，休闲游憩成为促进生态环境、社会文化、城乡经济可持续发展的核心内容之一。一方面，城市的综合性规划中应加大对游憩系统的考虑；另一方面，应在原有融合在整体城市规划中的、对游憩布局的相关综合性规划之外，开展更具针对性的专项规划。以游憩需求为导向，完善规划中公众参与的体制机制。

第三章

我国旅游休闲地发展案例与经验

我国休闲旅游兴起于21世纪初，随着我国经济持续快速发展和人民群众收入水平的不断提高，以及节假日制度的不断完善，京津地区、珠江三角洲和长江三角洲相继进入了大众休闲时代。长三角典型的东方休闲之都杭州，2003年国内旅游者目的构成中，休闲度假比例为23.3%，2004年上升到31.5%①。而后，大众休闲度假沿中心城市和从东部到中西部梯次发展。

第一节　休闲旅游城市发展

一、杭州：东方休闲之都的发展路径

（一）由来已久的风景与休闲旅游城市

杭州作为我国第一批历史文化名城和国际知名的风景旅游城市，历史上的和平时期，一直是文人墨客和权贵富商休闲游赏的城市。杭州素来是“有闲”的城市——早在13世纪，杭州就有“世界上最美丽的华贵之城”的美誉，杭州的“闲”都是围绕着西湖的特殊历史情韵和风光而进行的。

（二）国际重要的旅游休闲中心

“十一五”以来，杭州旅游业发展迅速，旅游总收入由2006年的543.69亿元增长到2010年的1025.7亿元，接待国内旅游人数从2006年的3682.14万人次增长到2010年的6304.89万人次，接待入境旅游者人数从2006年的182.02万人次增长到2010年的275.71万人次（2010年接待入境旅游者人数内地城市排名第6，仅次于深圳、广州、上海、北京、珠海）。“十二五”期间，游客接待总量由2010年的6581万人次提高到2015年的12382万人次。

2006年，杭州成功举办“世界休闲博览会”并荣获“东方休闲之都”称号。2010年5月国务院正式批准实施的《长江三角洲地区区域规划》，将杭州定位为“国际重要的旅游休闲中心”。杭州市委、市政府在“十二五”规划中延续了“国际重要的旅游休闲中心”的发展定位，并将旅游休闲业确立为十大重点产业的第二位。

作为“东方休闲之都”或“国际重要的旅游休闲中心”，杭州除了最大的休闲区———环西湖旅游圈外，还需要更多的休闲项目、休闲设施和更大范围的休闲环境。② 此外，杭州旅游休闲业要真正实现与国际接轨，必须培育现代化的休闲理念，融合资源、深化产品，实施形象品牌战略，加大营销、公关力度，加强旅游休闲管理，引进与培养国际旅游休闲人才，营造良好的社会支持环境。③

（三）东方休闲之都的建设经验

杭州市委、市政府在其“十二五”“十三五”规划中，重点做了以下工作。

1. 旅游产品提档升级与重点项目建设

打造生态休闲、文化休闲、商务休闲、运动休闲、养生休闲五大类旅游休闲产品体系，旅游产品由传统观光型旅游产品为主转型升级为集观光旅游、休闲度假、商务会议等为一体的复合型城市休闲度假旅游产品。推出了以西溪湿地、西溪天堂、京杭大运河（杭州段）、千岛湖、湘湖、良渚大遗址

---

① 王莹. 杭州国内休闲度假旅游市场调查及启示［J］. 旅游学刊，2006（6）.

② 王晶. 杭州打造世界休闲之都还缺什么？［N］. 中国旅游报，2002-12-04.

③ 宋国琴，郑胜华. 杭州城市旅游休闲与国际接轨的问题及对策研究［J］. 商业经济与管理，2006.

区等旅游综合体为代表的一大批休闲度假旅游产品；新辟两带（大运河文化旅游休闲带、南北山水联动旅游带），作为杭州市“十三五”旅游休闲业的落地实施抓手。

2. 功能与业态的休闲化

“十二五”期间，休闲主导的特色美食、乡村民宿、文化演艺、运动休闲、疗养休闲、智慧旅游、主题茶楼、工业旅游等新兴业态蓬勃发展；旅游营销注重创新，国际品牌得到强化；着力推进“优化全域化旅游休闲空间、拓展全领域产业融合体系、打造国际化旅游龙头产品、丰富全域化休闲产品体系、升级旅游休闲业要素体系、构建国际化品质公服体系、完善国际化营销推广体系、推进全域化智慧旅游平台”八大举措。

进一步强化旅游休闲特色、丰富旅游产品、融合多元产业、促进城乡交融发展、完善提升旅游公共服务、加大旅游市场营销、引导市民旅游休闲、大力打造品质旅游，通过旅游全域化（旅游空间全区域，旅游产业全领域，旅游受众全民化）和旅游国际化（旅游产品国际化，旅游品质国际化，旅游环境国际化），① 将杭州建成国际重要的旅游休闲中心。

3. 东方休闲之都全域化空间布局

基本形成“一核（都市旅游休闲核）、一极（千岛湖休闲度假增长极）、两圈（环都市休闲游憩圈、杭州都市旅游休闲圈）、两轴（钱塘江—富春江—新安江三江两岸生态旅游发展轴、沿杭徽高速公路旅游发展轴）、全域覆盖”，八大重点项目群（国际会议会展基地、高端度假酒店集群、都市商贸游憩综合体、文化体验型博物馆群、乡村田园系列项目、户外运动休闲综合体、茶文化养生综合体、山水疗休养度假综合体）的大杭州旅游休闲空间结构。②

二、成都：“休闲之都”世界旅游目的地城市建设经验

（一）快速增长与日趋休闲化的旅游市场

四川省旅游发展是成都一市独大。成都是蜀文化区域的中心城市。2015 年，成都市旅游总收入、接待游客总人数占四川省的比重近 1/3，分别为 32.85%、32.54%。入境游客人数更是占全省比重的 84.24%，占据绝对优势。成都市在全省的旅游中心地位稳固。2016 年全市接待游客总人数 2.003 亿人次，同比增长 4.68%。其中，接待国内游客 1.98 亿人次，同比增长 4.52%；接待入境游客 272.31 万人次，同比增长 17.78%。实现旅游总收入 2502.25 亿元，同比增长 22.65%（《2016 年成都旅游经济运行分析报告》统计公报 2017.5.15）。

从游客地域构成看，第一位的是省内旅游者，其次分别是我国京津、长三角、珠三角等核心客源市场和云南、重庆等四川近域市场。入境游客主要是我国港澳台及东亚近域市场，以及欧美发达国家市场。

成都旅游市场需求特征。来成都的国内游客的主要目的为休闲度假（46.91%）和观光游览（40.53%），两者的比例为 87.40%（图 3–1）。以自驾游为主（近域市场占多数），中青年游客（31~50 岁）占 85.92%，18 岁以上各年龄段的出游率较为平均，都在 90% 以上（图 3–2）。出游方式以家庭组织和朋友组织为主，占 83.81%（图 3–3）。

成都地区居民热衷于周边游和周末近域旅游。成都居民平均出游率为 95.78%，平均出游 5.08 次；出游时间以 2~3 天最多，比例超过 63.2%；自驾游为主要的旅游方式，选择比例为 45.83%（图 3–4）。

① 杭州市“十二五”旅游休闲业发展规划。

② 杭州市旅游休闲业发展“十三五”规划。

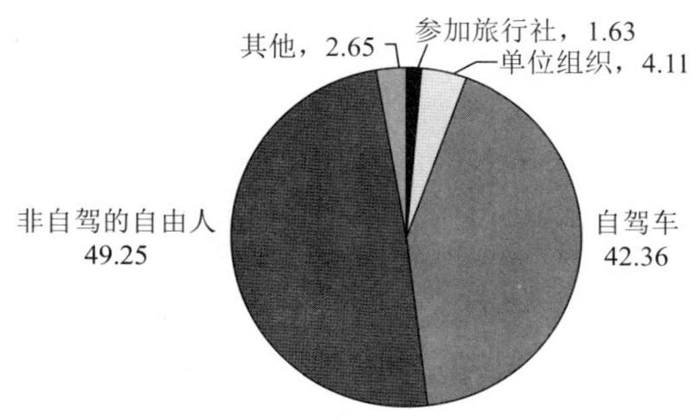

图 3-1　国内游客旅行方式分布情况（%）

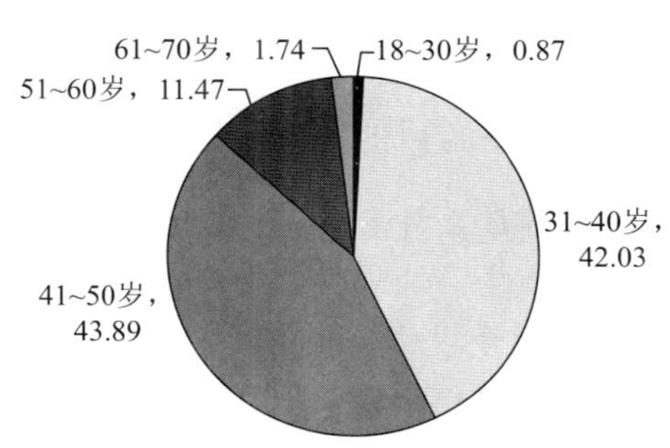

图 3-2　国内游客年龄分布情况（%）

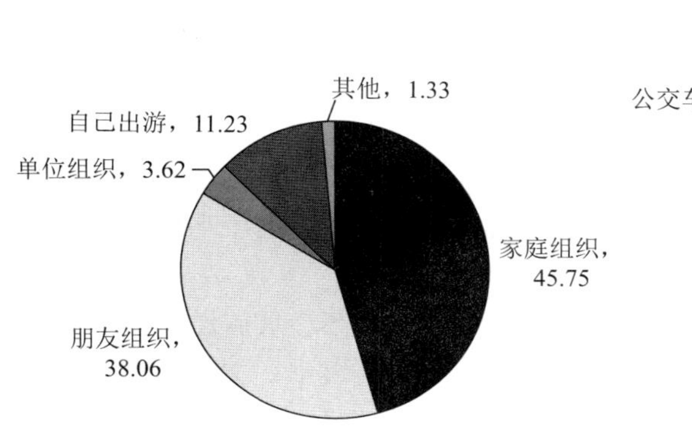

图 3-3　游客出游组织方式（%）

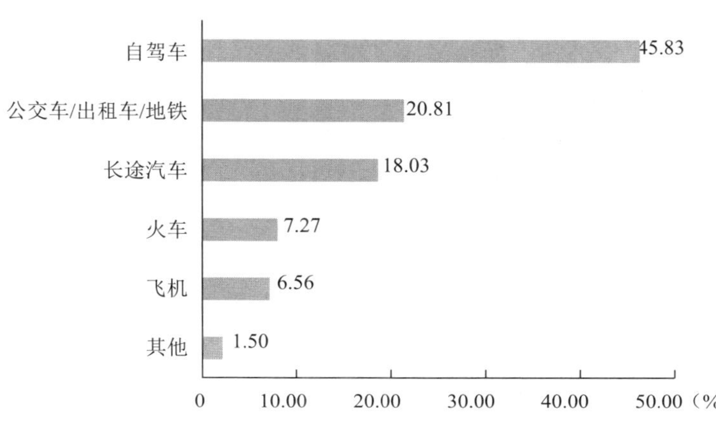

图 3-4　游客出游交通方式

近年来，成都先后获得了“中国最佳旅游城市”“世界美食之都”“中国十大会展城市”“中国十大魅力会议目的地城市”“中国十大节庆城市”及亚洲首个“世界优秀旅游目的地网络成员”等荣誉称号。

（二）世界旅游目的地城市的成长之路

成都旅游业的快速发展是近十年的事。2008 年，在“5·12”汶川特大地震后，成都市迅速启动了旅游业灾后重建计划，编制完成了《成都市汶川地震灾后旅游业恢复重建规划（2008~2010）》，提出了“一年启动，两年恢复，三年振兴”的重建目标。之后的《成都市旅游业“十二五”发展规划》针对“旅游消费需求已从单一观光转向多元化休闲度假，旅游出游方式从团队游转向自由行”的市场新需求，提出“旅游产品从观光旅游、事务旅游深入到休闲旅游、专项旅游”。整体打造熊猫之乡、美食之都、休闲之都和会展名城旅游品牌形象。“十三五”提出“依托熊猫故乡、美食之都、音乐之都、蜀绣蜀锦等城市名片，构建遗产观光、蓉城休闲、时尚购物、美食体验、商务会展、文化创意、养生度假七大世界级的旅游产品体系”。将成都旅游形象定位为“成都，中国人的休闲之都（国内市场）”“成都，中国式的休闲之都（国际市场）”①。完善国际化旅游配套服务，提升智慧旅游体系、旅游集散体系、旅游体验·咨询服务体系、自驾车营地体系、离境退税购物体系、货币兑换体系的功能。

“十二五”期间，成都综合利用国际友城、“蓉欧快铁”、国际航线、72 小时过境免签政策等资源，进一步开拓了境外客源市场②。“十三五”期间，以“全域旅游化、全生产要素旅游化、全产业链旅游化”为路径，实现点线面有机组合和全域拓展，形成全域旅游发展新格局。主动融入“一带一路”“长

① 成都市旅游发展总体规划纲要。

② 成都市旅游业发展“十三五”规划。

江经济带”等国家战略布局，推动成都旅游品牌国际化、产品国际化、营销国际化、服务国际化。

（三）世界旅游目的地城市的建设经验

1. 最佳旅游联盟与“1+N”宣传促销模式

针对国际市场，加强境外合作，通过与旅行商及旅游推广机构合作，开展成都旅游商品推介会、举办成都文化周等活动，向欧洲、北美、日韩、中国港澳台等不同区域市场推广成都各类旅游产品。引入目的地营销系统（DMS），形成“1+N”宣传促销模式。开展“关爱天府成都，体验最佳旅游”为主题的专项宣传营销活动，向省内外游客发放熊猫金银卡，使近500万人次的持卡人畅游了成都主要旅游景区。由成都市旅游局、成都市旅游协会、携程网、香港国旅、亚洲旅游、成都青旅和都江堰市人民政府共同发起，与乐山、资阳、眉山、自贡等地的数百家涉旅企业、景区和国内外部分知名旅行社、航空公司、品牌酒店、精品旅游景区和行业协会组织共同参与组成的非政府组织——最佳旅游联盟，吸引持卡者消费，以整合营销的模式，营造“价格洼地”，打造“服务高地”。

2. 空间结构全域化与主要功能区休闲化

成都市“十二五”“十三五”旅游业规划确定了“一区两带”（城市休闲旅游区、龙门山生态旅游带、龙泉山生态旅游带）的旅游业发展格局。有研究者在上述基础上增加了“六廊七个功能区”的全域城乡空间发展格局①。

以中心城区及温江区、郫县、新都区为重点，打造美食娱乐旅游产品、商务会展旅游产品和文化旅游产品，优化提升游、购、娱等城市服务功能，大力发展以游憩商业、休闲娱乐、文化体验等为主的都市休闲旅游，到2015年，初步建成中西部第一、全国一流的城市休闲旅游区；将龙门山生态旅游带建成“西部第一、全国领先”的国民休闲基地和国际山地度假旅游目的地；龙泉山生态旅游带建设成为国际性、生态化、智能化的田园休闲度假旅游区。② 整合提升文化体验旅游产品，打造一条以成都为中心的（川渝）世界遗产精品旅游线路。

3. 机制体制创新与产业融合发展

组建成都文旅集团，搭建起了旅游业发展投融资平台。创新了旅游发展的功能区模式（龙门山、龙泉山生态旅游综合功能区）。旅游功能区、旅游产业园区、旅游度假区和旅游综合体等形成旅游集聚效应，实现产业集群式发展。加快推进旅游业与农业、工业、文化、会展、体育、医疗、创意、科技和教育等相关产业和行业的全面融合，形成包括休闲度假、乡村旅游、生态旅游、会展旅游、文化体验、康体旅游和自驾车旅游在内的复合型综合化旅游产品体系，全面适应多元化、多层次的旅游需求。

建设成都“智慧天府”旅游数字平台，完善集电子政务、电子商务、虚拟旅游、网络营销、目的地管理为一体的旅游公共信息化服务网络体系；建设统一的服务于主管部门、企业、游客三主体的“1（省）+21（市州）十181（县市区）+N（企业）”四位一体的综合数据库、计算机网络系统、信息服务平台、信息支撑体系及安全支撑体系，升级旅游电子政务系统和旅游目的地管理系统，建成与国际接轨、国内领先、西部一流的旅游信息综合应用平台。

科学规划、整合资源、加大投入、加快建设、打造精品、营造亮点，培育旅游核心吸引物，推进重点项目建设。以打造国际内陆型综合交通枢纽为依托，强化成都旅游门户功能，推进亚太地区旅游枢纽港建设。

---

① 唐鹏．“全域成都”规划探讨［J］．规划师，2009（8）．

② 成都市旅游业“十二五”发展规划。

三、珠海："浪漫之城"国际一流旅游目的地建设路径

（一）舒适宜人的旅游休闲环境

珠海因海而得名，因海而美丽，因海而浪漫，因海而兴旺，拥有国内罕见的独特旅游资源。经过30多年的成功探索和实践，珠海打下了坚实的旅游产业基础，城市交通等基础设施建设取得突破，综合实力大幅提升。珠江三角洲地区正处在经济结构转型和发展方式转变的关键时期，需要"再创体制机制新优势"，实现第二次创业；珠海正处于"战略性新兴产业的成长期、转变发展方式的加速期、城市功能的提升期和综合实力的跨越期"，在《珠江三角洲地区改革发展规划纲要（2008~2020年）》中被定位为珠江口西岸核心城市和交通枢纽，横琴新区发展纳入国家战略，需要"争创科学发展示范市"，而"国际商务休闲旅游度假区"是其重点方向之一。

珠海物华天宝，环境优美，山水相间，陆岛相望，海岛众多，海域辽阔。历史名人与古迹众多，人杰地灵，名人辈出，古迹丰富。

1. **旅游环境**

（1）自然环境。滨海自然环境舒适，旅游氛围极佳。珠海具有显著的海洋特征，海域面积广阔，是陆地面积的三倍多。珠海拥有陆岛海岸线长达691千米，海域面积、岛屿数量和陆岛海岸线总长都居珠三角九大城市之首。珠海地处北回归线以南，冬夏季风交替明显，冬无严寒，夏不酷热，日照充足，雨量充沛，年日温差较小，属南亚热带海洋性季风气候。大自然不仅孕育了万山岛群等特色旅游资源，而且奠定了发展旅游所需的良好自然环境，珠海有8个风景区、6个森林公园、5个湿地公园、5个郊野公园、37处城市公园和多处海岸公园，休闲、浪漫的旅游形象比较容易建立。

（2）人文环境。珠海人文环境优越，具有以下特点：

①区域环境：毗邻港澳，尽端变枢纽，区域优势突出。从大珠三角旅游城市等级、分布来看，旅游活动日益向广州、深圳、港澳等珠三角中心城市集中。珠海目前虽然还不是旅游中心城市，但随着港珠澳大桥的通车，珠海将成为内地唯一与港澳陆路连接的城市。随着广珠城际、跨海大桥、高栏港等一系列交通基础设施的投入使用，以及与港澳通关条件更加便利，其旅游区位会得到极大的优化：珠海的交通区位将由"尽端末梢"转变为"重要枢纽"，珠海与北面的广州、中山，东南面的港澳、深圳，西面的江门之间的旅游联系会更加紧密，将成为珠三角西岸旅游中心城市。

②社会环境：最适合居住的"优质生活圈"地域。珠海城市人口数量少于港、澳、广、深等城市，人口密度相对较低，且人口受教育程度高，社会治安稳定，人文氛围融洽；珠海城市化水平高，各类公共设施和旅游接待设施完备，是大珠三角地区最适合居住的"优质生活圈"地域。

③文化环境：文化底蕴深厚，香山文化突出。新石器时代，珠海海洋文明开始发展。汉唐前后，珠海曾是海上丝绸之路的重要通道。宋代以后，珠海受香山文化影响深远。香山文化在中国发展史上，尤其是近现代发展史上有着不可替代的重要意义，孕育了中国诸多"第一"。香山文化是基于贸易的文化类型，形成于古代兴盛的盐业贸易，成熟于近现代的海洋贸易。珠海的香山文化实质上是海洋文化与移民文化的结合，具有显著的创新性、包容性和文化性，有助于珠海旅游与国际接轨。

④产业环境：珠海城市基础和产业支撑环境优良。根据《珠江三角洲地区改革发展规划纲要》，珠海定位为珠江口西岸核心城市。这一城市定位就需要很多产业予以支撑。航空配件、游艇制造等先进制造业与时尚和极品旅游，会展旅游、购物娱乐之间的关联性和融合程度高，能够形成二产支撑三产，三产带动二产的良性互动循环，可以托起珠海成长为珠江口西岸核心城市。

⑤市场环境：大珠三角旅游市场开发潜力巨大。大珠三角地区休闲度假旅游需求持续旺盛，旅游消费日趋成熟，旅游者消费能力日益增强。与此同时，珠海在今后新型城镇化进程中，对环境问题和

生态保护的重视与以往的城镇化将大不相同，更好的城市环境和干净整洁的城市空间更有利于旅游业的发展。填海、工业转型和城市更新形成的用地将随着旅游产品的升级换代和创新发展，在某些地段形成专门的旅游功能区，城市旅游功能将得到进一步提升。

⑥设施环境：旅游相关配套设施和服务水平较高。珠海设施配套水平较高，酒店住宿设施齐全，各类旅游公共服务设施完备。酒吧街、美食街、步行街、文化街、商品街和各类娱乐项目也较齐全。珠海现有住宿设施400多家，旅行社上百家，景区景点40多处，海泉湾和御温泉等接待设施已达到国内领先水平。但目前海岛上的旅游设施受水、电等基础设施的制约，设施配套相对不高。

⑦政策环境：旅游产业备受重视，转型发展趋势明显。珠海所属的珠三角西岸城市群（佛山、江门、中山、珠海）与东岸城市群（深圳、东莞、惠州、肇庆）相比，经济总量较低。珠海市的经济总量在珠三角西岸和整个珠三角地区也处于相对靠后的地位，但人均GDP达到珠三角偏上游的水平。目前，珠海正处于经济转型阶段，在以传统观光旅游产品为主的现实情况下，旅游业也面临着向休闲度假旅游转型的局面。旅游业被提升到战略高度，珠海政府对旅游发展高度重视。

⑧制度环境：制度创新和政策设计的“先行先试”条件。珠三角与港澳的制度、政策势差，为珠海制度创新和政策设计提供了试验条件。珠三角虽然与港澳毗邻，但在“一国两制”的国情下，仍然存在政策势差。为了更好地对接港澳、融入港澳经济，改革开放以来，制度创新和政策设计一直是国家，更是珠海努力追求的重点方向。在旅游方面，对于商品免税和游客签证制度的探索和争取也在一直持续。

2. 休闲度假环境

（1）舒适性。珠海属于我国南部滨海地区，冬无严寒，夏不酷热，年日温差较小，属南亚热带海洋性季风气候。珠海多年平均温度约为23℃，多年平均相对湿度是79%，按此计算，珠海的温湿指数（THI）为22.0，在自然环境舒适度等级划分中属于特别舒适的环境，不仅适宜旅游，还适宜休（疗）养。

（2）康益性。珠海有8个风景区、6个森林公园、5个湿地公园、5个郊野公园、37处城市公园和多处海岸公园，绿化覆盖率50.25%，在全国也属于前列。近几年，珠海大气环境优良率保持100%，在全国重点城市空气质量排行榜中，珠海稳居前列，自然环境康益性强；与此同时，珠海还拥有大量的休闲性康体设施和运动健身场所，人文环境的康益性也很突出。

（3）安全性。珠海社会治安稳定，商业环境规范，社会治安水平在珠三角地区处于前列，城市旅游尤其是夜间旅游的安全性有较高保障。台风是目前影响珠海度假安全的最主要因素，其中受影响最大的是海岛旅游和水上运动。珠海早已认识到了现代化的安全监控系统与快速救援系统的重要性，从而建立起了旅游部门与气象部门间的合作。在台风到来前的2~3周，气象部门就会通知旅游管理部门，向旅行社和景区发出预警，从而保证了比较高的旅游安全性。

3. 现状旅游休闲产品丰富

珠海目前形成了以休闲度假、商务会展为特色的旅游产品体系，温泉、高尔夫品牌产品已经形成，海洋、海岛产品正在逐步深化。

（1）观光旅游。已建成景区（点）40多处，主要旅游景区有圆明新园（4A级）、农科奇观（4A级）、外伶仃岛（3A级）、梅西牌坊、金台寺等。圆明新园为首批国家4A级旅游景区，农科奇观为国家4A级旅游景区和全国农业旅游示范点。

（2）休闲度假。海泉湾度假区于2007年被国家旅游局授予国内首个“国家休闲旅游度假示范区”，御温泉已成为国内外知名休闲旅游品牌。目前在建休闲度假项目有横琴长隆国际海洋度假区、海泉湾二期、东澳岛伶仃海岸旅游项目等。

（3）高尔夫旅游。珠海是我国首批建设高尔夫球场的城市，目前已建成5家高尔夫球场（金湾高尔夫俱乐部、万盛乡村俱乐部、东方高尔夫俱乐部、珠海国际高尔夫俱乐部、翠湖高尔夫俱乐部）和多家高尔夫练习场。

（4）乡村旅游。结合珠海西部农村综合开发，一些村庄和种养基地积极开展“农家乐”旅游，形成了以灯笼沙水乡、十里莲江、一棵树休闲农庄等为主的乡村旅游点。

（5）旅游节庆赛事。成功举办多届中国国际航空航天博览会、珠海市民间艺术大巡游、珠海国际龙舟邀请赛、珠海沙滩音乐派对、珠海国际半程马拉松公开赛、中国珠海国际赛车节、珠海（万山）国际海钓大赛等一系列文体活动。

4. 旅游接待服务水平较高

（1）旅游交通。珠海金湾机场按照ICAO–4E级标准规划设计和建设，具有年旅客吞吐量1200万人次的能力，高峰小时能起降23架次、旅客吞吐5000人次，与15个国内城市通航。2012年，珠海机场完成旅客吞吐量209万人次，航班起降达到1.9万架次，同比增长都为16%，珠海机场也逐步跻身全国中型机场行列。

（2）住宿设施。全市现有住宿设施400多家，客房约4.0万间，床位达5.0万张，客房与床位数量均居全省较高水平。旅游星级酒店近百家，其中五星级酒店9家。星级酒店客房共计1.2万间，床位1.9万张。酒店宾馆整体档次位居珠三角中上游水平。

（3）旅行社。珠海现有旅行社102家，其中国际旅行社17家，国内旅行社85家。组接人数超过100万人次的1家。营业收入超亿元的1家。其中拱北口岸中国旅行社为全国百强国际旅行社之一。珠海现有旅行社数量在全省位居前列。

（4）餐饮购物娱乐。全市有八大商业购物区，商品种类繁多，特产丰富。休闲娱乐场所遍布全市，歌舞娱乐场所百余家。高尔夫球场、国际赛车场、游艇俱乐部、歌舞厅、夜总会、酒吧街、影剧院、健身场所等设施类型齐全，内容丰富。

5. 城市旅游形象鲜明

珠海是全国唯一以整体城市景观入选“全国旅游胜地四十佳”的城市。先后荣获“国家园林城市”“国家环保模范城市”“国家卫生城市”“国家级生态示范区”“中国优秀旅游城市”“中国最具幸福感城市”等称号。珠海城市旅游发展起步早，“浪漫之城，幸福珠海”等旅游形象深入人心。

（二）珠海国际一流旅游目的地建设路径思路

根据市场需求变化和珠海发展新阶段、新机遇，围绕“两地（世界一流旅游目的地、大珠三角综合旅游服务基地）”“两高（旅游发展高端化、旅游效益高效化）”发展愿景，借鉴与吸收国内外著名滨海旅游地发展经验，以“横琴新区旅游发展创意思路”“情侣路、拱北口岸、吉大旅游商贸中心为重点的城市旅游功能提升”“万山群岛、淇澳岛、九洲岛为支撑的海洋海岛开发”和引擎性旅游项目策划、包装特色品牌与塑造形象、建设旅游组织中心和服务基地为抓手，“珠海旅游发展体制机制创新和政策设计”为突破口，进一步强化珠海在大珠三角旅游（合作）区中的枢纽、集散与接待服务、合作“平台”和新模式示范作用，加快珠海资源环境优势和政策优势向体制优势和市场优势的转变，旅游产品向多元化、个性化和定制化的转型，旅游产业向规模化和集群化发展，传统市场监管向服务型、法制型管理机制转变，实现珠海旅游业的健康、持续、快速发展。

1. 以国内外旅游者的“梦想城市”为愿景

发展核心是主动推进港、澳、珠、深共建“功能组合”城市和“共同目的地”，珠海旅游业将通过与澳门（近期）、香港（中期）的全方位合作达到国际标准。四地将通过一个市场与利益的共生过程共同发展成为世界级的国际旅游胜地和商务会展度假中心。

依托大珠三角共同旅游目的地建设，珠海旅游发挥海洋海岛与商务休闲旅游目的地、旅游接待服务基地功能，通过机制体制创新、旅游功能建设、旅游文化内核提升、旅游竞争力强化，打造“梦想城市”——世界一流旅游目的地。

体现 12 个基本特征。根据世界旅游组织专家的研究成果，结合我们的研究，综合得出结论：成为世界一流旅游目的地需具备的 12 个基本特征是：

（1）游客是真正的定义者：游客喜欢这座城市，还想再次造访；

（2）吸引世界各地不同国家的大量游客；

（3）大量旅游设施和服务满足多样化旅游市场；

（4）是一个有“灵魂”的城市——以特色文化为基石；

（5）国际知名度高——城市旅游品牌形象；

（6）国际联系广泛（客流、交通流、信息流）；

（7）旅游与休闲是城市规划的有机组成部分；

（8）旅游人力资本的国际竞争力；

（9）旅游运作模式的国际化，具有国际性的运行力；

（10）国际旅游辨识度高（包括在主流的旅行指南与社交媒体上）；

（11）价值观念国际化，开放的文化使其有国际性的适应力；

（12）国际化的旅游市场研究能力——详细的研究和规划以确保高水平的旅游吸引力与满意度。

2. 开发多功能、多层次的特色旅游休闲产品体系

珠海市旅游产品总体开发目标是要建立多功能、多层次，特色鲜明且有特定主题的旅游休闲产品体系。依据珠海旅游发展目标定位，追踪国内外核心客源市场走势，设计特色鲜明的珠海主导旅游产品，并形成结构合理的产品体系，将珠海旅游产品纳入大珠三角和泛珠三角旅游区域精品旅游线路中，建立多功能、多层次的具有市场竞争力的产品体系。珠海现有旅游产品存在一定的产品老化、更新滞后现象，旅游吸引力不够。在旅游产业发展目标的指引下，珠海市要进行产品结构的优化提升，并打造珠海特色旅游产品集群。

（1）旅游休闲产品结构优化提升。以海洋和都市两大地域性旅游产品开发为基础，以特色旅游产品培育为重点，以休闲度假、海洋海岛、特色商务会展、都市旅游四大产品为主导，以属性产品、线路产品、景区景点、要素服务、节庆活动为主要类别，构建多功能、多层次，特色鲜明且有特定主题的旅游吸引物体系。

（2）打造珠海特色旅游休闲产品集群。依托旅游资源、客源市场、可进入性等条件，培育海洋海岛、都市旅游、温泉高尔夫三张特色品牌，并按照旅游产品在空间上的优势聚集地域，进行产品组合（图 3–5）。

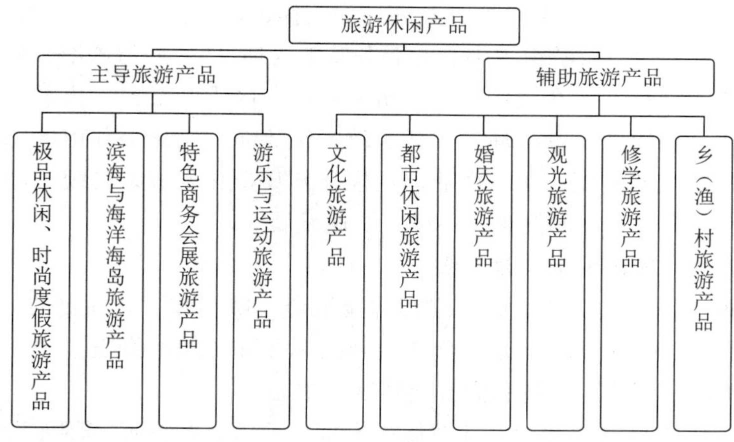

图 3–5　旅游休闲产品体系

四、旅游休闲城市发展经验

1. 地标性旅游景区与标志性城市景观建设

将珠海渔女—情侣路等作为珠海旅游地标性景区建设。营造珠海的特色城市景观与特色城市文化。充分利用珠海独特的自然风景资源和多元文化资源进行“环境和景观合一”的国际化大都市建设，同时设计与强化珠海城市标识性，形成独具特色风貌的旅游目的地城市。城市景观与城市文化相辅相成。一方面，地方特色文化是城市的灵魂与支撑，是城市景观设计的核心要义；另一方面，城市景观也是彰显地方文化的重要组成部分，展示特色文化的重要载体。在越发强调文化建设的时代，珠海应加强特色城市景观与特色城市文化建设，让游客通过感知城市环境从而领略地方文化内涵，提高旅游品质。强化旅游服务配套，推动服务链旅游项目建设，包括珠海旅游集散中心、智慧珠海旅游城市建设、综合服务基地与游客（咨询）中心等。

2. 特色旅游城市空间构筑

构筑健康的旅游城市空间结构，使城市旅游更具活力。构筑城市休闲游憩系统，丰富和提升城市旅游活动的内容和品质。按照国际一流旅游城市标准，高品质打造城市滨水空间、城市商业游憩、公园广场休闲游憩、文化娱乐游憩、体育运动休闲等游憩设施系统。使公共设施具有旅游休闲功能。注重传统文化和时尚文化的利用，发掘和整合民俗文化资源，有机融合传统与现代文化。重点建设完善莲花路、水湾路等一批特色旅游商业街区。打造一批高端国际知名品牌集聚的商业街区。

优化城市景观，进行城市景观的旅游化改造。将城市环境（人文环境、自然环境、设施环境、服务环境）与城市旅游相结合，进行一体化打造。以旅游发展为导向进行城市整治改造，实现城市整体景观化与标识化。

突出“旅游综合体”与“旅游功能区”建设。在拱北口岸商务区、横琴新区、百年香埠、吉大商圈、南屏前山，逐渐形成一些旅游功能集中，特色鲜明的“特色旅游功能”组团，为游客和居民的城市生活提供丰富多彩的特色空间。

创新旅游地域空间发展模式，形成系统性、特色创意的“旅游综合体”，从而实现旅游项目与规模效益的引擎发动，实现旅游产业发展的新型突破路径。

通过“旅游产业集聚区”的打造引导旅游产业和旅游要素在空间上重组和集聚，形成规模效益明显、功能综合、协同带动作用强的旅游地域空间，从而实现旅游产业链的延伸和价值增值。

3. 特色旅游产品与引擎性旅游项目建设

突出旅游产品的特色化开发。依托滨海、温泉、高尔夫等资源，发展特色健康休闲度假旅游。开发以十字门会议、展览为基地的国际展览会议和专项商务会展旅游。依托横琴国际文化旅游岛，发展特色娱乐购物和都市观光旅游。依托中国航展、横琴国际马戏节、香山国际文化节等举办大型国际活动。

加快引擎性旅游项目建设。将海泉湾国际休闲度假城、横琴旅游综合体、航空产业科技园与飞行培训学校等作为引擎性旅游项目，带动区域旅游发展。

推进产业融合与业态创新。积极开发旅游新业态，优化旅游产业结构。重点培育以旅游新产品为主导的新业态（高科技娱乐旅游、生态与文化旅游、健康旅游等），旅游产品与要素融合发展形成的新业态（文化演艺、专项商务会展），形成多元化的旅游产品体系，提升珠海旅游综合效益。提升休闲娱乐及夜间旅游产品。营建休闲城市氛围、重视滨海旅游空间的旅游功能提升，研发休闲娱乐项目，开发夜间旅游产品。

第二节　休闲旅游区发展

一、无锡蠡湖休闲旅游区规划设计[①]

（一）规划设计范围

以蠡湖北部城市岸线为重点地段而展开的周边控制地域，基本以蠡湖新城规划行政界线为控制范围，包括大浮山、鹿顶山、鼋头渚、充山、管社山在内的风景地域，以及蠡湖北岸北到梁溪河西段、东至青祁路等在内的大片陆域地区，约 34 平方千米。

（二）休闲旅游环境评价

1. ***旅游资源特色评价***

蠡湖山水体现江南文化的山水真义和精华所在。可以概括为“登舒天阁远眺、悟蠡湖山水真义；游蠡园湖光云景、访江南秀水人家”。

2. ***休闲旅游环境评价***

综合运用环境美学、景观生态学、风景旅游资源评价标准以及自然资源和社会价值判断的等级体系。对处于城市与风景区之间的休闲旅游区各项资源单体、旅游景观要素及整合空间进行综合评价，将规划区内旅游环境级别分为如下几种：

（1）风景环境保护区。面积 900 公顷，旅游环境优良，拥有丰富的风景资源，是该区自然资源最集中的区域。占全区面积的 26.5%。

（2）一类旅游环境区。蠡湖北岸由犊山渔港至金城湾一带滨湖地域，面积 507 公顷，该区正对鹿顶山带状山体，是重要的观景地区，目前拥有比较成型的景观，占全区面积的 14.9%。

以上两类占总用地的 41.4%。

（3）二类旅游环境区。蠡湖大桥东南部岸线的滨湖地带，面积 153 公顷，目前建设比较杂乱，缺乏统一的规划与景观控制。占全区总用地的 4.5%。

（4）旅游环境过渡区。处于城区与滨湖地带之间的面积约 368 公顷的区域。占全区总用地的 10.8%。

（5）边缘城市区。规划区的边缘地带，面积 170 公顷。占全区总用地的 5%。

（6）其他类。占全区总用地的 38.3%。

（三）规划设计背景

蠡湖地区是太湖国家重点风景名胜区的 13 个景区之一。其背倚太湖，面向城区，成为无锡山、水、城的接合部。是无锡地脉与文脉的汇聚区，成就了无锡市区与浩瀚太湖的精华地域；是无锡风景旅游城市——太湖明珠的主要依托。

蠡湖地区是太湖湿地生态楔入无锡城区的前端部分，是无锡城市生态的敏感区和前沿带，是城市

① 中国城市规划设计研究院．无锡蠡湖休闲旅游区规划设计．2005

良好生态环境的重心区和通道区。

蠡湖地区是无锡太湖风景旅游资源的枢纽与中心区。除风景名胜旅游资源外，其生态环境和休闲度假条件非常优越，是休闲旅游、商务会议的最佳生长空间，旅游接待服务、时尚卧城（edge-city）、城市高档房地产的优质基地。主要出现如下问题：

（1）蠡湖新城中心区南向扩展迅速，湖滨地区建设项目出现无序状态。2001 年 3 月，无锡市政府对无锡市总体规划进行了修编，明确蠡湖新区为无锡市 7 个主城区之一。良好的山水环境与三纵三横的新城整体框架，使该地区的建设层出不穷，原有景观质量遭到破坏。

（2）城市基础设施日趋完善，休闲旅游与湖滨度假条件成熟。蠡湖新区的建设加强了对该地区的水域环境治理与保护工程，并取得明显成效。与此同时随着新城的建设发展，无疑使得该地区一跃成为不可多得的旅游休闲与居住度假的风水宝地，使之打造世界级的休闲旅游胜地成为可能。

（3）原有规划不适应蠡湖地区发展定位，需要全新策划与城市设计理念。蠡湖地区是太湖湿地生态楔入无锡城区的前端部分，是无锡城市生态的敏感区和前沿带，是城市良好生态环境的重心区和通道区，显然不适合建设新城新区，而需要旅游配套区的休闲功能。

（四）发展目标与策略

1. 发展目标

创建 21 世纪蠡湖山水文化特色的世界一流休闲旅游区。无锡旅游产品更新换代的新标志，环太湖和泛太湖大区域的以第三产业为主要内容的休闲旅游服务中心，蠡湖山水型高尚休闲社区，无锡旅游的窗口形象区，建设世界级休闲旅游胜地。

2. 发展策略

蠡湖湖滨旅游休闲区的建设，缓解了太湖风景区保护与城市发展的冲突与矛盾。因此，以塑造旅游休闲区世界品牌形象为目标，并确定以下具体策略：

（1）环境优先、自然为上的空间发展策略。以旅游业可持续发展和旅游区生态环境保护与改善为目标，坚持“环境第一、保护第一”的空间发展策略，是蠡湖休闲旅游区可持续发展的重要保证；营造该区良好的旅游环境氛围是休闲旅游区发展的第一要务。

①保留自然与城区圈层蔓延的交会区，建立城市休闲空间，体现环境第一的新城特色。

②城市与环境，对景互生，辐射交融。呈现蠡湖山水、休闲旅游、城市商业与居住，互进共荣的和谐格局。

（2）山水文化、园林文化与吴越文化相融一体的景观设计策略。蠡湖山水是江南文化山水真意的精华所在。其总体形象概括为“登舒天阁远眺、悟蠡湖山水真意，游蠡园湖光云景、访江南秀水人家”。

一座城市必然有属于自己的历史文化底蕴，特色化的城市必须赋有独具特质的精神品格，即“城市精神”。无锡城市中的山水文化、园林文化和吴越文化的相融，正是无锡蠡湖休闲旅游区所要表达的城市精神。由此考虑无锡蠡湖地域休闲旅游区主题、生态与文化要素的有机发展理念，根据地脉与文脉明暗交织，山形与水魂的阴阳互生整体形态，与“小桥流水人家—柳岸扶疏—曲水流觞”纯江南情调的人文情怀，整体空间意向形成“山阳水阴—城池居中—互增互补”的大空间格局。

（3）和谐渐进的项目优化开发策略。蠡湖与梅梁湖、马山构成了太湖国家风景名胜区的精华。随着景区功能城市化的演进，城市发展与风景名胜区保护的矛盾日益凸显，集中体现在开发强度和建筑密度加大，特别是城市房地产开发项目的蚕食，使风景名胜区的处境岌岌可危。这点不仅在蠡湖地区表现尤为突出，也是全国乃至世界类似地区面临的同样问题。

成功经验表明，只有注重生态性，充分考虑地区的环境、经济和社会文化的平衡发展，才能成为成功的风景名胜区。为保持无锡太湖流域的自然属性，也同样经历着环境空间与建设用地之间的激烈争夺过程。保存无锡蠡湖的自然美，成为新城建设的当务之急。

蠡湖的开发建设，一方面要阻止城市向风景名胜区的无序扩张，另一方面作为风景名胜区的后备旅游服务基地，要在大规模的生态保育基础上，注意建筑风格与周围环境的协调一致，将人为的负面影响减小到最低限度。

（五）旅游产品与项目

表3-1 休闲旅游产品

休闲产品	市场对象	主要作用
观光休闲	观光游客的顺带体验	丰富旅游内容，延长游客停留时间
体育休闲	专业人士及爱好者	满足日益增长的全民健身需求
文化休闲	文化交流	弘扬地方文化，增进相互交流
娱乐休闲	时尚人士	适应主流市场需求
购物休闲	时尚人士	适应主流市场需求，增加商业氛围，刺激消费
自助休闲	居民及自助旅游者	提升生活品质

（六）旅游功能分区

按照规划思路，蠡湖休闲旅游区共划分为现代城市景观区、旅游商务区和旅游休闲区三个圈层功能片区。其中旅游休闲区包括风景观光游览区、水上渔村民俗区、江南忆文化休闲区、滨水休闲娱乐区、江南水城观光区、山林景观抚育区六个旅游活动区（表3-2）。

表3-2 旅游功能分区

功能区	面积（平方千米）	百分比（%）
现代城市景观区	3.9	12
旅游商务区	1.4	4
旅游休闲区	28.7	84
其中　水上渔村民俗区	3	—
风景观光游览区	8	—
江南忆文化休闲区	2.2	—
山林景观抚育区	4.2	—
滨水休闲娱乐区	7.2	—
江南水城观光区	4.1	—
合计	34	100

（七）空间形态与布局

发掘、营造蠡湖地区的竞争优势，正确、艺术地处理蠡湖地区与周边地域的空间发展关系，最终落实到用地布局与空间发展形态上来。通过对重点地域的空间发展策略与景观的美化设计，体现科学的前瞻性分析与正确的市场定位，实现策划与实施步骤、休闲区功能与特色品牌的协调一致。

由于蠡湖在城市边缘以线形延伸，城市又在蠡湖北岸纵深性展现，因此规划将从蠡湖与城市的整体性考虑。既为人们感知城市风貌提供良好条件，同时也可充分感受真山真水的优雅意境。

（1）建筑高度从北向南纵深渐变式控制。依据城市建筑高度对湖滨环境的影响，把向湖滨延伸的建筑群落从高到低分为三个层次渐变式控制。

（2）建筑高度从东向西横竖节奏化调节。

（3）发展大厦以西，严格控制建筑高度。主要展现西惠山余脉的自然山体轮廓风貌。

（4）发展大厦以东，湖滨饭店以西，天际线有起有落，在城市商业区域节奏性升高，以地标性的高层双塔和中央湿地观景塔为界面达到高潮。

（5）湖滨饭店以东，应逐渐趋于平缓，前景为点散式布局的别墅和低层住宅区，背景为远湖区域的城市轮廓，天际线在富于变化中渐渐消失。

（6）在直接影响湖滨北岸城市轮廓线的高层建筑的下方，适当增加横向的壳体建筑，规划设计的歌舞剧院曲面屋顶，可以有效缓解发展大厦生硬的视觉感受。

（7）大量的乔木绿化配植也可以有效调节建筑群落枯燥的立面及轮廓景观效果。

二、苏州环太湖休闲旅游带概念规划

（一）项目背景

中国的休闲度假已形成规模化的市场需求，以长三角、珠三角地区为代表的经济发达地区已率先进入休闲时代。江苏省提出着力构建环太湖旅游圈作为现代服务业发展的重点之一，苏州市政府也将环太湖地区的旅游发展提到重要的议事议程。苏州环太湖旅游发展不仅对于苏州城市产业与空间结构调整具有重要意义，而且更承担了苏州旅游业进一步做大做强的重任。

但是，苏州环太湖地区不仅生态高度敏感、资源环境保护要求严格，也存在着多项产业、多项职能、多个行政区、多个部门的冲突与矛盾，同时更面临着日益激烈的区域竞争，正处于转型与提升的关键时期。

本规划从资源与环境保护、环太湖区域竞合、旅游发展战略与概念策划、空间结构、实施措施建议等方面进行研究，以期为下一步的规划编制提供基础和依据。

（二）区位与范围

1. 区位特点

本规划区位于苏州都市区的西部滨湖地带，是太湖国家风景名胜区的组成部分。在区域空间结构中，位于长三角区域的生态核心，处于密集城镇群环抱之中。在区域旅游结构中，兼属于环太湖旅游圈、上海都市旅游圈。

2. 规划范围

本规划范围为苏州市环太湖地区，陆域面积约800平方千米，总人口约90万。涉及苏州市吴中区、高新区、相城区、吴江市等，包括望亭镇、通安镇、东渚镇、镇湖街道、太湖旅游度假区（含金庭镇、光福镇）、东山镇、胥口镇、木渎镇、横泾街道、临湖镇、松陵镇、横扇镇、七都镇等的环太湖地域。

规划范围的界定，主要依据功能整体性与资源环境保护的要求，基于自然景观与环境特征、资源分布与生态特征（湖岸线 3~10 千米的地域）、现有及规划的道路交通系统、与城市及其他功能区关系、行政区划（镇界）等。

（三）规划重点与难点

（1）有效保护。在区域经济快速发展、城镇化与工业化快速扩张的背景下如何协调有效保护与合理利用资源环境的关系。

（2）重构优势。在环太湖区域竞合中如何实现由高知名度向高美誉度、高吸引度提升，构建持续竞争优势。

（3）科学统筹。如何协调和统筹区域旅游发展、旅游业与其他产业的发展，合理构建旅游发展的空间格局。

（四）旅游资源与环境认定

（1）苏州环太湖是长三角城镇密集地域中相对的乡村化地域，是长三角区域的水源地、生态源流区和敏感区，也是环太湖区域自然景观组合最丰富多样的地域之一。

（2）拥有太湖水面的 2/3 面积，最为丰富多彩的滨湖景观。多重要素的相互交融，成就了苏州太湖的独特美景。

（3）苏州环太湖旅游资源的独特卖点（USP）在于浩渺太湖、诗画江南、吴越文化。自然山水与历史人文的相互交融，物质文化与非物质文化的相互依存，动感太湖（捕鱼、采莲等人文活动）与静美太湖的有机结合，烟波太湖（气象现象）与形态太湖相互烘托。

（4）苏州环太湖休闲度假的安全性条件良好，但是饮用水源的安全性受到比较大的威胁，而安全标识系统、急救医疗体系等尚待进一步提升（表 3–3）。舒适性条件在区域中并不突出。自然环境的康益性条件良好，而度假旅游功能和休闲娱乐活动还需要进一步提升完善。

表3–3　苏州环太湖休闲度假环境的安全性评估

	评估因子	评估内容	评估结果
自然环境	地理环境的相对独立性	在空间上与中心城区保持了一定距离，地理环境相对比较独立。但是近些年来快速城镇化对环太湖地域环境的挤压增强	良好
	饮用水源的安全性	渔洋山、金墅港等主要取水点的水质尚能达标，但是受到区域内蓝藻、工业污水的严重威胁	合格
	洪涝、飓风等灾害的概率	从历史记录来看，洪涝、飓风等自然灾害的发生概率非常小，气候条件良好	良好
	地质灾害的可能性	总体上来看，发生地震、泥石流、山体滑坡等地质灾害的概率很小	优秀
	危害性生物的分布状况	在规划范围内，尚没有发现规模分布的具有危害性的生物种群	优秀
人文环境	外部交通进入的安全性	具备非常便捷、安全的对外交通	优秀
	安全标识系统	在太湖旅游度假区和中心城镇具备比较好的安全标识系统，而在其他地区则相对缺乏安全标识系统	合格
	急救医疗设施	中心城镇具备比较完善的急救医疗设施，但环太湖地区总体的急救医疗设施体系尚待完善	合格
	当地社会治安	文化底蕴比较深厚，社区民风质朴，社会治安良好	良好
	居民与服务人员的友善度	居民对于旅游者比较友善，总体服务水平较高	良好
总体评估结果			良好

（5）总体来看，苏州环太湖旅游资源的数量众多、等级较高、组合优势明显，在国内外的知名度很高，生态环境相对较好，但是旅游开发利用的难度较大。

（五）苏州环太湖休闲度假的基础条件

根据学者对国际休闲度假地的发展经验与趋势特征的研究，良好的休闲度假环境应体现出舒适性、康益性和安全性三大方面。

（1）苏州环太湖休闲度假的安全性总体良好，但饮用水源的安全性受到较大威胁，而安全标识系统、急救医疗设施体系等人文环境的安全性尚待进一步提升和完善。

（2）苏州环太湖休闲度假的舒适性条件并不突出，在长三角地区不具备比较优势。对于舒适性的评价主要着重于自然环境的舒适性（表3–4）。舒适性指数一般包括温湿指数（THI）和风冷却指数（WCI），其中以前者为主。

表3–4　苏州环太湖与国内著名度假地的舒适性比较

地区	指标	一月	二月	三月	四月	五月	六月	七月	八月	九月	十月	十一月	十二月
辽宁大连	THI	○	○	○	○	○	○	●	●	○	○	○	○
	K	○	○	○	○	○	○	●	●	○	○	○	○
辽宁兴城	THI	○	○	○	○	○	●	●	●	○	○	○	○
	K	○	○	○	○	○	●	●	●	○	○	○	○
河北昌黎	THI	○	○	○	○	○	●	●	●	○	○	○	○
	K	○	○	○	○	○	●	●	●	○	○	○	○
山东烟台	THI	○	○	○	○	○	●	●	●	○	○	○	○
	K	○	○	○	○	○	●	●	●	●	○	○	○
山东青岛	THI	○	○	○	○	○	●	●	●	●	○	○	○
	K	○	○	○	○	○	●	●	●	●	○	○	○
福建平潭	THI	○	○	○	○	●	●	●	●	●	○	○	○
	K	○	○	○	○	●	●	●	●	●	○	○	○
福建东山	THI	○	○	○	○	●	●	●	●	●	●	○	○
	K	○	○	○	○	●	●	●	●	●	●	○	○
广西北海	THI	○	○	○	○	●	●	●	●	●	●	●	○
	K	○	○	○	●	●	●	●	●	●	●	●	○
广东珠海	THI	○	○	○	●	●	●	●	●	●	●	●	○
	K	○	○	●	●	●	●	●	●	●	●	●	○
海南三亚	THI	●	●	●	●	●	●	●	●	●	●	●	●
	K	●	●	●	●	●	●	●	●	●	●	●	●
浙江杭州	THI	○	○	○	●	●	●	●	●	●	●	○	○
浙江宁波	THI	○	○	○	●	●	●	●	●	●	●	●	○
江苏苏州	THI	○	○	○	●	●	●	●	●	●	●	○	○

●适宜度假。

资料来源：中科院地理所《北海市旅游资源普查研究报告》；杭州、宁波、苏州的指数根据各城市1961~1990年历年气象统计资料计算得到。

从上面的评价表中可以看出，与国内著名的度假城市三亚、珠海、北海等相比，苏州环太湖发展休闲度假的气候舒适性条件并不突出，即使与长三角地区的杭州、宁波相比，也不具备比较优势。

（3）苏州环太湖休闲度假的自然环境康益性良好，但景观风貌、度假娱乐设施需要改善与提升。休闲度假环境的"康益性"也包括自然环境和人文环境的康益性。苏州环太湖自然环境的康益性总体良好，其中，在环太湖区域优势比较突出的是水质相对良好，自然植被覆盖率较高，景观组合丰富多样，夏季气候适宜度假疗养。

苏州环太湖的人文氛围良好，但太湖沿岸部分地区的建筑风貌与自然环境不谐调。虽然太湖度假区已经建成高尔夫球场、游艇俱乐部等度假设施，但是，从游客抽样调查的情况来看，度假旅游功能和休闲娱乐活动与游客需求存在较大的差距，还需要进一步提升和完善。

（六）旅游市场现状及需求趋势特征

1. 不同客源地游客的旅游目的

太湖风光是最吸引游客的核心吸引物，40.80% 的到访游客以观赏太湖风光为主要目的，其次古镇古村也是最重要的旅游吸引物之一。

从不同客源地游客的旅游目的来看，除去观赏太湖风光以外，度假是上海游客中第二重要的旅游目的，而苏州本地游客则偏重以户外运动为重要的旅游目的（表 3–5）。

表3–5　不同客源地游客的旅游目的

单位：%

	观赏太湖风光	游览古镇古村	度假	户外运动	商务会议	探亲访友	体验农家乐
苏州	46.51	15.11	8.72	15.70	2.33	1.74	6.98
上海	48.67	15.04	20.35	5.31	0.88	2.65	6.19
江苏省内	36.31	24.58	15.08	10.06	3.35	6.15	4.47
浙江省	39.60	23.76	15.84	5.94	7.92	6.93	2.97
其他省市	34.91	22.64	12.26	9.43	3.77	9.43	3.77
总体分布	40.80	19.88	13.84	9.87	3.39	4.86	5.01

2. 不同收入层次游客的旅游目的

月收入 5000 元以上的游客来度假和参加商务会议的比例明显高于其他收入的游客，分别为 20% 和 10%。越低收入的游客来探亲访友的比例就越高（表 3–6）。

表3–6　不同收入层次游客的旅游目的

单位：%

月收入	观赏太湖风光	游览古镇古村	度假	户外运动	商务会议	探亲访友	体验农家乐
1000 元以下	39.08	26.44	10.34	9.20		6.89	4.60
1001~2000 元	42.31	23.08	8.97	9.62	1.92	7.69	5.78
2001~3000 元	36.68	24.12	17.09	11.06	1.01	4.02	4.52
3001~5000 元	43.48	14.49	13.04	10.14	7.25	3.62	5.07
5000 元以上	43.75	8.75	20.00	7.50	10.00	1.25	5.00

3. 总体特征

邻近地区的城市居民利用双休日等闲暇时间，以观赏太湖风光、游览古镇古村和休闲度假为主要动机，携家人亲友乘旅游车、公交车或自驾车进行游览，并在此停留 1~2 天，大多住宿在苏州市内星级宾馆，最后基本满意而归并希望故地重游。游客的人均旅游花费以300元以下为主，花费最高的支出项为门票，花费最低的支出项为娱乐和餐饮。相对来说，以商务会议为目的的游客花费最高，其次是以度假为目的的游客。

（七）保护与发展的思路与策略

1. 总体思路

以可持续发展为主线，文化创意和现代科技为支撑，循环经济为驱动，将苏州环太湖地区建成文化苏州、生态苏州、天堂苏州的品牌区域，全省、全国生态示范区建设的典范，实现经济增长方式由粗放型向集约型、资源浪费型向废物排放最小化型的转变，消费方式从传统型向绿色消费型的转变，巩固环太湖地区作为苏州生物多样性和生态安全“战略要地”的功能。

2. 主要策略

（1）项目与生态策略。通过对资源环境的科学、有效的旅游利用，防止无序利用、盲目利用与过度利用；合理发展旅游业主导的服务业，转换产业结构和增长方式，从被动保护转变为主动保护；对旅游发展进行空间分区引导与管理，实施项目准入；加强生态修复与环境整治工程，恢复并增加苏州环太湖地区的生态功能；保持太湖与苏州城市的生态空间廊道的连贯性。

（2）空间发展策略。基于资源环境保护的苏州环太湖地区空间发展策略：东延、中优、西控、北限、南疏。东延：将环太湖旅游向湖滨以东地区从空间到内涵两方面拓展，并与古运河、苏州古城、阳澄湖以及同里、周庄古镇等旅游区域有机衔接，成为太湖旅游与生态经济的效益高地。中优：以太湖旅游度假区为核心，通过项目优化和创新，成为旅游度假中心和旅游集散枢纽，生态维护的保障区。西控：西山、东山及三山岛等，属生态敏感保护区，控制影响生态的开发活动。北限：限制向北发展，留出水源与生态涵养空间。南疏：降低水产养殖的规模，分散吴江中心城市扩展对于东太湖的压力，形成特色康体休闲旅游区。

（八）苏州环太湖休闲带保护要求

1. 六大关键保护要素

（1）水源保护。

（2）基本农田。

（3）湿地生态。

（4）风景名胜资源、自然保护区、国家森林公园。

（5）文物保护单位、历史文化名镇、古村落。

（6）整体景观风貌。

2. 点、线、面叠加的资源保护与管理空间单元

（1）点状保护。主要指规模相对较小的各级文物保护单位。苏州环太湖地区有国家级、省级、市级文物保护单位89处，构成了保护网络中的点状单元（表3–7）。

表3–7　苏州环太湖资源与环境管理体系现状

	保护单元	规模	主体名称或范围
点	国家级 / 省级 / 市级文物保护单位	89处	
面	国家级 / 省级历史文化名镇	4个	木渎镇、东山镇、金庭镇、光福镇
	省级历史文化名村	2个	陆巷、明月湾

续表

	保护单元	规模	主体名称或范围
面	国家级风景名胜区	4 个	木渎景区、东山景区、西山景区、光福景区
	国家级森林公园	2 个	东吴森林公园、太湖西山森林公园
	省级自然保护区	2 个	吴中区—光福自然保护区、江苏省（东山）湖羊资源保护区
	水域		太湖水面
	城镇饮用水水源地	5 处	
	基本农田		
	山体		
线	滨湖禁建区		太湖沿岸 1 千米纵深范围
	滨湖湿地		太湖沿岸 1~5 千米纵深范围，入湖河道上溯 10 千米以及沿岸两侧各 1 千米范围
	高速公路		两侧各 200 米

（2）面状保护。建设、林业、水利水务、土地等部门采取的最主要保护方式，包括各级历史文化名镇、名村、历史文化街区的整体保护，风景名胜区、森林公园和自然保护区的保护，太湖水域的保护，基本农田的保护，城镇饮用水水源地的保护，以及滨湖湿地、自然山体等禁建区的保护等。

（3）线状保护。主要是规划、水利和交通等部门对滨湖沿岸地区和交通干线两侧所采取的空间管制措施。

（九）休闲旅游发展规划

1. 发展模式

基于以上的多方面分析，引入情景管理规划（Scenario Management Planning）分析方法，对于以下 5 种典型的发展方向进行综合评估，以寻求最适合苏州环太湖的发展方向与模式。

（1）公园区 Public park。

（2）旅游区 Resort area。

（3）城镇区 Urbanization region。

（4）乡村景观区。

（5）生态保育区。

2. 发展定位与目标

（1）性质定位。长三角区域的主要休闲度假目的地，以及环太湖区域旅游组织、服务与集散中心。

（2）发展目标。国家旅游休闲度假示范区，面向亚太地区的国际性休闲度假旅游目的地。

（3）发展方向。环太湖各地在发展目标上均提出建设一流度假旅游区，其中无锡在环太湖规划建设蠡溪新城、太湖新城，作为中心城区空间与功能拓展的重点地区。

环太湖各地虽然在市场定位上比较注重差异化，但实际上均以长三角城市为最重要的目标市场开发休闲度假、商务会议、运动健身产品，旅游项目的同构竞争非常激烈（表 3–8）。

表3-8　环太湖各地旅游发展方向与定位

	苏州环太湖	无锡环太湖	常州环太湖	湖州环太湖
发展目标	国内一流、世界知名的精品旅游带	著名风景旅游区、人居生态新城区、现代服务业集聚区和现代都市农业示范区	中国首创的、在开发和管理上达到国际标准的、一流的湖滨度假区和娱乐区	国内一流的度假胜地
市场定位	以上海、苏州、杭州、无锡、嘉兴、常州等地居民为核心客源市场；以长三角其他城市，以及港澳台、东亚、东南亚入境市场为基础客源市场	大众观光旅游者、本地及近距离的闲暇休闲居民、长三角中高收入群体	面向中高档消费、面向度假旅游市场、面向商务客的度假旅游	长三角城市居民
主要产品	休闲度假、观光游览、文化旅游、商务会议、体育健身	观光旅游、休闲度假、水上运动	以湖滨度假产品为核心，配套开发会议旅游和奖励旅游产品	度假旅游、商务会展、户外运动

以苏州环太湖地区优势资源为依托，构建休闲、文化、和谐三大主题，进行主题细分，明确形象支撑、产品支撑和构建要点如表 3-9 所示：

表3-9　苏州环太湖旅游发展主题及要点

	细分主题	形象支撑	产品支撑	构建要点
休闲主题	结合风景资源、太湖风光的湖滨山地休闲度假	太湖美景，风韵天成，人间仙境，休闲天堂	太湖风景观光 + 生态休闲 + 生态度假	风景资源的景观保护和美化，精华地段的选择，生态休闲设施的建设
	具有浓郁太湖文化内涵的文化主题休闲娱乐	创意无限，梦幻乐园	文化主题公园 + 文化创意产业	具有地域文化特色的游乐情景设置、高科技手段的眼球吸引，具有独特创意、高参与性的游乐活动的策划
	特色旅游村镇的古镇观光休闲	苏州千年古镇、太湖万顷碧波	古镇观光 + 古镇休闲	古镇风貌保护，古镇文化的挖掘和展示，古镇观光标识系统和解说系统建设
文化主题	渔文化体验	水乡泽国、古巷渔村	太湖渔俗文化体验 + 乡村休闲 + 特色美食	渔文化的整体氛围体现，渔文化、船文化、水文化的一体化整合，渔文化休闲活动的策划
	苏派艺术创意	太湖之滨、苏派源流	苏绣刺绣文化 + 茶文化（碧螺春）+ 民间工艺	以苏绣、茶等为主题的整体景观环境建设，特色文化休闲功能的强化，特色产业链的延伸
	特色旅游城镇	太湖小镇、风情万千	太湖古村镇民俗文化休闲	特色城镇主题和风格的多样化设计，围绕主题的展示和体验活动的策划
和谐主题	基于自然环境的湿地生态旅游	太湖湿地，生态源流	湿地生态观光 + 湿地生态休闲	湿地生态环境的保护与教育，生态观光与休闲旅游项目
	以社会主义新农村建设为契机的乡村旅游	新时期，新天堂，和谐共生人居环境新典范	社会主义新农村观光休闲 + 生态农业观光	体现地域环境特色的新民居建设，以新民居为接待服务基地的乡村旅游活动的开展
	结合资源环境和地方文化的康体休闲体育旅游	韵律山水，活力太湖	康体养生 + 户外运动 + 竞技体育	康益环境背景的营造，康体健身项目的策划

对苏州环太湖地区的七大产品进行市场需求—供给的匹配性分析（表 3-10），提出旅游产品体系构建（图 3-6）。

表3-10 苏州环太湖地区主要旅游产品的结构性需求—供给分析

	市场需求分析	产品供给分析	供需匹配性及对策
休闲度假产品	长三角休闲度假已形成规模化的市场需求，中高端休闲度假产品需求进一步增长，更加注重文化内涵在休闲度假活动中的体现和融合，大城市居民短距离休闲旅游需求旺盛	休闲度假设施以星级饭店和农家乐为主，度假设施种类单一	供需不太匹配，丰富度假产品种类，强化度假文化特色，培育中高端休闲度假产品
观光游览产品	对中远距离游客吸引力强，尤其以古镇古园观光产品最受欢迎	现有观光产品以古镇古园观光、太湖风景观光为主，但现有观光产品开发缺乏与无锡的差异化	供需基本匹配。提升观光产品档次，加强与无锡的差异化开发
文化旅游产品	纯粹的文化产品市场需求面窄，文化休闲产品受到普遍欢迎	文化资源的包装和旅游利用程度低，产品以简单的文化观光为主	供需严重不匹配，加强文化产品的包装和深度开发，大力开发文化休闲产品
体育旅游产品	自非典之后，近距离市场对康体健身类活动的兴趣急速攀升	康体健身设施缺乏	供需严重不匹配。加强康体健身设施和场地建设及活动组织
商务会议产品	长三角和周边市场商务会议产品需求强烈	缺乏高档次的商务会议设施	供需不太匹配，应加强高档次商务会议设施建设
购物美食产品	大多数游客对品尝地方风味有强烈兴趣，瓜果成熟季节周边游客多来此采购，中远程游客对苏绣等特色商品有较高兴趣	购物商品以苏绣和瓜果为主，其他购物商品缺乏。餐饮以农家乐、渔家乐为主，辅以少量高档次餐饮场所	供需不太匹配，大力开发旅游商品
主题公园产品	受到青年市场、学生市场的普遍欢迎，但中老年市场兴趣度较低	现在尚没有主题公园产品	供需严重不匹配，大力开发主题公园旅游产品

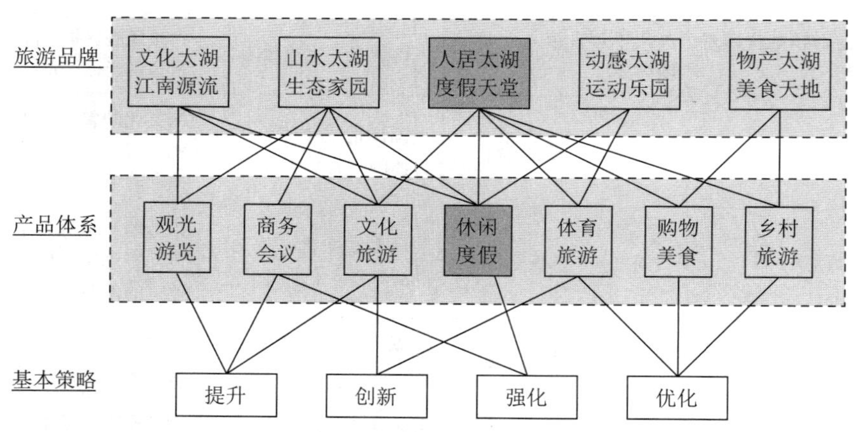

图 3-6 苏州环太湖地区旅游品牌与产品体系

（十）旅游空间结构与功能分区

综合考虑苏州太湖地区的自然环境、人文脉络、产业定位和发展目标要求等综合因素，确定构建“一核一带五区”旅游发展格局。一核，太湖国家旅游度假区，旅游服务极核。一带，望亭—镇湖—光福—香山—胥口—浦口—临湖—横泾—松陵—横扇—七都沿太湖旅游休闲经济发展带。五区：西山古村落文化休闲旅游区、东山古镇文化生态旅游区、光福—镇湖特色文化体验旅游区、木渎—胥口山水文化休闲旅游区、东太湖休闲度假旅游区（表 3-11）。

表3-11 分区发展方向、重点项目与配套设施

	发展方向	重点项目	配套设施
度假区中心区	环太湖休闲度假中心、集散中心	集散中心、太湖休闲度假城、湿地公园、主题度假酒店、会展中心、康体保健中心、太湖天堂园林式休闲度假村	大型旅游停车场、餐饮娱乐区、旅游医疗救治中心、太湖公安分局、生态观测站
西山	以风景游览、乡村休闲、文化休闲、运动休闲健身、生态度假为主的休闲旅游区	古村观光休闲体验区、山地休闲健身区、滨湖园林式度假区、户外休闲运动基地、传统文化养生会馆、太湖Health Mall	游客咨询中心、旅游公共交通站(场)、生态观测站
东山	体现江南吴文化积淀、观光型的文化生态旅游区	茶文化休闲街区、茶文化博物馆、太湖湿地公园、乡村农业观光与休闲体验区	游客咨询中心、旅游公共交通站(场)、生态观测站
东太湖	综合性休闲娱乐旅游区，东太湖旅游服务区	大型综合性文化娱乐主题旅游社区、游客中心、度假宾馆、旅游购物中心、旅游停车场、湿地公园	大型旅游停车场、餐饮娱乐区、运动游艺区、生态度假居住区、生态观测站等
木渎—胥口	综合性文化生态旅游区，创意文化观光休闲区	江南传统文化创意产业园、梦里江南水乡休闲度假村、香山工坊、江南书画艺术休闲购物步行街区、中国·江南文化——太湖展示与交易市场	文化展示交易区、餐饮娱乐区、度假第二居所、旅游公共交通站（场）
光福—镇湖	以风景游览、太湖渔文化、苏绣艺术展示、购物、观光、休闲为特色的文化休闲区，太湖北部旅游服务区	中国（镇湖）刺绣艺术馆、苏绣休闲购物街区、苏绣博物馆、太湖渔文化休闲街区、“太湖之波”演艺区	大型旅游停车场、旅游公共交通站（场）、游客咨询中心

三、衢州市国家休闲区发展规划

正如前述，浙江衢州在全国率先创建“国家休闲区”，进行了有益的探索，为国家休闲区建设积累了经验。而其整体层面的规划由相关旅游规划机构①编制，形成了《衢州市国家休闲区发展规划》成果。这里将规划成果概要引用②如下，为国家旅游休闲区规划理论探讨和总结，以及实践的探索与深化，提供必要的借鉴。

（一）发展现状

衢州旅游资源丰富，有“神奇山水，名城衢州”之称。境内江郎山、烂柯山、龙游石窟等150多处景点。1994年被国务院命名为国家级历史文化名城。2016年11月，获得“全国十佳生态休闲旅游城市”荣誉称号。

但衢州市旅游生产要素配置低效，产业融合发展能力不足；旅游产业发展平台构建不力，缺乏引领性重大产业项目；本地关联产业潜力巨大，但有待创新和优化发展方式；服务业门类相对齐全，但发展水平难以满足外部市场需求。

衢州市正处于由工业经济向服务经济转型的关键时期，亟待以强势引领性产业带动三次产业门类融合发展，实现全域内资源和生产要素的集约利用和高效流动，提振本地“宜游宜居宜业”的城市形象。

① 四川来也旅游规划机构。

② 资料来源：http：//www.venitour.com/caseinfo.aspx?contentid=190&t=4

（二）规划定位

规划将“中国首个国家休闲区”作为战略定位。作为“中国首个国家休闲区”，衢州市将在全域打造“泛休闲产业体系”，市域各产业门类均不可或缺，市域产业集群形成“不可分割”的整体。所以产业定位为发展门类多元化、功能区块发展差异化、可持续发展的休闲产业体系。

“江南儒城”是衢州应凸显的区域性角色地位，南宗孔庙“文化源地”堪为独占性资源，而本地保持完好的生态山水、历史建筑和生活方式，更是“儒城”的丰富内涵。所以，形象定位为“雅居儒城，绿韵衢州”。

（三）发展途径

通过五大环节，构筑衢州休闲的平台模式。

（1）产业模式。全域推进泛休闲产业体系的转型升级与统筹发展。在衢州全域以旅游休闲产业为导向，引领三次产业门类的整体转型升级，最终形成以生产方式绿色化、生产要素集约化、生产门类关联化为特征的泛休闲产业体系。

（2）产品模式。以公共性产品福利供给引导商业性产品多元开发。在衢州全域推进公共旅游产品的福利性供给，以公共景区和产品引导商业性产品的多元化、集聚化发展，在公共资源保护与可持续利用和商业项目效益最大化之间实现合理平衡。

（3）空间模式。以重大项目引导生产要素的高效流动与合理集聚。以重大项目作为核心增长极，在衢州市域内的两区四县（市）根据其自然和文化资源优势，形成多个主题化重大项目组团，引导生产要素的高效有序流动与集聚，并带动周边片区发展配套业态，实现整体产业域面发展。

（4）运营模式。由三个功能化机构组成权责清晰、高效稳定的运营体系。建立由国家休闲区管委会、旅游休闲行业协会和衢州旅游发展集团三个功能化机构组成的国家休闲区顶层运营体系，分别承担行政管理、事务协调和资源统筹等功能，避免权责重叠或空缺，实现高效稳定运行。

（5）营销模式。在国家休闲区主品牌下开展分而不隔的多元主题营销。首先构建国家休闲区主品牌，塑造衢州市在国内外旅游市场中的总体形象，同时为域内各重大项目片区、主题游线、产业发展区带等打造个性化子品牌，形成主品牌下的多元品牌体系，令衢州具备广谱客群吸引力。

（四）总体发展结构

构建“1245”发展结构：一个旅游门户，即以衢州市区作为整个衢州国家休闲区的集散服务中心，集高端商务、度假服务、休闲娱乐为一体的旅游门户。两条廊道：城市休闲度假旅游产业廊道，东西向廊道，以城市游憩产业、生态度假产业为主；乡村休闲度假旅游产业廊道，南北向廊道，以乡村生态休闲产业、遗产体验、生态度假旅游产业为主。四个旅游中心城：分别为江山市区、龙游县城、开化县城、常山县城，依据所在区域的特色打造特色生态、文化服务城区，成为各自片区的特色服务中心，也是整个国家休闲区的旅游服务辅助中心。五个旅游聚集区，即五个支撑国家休闲区建设、以旅游项目为核心的产业聚集区。衢州市区，围绕衢州城区向南北两翼发展，含五龙湖国家生态旅游度假实验区、铜山源休闲度假综合体、莲花释界旅游区和南部含江南儒城、烂柯围棋仙境度假区、乌溪江湿地运动公园的衢州市区旅游聚集区。江山市，以江郎山世界自然遗产景区、廿八都—浮盖山景区和彩陶文创产业园形成的江山世遗旅游聚集区。龙游县，以龙游石窟、紫檀国学园和民居苑形成的龙门石窟旅游聚集区。开化县，以“源味江南”和钱江源省级度假区为核心的钱江源旅游聚集区。常山县，以华东山水田园新城、狮子口漂浮人生度假区、国家乡村公园和青石镇东方石城为组合的区域形成的华东山水田园旅游聚集区。

（五）产业功能分区

构建“1+3”产业功能区，即一圈层、三片区。一圈层：城市公共旅游集聚圈层。以衢州市区、江山市区和常山县城形成的整个国家休闲区的城市公共旅游服务圈层，区域整个的方式辐射整个衢州市国家休闲区。三个片区：西部生态度假旅游产业集聚片区、中部城市休闲度假旅游产业集聚片区、东部文化民居度假旅游产业集聚片区。

第三节　澳门建设“国际旅游休闲中心”发展规划

一、规划背景与现状认识

（一）解读澳门

1. 位置与面积：东南沿海，精致岛城

澳门位于中国大陆东南部沿海，面临浩瀚的南海，背靠富饶的珠江三角洲，北与珠海拱北陆路相连，西与珠海湾仔、横琴一衣带水，东隔伶仃洋与香港相望，成犄角之势，共扼珠江口咽喉。澳门的总面积因沿岸填海造地而一直扩大，已由 19 世纪的 10.3 平方千米逐步扩展至 30.3 平方千米（2014 年）①。至 2014 年 11 月，澳门人口已突破 63 万人②。

2. 地理澳门：亚热带海滨，珠三角门户

澳门地处亚热带地区，属海洋性副热带季风气候。冬季多吹北风，天气较冷且干燥，雨量较少；夏季则以吹西南风为主，气温较高，湿度大，降水量充沛，且常受台风吹袭。年均气温为 22.6℃，月均气温在 22℃以上的月份则多达 7 个月，非常适合人类居住（图 3–7）。

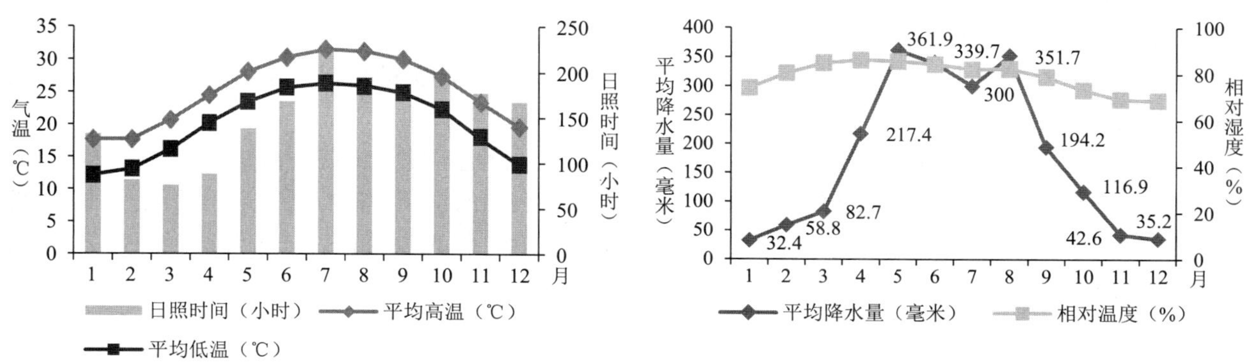

图 3–7　澳门 1971~2000 年月气候平均数据：气温与日照（左）、降水量与相对湿度（右）

资料来源：澳门地球物理暨气象局。

① 不包括澳门大学新校区，数据来源：澳门特别行政区政府统计暨普查局官网。

② 澳人口突破 63 万［N］. 澳门日报，2014-11-10（A02）.

澳门处于东亚与东南亚区域中心地带，扼大珠三角城镇群咽喉，陆路连接中国大陆，水路与东南亚大部分地区相通，5小时飞行距离内可达的地区居住着约1/3的世界人口[①]，具有绝佳的地缘优势。

3. 历史澳门：悠久历史，曲折过程

（1）华人开先。5000年前已有先民足迹，大约在南宋末年至元初，澳门半岛上望厦、蚝镜等地，已是定居的居民点了。在明成化年间，由居澳的福建莆田、泉州以及广东潮汕等地的居民集资，兴建妈阁庙。

（2）葡国经略——殖民时期。1535年，葡萄牙人取得在澳门码头停靠船舶、进行贸易的权利；1845年，葡萄牙颁布法令，宣布澳门为“自由港”；1851年和1864年又先后将氹仔与路环两岛划入其管辖范围。葡萄牙漫长的殖民统治，一方面使澳门地区主权逐步沦陷，成为中国近代历史的重要见证，另一方面，其长期的经营也使澳门成为重要的国际商贸城市、东西方联系的重要纽带。

（3）特区新颜。1999年12月20日，中华人民共和国澳门特别行政区政府成立，此后澳门经济强势增长。博彩开放及与内地更加紧密的联系，都对澳门持续发展带来积极影响。

4. 社会澳门：多源族群，和而不同

澳门是一个多族群、多元价值观相互融合、社会团体发达的和谐社会。作为移民城市，这里汇集了五大洲的不同国家、不同宗教、不同语言、不同体征的各种族群[②]。虽然澳门是华人社会（华裔占总人口的92.4%[③]），但这些华人或来自不同的地域，或于不同时期移民澳门，这都会导致不同族群的形成。在数个世纪的中西文化交会背景下，澳门的东方与西方、传统与现代等多元价值观进行了充分融合[④]。因此，无论在澳葡时期或是回归之后，澳门不同族群之间都相处得较为融洽[⑤]。澳门没有党派，却以5000多个社团著称，社团在澳门的政治、经济和文化等社会生活中发挥着积极的作用，是居民参与社会管理的重要平台，也是推动澳门社会和谐发展的重要力量。

5. 文化澳门：中西汇融，多元独特

（1）源起——华人在历史长河中奠定澳门文化基石。澳门文化是在具有丰厚华人文化底蕴基础上衍生、演变和发展起来的。自宋末元初有人定居以来，本地居民及驻军移民，留下了以岭南、闽南文化为核心的中国传统文化的深刻烙印。早期的澳门华人以与道教相关的妈祖文化为本土主流文化，是澳门地域文化的重要源起。

（2）成形——葡萄牙的占领促进了中西交融，使澳门文化呈现独立特征。葡萄牙人占据澳门，同时也把西方文化传播到了澳门，澳门成为16世纪海上丝绸之路的重要驿站，远东最早的传教中心，更是东西方文化双向交流最早的基地。澳门在漫长的葡占期间，作为世界移民区域及国际经贸之纽带，使之独特的地域文化逐渐成形。

（3）整合——回归后大陆文化的影响力逐渐增强，促进了中国文化认同。澳门回归之后，与中国大陆联系更加密切，受其影响更加强烈，促进了对中国文化的认同，加速了文化整合的进程。

---

① 根据2012年各国人口数据估算。

② 孙九霞．澳门的族群与族群文化［J］．开放时代，2000（7）：74-78.

③ 2011年人口普查结果，数据来源：澳门特别行政区政府统计暨普查局官网。

④ 李萍．澳门社会价值观之特点［J］．当代港澳研究，1999，1（2）：25-27.

⑤ 邵宗海．澳门的社会结构与族群关系［J］．当代港澳研究，2011（1）：95-105.

（4）文化特征。澳门文化是由有深厚传统内涵的中华文化和以葡萄牙文化为特质的西方文化两大源脉组成，以中华文化为主，兼容葡萄牙文化的具有多元化色彩的共融文化[①]。具有开放性、多元性、兼容性特征，体现出多元族群文化和谐共处的鲜明特点。

6. 政治澳门：求同存异，民主政体

因澳门特殊的发展历史，其政治体制受葡国政体与我国政体影响。

（1）葡萄牙殖民时期。16 世纪以来葡萄牙统治的特定历史时期，澳门的政治体制受葡国政体影响，实行资本主义制度的亚形态——殖民政治体制[②]，没有独立的司法体系，葡萄牙法律一直作为澳门政治体制架构的法律基础。因葡萄牙法律与中国法律同属于大陆法系，有共通之处，为澳门回归后的政治、行政体制过渡、融合创造了切入点。

（2）澳门回归中国后。1999 年 12 月 20 日，中国政府对澳门恢复行使主权，澳门成为中国的特别行政区，实行与大陆全国人民代表大会制度相区别的行政机构和立法机构分工协作、高度自治的特殊政体形式，在中央《基本法》框架下，对原来的葡萄牙法律进行了部分取舍，强化了民主自治的内容，明确表示澳门特别行政区是中华人民共和国的一个享有高度自治权的地方行政区域，享有行政管理权、立法权、独立的司法权和终审权，中央政府在澳门奉行“一国两制、澳人治澳、高度自治”的施政方针，并通过《中华人民共和国澳门特别行政区基本法》予以贯彻落实。

7. 经济澳门：结构单一，外向度高

澳门经济总体规模不大，但经济发展水平高[③]、增长速度较快、外向度较高，具有自由港及独立关税区的地位，是亚太区内极具经济活力的一员，也是连接内地和国际市场的重要窗口和桥梁，被誉为“外向型微型经济体”（图 3–8、图 3–9）。

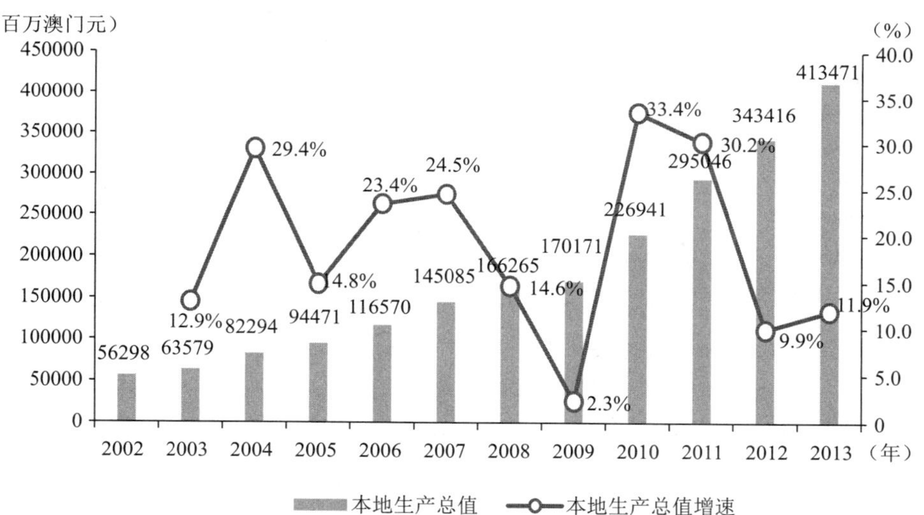

图 3–8　2002~2013 年澳门本地生产总值及增速

资料来源：澳门统计暨普查局。

① 李丽珊 . 中西文化交融的澳门文化［J］. 东莞理工学院学报，2006，13（5）：104–106.

② 邓泽宏，丁字武 . 港澳回归前后之政治体制比较研究［J］. 武汉科技大学学报（社会科学版），2000，3（2）：31.

③ 澳门 2013 年人均本地生产总值为 697502 澳门元（约 87306 美元）。

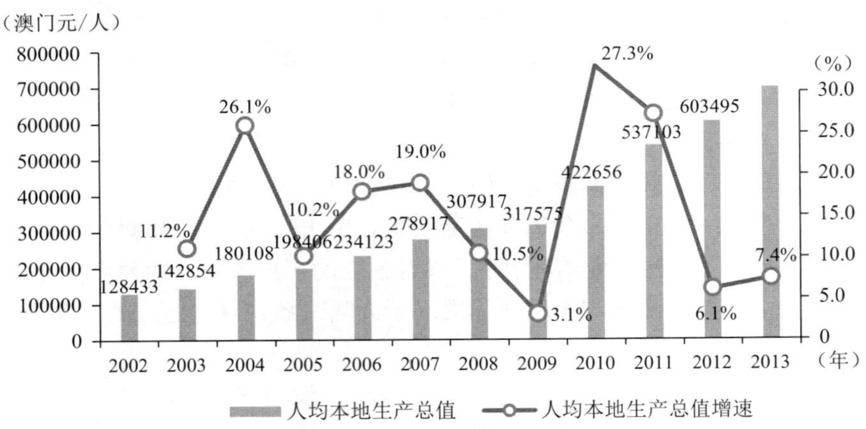

图 3-9　2002~2013 年澳门人均本地生产总值及增速

资料来源：澳门统计暨普查局。

资料来源：澳门统计暨普查局、博彩监察协调局。

回归以来，澳门经济发展的动力主要源自博彩旅游业，并由此带动了会展等相关行业的发展。但博彩旅游业的快速发展使得澳门经济产生了路径依赖，博彩业一业独大[①]的发展现况使得澳门经济结构趋于单一，对抗风险的能力变弱，成为澳门未来经济发展的潜在隐忧（图 3-10）。

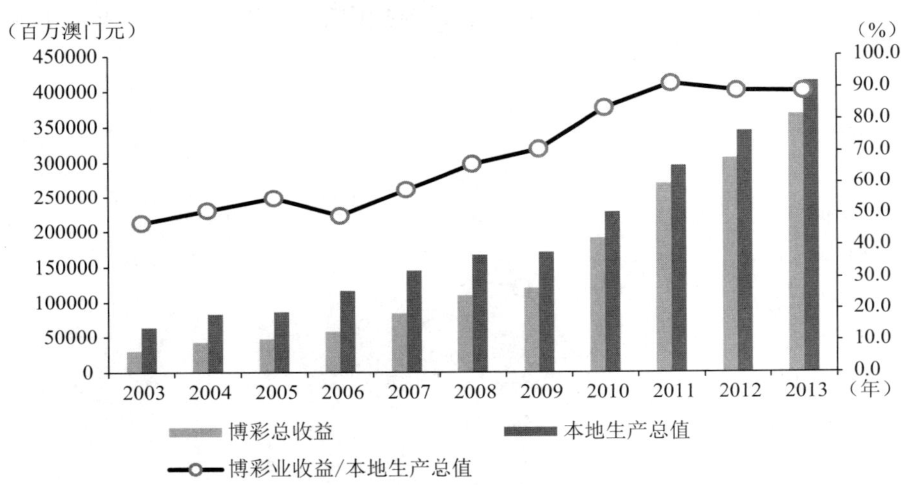

图 3-10　2003~2013 年澳门博彩总收益和本地生产总值变化对比

资料来源：澳门统计暨普查局、博彩监察协调局。

经济适度多元是澳门经济发展的必然选择和长远战略，政府把“经济稳定发展、结构有序调整”作为施政要务。调控博彩业规模，促进综合旅游增长，培育新兴行业，重点支持会展、中医药、文化创意等行业的成长，创造新的经济增长点。大力推动非博彩元素的增加，积极培育新的经济增长点。同时，始终致力保障居民的充分就业和培训提升，支持中小企业发展，加快经济适度多元发展的步伐。[②]

① 据博彩监察协调局的资料，2013 年，澳门幸运博彩总收益达 3607.49 亿澳门元（462.5 亿美元），居世界第 1 位，缴纳博彩税 1343.8 亿澳门元（172.28 亿美元）。

② 崔世安 . 庆祝澳门回归祖国 15 周年大会致辞，2014-12-20.

8. 旅游澳门：博彩独大，综合起步

（1）世界博彩城。澳门博彩收入 2006 年超过了拉斯维加斯和大西洋城，成为世界第一赌城。澳门拥有最大的博彩服务市场，特别是亚洲一些经济较发达地区如中国香港、中国台湾、日本、东南亚以及中国大陆的旅游市场。博彩娱乐具有重复消费的性质，能吸引较多的回头客，拥有相对稳定的客源市场。博彩业在支撑澳门旅游业发展的同时，也带动了其他行业的发展（图 3–11）。

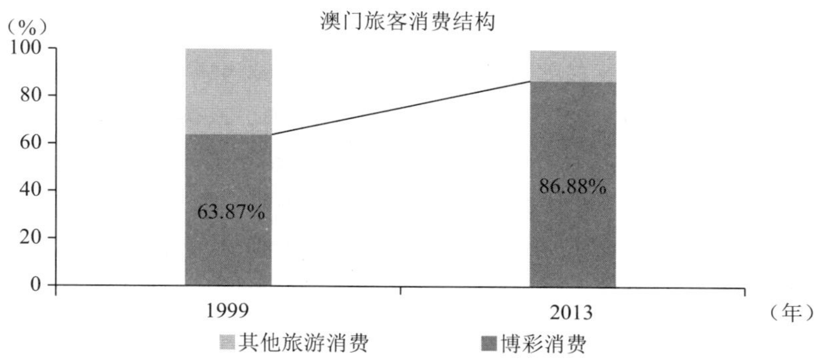

图 3–11 1999 年与 2013 年澳门博彩消费比例

资料来源：澳门统计暨普查局。

（2）世界遗产旅游地。2005 年 7 月，澳门历史城区在第 29 届联合国教科文组织世界遗产委员会上获得一致通过，正式列入《世界遗产名录》，推动了澳门文化旅游发展，使澳门成为著名的世界文化遗产旅游地。

（3）购物胜地。澳门自由港的政策和处处充满惊喜的购物环境，使其成为亚洲人的购物胜地。

（4）国际会展城市。澳门特别行政区首任长官何厚铧在 2002 年施政报告中提出澳门以旅游、博彩、物流及会展为龙头，服务业为主导，其他行业协调发展的产业结构，确立了发展会展经济将成为澳门新的产业支柱。随着多个大型会展场地的投入及使用，澳门正发展成为区域性和具国际水平的旅游会展中心，澳门会展业未来市场潜力巨大。

（5）美食之都。澳门是美食的天堂，葡菜、粤菜、东南亚各种不同的菜系使游客食欲大开，小吃、餐馆、自助餐甚至酒吧，总能符合游客的偏好。当地也具有丰富的特色小吃、手信，如百年传统糕饼、各式烤肉等，都是轻便、值得品尝的旅游商品。

9. 澳门特别行政区

（1）“一国两制”的特殊制度。澳门特别行政区是中国的一个享有高度自治权的地方行政区域。在“澳人治澳、高度自治”的制度框架下，澳门特别行政区保持财政独立、自由港地位以及拥有以“中国澳门”的名义单独地同世界各国、各地区及有关国际组织保持和发展关系的权力，这些特殊的制度为澳门自主制定旅游业发展政策、建设世界旅游休闲中心创造了得天独厚的条件。

（2）中央政府对特别行政区的大力支持。2003 年中央政府开始实施内地城市港澳“自由行”政策；同年 10 月 17 日，中央政府和澳门特别行政区政府签署了《内地与澳门关于建立更紧密经贸关系的安排》（CEPA）及 6 个附件文本，随后又签署了一系列的《内地与澳门关于建立更紧密经贸关系的安排补充协议》，推动了澳门货物贸易和服务贸易的自由化以及贸易投资便利化；港珠澳大桥兴建、横琴新区共建、填海造地批复同意[①]等举措都表示出中央政府对澳门特别行政区发展的极大支持。

① 国务院于 2009 年 11 月正式批复同意特区政府填海造地约 350 公顷以建设澳门新城区。

【资料】

澳门特别行政区之“特”

（1）澳门拥有高度的自治权，即享有行政管理权、立法权、独立的司法权和终审权，可在社会、经济、民权、政制等方面自行立法和制定政策。

（2）澳门特别行政区保持财政独立。澳门特别行政区财政收入全部由澳门特别行政区自行支配，不上缴中央人民政府。澳门特别行政区保持自由港地位，除法律另有规定外，不征收关税。

（3）澳门特别行政区可在经济、贸易、金融、航运、通信、旅游、文化、科技、体育等适当领域以“中国澳门”的名义，单独地同世界各国、各地区及有关国际组织保持和发展关系，签订和履行有关协议。中央人民政府协助或授权澳门特别行政区政府同有关国家和地区谈判并签订互免签证协议。

以上的“特别”之处是澳门参与全球化竞争与合作的“王牌”。

10. 基本结论

亚热带海滨、岛屿，中西文化融合的独特地域；地窄人稠，博彩业独大的微型经济体；澳门紧靠珠三角，背依内地，是大中华文化圈的枢纽和中心位置；16 世纪海上丝绸之路的重要驿站及国际经贸之纽带，“一带一路”海上丝绸之路的新起点；“一国两制、澳人治澳、高度自治”的特别行政区。

（二）澳门旅游业现况

1. 旅游市场现况

游客量 19 年翻两番。澳门回归以来游客接待量总体保持持续增长态势，除受 2008 年国际金融危机影响外，游客接待逐渐递增。1999 年访澳旅客仅 744 万人次，2014 年全年访澳旅客总数首次突破 3000 万大关，达到 3153 万人次，是 1999 年的 4.2 倍，回归 19 年间增长 3 倍多，年平均增长率达 10.1%。

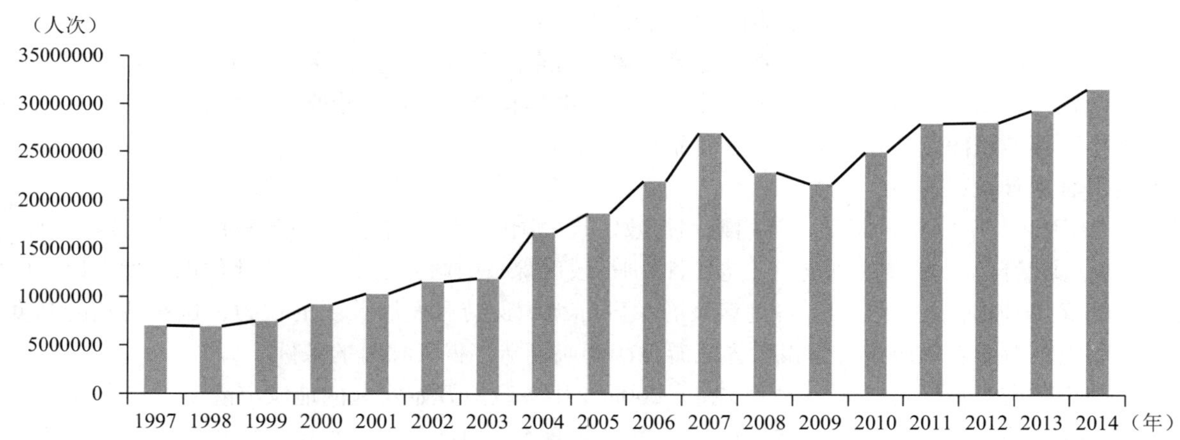

图 3-12　1997~2014 年访澳游客的增长

资料来源：澳门统计暨普查局。

亚太中短程市场为主，内地市场快速发展。从澳门的主要客源市场来看，中国内地是其最重要的客源市场。2014 年中国大陆市场比例占 67.4%，比 2013 年增长了 3.9%，比 1999 年增长了 45.3 个百分点。中国香港、中国台湾游客比例也很高，2014 年分别达 20.4% 和 3%。除此之外，亚洲的日本、韩国，北美的美国、加拿大，澳洲等国家游客也占一定比例。这些国家和地区游客比例虽然比 1999 年相对下降，但游客总量都有所增长。但国外和非亚洲的远程游客只属少数，这与应吸引世界各地旅客明显仍有很大落差（图 3-13）。

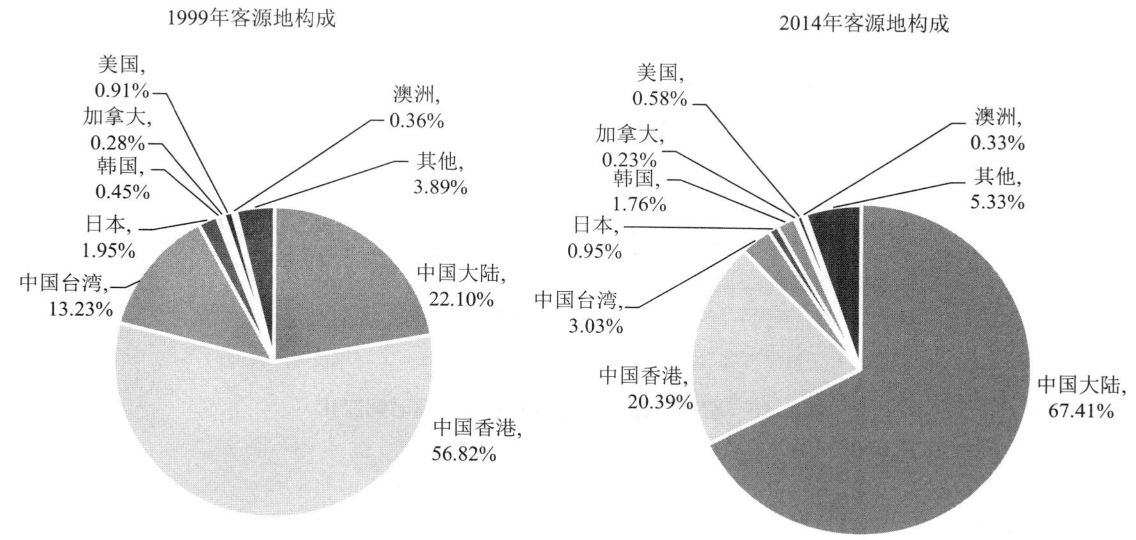

图 3-13　1999 年与 2014 年客源地构成变化

资料来源：澳门统计暨普查局。

人均消费增长到 5 倍多，旅游总消费增长到 20 多倍。伴随着游客接待量的迅速增长，人均消费水平也突飞猛进地提高。1999 年进入澳门游客人均消费额仅 2500 元澳门币，2013 年增长到 14081 元澳门币，增长到原来的 5.6 倍。旅游总消费也因游客接待和人均消费的双提高而迅猛增长，到 2013 年总旅客消费额达 4129 亿元澳门币，增长到 1999 年的 22 倍。

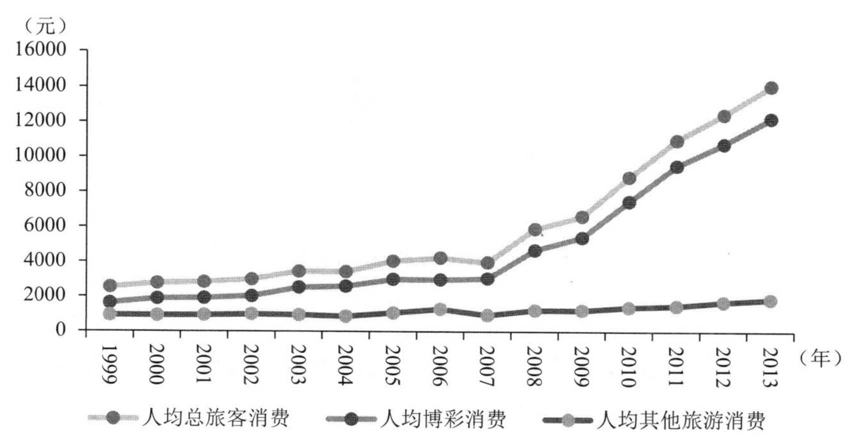

图 3-14　人均博彩消费迅猛增长但其他旅游消费增速缓慢

资料来源：澳门统计暨普查局。

博彩消费迅猛增长，其他旅游消费增速相对缓慢。澳门人均博彩旅游消费 2013 年达 1999 年的 7.6 倍，年均增长率达 16%；而人均其他旅游消费 2013 年仅为 1999 年的 2 倍，增长率仅为 5.2%。

2010 年以来留宿旅客比例与平均停留天数呈下降态势。从 2010 年 1.54 天、2011 年 1.53 天至

2012 年和 2013 年的 1.4 天，情况令人忧心，因为旅客总消费额视乎他们留宿长短日数（图 3–15）。

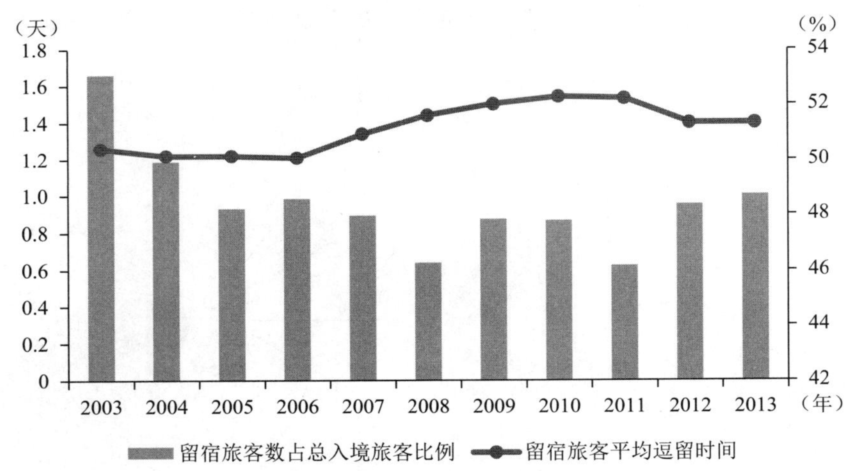

图 3–15 留宿旅客比例与留宿旅客逗留时间变化

资料来源：澳门统计暨普查局。

2. 旅游产业现况

（1）澳门总旅客消费迅速提升。2013 年含博彩消费总旅客消费为 4129 亿澳门元，上升 12.1%，旅客人均消费为 2030 澳门元（不包括博彩消费），比上年增加 8.9%（图 3–16）。

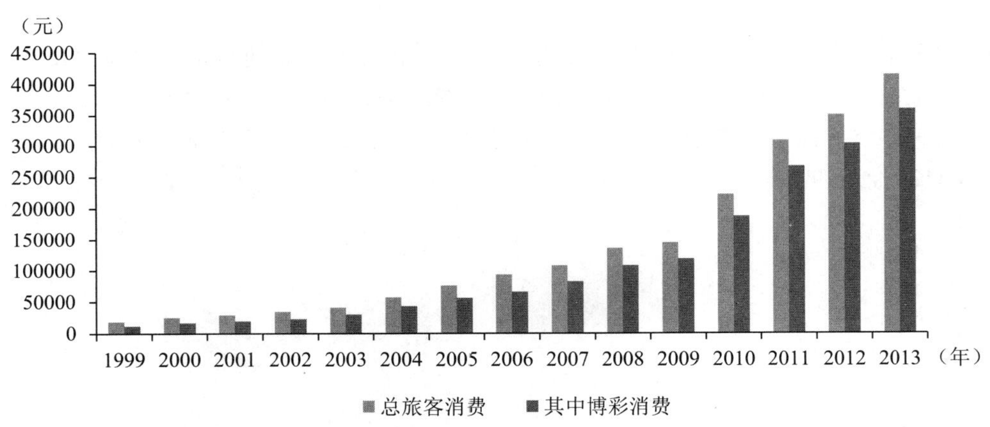

图 3–16 澳门总旅客消费及其中的博彩消费变化

资料来源：澳门统计暨普查局。

（2）博彩业。博彩业是澳门的文化和旅游特色，而娱乐场、度假村是重要载体。截至 2014 年年底，澳门共有幸运博彩娱乐场 35 间。在总体娱乐场数目当中，“澳博”占 20 间、“银河”占 6 间、“威尼斯人”占 4 间、“新濠博亚”占 3 间、“永利”及“美高梅”分别各占 1 间娱乐场。其中 23 间开设于澳门半岛，且以新口岸填海区为主；余下 12 间则设在凼仔岛和路凼城（图 3–17）。

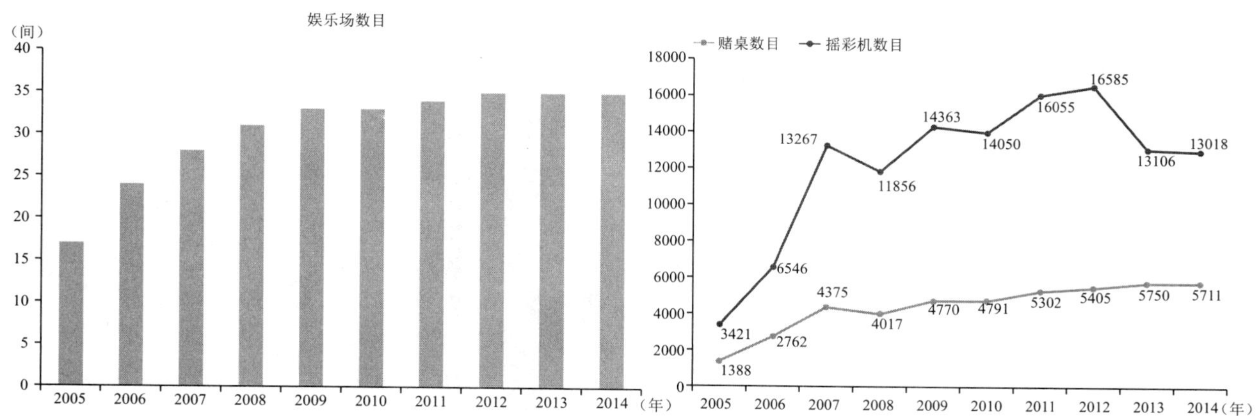

图 3-17 澳门娱乐场数目与赌桌数目、摇彩机数目变化

资料来源：澳门统计暨普查局。

（3）酒店业。根据澳门特别行政区政府旅游局数据显示，2013 年澳门现存 102 间酒店及同类场所。其中酒店数量为 65 家，酒店房间数为 27128 间，比 2012 年增长 6.7%。澳门的酒店及同类场所房间数目为 28800 间。酒店场所（酒店及公寓）的平均入住率为 83.1%（图 3-18）。

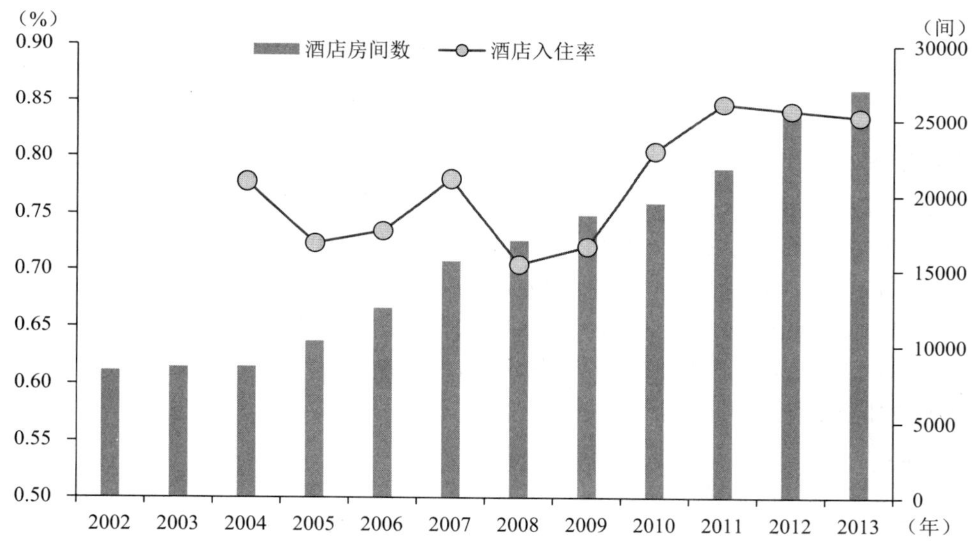

图 3-18 2002~2013 年澳门酒店房间数与入住率

资料来源：澳门统计暨普查局。

（4）旅行社业。澳门旅行社业发展势头良好，产业规模稳步增加，行业规范有序。截至 2013 年年底，澳门旅行社有 181 家，比 2012 年年末增加了 12 家，增长率为 7.1%。导游有 1784 名，比 2012 年增加 8.6%。

（5）会展业。2013 年共有 1030 项会展活动在澳门举行，共吸引 203 万人次入场，上升了 26%。按会展活动的主题来分析，主要是商贸及管理的会展活动，共 454 项；其次是信息科技，共 119 项；银行及金融共计 112 项；医疗健康共计 102 项，以及旅游相关的会展活动 75 项（图 3-19）。

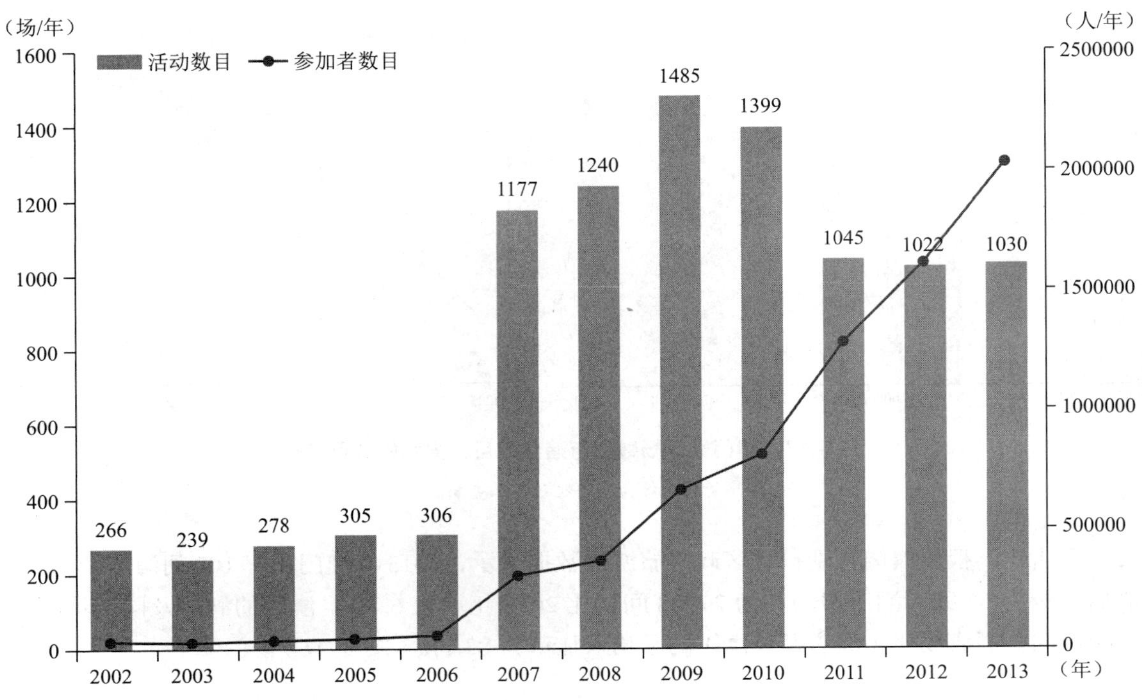

图 3-19　澳门会展及奖励旅游活动数目及参加者数目变化

资料来源：澳门统计暨普查局。

3. 澳门旅游经济的重要性

微型经济体澳门自回归中国以来，得益于国家创设的良好机遇和政策措施，经历了跳跃式的发展，访澳游客从 2000 年的 916 万人次升至 2014 年的 3153 万人次，十多年间增长了 244.2%；旅游收入从 2000 年的 253 亿元澳门币增长到 2013 年的 4129 亿元澳门币。

但旅游消费中，博彩业所占比例高，2013 年澳门博彩消费比例达 87%。据澳门日报报道，澳门产业结构中博彩业的比例由 2008 年的 37.2% 升高至 2012 年的 45.9%。在澳门经济快速增长的同时，对博彩业和旅游业的过分依赖也日渐突出，结构颇为单一。

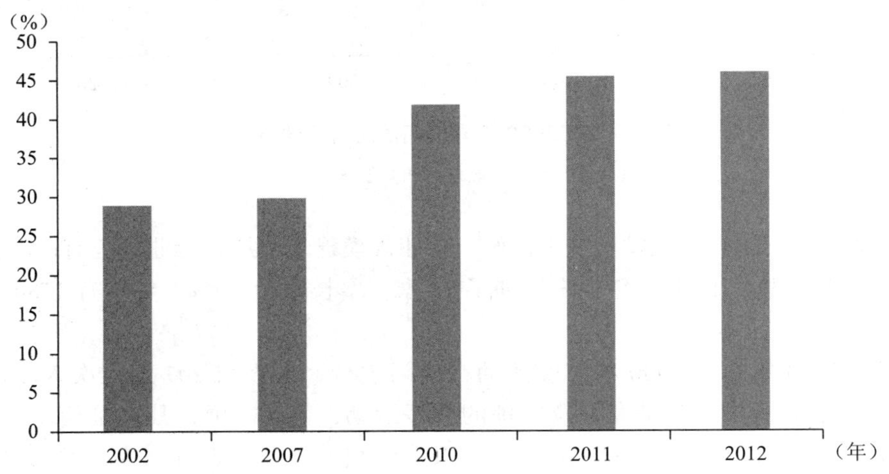

图 3-20　博彩业占本地生产总值的比重变化

资料来源：澳门统计年鉴 2013。

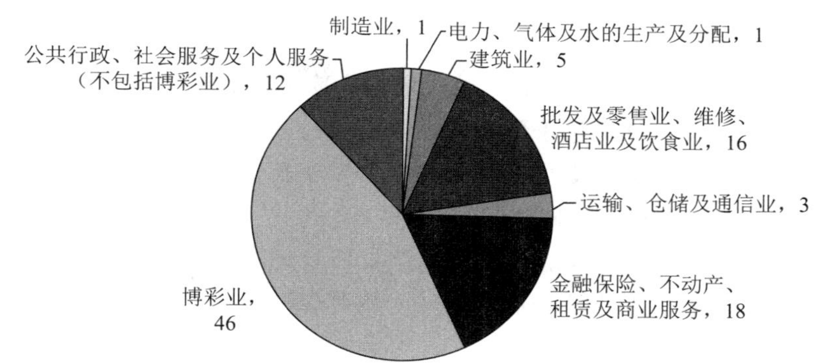

图 3-21　澳门 2013 年产业结构（%）

资料来源：澳门统计暨普查局。

澳门这块前葡萄牙殖民地，旅游就业目前主要集中于博彩业。博彩业的从业人员将近 5.8 万人，其中赌场发牌员 2.6 万名。

澳门旅游业快速发展带动了会展等相关产业的发展，但其他产业则处于刚起步、停滞甚或倒退阶段，此发展态势使澳门经济结构趋于单一，成为澳门未来发展的潜在隐忧。

4. 澳门旅游的承载力

澳门地小人稠，人地矛盾突出。旅游业与其他产业、城市旅游功能与其他功能之间的关系紧张，旅游业一业独大，旅游功能过强挤压了城市居民的必须功能，降低了城市质量。

根据澳门旅游学院的报告，澳门旅游承载力以每年 2900 万人次为上限，澳门各小区心理承载力为每日 6.9 万 ~7.9 万人次[①]。而 2014 年的澳门游客量已达到了创纪录的 3153 万人次，对澳门的社会发展构成相当大的压力，包括交通堵塞、餐饮紧张、楼价飙升、劳动力紧缺、口岸拥堵、重点旅游景区的挤迫、旅客与市民争夺社会资源、治安环境恶化、赌场扩张对居民造成滋扰等问题。同时也造成澳门旅游总体满意度指数徘徊不前（图 3-22）。

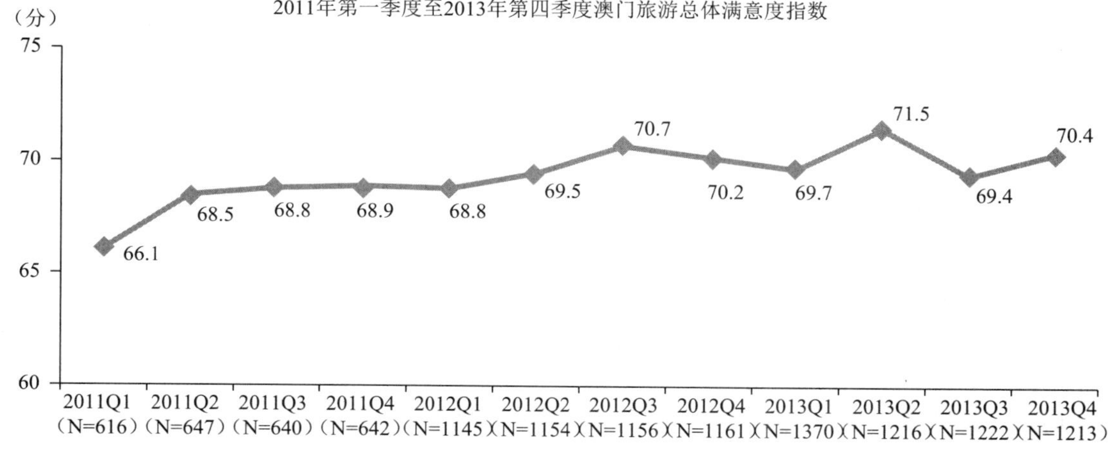

图 3-22　澳门旅游的总体满意度指数变化

① 澳门旅游学院的研究报告。

（三）规划背景

1. 澳门城市发展定位：宜居的亚洲现代文化城市和世界旅游休闲中心

基于澳门的特殊地位、经济结构过于单一和更主动地迎接世界发展的各种机遇、应对不确定因素及风险等考虑，2008 年 12 月《珠三角改革发展规划纲要》首次提出将澳门定为世界旅游休闲中心，并在中国第十二个五年规划中予以公布确认。

在《澳门城市概念性规划纲要》中，将澳门城市发展目标确定为：以人为本和可持续发展的宜居旅游城市。即为澳门人创造宜居的生活环境，为外来旅客提供舒适、休闲的软、硬环境，并向世界展现充满活力的国际旅游城市形象。

2. 澳门利益相关者的发展愿景

澳门是一个民主政体，其涉及公共政策的决策过程需要相关利益方的参与，特别是澳门居民。故此，需要对澳门旅游业发展规划的目标、过程、内容等进行公开意见咨询。在《澳门旅游业发展总体规划》开始前，先摘录《澳门城市概念性规划纲要公开咨询意见囊总》中与旅游业发展有关的意见。

（1）大部分意见赞同保护历史街区与建筑，亦有意见要求按分区决定楼宇高度限制，在发展与保护既平衡又协调的前提下，把澳门建设为一个具丰厚文化底蕴的宜居旅游城市。另外，部分意见认为文化不仅为游客、旅游业或其他产业服务，更要以居民为优先服务对象，提倡普及大众的文化政策，透过各种文化教育和活动，提升居民综合生活素质。

（2）部分居民比较担心博彩业若继续单一发展，会对未来经济的稳定性构成一定的影响，较多意见认为应发展综合旅游业，当中应加强澳门的文化特色和商贸服务功能，同时须重视发展新产业和扶持中小企发展。

（3）幸福和美好的生活一直以来是人类追求的理想，纯朴和守望相助是澳门居民传承下来的特质。必须营造条件以体现城市的和谐与包容特性，为发挥人文关怀和实现理想生活创造更多有利条件。同时，规划工作亦须考虑所有当代的开发行为应以不影响子孙后代的发展需求为前提。强调“以人为本”的基本宗旨，透过可持续发展的思路，寻求达至城市的优质生活。

（4）关于城市的定位，就收集到的意见进行分析后，居民对未来的经济发展继续以博彩旅游业作主导持有较多不同的意见，有关意见倾向发展综合旅游业为主。与此同时，从意见中反映了传承和弘扬澳门城市独特的文化、重视绿化与环保、体现以人为本精神、创造宜居空间和条件等方面，都是澳门未来城市发展的共同愿景。

3. 澳门旅游业发展面临的难得机遇和诸多困境

（1）机遇

①世界旅游发展趋势。旅游业持续强劲增长。旅游业是全球持续高速稳定增长的重要战略性、支柱性、综合性产业[①]。根据世界旅游业组织（WTTC）数据，2012 年全球旅游业增加值占全球 GDP 的比重约达到 9%，旅游活动占全球经济活动的 10%，旅游业已成为世界上最大的和增长最快的产业部门之一。而《牛津经济》（*Oxford Economics*）预测，未来 10 年全球旅游产业对 GDP 增加值的贡献率还将以年均 4.2% 的速度强劲增长，高于全球经济增长的预期值 3.6%。

世界旅游中心正逐步向亚太地区转移。根据世界旅游组织（UNWTO）发布的《2030 年全球旅游展望研究报告》预测，到 2015 年，新兴经济体（亚太、拉丁美洲等）的入境游客总数将首次超过发达

① 在 2012 年 6 月 G20 夏季峰会上，20 国家领导人一致将旅游业评价为“促进就业、增长经济和保持发展的强劲推动力”。

经济体[①]，亚太地区在全球旅游格局中的比重持续扩展，且这种趋势越来越强劲。

中国正迈向“世界第一大旅游经济体”。2014 年中国已成为世界第一大出境旅游消费国和世界第三大入境旅游目的地。世界旅游业组织（WTTC）预测，中国将在 2023 年成为世界第一大旅游经济体。

文化旅游和海洋旅游将是未来的重点方向。全球旅游者的旅游目的更加多元化和个性化，除观光旅游、度假旅游和商务旅游外，文化旅游、海洋旅游、宗教旅游、探险旅游、考古旅游、修学旅游、民族风俗旅游等专题旅游和特色旅游将会凸显未来细分化的旅游市场。

②港珠澳大桥建设。港珠澳大桥的建设为港珠澳国际大都会区域旅游“一程多站”世界旅游休闲目的地形成创造了极佳的机遇：优化提升了澳门的陆路交通条件，将使港深游客到澳门旅游更加方便，形成大珠三角环形线路，推动港珠澳深旅游一体化走向深化。港珠澳大桥修通后，澳门国际机场、香港国际机场都已成为大珠三角接纳国际游客的重要门户。港珠澳大桥景观也成为港珠澳共同的热点旅游吸引物。

③广东自贸区设立。2014 年国务院决定设立中国（广东）自由贸易试验区，2015 年 3 月起施行。以“对港澳开放”和“全面合作”为方向，在投资准入政策、货物贸易便利化措施、扩大服务业开放等方面先行先试，率先实现区内货物和服务贸易自由化。广东自贸区的设立将推动粤港澳在旅游业标准和服务接轨、旅游通关便利化和旅游人才流动方面发挥积极作用。

④横琴新区合作开发。“横琴新区”开发以合作、创新和服务为主题，充分发挥地处粤港澳接合部的优势，推进与港澳紧密合作、融合发展，逐步把横琴建设成为“一国两制”下探索粤港澳合作新模式的示范区、深化改革开放和科技创新的先行区、促进珠江口西岸地区产业升级的新平台。横琴新区已成为澳门拓展城市功能空间、缓解人地矛盾，产业适度多元，推动珠澳都会区旅游合作的重大举措。

⑤共同开发万山海洋开发试验区。珠海万山海洋开发试验区是广东省人民政府批准设立的海洋综合开发试验区，目标是建设万山“国际海洋旅游开发实验区”，方式是联合“粤港澳”共同开发与经营管理，同时在海洋使用、土地、财税、投融资及国际开放等方面进行政策支持。这将使澳门旅游变“陆上旅游”为“海陆旅游”，使海洋海岛旅游成为澳门旅游的新支柱；合作开发万山海洋旅游区可助力大珠三角“一程多站”世界级旅游目的地的发展。

⑥系列区域规划的实施。《珠三角改革发展规划纲要（2008~2020）》开始实施，《环珠江口宜居湾区建设重点行动计划》《粤港澳基础设施专项合作规划》《共建优质生活圈专项规划》落地均为澳门发展提出了新的要求、提供了新机遇，澳门也有望通过区域协调解决本地发展问题。国家全面推进“一带一路”战略部署也为海上丝绸之路起点之一的澳门提供了新的机遇。

（2）困境

①抗经济风险能力差。澳门经济结构过于单一，导致其抵抗经济不确定风险的能力较差。在博彩旅游业高速发展下，近年澳门的经济和社会发展变得依赖博彩旅游业的支持与带动，其他产业则处于初起步、发展中甚或停滞的阶段。同时，世界局势任何负面变化，国际金融危机和货币战争、大陆强力反腐引致的政治生态改变，种种不确定性或会对澳门造成沉重打击。而不少东亚和东南亚城市正全力开发博彩业，甚至邻近的台湾省也有发展博彩活动的可能性，这对澳门博彩业的可持续发展无疑产生了不明朗的因素，而对土地等资源供应方面，也带来了潜在的不确定因素。

---

① 新兴经济体入境游客和发达经济体入境游客的比例变化，1980 年为 30∶70，2010 年为 47∶53，2015 年为 50∶50，2030 年将达到 57∶43。

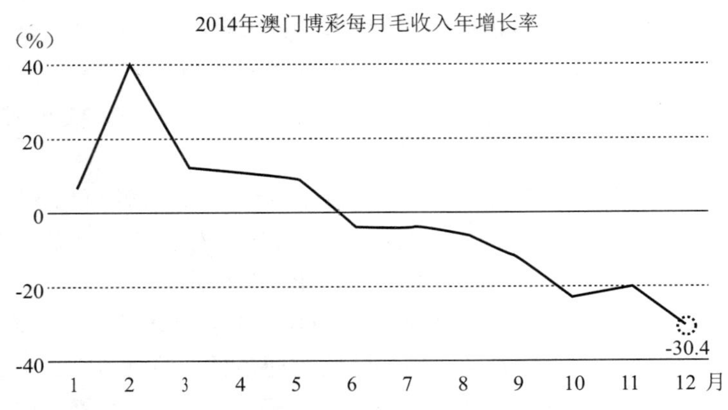

图 3-23　2014 年大陆反腐对澳门博彩业的冲击

数据来源：中时电子报 2015-01-03。

②城市发展空间局促。澳门地小人稠，人地矛盾突出。作为一个微型经济体，土地稀少是困扰澳门发展的一大问题，虽然回归后获国务院批准填海造地，但经济发展快速、投资环境趋好等原因，土地增加速度赶不上人口增长的速度，导致旅游空间被高度挤压，游客量突破空间承载力，城市居住质量有所下降。

③优质资源未得到有效利用。在澳门仅 30.3 平方千米（2014 年）的土地上，中西方文化荟萃一堂，形成了独特魅力的文化现象。澳门具有文化体验、宗教朝圣、美食休闲、运动休闲、博物馆修学等多种多样、各具特色的旅游产品，在博彩独大的格局中被淹没。尤其是作为世界文化遗产的澳门历史城区，目前仅仅以观光游览为主，体验性、参与性不够，最好的旅游资源未得到有效利用。

④文化生态保护与城市发展的矛盾。以博彩旅游为带动，澳门实现了城市的快速发展。但现代化的道路上，澳门文化遗产保护、传统文化传承、生态环境保育面临困境。科学合理的旅游发展应成为缓解文化、生态保护与城市发展、现代化建设的重要抓手。

二、目标与思路

（一）“世界旅游休闲中心”解读

1. 亚太旅游协会澳门专题研究诠释世界旅游休闲中心

世界中心 = 世界级旅游目的地。

中心 = 珠三角旅游业的一个焦点及聚合点。

旅游及休闲 = 休闲旅游及商务旅游（包括商务活动）。

澳门（旅游）总体定位：珠三角地区内世界级、交通通畅而多元化的都市旅游目的地[①]。加入“城市”作为目的地的形容词，因为澳门提供的是城市旅游环境而非郊野旅游环境。

这个解释是指：大珠三角是世界中心（世界级旅游目的地），而澳门是其中的一个焦点及聚合点，是以休闲及商务旅游为主导方向的都市旅游目的地。

2. 世界旅游休闲中心概念与特征

世界旅游休闲中心指的是依托于都市的国际旅游休闲目的地的高端形态，是文化包容与宜居、宜游的全球典范。其旅游休闲产业发达，综合服务体系完善，创新能力卓越，品牌影响力强大，客源国

① 亚太旅游协会亚太旅游协会 . 澳门专题研究报告澳门专题研究报告 . 澳门旅游业定位：迈向世界旅游休闲中心迈向世界旅游休闲中心，2012.

际化特征明显。旅游休闲与本地社会经济协调互动，是全球旅游休闲产业和区域经济发展的重要引擎。世界旅游休闲中心具有如下典型特征[①]：

（1）品牌具有世界影响力；

（2）客源结构国际化；

（3）旅游休闲产业发达；

（4）具有充分的旅游休闲惠及民生的机制；

（5）区域带动和辐射性强。

3. 澳门——世界旅游休闲中心

按照上述定义，我们认为，澳门可以成为世界旅游休闲中心，虽然现况还有很大差距。澳门可以通过清晰的目标和指针、科学的路径和通过一个系统综合的策略来实现。因为旅游、世遗文化、休闲会展娱乐加上中西网络的组合让澳门成为世界上少数充满如此独特综合功能的精致城市，一个全新类别的、充满活力的“世界城市”[②]，此外，中央人民政府对澳门的大力支持、港珠澳大桥建设、珠三角一小时生活圈交通网、“一国两制”框架下粤港澳更紧密地合作：“一程多站”旅游地空间组织模式下，澳门将成为一个广为世界各地游客选择的目的地，澳门将具有以下属性：[③]

（1）澳门世界旅游休闲中心；

（2）世界级旅游目的地；

（3）休闲旅游为主导方向；

（4）港珠澳深“一程多站”旅游（门户＋中心）站点；

（5）大珠三角国际大都会区域旅游目的地的一个（吸引＋服务）中心；

（6）国际一流旅游城市。

【资料】

世界级旅游目的地

世界级旅游目的地，国际上有两派观点。一派为国际（包括国内）学术研究机构或一些国际相关组织，如 WTTC（世界旅游理事会）或全球可持续旅游委员会（GSTC）。以后者于 2012 年推出的“全球目的地可持续旅游标准”为例，进一步说明这类标准或成果的特点。制定该标准的主要目标有 4 个：

- 体现目的地可持续运作；
- 目的地社会与经济“效益最大化、负面影响最小化”；
- 游客体验、文化传承以及遗产保护“效益最大化、负面影响最小化”；
- 环境“效益最大化、负面影响最小化”。

其主要标准体系分别根据上述四个目标制定，包括以下 A、B、C、D 四个方面。这个标准全面、复杂而系统，但必须依靠专业团队才能进行评估（表 3–12）。

---

① 数据源：http: //www.ec3global.ec3global.com/news/patamacau–task–force–publish–report–towards–a–world–centre–of–tourism–and–leisure.com/news/patamacau–task–force–publish–report–towards–a–world–centre–of–tourism–and–leisure.aspxaspx 以及 http: //www.articlesbase.articlesbase.com/journalism–articles/the–macao–will–develop–to–a–tourism–and–leisure–center–4071073.com/journalism–articles/the–macao–will–develop–to–a–tourism–and–leisure–center–4071073.html.

② 世界城市：以多种经济活动参数，如各类专业跨国企业总部数量、对外联系程度以及证券、银行等金融业务的发展在经济全球化下所发挥的重要性和影响力具高度领导地位。如纽约、伦敦和东京等。

③ 世界旅游组织（UNWTO）. 2013 年澳门被评为全球签证最容易的国家和地区之第七名。

表3-12　全球旅游目的地可持续旅游标准

A. 体现目的地可持续运作	A1. 可持续旅游战略；A2. 旅游管理组织；A3. 可持续旅游监测；A4. 旅游的季节性调控；A5. 应对气候变化；A6. 景观资源普查；A7. 规划设计与建设；A8. 为特殊人群提供便利条件；A9. 保障当地居民的合法财产权利；A10. 游客满意度监测；A11. 旅游经营部门可持续发展的责任；A12. 游客安全保障；A13. 危机防范；A14. 可持续旅游营销；A15. 宣传资料。
B. 目的地小区的社会与经济“效益最大化 / 负面影响最小化”	B1. 经济效益；B2. 当地居民就业；B3. 公众参与；B4. 当地居民满意度；B5. 保障当地居民进入目的地的权利；B6. 提升旅游业意识；B7. 反对剥削；B8. 支持小区发展；B9. 合法贸易原则；B10. 促进旅游企业可持续发展。
C. 游客体验、文化传承及遗产保护“效益最大化 / 负面影响最小化”	C1. 旅游吸引物的保护；C2. 游客管理计划；C3. 敏感地区的游客行为控制与解说；C4. 文化遗产保护；C5. 景区景点解说；C6. 小区所有者权益保护；C7. 鼓励游客参与目的地可持续发展。
D. 环境“效益最大化 / 负面影响最小化”	D1. 环境评估；D2. 生态系统保护；D3. 节约能源；D4. 减排温室气体；D5. 节约用水；D6. 水资源消耗；D7. 地表水与海水质量；D8. 废弃物管理；D9. 减排固体废弃物；D10. 减少污染物；D11. 当地交通；D12. 环境管理；D13. 生物多样性、生态系统与景观保护。

另一派主要是一些专业媒体或国际主流媒体的专业团队，如《国家地理杂志》（*National Geographic*）、CNN Travel（美联社旅行频道）、BBC、FT 中文网、《旅游与休闲杂志》（*Travel&Leisure*）、TripAdvisor、VISA 组织、EuroMonitor 等。其分类则一般会比较多元化，如世界时尚旅游城市、国际商务旅游城市、国际海滨度假胜地。其主要特点一般是其评价指标相对单一，多数是依据一个旅游地的主要属性（海滨、滑雪或购物等），同时结合各主要旅游地或旅游城市的国际游客数量或 / 与国际旅游收入，以及其增长情况等指标提出评估结果。

这类成果的提出一般还会建立在一个相对长期的游客调查或访谈基础上进行，因而具有比较强的市场导向性。同时，由于这类机构的媒体属性，天然具有非常强大的舆论导向性，对潜在游客的目的地选择行为具有较强的影响力。一个世界级旅游目的地需具备 10 个基本特征：

特征 1：游客是真正的定义者。

特征 2：吸引世界各地不同国家的大量游客。

特征 3：大量设施和服务满足多样化市场。

特征 4：一个有“灵魂”的城市——以历史文化为基石。

特征 5：国际知名度高——城市品牌形象。

特征 6：（a）国际联系广泛（交通、人员通关）；（b）国际联系广泛（信息、管道）。

特征 7：旅游与休闲是城市规划的有机组成。

特征 8：人力资本国际竞争力。

特征 9：国际辨识度高（包括在主流的旅行指南与社交媒体上）。

特征 10：国际化市场研究能力——详细的研究和规划以确保高水平的旅游吸引力与满意度。

世界级旅游目的地关键指标（表 3-13）：

表3-13　世界旅游目的地关键指标

序号	特征		数据源	指标	
	关键词	缩写		描述	权重
1	游客评价	C	Tripadvisor.com	TripAdvisor.com 的城市排名	0.7
				前 10 项吸引物的均值评分	0.3

续表

序号	特征		数据源	指标	
	关键词	缩写		描述	权重
2	外国游客到达率	A	统计资料	外国游客的年到访数	0.4
				每年居民年接待外国游客数	0.3
				过去 5 年外国游客数增长率	0.3
3	旅游活动丰度	AC	Tripadvisor.com	网站列举的吸引物总数	0.4
			专家判断法	是否拥有标志性吸引物	0.6
4	城市核彰显度	SH	专家判断法	由弱到强	/
5	国际认可度	IR	Google 搜索	城市英文名搜索结果	/
6	国际联络性	IA	OAG 的统计资料	2012 年 12 月 OAGAviation.com 上公布的机场国际航班座位数之和	/
7	管道国际化	EA	Google 搜索	城市英文名 + 旅游搜索结果	/
8	规划整合度	IP	专家判断法	旅游与城市规划整合的程度	/
9	国际服务能力	HR	Agoda.com 统计资料	国际品牌或连锁酒店的数量	/
10	市场专业能力	PT	专家判断法	国际旅游市场的专业能力	/

关于数据源：

TripAdvisor.com 是世界知名的旅游电子商务网站，也是全球第一的旅游评论网站，特别受国际游客的欢迎，因为其提供富有价值的真实旅行建议。本次报告的数据源是 TripAdvisor.com 的英文网站，这里提供关于世界各主要城市旅游吸引物（Things to do）（包括景点、活动、夜店、购物等）的旅游者评分及评价。

TripAdvisor.com 的城市排名是基于该网站的" Best of 2013（2013 年最佳）"频道提供的“2012 年旅游者选择”Traveller’s Choice 2012”推荐的世界最佳 25 旅游城市，亚洲最佳 25 旅游城市，世界新兴十大旅游城市，以及中国最佳十大旅游城市中选择样本城市。

统计资料的主要来源是中国国家旅游局、万事达卡（Master Card）研究报告、世界旅游组织（UNWTO），与世界旅行及旅游理事会（WTTC）的年度或地区报告。

OAGAviation.com 是一家全球领先的航空领域咨询机构，拥有非常全面的世界上排名前 100 的机场国际出港航班座位数的最新、最全统计资料。本次选取的是 2012 年 12 月世界前 100 个机场的资料。一个机场的国际出港航班座位数的多寡代表着这个城市与国际航空联络的紧密与便捷程度。

Agoda.com 是国际上著名的酒店预订网络，一个城市的酒店特别是国际品牌或连锁酒店基本加入到这个网站数据中。此数据用于比较各城市之间具有国际服务水平的酒店数量，一定程度上代表一个城市的国际服务水平的高低。

专家判断法是规划团队专家组成员的专家评价与打分。

数据来源：中国城市规划设计研究院．珠海市旅游发展总体规划（2013~2030）。

休闲旅游也有多种说法，如上面提到的世界旅游休闲中心的定义。一般认为是“以休闲为目的的旅游。它更注重旅游者的精神享受，更强调人在某一时段内所处的文化创造、文化欣赏、文化建构的存在状态”①。

（二）澳门旅游业发展条件分析

1. 澳门旅游资源与品牌卖点分析

（1）澳门旅游资源分析。利用中国国家标准《旅游资源分类、调查与评价》（GB/T 18972—2003）及国际旅游资源分类调查和评价研究的方法，进行澳门旅游资源分类调查与评价，掌握澳门旅游资源本底情况，编写《旅游资源调查报告》，通过对资源类型结构特点和质量等级的分析，发掘新的资源价值，把握旅游资源的总体特征，以便后续确定旅游资源的开发利用方向及先后顺序。

目前初步判断澳门现有旅游资源主要包括以历史城区世界遗产、博物馆及展览馆类、公园庙宇为

① 马惠娣．未来十年中国休闲旅游业发展前景展望［J］．齐鲁学刊，2002（2）：19-26.

主的旅游景点，以娱乐场、酒店、度假村为主的特色旅游设施，人文类资源所占比重较高，相比自然类资源，人文类资源与文化结合开发的优势更加明显也更加容易。

进行澳门旅游资源的空间分布特征分析。初步判断澳门旅游景点主要分布在澳门半岛，路环岛和氹仔岛只有较少景点分布。

进行澳门旅游资源的区域比较分析。从距客源市场远近程度、可达性、独特性、资源价值等方面进行区域比较分析，以便制定全面的资源的竞争策略和区域合作策略。

进行澳门旅游休闲度假环境分析。利用温湿指数、风寒指数指标，通过对澳门自然气候环境在“舒适型、康益性、安全性”三项指标上的计算分析，了解澳门发展休闲度假游的气候环境支持程度。①

（2）特殊性卖点（USP）分析。利用USP分析方法，确定澳门旅游卖点品牌。USP（Unique Selling Proposition）意思为“独特的卖点”，于20世纪50年代由罗瑟·瑞夫斯在广告营销中首先提出。通过USP分析，发掘从游客角度出发的澳门独特旅游吸引物，以便直接对接市场和指导旅游产品开发。

初步认为，澳门的独特卖点在于：特区魅力、中西合璧、异国美食、免税购物、世界赌城。

澳门的文化遗产资源、热带风情及气候环境、干净整洁的街道环境（工业少、污染轻）、独特海岛空间格局（多样游憩环境）、葡国美食、传统的海岸线景观、山地生态资源、园林景观、民俗文化、海上丝绸之路文化等都可以开发成为新的兴趣点和闪亮点。

2. 澳门旅游业发展条件分析

（1）旅游产业潜力分析与地位决策的RLMS方法。通过对澳门旅游资源（Resource）、区位（Location）、市场（Market）的分析，依据澳门城市发展愿景和定位的战略（Strategy）分析，可以判断澳门旅游业的发展潜力和未来的产业定位，以便确定澳门旅游业的产业地位。②

（2）澳门旅游发展的竞合分析。通过澳门旅游业与港珠澳深、大珠三角地区、葡语国家（地区）、亚太地区等不同区域层面的竞争和合作关系分析，以及相关资源导向的博彩业竞合分析、世界文化遗产旅游竞合分析、滨海与海洋旅游竞合分析、购物旅游竞合分析、会展旅游竞合分析等专项市场竞争和大珠三角区域竞合关系分析，确定澳门旅游在不同区域层面和不同专项领域发展格局中的最佳定位。

（3）澳门旅游业增长动因分析。借助于菲律宾央行前行长杰塞斯·P. 伊斯塔尼斯劳对国际贸易市场份额的分析模型，将旅游地旅游业增长分为内源性增长（主要取决于竞争力提升）、外在性增长（主要取决于外部条件和机遇），由此判断澳门旅游的成长动因和未来风险，以便提供应对策略。③

该工具的好处是只要有足够的数据，就能很好地分析其成因，如澳门回归以来旅游业的快速成长原因，内源性的赌权开放贡献多大，外在性的中央人民政府支持澳门的“自由行”的贡献多大，此外，还可以将内源性因素和外在性因素各自分解成多个因子，进行贡献大小的判别。④

通过对澳门旅游业增长的动因和机制研究，可以确立澳门旅游产业发展的发展模式，提出未来澳门旅游发展的路径和策略。

（4）澳门旅游地竞争力模型。根据波特竞争力模型理论，确定区域旅游竞争力的四个基本维度——核心吸引要素、市场品牌、旅游环境、管理与政策，并根据澳门的基础条件、主要问题和发展目标，采用合适的算法量化评价，确定澳门旅游地竞争力（图3–24）。

---

① 周建明. 旅游度假区的发展趋势与规划特点［J］. 国外城市规划，2003（1）.

② 无锡市旅游发展总体规划（2003—2020）［Z］. 无锡市旅游局，中国城市规划设计研究院，中国旅游出版社，2005.

③ 程毕凡，谢陈秀瑜. 中国与东盟国家经济关系现状和发展趋势［M］. 北京：中国社会科学出版社，1988.

④ 深圳市城市总体规划（1996—2010）［Z］. 深圳市城市规划院，中国城市规划设计研究院深圳分院，1996.

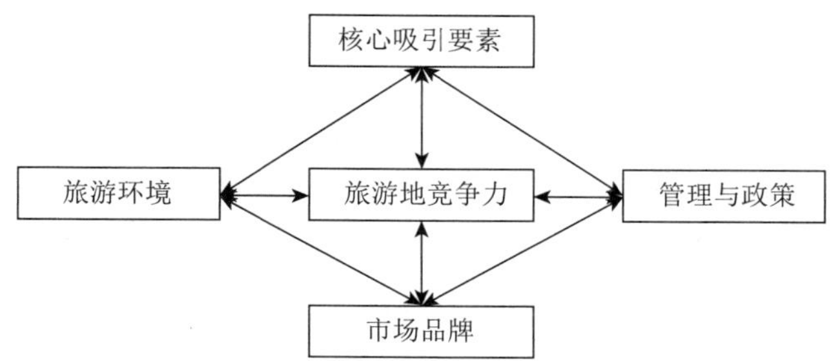

图 3-24　旅游竞争力的基本要素

针对四个维度的短板和存在问题，提出提升澳门旅游地竞争力的发展策略。

（5）澳门旅游业可持续发展分析。基于 GIS 的空间数据，从生态可持续、经济可持续、社会可持续三个维度，分析与仿真在规划目标、发展策略和行动计划下，澳门旅游业的可持续发展能力，从而可以指导规划实施监管平台的建立，使得规划实施过程中的“鲁棒性”（Robustness）更强。

澳门旅游发展 SWOT（强势、弱点、机遇和制约）分析（表 3-14）：

表3-14　澳门旅游发展SWOT分析

强势（Strengths）	弱点（Weakness）
（1）区位优势与政策优势 （2）中西融合的独特文化 （3）经济发展水平高，人均 GDP 世界领先，生活富裕 （4）精致宜人的城市肌理 （5）亚热带滨海与岛屿地理条件下的资源和环境 （6）联合国教科文组织世界遗产地位和独特的文化遗产 （7）博彩收益（资金优势、政府财政盈余）	（1）经济结构过于单一 （2）城市发展失衡 （3）人口增长欠规划 （4）城市发展空间局促 （5）生活环境恶化 （6）旅游业全要素发展思维不深入 （7）人才结构欠合理 （8）新的旅游目的地形象模糊 （9）新兴领域游客群体研究薄弱 （10）文化展示不充分
机遇（Opportunity）	**制约（Threats）**
（1）未来土地的增长 （2）面向国际的联系 （3）区域融合的愿景 （4）快速发展的中国出境游市场 （5）港珠澳大桥、轻轨及交通基建 （6）签证手续简化，入境更加便利 （7）新科技的影响 （8）新的 CEPA 补充协议的签署（旅游领域） （9）海洋、海岛旅游热潮	（1）博彩业竞争的加剧 （2）世界及澳门周边地区大环境的变化 （3）应对突发性事件的不确定性 （4）来自其他地区的竞争 （5）日益多样和变化的游客需求 （6）多方利益的平衡

（三）澳门旅游业发展定位

1. 参考意见

借助于亚太旅游协会及澳门专题研究报告，澳门未来旅游业规划的目的地定位，必须考虑三个主要层面：

（1）澳门作为目的地。澳门提供的旅游产品以及如何向市场推广这些产品。旅游产品经常指目的地组合，包括景点和活动，设施（酒店、餐厅等），交通，基建，接待资源（人力资源、小区居民支持等）。

（2）目标市场及旅客。澳门的目标旅客群及实际来澳的旅客群。澳门吸引不同市场的各种旅客，他们的要求和需要各有不同。

（3）竞争目的地。澳门的主要竞争对手，它们的旅游产品以及它们如何向市场推广这些产品。澳门的竞争对手因应目标市场而有所分别。

重新定位必须做到令澳门有别于其竞争对手。再结合《澳门城市概念性规划纲要》提出的综合旅游业发展目标，以及澳门博彩独大，其他消费薄弱的现况，就可以大概确定澳门旅游业发展定位。

2. 澳门旅游业发展定位

定位为全要素综合旅游业地。澳门在“推动经济适度多元发展、加快宜居城市建设和打造世界旅游休闲中心”统领之下，城市发展将依据“优质生活、以人为本、可持续发展”作为三大主轴理念，相应地，旅游业发展将按照“世界旅游休闲中心”定位，依据“提升质量、强化品牌、突出品位（深度体验）”作为三大主轴理念，发展独具澳门特色、借势区域、广泛客源市场、引领未来趋势的全要素综合旅游业。

（1）全要素。将旅游产业要素从单纯的博彩娱乐业开发向综合性全要素开发发展，改变要素发展失衡的局面，紧扣“食、住、行、游、娱、购”6个传统要素，着重突出澳门在“食（葡国美食）、游（历史街区游览）、娱（博彩娱乐）、购（免税购物）”等要素上的优势及特点。与此同时，在现有传统旅游六要素基础上，拓展“商、养、学、闲、情、奇”等新旅游六要素[①]，促进澳门旅游业蓬勃发展。

（2）综合性。突出旅游产业融合、区域整合，推动旅游经济适度多元发展、加快宜居城市建设和打造世界旅游休闲中心。在维持博彩旅游竞争力基础上，促进旅游业与文化（创意）产业、会展业、教育产业、商贸服务业等协同发展，推动澳门旅游综合发展。

（四）澳门旅游业发展目标与思路

1. 澳门旅游业发展目标

旅游业发展目标可以从三个方面予以描绘：

（1）发展能力。产业竞争力和可持续发展能力。

（2）产业内部结构。行业部门组成或旅游要素组成的合理程度。

（3）产业贡献大小。总量规模与产值比重、就业贡献，产业带动系数，以及社会环境等的综合效应。

为当地居民提供优质生活，为外来游客提供舒适休闲的旅游体验，成为社会和谐包容，凸显城市特色文化，可持续发展能力强的澳门经济的核心支柱产业。

2. 总体思路

澳门旅游通过“提升质量、强化品牌、突出品位（深度体验）”，打造更加不同的动容时刻，即质量·品牌·品位——动容澳门，更加不同。

（1）提升质量。一个城市的旅游质量越高，休闲品位越高，城市越有吸引力。开发高端旅游、时尚旅游、定制旅游，发展优质旅游。澳门旅游发展要求新、求异、求乐、求知、求美，满足游客更高层次的生理和心理需求。提升旅游产品多元化程度及素质。构建更强大、资源更充足的目的地管理组织。

（2）强化品牌。利用海上丝绸之路、世界文化遗产，强化澳门世界旅游品牌。确立品牌形象，整合品牌营销，是澳门旅游未来发展的思路。结合澳门旅游全新的战略定位，为澳门旅游制订全新的品牌形象。提升现有澳门旅游品牌，提出全新品牌口号。整合澳门旅游休闲资源，形成具有世界影响力

① 国家旅游局局长李金早在2015年全国旅游工作会议上提出。

的旅游品牌。

（3）突出品位（深度体验）。转变观光旅游的发展形式，挖掘文化内涵，发展深度体验旅游。开发深度旅游产品、深度旅游项目、深度旅游景区，构建深度旅游线路。

3. 具体要求

（1）突出特色。澳门旅游特色是“一国两制、澳人治澳、高度自治”的政治制度，中西文化融合的特色文化，包容和谐的社会生态，热带滨海半岛与小岛屿组成的自然景观。

（2）借势区域。主要是借势区域资源和市场。区域按层次包括珠海、港珠澳、粤港澳、大陆、葡语系国家。借势的资源主要为珠海横琴、万山海洋试验区、南中国海，借势的市场主要为大陆游客和以大珠三角洲为主要旅游目的地的境外客源市场。

（3）客源多元。包括四个方面：一是大陆游客中以博彩为主要目的之外的游客，主要针对文化和购物旅游的客源；二是葡语系国家的游客；三是以大珠三角为旅游目的地的客源；四是一程（大珠三角）多站（港珠澳深穗等）的游客。

规划将分析港珠澳深穗客源构成，充分利用大区域广泛的客源市场，借此发展澳门旅游。如表3–15 所示：

表3–15 澳门旅游客源构成

城市	客源结构
澳门	中国内地 67.2%，中国香港特区 20.7%，中国台湾 3.1%，韩国 1.8%，日本 1.0%，菲律宾 0.8%，马来西亚 0.7%，印度尼西亚 0.6%，新加坡 0.6%，美国 0.6%[①]。
香港	中国内地 56.1%，中国台湾 9.25%，日本 5.2%，美国 4.8%，澳大利亚 1.9%，泰国 1.5%，新加坡 21%，菲律宾 1.5%，韩国 2.5%[②]
广州	大量国内游客，以及入境游客，比例是中国香港 51.35%，中国澳门 5.61%，中国台湾 6.91%，日本 2.27%，菲律宾 0.17%，新加坡 0.6%，泰国 0.49%，马来西亚 1.08%，韩国 0.74%，美国 1.3%，加拿大 3.11%，英国 0.35%，法国 0.45%，德国 0.38%，俄罗斯 0.18%，澳大利亚 0.49%，其他 24.53%[③]。
深圳	广东 35.5%，湖南 6.8%，湖北 5.8%，四川 5.4%，江西 4.6%，广西 4.5%，河南 3.4%，北京 2.6%，安徽 2.5%，浙江 2.4%[④]。以及少量国际游客。
珠海	广东 61.74%，湖南 4.27%，广西 2.86%，福建 2.71%，浙江 2.52%，上海 2.06%，江苏 2.05%，四川 1.98%，湖北 1.98%，北京 1.66%，江西 1.57%，其他 14.6%[⑤]。以及少量国际游客。

（4）引领未来。坚持发展优质旅游、高端旅游、时尚旅游，构建旅游服务精品，引领未来旅游发展趋势。推动文化旅游、海洋旅游、商务会展旅游、修学旅游、购物旅游、奖励旅游和音乐、体育、表演等具有经济价值的文娱事业的发展。

（5）全要素。实施旅游全产业链条发展战略，将旅游产业从单纯的博彩旅游和观光旅游向综合性旅游方向发展，拉动旅游上下游产业，打好旅游产业链条的“组合拳”。围绕休闲旅游，紧扣全要素，通过完善旅游配套产品和服务配套，拉动旅游上下游产业。延长产业链、扩大产业面、形成产业群。

（6）综合发展。澳门文化资源丰富，中心特色浓厚，文化与旅游融合发展、互相促进的态势更加突出，要充分融合文化与旅游，形成特色休闲业态。同时围绕旅游多元发展和业态创新将商业、教育、体育、会展与旅游发展结合起来，形成融合发展格局。

（7）适度规模。合理研究澳门旅游容量，以环境承载力为门槛控制游人规模，追求适度规模的高

① 2014 年 1~9 月数据。

② 资料来源：香港旅游局。

③ 广州市 2010 年入境旅游客源市场构成。张玉等 . 广州市入境旅游客源市场结构研究［J］. 河南科学，2014

④ 资料来源：深圳旅游局市场拓展处。

⑤ 1999~2008 年珠海各客源地比重平均值。赵莹雪 . 珠海国内旅游客源市场空间结构演变与优化［J］. 热带地理，2010（7）.

质量开发。转变规模化的发展模式，坚持可持续旅游，不以量取胜，追求质提升和效益增加。在文化遗产保护、生态培育、整体环境提升的基础上，发展旅游产业。

（8）提升效益。围绕有利于“澳门优质生活、以人为本、可持续发展”目标，符合区域乃至国家的全局利益，强化旅游产业的带动和整合，促进旅游效益大幅提升及社会经济带动效应的发挥。

三、发展策略

基于世界视野，澳门旅游要扩展全球影响；基于区域视野，澳门要融入多边合作；基于澳门视野，澳门旅游要提升素质、增强竞争力。

（一）策略一：城市功能优化与旅游质素提升

澳门地狭人稠，2011 年澳门平均人口密度达到 1.84 万人 / 平方千米[①]，远高于类似条件的中国香港[②]（6650 人 / 平方千米）和新加坡[③]（7540 人 / 平方千米），并且每年还有超过 3000 万人次的游客到访。澳门半岛既是人口密集的居住区，又是世界遗产保护区，同时还是博彩旅游的重点片区，旺季接待的游客量常超出其环境容量。城市为澳门居民提供的生活功能与旅游等产业功能在空间上高度重合，生活服务功能受到挤压的同时也严重制约着各类旅游功能的拓展和旅游质量的进一步提升[④]。

规划将采取以下措施针对性解决或缓解上述问题：

1. 利用坐标法实现优质空间高效利用

依据澳门发展目标（居民就业和收益增加、可持续发展）和服务链、产业链与价值链的分析，针对澳门地狭人稠，并且澳门半岛地区既是人口和建筑的积聚地，又是世界遗产保护区，半岛区很难找到适合兴建大型博彩娱乐项目之地的问题，分析研究澳门城市现况主要功能与主要产业，用坐标法按重要性程度排序与限制性条件排序，进行优质空间的高效利用。

通过服务链和价值链的分析，以及粤港澳的合作机会，特别是“9+2 大珠三角区域”的合作，研究主导功能方向。根据空间承载能力的评估和未来愿景的分析，确定澳门城市的主要功能及其布局。

2. 立足区域，疏解优化澳门功能

立足区域，通过澳珠都会区的功能布局分析、粤港澳的未来合作趋势预判，并根据土地承载能力和城市功能的必要性程度，确定澳门城市的主要功能，疏解澳门非核心功能（如将工业、物流等辅助功能向外围疏解），强化澳门优势资源的外延效应和协同发展并促进澳门功能的优化。

【案例链接】

京津冀一体化与北京功能优化

国家主席习近平在 2015 年 2 月 10 日中央财经领导小组第九次会议上指出，要“疏解北京非首都功能，推进京津冀协同发展”，即“通过疏解北京非首都功能，调整经济结构和空间结构，走出一条内涵集约发展的新路子，探索出一种人口经济密集地区优化开发的模式，促进区域协调

① 《2011 人口普查初步结果》，澳门统计局。

② The Government of the Hong Kong Special Administrative Region

③ Department of statistics Singapore http：//www.singstat.gov.sg/

④ 访澳旅客 2013 年平均逗留天数仅为 1.40 天（数据来源：澳门旅游局），远落后于同样以博彩著名的拉斯维加斯——3.3 天（数据来源：Las Vegas visitor profile study 2013，by LAS VEGAS CONVENTION AND VISITORS AUTHORITY）和面积更小的摩纳哥（不到 2 平方千米）——2.97 天（数据来源：www.visitmonaco.com），这说明澳门旅游业的增长主要是依赖“数量增加”而非“质量提升”推动，旅游业的整体质素亟待提升。

发展，形成新增长极”。有效“疏解北京非首都功能”是实施京津冀协同发展战略的最重要环节之一。

北京疏解非首都功能，主动推进京津冀协同发展。澳门在面临空间瓶颈的约束形势下，北京功能优化的经验具有很好的借鉴意义。澳门旅游规划将借鉴其经验做法，提出澳门功能优化的措施。

3. 明确功能分区，优化旅游空间

充分调查和了解居民意愿，采用分区（Zoning）的方法，明确澳门城市旅游发展不同的功能分区（如有些区域用于旅游开发，有些区域用于生活居住，有些区域是生活与旅游混合等）。明确不同分区的主导功能与发展定位，对各个分区的土地开发强度、旅游业或商业开发程度、主要开发街区、主要开发商业业态类型等指标做出判定。

4. 提升旅游质素，增强旅游业竞争力

加强硬件建设（如交通等设施完善、美感提升、业态多样化和人性化等）、软件建设（如服务、咨询和接待水平等）和环境整治（如路标等景观整治、街道清洁和减少资源消耗等），构建高品位、高质量的多元旅游业，使旅客可以在澳门游得更久、玩得更多，提升澳门旅游的整体素质与竞争力（图 3–25）。

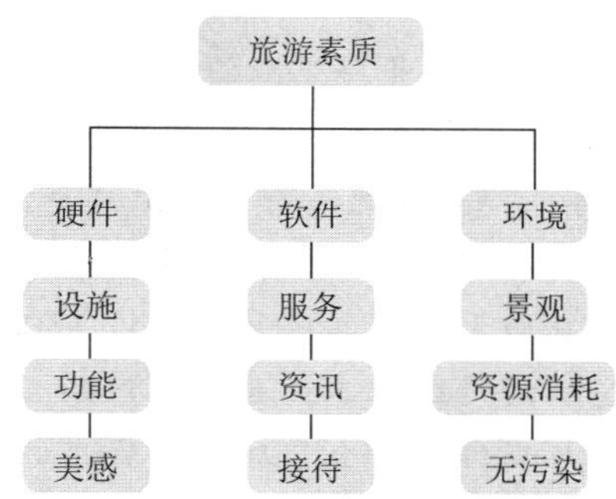

图 3–25　旅游素质的内涵

图片来源：世界旅游组织（UNWTO），*Quality Offensive in Swiss Tourism*（2004）

（二）策略二：保持和强化城市特色，塑造与众不同的澳门

虽然澳门有与众不同的景观特色（海上花园）、文化特色（中西合璧）以及社会特色（一国两制），但这些极具魅力的城市特色也面临诸多威胁，如历史城区环境质量失控、文化认同丧失、景观风貌趋同等。针对存在的问题，规划提出需保护世界文化遗产资源、突出滨海城市景观风貌特色，传承历史文脉、维护文化遗产的原真性，形成澳门城市特征景观元素资源库，实现澳门城市特色的保持和强化，使之在世界旅游目的地中独树一帜，采取的针对性措施主要有：

1. 保持与维护澳门独特的景观风貌特色

保护澳门各个时期的历史建筑风貌。澳门城市发展经历了天主城、中国城、内港发展、新填海区发展等各个历史时期，新的发展建设应尊重历史，与历史建筑协调，确保历史脉络的延续，以保证整体建筑风貌不受破坏。

维护澳门“花园城市”的整体风貌。强化对城市绿地、山体、水体的整体保护，加强对城市重要标志性景观、景观视廊、天际线的控制，维护整体风貌。

2. 加强文化（culture）和遗产（heritage）管理

加强遗产管理，如各种文物保护单位、历史街区等，维护历史文脉。传承城市文化，传承好中华传统文化、澳门文化、葡萄牙文化，设立极具城市文化特色的场所、设施和景观，增强游客文化体验。

3. 积极推进文化遗产与旅游的有效结合

拓展文化旅游业态，鼓励探究历史、体验地方的旅游活动，如民间文学艺术、民间手工技艺、传统民俗风情等的体验旅游等。

将文化遗产资源（assets）打造成文化旅游吸引物（attractions）。精致化城区的场所利用和空间改造，形成可进入性强、体验度高的旅游场所和连续的游览线路，使城区形成更紧密的旅游整体体验氛围。

4. 鼓励文化创意产业的发展

在历史资源丰富的地区，划定优先发展文化创意产业的区域，鼓励创意产业适当集中，形成集聚效应。

【案例链接】

威尼斯文化特色与文化旅游

威尼斯（Venice）是意大利东北部城市，亚得里亚海威尼斯湾西北岸重要港口。城市主建于离岸4千米的海边浅水滩上，平均水深1.5米，由铁路、公路、桥与陆地相连。威尼斯由118个小岛组成，通过177条水道、401座桥梁连成一体，以舟相通，有“水上都市、百岛城、桥城、水城”之称。

作为旅游胜地和世界文化遗产，威尼斯每年接待着上千万游客。根据当地旅游部门的统计，每年有600万游客会在威尼斯过夜，仅仅在白天观光的游客就超过1500万人次。从20世纪初开始，威尼斯成为博物馆与文化场馆之城。威尼斯的传统手工业及文化产品经营也在不断地创造和创新。威尼斯在保护当地传统与象征的同时拓展威尼斯作为一个全球旅游城市的国际视野。在城市原有多元经济体之间建立新的联系，形成互相促进的良性经济循环。这一系列策略对澳门的城市特色保持与强化及文化旅游发展均具有借鉴意义。

（三）策略三：从博彩主导到娱乐休闲多元发展，打造深度体验型休闲旅游目的地

从以博彩为核心向多元旅游转变。以文化旅游和海洋旅游、会展旅游为三大支柱，并大力发展会议、商务、文化、观光、购物等多元旅游产品，延伸服务链，全要素发展。

1. 强化文化旅游深度体验

澳门文化旅游发展条件优良。“澳门历史城区”被列入世界文化遗产名录，从而引起了澳门文化遗产旅游的发展热潮。澳门具有中西合璧、古今并存、历史悠久的特色。澳门文化主要体现在物质文化遗产、非物质文化遗产、现代节庆活动与赛事和现代娱乐文化四个方面。借鉴卢森堡等的经验，深度挖掘文化旅游内涵，发展文化体验旅游。

【案例借鉴】

卢森堡世界遗产地的文化旅游开发

卢森堡城是一座拥有1000多年历史的以堡垒闻名于世的古城。卢森堡市地处德、法之间，地势险要，历史上是西欧的重要军事要塞，曾有过3道护城墙、数十座坚固的城堡、23千米长的地道和暗堡，

被誉为“北方的直布罗陀”。1994 年被列为世界文化遗产，通过与世界教科文组织合作，建立了布克岩堡、贝特留斯岩堡、考古地下室、城市历史博物馆等科普展示设施。利用景观展示、标示解说、模拟展示等方式，展示城防军事文化内涵。其文化遗产的旅游发展，对设施的复原、军事文化的普及方式具有很高的借鉴意义。

2. 区域视野发展海洋旅游

强化澳门与珠三角和北部湾、南中国海（海南岛）的海洋旅游合作。《珠三角发展规划纲要》和《粤澳合作框架协议》也提出澳门旅游业于区域范围内寻找更大合作空间，如“一程多站”连线旅游、粤西部沿线的邮轮旅游、粤港澳游艇自由行、澳门—珠海海岸旅游线等。拓展海上澳门，打造海上丝绸之路和海洋海岛旅游的支点和基地。发展海上旅游，形成粤港澳琼桂海上游线。推动南海海上自由行发展，构建从澳门出发的海上丝路旅游线。依托资金等优势条件，推动珠澳合作开发珠海万山海洋实验区。

3. 面向国际发展会展旅游

大力发展会展旅游活动。利用门户和窗口优势地位，做好面向国际的合作交流，特别是强化内地与葡语国家经贸合作的平台作用，以发展国际会展经济提升竞争力。结合澳门珠海横琴合作开发，共同打造国际会展之都。

4. 大力发展其他专项旅游

以博彩旅游为龙头，大力发展购物旅游、美食旅游、休闲旅游、城市旅游、节事旅游等。

（四）策略四：协调澳门居民与旅游者的空间关系

随着游客接待量的持续增长，旅游的发展对澳门居民的日常生活、交通出行及城市环境质量的影响越发明显。协调澳门居民的生产生活空间与旅游空间二者的关系有助于依托旅游发展提升澳门居民的生活质量，以及优化旅游体验、提高游客满意度。故此，规划将从关系分析入手、问题研究出发，从空间关系突破，寻求澳门居民与旅游者之间关系的平衡与和谐。

1. 平衡旅游者、当地居民、投资者和政府各方要求

明确旅游发展中的利益主体。旅游发展兼顾各方利益要求，通过共同参与等方式，寻求利益平衡。通过有效的旅游目的地管理，实现旅游发展的目标，共享旅游发展的成果。

2. 协调澳门旅游发展中的居、游关系

划定共享空间、融入性空间和居民的生活空间。通过不同区域的不同空间政策，引导旅游发展的强度与形式，实现居游平衡。丰富居游共享空间，提升公园、小广场对游客的吸引力，推动老旧商街转型和旅游化改造。

3. 城市公共环境的提升

澳门旅游在迅猛发展下，缺乏对公共环境的优化，引致整体环境不佳，影响整个城市的居游平衡与质量提升。为此，澳门未来的旅游规划强调在进一步发展的同时，必须着重整体环境的提升，平衡旅游用地与其他建设用地。

4. 管理创新

突出经营管理模式创新设计和政策措施配套。开展旅游环境容量研究，重新核定承载力，强化旅游容量管理和控制。

【案例链接】

厦门鼓浪屿居民与旅游者协调的策略

鼓浪屿位于厦门岛西南隅，与厦门市隔海相望，与厦门岛只隔一条宽600米的鹭江。鼓浪屿为厦门市辖区。面积1.78平方千米，常住人口约1.76万人。但在多重因素作用下，近年来出现“游客大量增加、社会治安变差、原住民日益减少、历史建筑遭到破坏、景观与环境退化”诸多问题。

从问题调查判断入手，围绕“保护、提升、发展”主题，架构“矩”与“理”、“道”与“术”、“时间”与“空间”分析路径，实现各方利益的协同和保护发展的愿景。该案例对于解决澳门居民与旅游之间的关系具有参考价值。

（五）策略五：旅游、文化、会展等产业融合发展，延伸产业链

澳门博彩旅游业内部产品单一，产业链条短，不利于进一步吸引客源，拓展发展空间。对比同是世界赌城的拉斯维加斯，其“结婚之都”“会展之城”“美食之城”以及与附近的世界奇景美国大峡谷的整合都比澳门更具吸引力。因此澳门旅游要延伸产业链与价值链，强化与文化、商务、会展、创意等产业的融合发展。

1. 加快博彩旅游产业链和价值链的延伸

应实现博彩旅游业多元化的发展策略，把澳门博彩旅游业向休闲、娱乐集于一身的活力形象转变，以税务、劳务等政策，促进博彩旅游业进一步扩大其社会效益，带动其衍生的产业，向休闲娱乐、主题度假、会展购物等领域拓展。

2. 推动文化旅游融合发展

澳门形成了一种以中华历史文化为主、兼容葡萄牙文化的具有多元色彩的共融文化。在这种历史文化环境下，多种语言、价值观念、宗教信仰、建筑风格和文化习俗在澳门相互影响、共同生存，使澳门既保存着南欧风情、拉丁余韵，又不失中国传统文化的特色。被列入《世界遗产名录》的“澳门历史城区”应该善加“利用”。要利用多媒体数字化技术，发掘澳门相关历史文化遗迹的背景事件，在特殊的时空之下分析人物的活动和关联，以促进澳门文化旅游的构建（图3–26）。

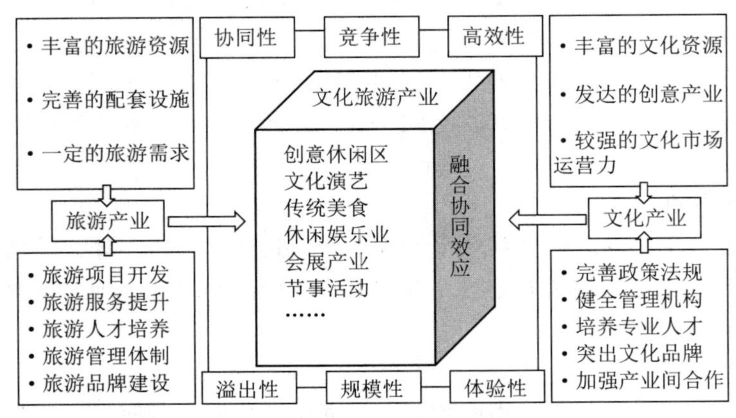

图3–26 旅游产业与文化产业融合发展概念模型

3. 加快商务会展旅游发展

澳门特区政府已将会展业作为重点发展的行业，并且采取了一系列的扶持措施，使得近年来会展

业有了较快发展，会展场所及有关基础设施也不断完善，一些会展场馆亦具备国际水平。未来澳门要多举办会议活动，特别是重点举办中小型国际会议，加强吸引国际性公司到澳门搞奖励旅游，举办公司会议。强化鼓励政策和措施，支持国际性公司到澳门举办奖励旅游活动，鼓励机构来澳举办有关会议和活动。

重点打造路氹填海区金光大道两旁成为崭新的综合性旅游和商务区，使该区内的相关行业成为澳门第二个经济增长的核心，甚至新的经济增长点。

4. 促进旅游与其他产业融合发展

促进旅游产业与商业零售、创意产业、体育运动等产业深度融合，推动购物旅游、创意休闲、体育休闲等旅游业态的发展。依托产业融合效应，使旅游产业与相关产业竞争力得到共同提升（图3–27）。

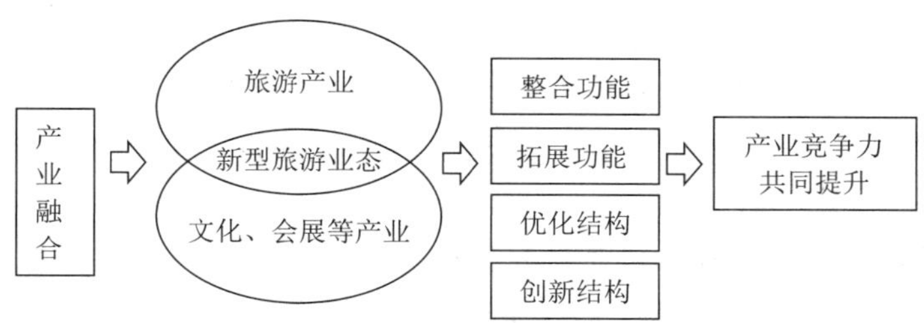

图 3–27 旅游与相关产业融合促进竞争力提升

（六）策略六：加强区域旅游合作，拓展旅游空间，共享资源和市场

澳门可用于发展产业的土地极为有限，要调整澳门现有博彩一业独大的产业结构，完成“适度多元”的经济转型，澳门必须紧紧抓住 CEPA、《珠江三角洲地区改革与发展规划纲要》《粤澳合作框架协议》《粤港澳区域旅游合作愿景纲要》以及珠海横琴国家级新区的开发和港珠澳大桥建成通车等事件带来的契机，全力联系珠海、香港和珠三角地区其他城市，深化大珠三角的区域一体化，构建澳珠国际都会区旅游合作新局面。

1. 促进澳珠国际都会区旅游一体化

突破空间瓶颈，建设横琴跨境旅游城。“CEPA”的进一步实施、“泛珠三角横琴经济合作区”得到各方的积极响应与中央的高度重视都为在横琴和澳门离岛建立跨境旅游城提供了更开放的政策环境。澳门应积极突破自身地域空间局限，充分利用珠海的土地资源优势，加强澳珠的深度合作，以共同开发等方式，疏导部分旅游、休闲功能，拓展休闲旅游空间。共建澳珠跨境旅游城，可以将一些占地面积较大的旅游项目布局在跨境旅游城的珠海地段，将占地面积较少的、精致的旅游项目留在澳门地段。

挖掘海洋潜力，开发万山海岛旅游资源。针对澳门海岛、海岸资源不足但珠海具有丰富的海岛、海岸资源的情况，建议与珠海共同开发海岛旅游，如依托珠海万山群岛，建设粤港澳海洋海岛旅游创新示范区。

2. 推进港澳珠深区域旅游合作

降低港澳珠深之间的通关成本。增加通关便利，包括人员通关的便利、游艇通关的便利或航权便利，以及小型私人飞机的通关便利或航权便利等。

【案例借鉴】

欧洲申根协议及其借鉴意义

申根协议（Schengen Agreement）自1985年开始时的欧洲地区7国，增加至目前的欧洲26国。其主要内容包括三项：第一，在协议签字国之间不再对公民进行边境检查；第二，外国人一旦获准进入“申根领土”内，即可在协议签字国领土上自由通行；第三，设立警员合作与司法互助的制度，建立申根计算机系统。申根协议极大地便利了协议签字国之间的居民跨境流动与旅行，也在很大程度上让来到申根协议国旅行的欧洲以外国家居民感受到了便利与实惠。虽然港澳珠深间的关系不同于申根体系，是一个国家内的不同行政地区，但其举措对港澳珠深间的通关便利具有很好的借鉴意义。

加强港珠澳深的市场共建和客源共享。紧紧抓住港珠澳大桥通车契机，加强四地市场共同推介，开发“一程多站”的连线旅游，消除各种有形和无形的障碍，促进人员、资金、物资、信息自由流动，逐步实现港澳珠深区域服务共享、生活同城、市场共营和旅游的深度合作。中远期进一步推进与珠三角其他城市的旅游合作。

3. 加强南中国海区域的旅游资源共同开发和利用

南中国海区域海洋资源充沛，澳门应积极拓展包括广东省、广西壮族自治区、海南省、香港特别行政区和南海在内的南中国海区域旅游资源共同开发利用，开发邮轮旅游和游艇自由行等跨区域旅游产品，并可结合博彩业等优势，开发邮轮博彩等新业态，丰富旅游产品，拓展旅游价值链。

（七）策略七：智慧旅游城市（目的地）建设

全球信息化浪潮的推进及新技术的涌现，推动旅游业向智能化阶段发展。旅游经济要实现向现代服务业的转型，旅游产业要实现可持续的发展，智慧旅游[①]是必然趋势。广泛应用现代科技，尤其是信息技术已成为现代旅游业的重要特征[②]。

澳门智能旅游的发展要着力推广应用移动互联网及手机App、物联网与可穿戴设备、大数据采集与分析、3D全息影像与模拟体验、其他自动化设备等现代科技，塑造澳门现代化旅游目的地形象。

1. 应用移动互联技术，为游客提供智能化服务

通过移动互联网及手机App，为游客提供更私人化、个性化、便捷化的服务，满足多样化的旅行需求。在热点景区、餐饮娱乐设施集聚区搭建无线移动网络，方便游客实时查询所需信息。

2. 应用大数据技术，实现“实时数字化”管理

与内地的携程、同程艺龙、去哪儿及国际的Booking、agoda等平台型旅游企业合作，充分应用大数据采集与分析技术，推进旅游行业数字化管理（智能客流监测系统、旅游基础数据库、目的地统计与监测系统以及旅游电子合同等）。在澳门景区推广智能门票及电子客票，用于数据采集及后期数据统计分析。

3. 应用声光电、物联网、全息技术，强化旅游“深度体验”

通过3D全息影像与模拟体验技术、二维码导游导览系统、景区智能门禁系统及其他自动化设备等现代技术手段，解决景区深度游览、资源优化、便捷管理等问题，强化澳门旅游体验性、参与性。

---

① “智慧旅游”是一种以物联网、云计算、新一代通信网路、高性能信息处理、智能数据挖掘等技术在旅游体验、产业发展、行政管理等方面应用的新旅游形态。

② 前中国国家旅游局局长邵琪伟在2014年第八届APEC旅游部长会议中所提出。

【案例借鉴】

国际著名的旅游城市积极开展“智慧旅游”实践

新加坡的“智慧旅游计划”：新加坡2006年推出“智慧国2015计划”，确立“智慧化立国”发展理念，全面实施“从传统城市国家向‘智慧国’转型”的发展战略。

韩国首尔“I Tour Seoul”应用服务系统：韩国首尔基于智慧手机平台，开发了“I Tour Seoul”掌上移动旅游信息服务平台。通过网站www.visitseoul.net和移动手机网站m.visitseoul.net来进行旅游咨询服务。

比利时“标识都市”项目：比利时首都布鲁塞尔于2012年6月正式推出基于智能手机的微电子旅游大全“标识都市”（TAGTAGCITY）项目，使布鲁塞尔成为世界上第一个数码移动旅游城市。

（八）策略八：“世界旅游休闲中心”新品牌建设与营销

澳门的“赌城”形象深入人心，但博彩业独大发展带来了可持续发展的隐患，以及影响区域文化品位提升的弊端。因此澳门旅游品牌形象需要在现有基础上进行调整和优化，树立“世界旅游休闲中心”新品牌。通过市场营销、文化影响力的提升，增强澳门软实力和竞争力。

1. 构建澳门“世界旅游休闲中心”新品牌

规划将围绕澳门的特殊性卖点（USP），整合澳门各类优势资源，建设融入“高创意、强卖点”的旅游吸引物体系。在此基础上进行品牌包装，创新整体营销理念，包括文化营销、城市营销、特色营销、大数据营销有机结合，构建澳门“世界旅游休闲中心”新品牌。

【案例链接】

拉斯维加斯从赌城到世界会议之都、娱乐之都、度假天堂的华丽转身

享誉全球的“赌城”拉斯维加斯市是美国内华达州最大的城市。在很多人的印象中，拉斯维加斯就是赌城。但是，随着全球会展经济的蔓延，拉斯维加斯也已经成为美国不可多得的会展名城，世界各地的人们来到拉斯维加斯，不再是为了赌博，而是前来旅游度假、休闲娱乐，或是来参加或参观在当地举办的世界著名会展。

规划将借鉴拉斯维加斯的品牌转型模式，吸取拉斯维加斯会展旅游、休闲度假旅游、娱乐旅游的经验，树立澳门“世界旅游休闲中心”新品牌。

2. 强化澳门旅游市场营销

营销新战略的重点应该是产品战略以及目标市场战略。首先，重点转向对澳门特色文化（遗产）旅游和商务会展品牌旅游目的地的推广，塑造“动容澳门，更加不同”的目的地形象。市场侧重于传统大陆市场、港台市场中的对澳门感兴趣的旅游者，包括去到香港、珠海和广州等主要城市旅游的游客，以及葡语系国家和地区的旅游者。策划的盛大活动，应注重港澳珠深深度合作，强化世界影响力。其次，结合澳门城市休闲度假功能的强化，将产品重点和营销重点转移到与珠海合作开发的、潜力巨大的万山群岛海洋海岛旅游上。最后，重点推广总体规划确定的跟发展定位和产品方向紧密相关的品牌形象，焦点对准“世界旅游休闲中心”的重点市场。

（九）策略九：旅游专才队伍建设与休闲旅游目的地管理

澳门长期以来面临着严峻的人力资源和专业人才短缺问题。据澳门统计暨普查局2012年的《就业调查》显示，在就业人口当中，拥有高等教育学历的不到三成（27.0%）。世界旅游休闲中心需要有世界一流水平的旅游职业人才队伍，澳门有加强教育和培训以及从教育政策方面提升人口素质的必要。

1. 加强教育和培训，提升当地人口素质

着力培养旅游专才以及相关从业人员队伍。依托澳门大学、澳门科技大学、澳门理工学院等高等院校，成为澳门提升旅游专才的培养机构。

2. 突出大珠三角人才合作

大珠三角地区拥有大量的人才，包括旅游专业人才。推动加强大珠三角文化旅游专才澳门市民化就业（兼职）政策，通过实施强化人才就业流动性政策等，吸引大珠三角地区优秀人才。

3. 近期应重视人才引进

围绕经济适度多元特色产业发展，借鉴香港特区政府于2006年开始的人才引进的“优才计划”，引进所需的大量特色专业人才。

【案例链接】

香港优秀人才入境计划（Quality Migrant Admission Scheme）

香港优秀人才入境计划（Quality Migrant Admission Scheme），简称优才计划，是香港特区政府推出的一个计划，目的是吸引优秀外地人才来香港定居。该计划于2006年6月正式推出。本计划是一项设有配额的移民吸纳计划，旨在吸引新入境而不具有进入香港优秀人才入境计划和在香港逗留权利的高技术人才或优才来港定居，借以提升香港在全球市场的竞争力。获批准的申请人无须在来港定居前先获得本地雇主聘任。所有申请人均必须首先符合基本资格的要求，才可根据计划所设两套计分制度的其中一套获取分数，与其他申请人竞争配额。

从博彩业为主的旅游城市到“世界旅游休闲中心”，需要管理上形成具有澳门特色，又跟国际接轨的旅游目的地管理架构。但澳门并无单一组织或政府部门专门负责旅游经济，亦无私营团体具足够的权威性及影响力去管理所需的增长及转变，只有澳门特区政府旅游局及土地工务运输局明显致力于旅游业发展，协调似乎均由高层委员会负责。虽然在这种情况之下，意见仍然得以互相渗透，各方仍然得以在某种程度上先后不一地进展，但所有过程缺乏连贯性及联系性，有可能造成效率低落。

澳门世界旅游休闲中心的定位和发展涉及几乎澳门的各个利益主体，包括特别行政区政府、公私投资与经营管理机构、澳门居民，因此有必要建立澳门旅游目的地管理组织（DMO）。

组建澳门目的地管理组织，需要依据国际标准组建的目的地管理组织的功能与职责，并需要相应的法规和当前政府部门的组织体系做出必要的调整。根据国际旅游目的地旅游管理要求，结合澳门特别行政区的特点和世界旅游休闲中心的定位，澳门目的地管理组织可由政府各有关部门、私营部门、居民代表合作组建。其目的主要有：

（1）探索与国际接轨的管理模式。探索与国际接轨的旅游目的地管理模式，建立高效的管理体制；

（2）提高旅游管理的国际化水平。推行国际酒店设施与服务标准，提升餐饮服务的国际化水平；

（3）引进国际化旅游管理团队和人才。引入国际酒店、国际餐饮等管理集团，引进国际化酒店、餐饮、度假经营管理人才，引进具有开拓入境旅游市场的旅游中介人才。

同时，澳门世界旅游休闲中心目的地管理组织应承担以下角色和责任：

（1）澳门旅游业发展总体规划的组织实施；

（2）旅游发展研究及相关规划；

（3）澳门世界旅游休闲中心品牌形象重塑及推广；

（4）旅游及相关专业人才培训与引进；

（5）目的地旅游接待服务和环境提升检测、监督；

（6）公益性旅游活动和节庆组织；

（7）各利益主体有关旅游业发展过程中的矛盾协调或建议（图 3–28）。

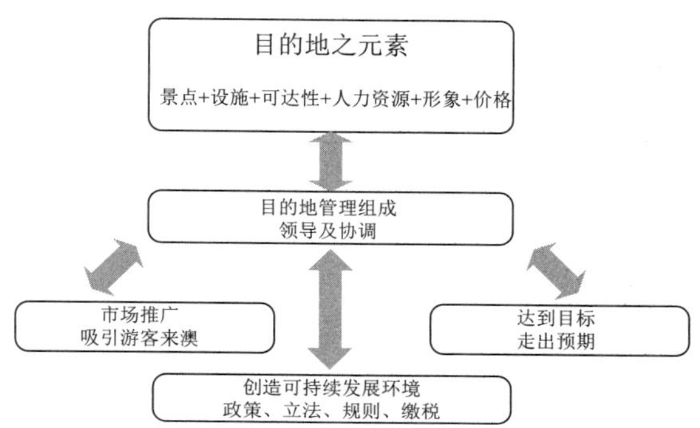

图 3–28　UNWTO 关于旅游目的地管理组织的伞状图

资料来源：PATA 澳门迈向世界旅游休闲中心专题研究报告。

第四章

国家旅游休闲区规划总体要求

第一节　旅游休闲区市场支撑

一、休闲旅游市场的需求现状与发展态势

国家法定节假日调整研究小组从 2007 年 11 月 9 日起，公开在网上征集对国家法定节假日调整方案的意见。根据这一方案，2007 年 12 月，国务院将国家法定节假日由 10 天增加为 11 天，三个黄金周保留两个，取消一个，同时将除夕、清明节、端午节和中秋节四个民族传统节日纳入国家法定节假日。调整后的新方案为国民提供了春节和国庆两个大黄金周，以及元旦、清明、五一、端午、中秋 5 个小长假。

2013 年，《国民旅游休闲纲要（2013~2020 年）》（以下简称《纲要》）发布，并提出国民旅游休闲发展目标，到 2020 年，职工带薪休假制度基本得到落实，城乡居民休闲消费水平大幅增长，国民休闲质量显著提高，与小康社会相适应的现代国民旅游休闲体系基本形成。《纲要》从休闲时间、休闲环境、休闲基础设施建设、休闲产品开发与活动组织、休闲公共服务、休闲服务质量等这些方面的内容阐述了主要任务与措施。

2015 年 8 月，国务院办公厅下发《关于进一步促进旅游投资和消费的若干意见》（以下间称《意见》），要求优化休假安排，激发旅游消费需求，鼓励弹性作息，有条件的地方和单位可根据实际情况，依法优化调整夏季作息安排，为职工周五下午和周末外出休闲度假创造有利条件。《意见》下发后，已有河北、江西、重庆、甘肃、辽宁、安徽、陕西、福建、浙江和广东 10 个省市正式出台意见，明确提出鼓励有条件的地方和单位实行新的“2.5 天休假”模式。在小长假的基础上，“2.5 天休假”模式将进一步催热自驾游、家庭游等短途旅游。

经过改革开放近 40 年的发展，2016 年，我国人均 GDP 已经达到了 8866 美元，预计到 2020 年中国的人均 GDP 将达到 10000 美元。

世界各国的发展实践表明，大众“有钱有闲”的时期将成为大众休闲需求的快速增长期，亦是大众休闲需求品质快速提升期。中国已经逐步进入了休闲时代[①]。

而 21 世纪无疑是体验经济的时代，旅游行业因其体验的本质走在体验经济的前列。现在旅游者已经不再满足于传统的观光旅游产品，开始追求更高层次的、以体验为目的的旅游。在国外，大众观光旅游占总体旅游比例的30%，休闲和特种旅游占 70% 以上[②]。在“休闲时代”的转型背景下，我国以休闲为核心的非事务旅游者数量也必将增加[③]。

以消遣娱乐、怡情度假、体育健身、旅游观光类休闲为主要目的的休闲旅游在中国虽然起步较晚，但是发展很快，近年来客源市场呈现出国内化、家庭化、多元化、郊区化和高品位化的发展态势，并可以用以下几个方面来进行阐述[④]：

（1）休闲旅游市场更倾向于在国内旅游；

（2）家庭式休闲出游呈现井喷；

（3）客源市场呈现多元化趋向；

---

① 梁强．面向体验经济的休闲旅游需求开发与营销创新［D］．天津财经大学，2008.

② 周兰．以游客体验为基础的产品开发—ASEB 栅格分析法——以白鹤梁水下博物馆为例［J］．商场现代化，2006（30）：166–167.

③ 吕宛青，初晓恒．我国旅游市场“休闲”需求特征及关键要素构建探析［J］．思想战线，2010（6）：78–81.

④ 胡英清．中国休闲旅游发展研究新进展［J］．广西民族大学学报（哲学社会科学版），2008（4）：139–143.

（4）休闲旅游市场更青睐城市郊区和周边城市；

（5）市场的出游具有明显的季节性和时间性；

（6）市场对于旅游产品和环境质量有着更高的要求。

这与我国旅游业发展的现状和阶段性特点是基本吻合的。随着产业融合的发展以及城乡二元结构的破解，我国的休闲旅游将带有多元融合倾向，并在经济结构调整和转型中发挥重要作用。而且随着科技的不断创新，科技信息在休闲旅游领域中的应用也将更加广泛，并大规模、全方位地促进休闲旅游的发展[①]。

二、休闲旅游市场的分类

（一）从休闲旅游者的来源分

从休闲消费者来源来看，构成休闲消费者群体的主要是外来旅游者和当地城市居民。他们对于城市旅游休闲产业如旅游观光、城市娱乐、户外活动等有着类似的需要，但相比之下，城市居民则需要更多的室内活动[②]。

（二）从休闲旅游者的消费能力分

休闲旅游市场的结构总体呈现出金字塔形：

（1）金字塔的底层是大众消费层，主要以本地及省内游客为主。流量大但人均消费低。

（2）金字塔的中层是中等消费层，主要以省内外的三大客源产出地的游客为主。流量和人均消费都属中等，正在快速增长。

（3）金字塔的顶层是高消费层，主要以海外市场和三大客源产出地为主。客流量小，消费高，增长快。

从休闲者的消费能力和消费需求来看，休闲产业所选择的市场目标群体主要包括两大类，即“精英休闲者”和“大众休闲者”。

“精英休闲者”包括三个群体：一是被称为“金领”的高层商务人士和外籍商务或公务人士，这一群体崇尚休闲生活的高尚格调，属于休闲消费群体中的价值消费群；二是被称为“银领”和“灰领”的处于“中产阶层”的产业投资者、中层商务人士和自由职业人士，这一群体注重休闲生活的浪漫情调，属于休闲消费群体中的品牌消费群；三是被称为“白领”或“新新人类”的时尚青年，这一群体热衷休闲生活的激情创意，属于休闲消费群体中的时尚和“另类”消费群。

“大众休闲者”包括旅游者、游览者，对日常生活空间和质量不满足，对休闲生活的向往使他们乐于观览、感受和尝试都市休闲生活场景中的相关元素，间歇性地体验现代休闲生活的繁华和奢侈，这一群体属于休闲消费群体中的实用消费群。

（三）从休闲旅游者的行为学特征分

城市居民对于近郊休闲场所的选择影响因素可以归为“安全因素”“吸引力因素”“社会支持因素”“费用因素”“交通因素”“时间因素”“心理因素”七大因素。基于这七大因素的特征，总结出来城市近郊休闲旅游者可以分为“安全节约型”“自我冒险型”“娱乐奢侈型”和“全面重视型”四大类[③]（表4–1）。

① 王蔚．山东省休闲旅游发展研究［D］．山东大学，2010.

② 唐湘辉．我国休闲产业结构特征及其影响因素分析［J］．求索，2006（12）：42–44.

③ 粟路军．基于场所选择影响因素的城市居民近郊休闲行为研究［D］．湖南师范大学，2008.

表4-1　四种不同类型的城市近郊休闲旅游者

	安全节约型	自我冒险型	娱乐奢侈型	全面重视型
场所选择影响因素	安全因素、费用因素作用较大，较少考虑吸引力因素	时间因素、心理因素作用较大，安全因素作用较小	安全因素、吸引力因素作用较大，费用因素作用较小	对所有的因素考虑较多，而且重要程度相对均衡
年龄	中老年	青少年	中青年	青年
家庭结构	三口之家、三代同堂	单身、两人世界、两代同堂	两代同堂、三代同堂	两人世界、三口之家
休闲花费	199 元以下	200~399 元	400~599 元，1000 元以上	800 元以上
休闲频次	1~2 次	2~4 次	4 次以上	3 次、5 次以上
停留时间	1 天	2~3 天	1~2 天	3 天、5 天以上

三、休闲旅游市场的需求特征

“休闲”与“旅游”的概念在实践中存在着混同到渗透、结合的过程，休闲化是旅游业提升的必由之路①。在这样一种背景下的休闲旅游市场的需求特征可以总结为如下几个方面：

（1）从休闲存在的价值来看，主要体现为“休闲”是人类终极目标，是劳动力再生产素质与能力提升的重要方式之一。因此，休闲必定要被赋予积极的、有意义的、也有价值的内在规定性。

（2）从休闲存在的性质看，“休闲”与“快乐”有关，同时也与“生命存在于意义探索”内在指向有关。因而，休闲必定需要对文化体验性进行某种方式的建构。

（3）从休闲实现方式看，“休闲”与人类的生活方式与发展形势等相对应。因而，在实践中“休闲”必将以某种“静态”或“动态”的活动方式而存在。因承载着人类的最高精神文化理想，这种活动也具有“梦想性”，最终要求具有超越常规呈现的创新设计。

（4）从休闲方式实现载体看，“休闲”与“场所”相关联，体现在一定“场所”范围下的活动，并且“空间环境”或“场所环境”与“休闲目标”“休闲效果”有直接关联。因而“场所”“空间”必将成为开发关注的一个重要方面；同时，也侧重体现为居住空间和职场外的、不受功利关系限制的重要公共空间。它不仅体现在精神情感化的“个性”上，还体现在市场“语汇”的多元化表达等方面。

（5）从休闲方式存在结构看具有层级性。休闲活动的发展已使之逐步成为一个“产业”，“休闲”与“消费”之间存在着某种因果关系。因而，“社会结构”“社会分层”状况与其可能的演变趋势，也必将成为“休闲”所呈现阶段内涵、构成与特征的重要影响因素。

（6）从休闲实现载体环境看，具有多元与兼容性。“休闲”具有本地休闲和异地休闲两个部分，在“休闲”不断泛化的时代背景下，“旅游目的地”作为“异地休闲”的重要载体，也必将成为“本地休闲”的重要载体。

（7）休闲旅游市场必须体现为时间约束性，顾客需要一段相对集中的休闲时间来完成空间转换——“异地”出行与逗留。

（8）休闲旅游市场的需求特征也体现为少目的地节点性。休闲是以活动为实现方式的，而活动本身具有时间尺度，因此，休闲旅游者空间移动节点必将极大地缩减。

从以上总结的休闲旅游市场的需求特征中不难看出，要满足这样的市场需求，一个被精心规划和设计的休闲空间或场所十分必要，且这个休闲空间或场所应满足以下几个条件。

第一，这个休闲空间本身是具有一定尺度与吸引力的目的地；第二，这个休闲空间的内部具有星

① 宋瑞．从混同到渗透、结合：现代社会的休闲与旅游［J］．旅游学刊，2006（9）：6-7.

云式或组团式分布的节点，让休闲旅游者能够在每一个组团内都能体验到丰富的休闲活动；第三，空间内部的交通组织能够满足休闲旅游者流动的规律，可达性极佳；第四，休闲空间不仅是一个活动空间，更是一个产业空间以及消费空间，在这其中需要针对不同层级的市场需求培育配比合理分布科学的休闲业态；第五，休闲空间更加强调体验性，规划师需要贡献超越常规的创新设计，这不仅需要自然条件的支撑，还需要更深层次的地方文化挖掘。

不难看出，正是在这样庞大的市场需求的催生下，为满足这部分市场的迫切需要，国家旅游休闲区应运而生（表 4–2）。

表4–2　旅游需求的差异

	观光旅游	休闲旅游	度假旅游
基础	公休假	公休假	有薪假期
时间	一次时间较短	一次时间较短	一次时间较长
目的	看世界，丰富经历	休闲，天伦之乐	解除疲惫，身心放松
选择目的地	名胜古迹，名山圣水	城市周边，自然山水	依山傍水，环境幽静
需求	有得看，有得玩儿	相对悠闲，有得玩儿	一站式综合设施
旅游方式	团队、散客、家庭式	家庭式、散客、团队	散客、家庭式

资料来源：徐泛 . 中国旅游市场概论［M］. 北京：中国旅游出版社，2004.

第二节　国家旅游休闲区资源环境条件

一、旅游休闲资源的理解

国家标准《旅游资源分类、调查与评价》对旅游资源的概念界定已被旅游业界广泛认可和接受。据此，旅游休闲资源可理解为自然界和人类社会凡能对人们的旅游休闲活动产生吸引力，可以为旅游休闲业开发利用，并可产生经济效益、社会效益和环境效益的各种事物和因素①。蔡燕萍也认为休闲旅游资源是在自然场合或自然与人文相融的场合中，可供休闲旅游者审美、感知、享受、体验休闲功能与价值，可被旅游业开发利用的资源②。

休闲资源与旅游资源的概念有一定的联系，但也有区别③。

马勇认为④，休闲资源泛指人们在从事休闲活动过程中所感兴趣的各类事物，如国情民俗、山水风光、历史文化和各种物产等。

李经龙认为⑤，人们从事休闲所利用的资源可以统称为休闲资源。休闲资源应该是客观存在的，这是休闲资源的内在属性。休闲资源必须能让休闲者产生休闲动机，从而满足休闲者的特殊需求。休闲资源的利用要产生一定的效益。

---

① 黄震方，祝晔，袁林旺，等 . 休闲旅游资源的内涵、分类与评价——以江苏省常州市为例［J］. 地理研究，2011，30（9）.
② 蔡燕萍 . 无锡休闲旅游资源的分类与评价［J］. 美丽中国，2009（98）.
③ 韩振华 . 休闲城市发展要素研究［M］. 杭州：浙江大学出版社，2014.
④ 马勇 . 休闲学概论［M］. 重庆：重庆大学出版社，2008.
⑤ 李经龙 . 休闲学导论［M］. 北京：北京大学出版社，2013.

陈来成认为[①]，凡是能引发休闲情趣的自然、人文、社会经济事物和现象都是休闲资源，它包括自然资源、人文资源、文学艺术资源、基础设施等。

虽然旅游休闲资源与旅游资源有很大程度的关联性，但是要充分认识到人类对于休闲资源与环境的创造性。随着休闲时代的来临，虽然旅游资源贫乏，但人们可以在聚落、居所周边创建丰富的休闲资源和活动，以强化人们的生活体验性。

二、旅游休闲资源与环境

因为休闲的需求类型和行为方式与传统旅游有明显区别，所以休闲客体的重点与传统旅游资源也存在明显差异。传统旅游更注重景观质量和文化差异，而休闲则更重环境（或设施）质量与游憩功能。黄震方等[②]将休闲旅游资源的构成要素概括为休闲环境、服务设施和社会文化三个方面。

休闲对资源品质的要求比传统旅游低。传统观光旅游更突出旅游资源的品质，旅游资源的品位高低决定了该旅游资源的吸引力大小。但在休闲资源中，资源的观赏性要求不及传统旅游资源重要，但对休闲环境、服务设施、社会文化要求更高。

（一）休闲环境

传统旅游资源观往往将环境视为景观资源的本底，并未被单独视为旅游资源[③]。而景观观赏并不是休闲的主要目的，其本质需求在于到环境优美、气候宜人的空间放松身心和消遣娱乐，因此，环境品质是休闲资源具有核心吸引力的要素之一。休闲环境既有优美、清新的山水生态环境，也包括宜人的气候环境和独特的社会人文环境。环境资源可作为独立的休闲资源转化为休闲度假产品。

（二）服务设施

游客对休闲地的设施条件和服务水平有着更高的要求，丰富多样、功能完善、特色鲜明、档次合理、整体协调的休闲设施，以及规范化、个性化、人性化的优质服务，可满足游客多种休闲需求，既是休闲活动和接待服务必不可少的基本要素，其本身往往也是休闲旅游吸引物。

（三）社会文化

休闲是一种精神文化活动和现代生活方式，文化是休闲的灵魂和动力源泉。各种社会形态、生活方式、文化遗存、文化活动及文化氛围等，均可成为休闲的吸引要素，因而旅游地的社会文化要素也是休闲资源重要组成部分。

三、旅游休闲资源分类

休闲资源可以从不同的角度、依据不同的标准进行分类。韩振华进行了相应梳理[④]。例如：

（1）根据休闲资源的性质和成因，可以有“自然人文二分法”，即将休闲资源分为自然休闲资源（气候天象、地文景观、水域风光、生物景观等）和人文休闲资源（文物古迹、文化艺术、民俗风情、城乡风貌等）。

（2）根据休闲资源的开发功能和不同定位，可以分为游览鉴赏型休闲资源（自然风光、园林建筑等）、知识型休闲资源（文物古迹、博物展览等）、体验型休闲资源（民俗节庆、宗教仪式等）和康乐

① 陈来成．休闲学：Leisure study［M］．广州：中山大学出版社，2009.
② 黄震方，祝晔，袁林旺，等．休闲旅游资源的内涵、分类与评价——以江苏省常州市为例［J］．地理研究，2011，30（9）.
③ 杨振之．论度假旅游资源的分类与评价［J］．旅游学刊，2005，20（6）.
④ 韩振华．休闲城市发展要素研究［M］．杭州：浙江大学出版社，2014.

型休闲资源（度假疗养、康复保健等）。

（3）按休闲资源的属性划分，可分为物质性休闲资源和非物质性休闲资源。物质性休闲资源具有实物形态，包括山地、森林、湖泊、温泉等；非物质性休闲资源一般不具有实物形态，包括文化艺术、民俗风情、民间传说等。

（4）根据休闲资源的利用限度和潜力划分，可以分为再生性休闲资源和不可再生性休闲资源。再生性休闲资源是指该类资源具有再生能力，如果利用合理，可以不断更新，如水文气候等景象因素以及众多的人文景象。不可再生性休闲资源一旦遭到大自然或人为的破坏，会失去原有的形态和价值，因此需要特别加以保护，避免资源利用过程中的随意性和盲目性。

而黄震方等[①]构建的休闲旅游资源分类系统更加全面，利用价值较高。他们依据旅游休闲资源特性，将自然环境资源、社会人文资源和服务设施纳入休闲资源体系，充分考虑休闲市场需求和休闲活动方式，在关注单体资源的同时兼顾综合性组合资源，突出科学性、系统性、普适性和实用性。他们依据资源性质与休闲方式相结合的原则，进行休闲旅游资源分类：第一，综合考虑资源性质与休闲方式，将休闲旅游资源分为自然游憩类、文化休闲类、康娱游憩类、专项休闲类 4 个大类；第二，主要根据资源赋存状态与成因，进而分为 18 个亚类；第三，以资源特性为主，兼顾其休闲功能，可再进一步细分为 98 个基本类型。进而形成如表 4–3 所示的休闲旅游资源分类系统。

表4–3 休闲旅游资源分类

主类	亚类	基本类型
A 自然游憩类	AA 地文景观类	AAA 山地或丘陵 AAB 沟谷（峡谷）AAC 洞穴 AAD 沙漠与戈壁 AAE 岛礁 AAF 岸滩（沙滩）AAG 自然灾变遗迹 AAH 其他地质地貌景观
	AB 水域休闲类	ABA 河流（含漂流河段）ABB 湖泊与水库 ABC 海洋（海滨）ABD 地热与温泉（矿泉）ABE 瀑布 ABF 冰雪与滑雪地
	AC 生物休闲类	ACA 森林（包括植物园）ACB 草原或花卉地 ACC 野生动物栖息地或动物园
	AD 气候休闲类	ADA 天象观察地 ADB 避暑休闲地 ADC 避寒休闲地
	AE 自然综合类	AEA 世界自然遗产 AEB 自然风景名胜区 AEC 自然保护区 AED 森林公园 AEE 地质公园 AEF 湿地公园 AEG 生态旅游（示范）区 AEH 旅游度假区
B 文化休闲类	BA 历史遗产类	BAA 遗址遗迹 BAB 古代建筑与工程 BBC 古典园林 BBD 祭祀与宗教活动场所 BBE 陵寝陵园 BBF 其他文化遗产
	BB 文化场馆类	BBA 博物馆 BBB 文化（艺术）馆 BBC 纪念馆 BBD 图书馆 BBE 科技（科普）馆 BBF 其他主题文化场馆
	BC 人文活动类	BCA 名人与重要事件 BCB 文学艺术 BCC 传统工艺 BCD 地方风俗与民俗活动 BCE 旅游节庆与专项活动
	BD 人文综合类	BDA 世界文化遗产 BDB 文化风景名胜区 BDC 历史文化名城（名镇）与古城镇 BDD 历史文化名村与古村落 BDE 特色村镇 BDF 文化园区与文化旅游示范区
C 康娱游憩类	CA 公共游憩类	CAA 城市广场 CAB 公园 CAC 公共游憩建筑与设施 CAD 休闲主题街区或社区
	CB 餐饮休闲类	CBA 地方名菜名点 CBB 特色与风味餐厅 CBC 美食街与美食城 CBD 酒吧、咖啡厅与主题吧 CBE 茶楼与茶艺
	CC 娱乐休闲类	CCA 演艺中心、歌舞厅或娱乐城 CCB 主题公园与游乐场 CCC 影剧院与影视中心（基地）CCD 数字游戏中心与娱乐网站 CCE 狩猎场
	CD 购物休闲类	CDA 购物中心（商场）CDB 商业街与特色市场 CDC 休闲装备品与地方旅游商品
	CE 体育健身类	CEA 体育馆或体育公园（含溜、滑冰场）CEB 高尔夫 CEC 健身馆（中心）或游泳馆 CED 拓展训练场所 CEE 马场、自行车或徒步场所 CEF 山地运动 CEG 水上运动（含漂流、潜水）CEH 空中运动 CEI 其他户外运动场所

① 黄震方，祝晔，袁林旺，等．休闲旅游资源的内涵、分类与评价——以江苏省常州市为例［J］．地理研究，2011，30（9）：1543–1553.

续表

主类	亚类	基本类型
C 康娱游憩类	CF 保健疗养类	CFA 大型沐浴与 SPA 场所　CFB 大型足疗或按摩保健场所　CFC 体检康复中心　CFD 疗养院　CFE 大型美容院　CFF 主要化妆场所
D 专项休闲类	DA 产业休闲类	DAA 休闲农庄（农业园）与示范点　DAB 休闲工业园与示范点　DAC 创意文化（产业）园区　DAD 主题度假酒店与商务会所（俱乐部）DAE 会展休闲场所　DAF 其他产业休闲资源
	DB 刺激冒险类	DBA 户外探险　DBB 野外生存　DBC 极限运动
	DC 其他专项休闲类	DCA 教育休闲　DCB 养老休闲　DCC 自驾车或房车营地　DCD 禅修度假　DCE 博彩休闲场所　DCF 其他专项休闲

资料来源：黄震方等[①]。

四、旅游休闲资源环境评价

国家标准《旅游资源分类调查与评价》明确了旅游资源评价的方法与要求，成为旅游资源工作的重要基础。而休闲资源的评价与旅游资源的评价不尽相同，有自身的具体特征。黄震方等[②]对休闲资源的定量评价方法进行了探讨，而马勇[③]对休闲资源评价的梳理实用性较强，主要内容包括如下几个部分。

（一）休闲资源评价目的

（1）通过对休闲资源的类型、组合、结构、质量、功能和性质的评估，为新休闲地的兴建和老休闲地的改造提供科学依据。

（2）通过对休闲资源规模水平的鉴定，为国家和地区进行休闲资源分级规划与管理提供系统资料和判断对比的标准。

（3）通过对休闲资源特色和吸引力因子的分析，为休闲开发者确定休闲资源的开发重点和开发方向提供有价值的参考。

（4）通过对区域休闲资源环境及其开发条件的综合评价，为合理利用休闲资源，发挥整体宏观效应提供可行性论证，为确定不同休闲地的建设顺序与步骤准备条件。

（二）休闲资源评价的原则

1. 客观实际的原则

休闲资源是客观存在的事物，其特点、价值和功能具有客观性，评价时应客观实际，对其价值和开发前景既不夸大、也不缩小，应做到实事求是、恰如其分地准确评价。

2. 全面系统的原则

一是休闲资源的价值和功能是多层次、多形式、多内容的，它包括历史、文化、娱乐、观赏和社会等功能，故评价时要全面、系统、综合地衡量；二是涉及休闲资源开发的自然、社会、经济环境和区位、投资、客源等开发条件，评价时要予以综合考虑。

3. 效益评价的原则

休闲资源评价的最终目的是进一步地开发利用，而开发的首要目标是取得经济、社会和生态综合

①② 黄震方，祝晔，袁林旺，等 . 休闲旅游资源的内涵、分类与评价——以江苏省常州市为例［J］. 地理研究，2011，30（9）：1543-1553.

③ 马勇，周青 . 休闲学概论［M］. 重庆：重庆大学出版社，2008.

效益。因此，要综合评判其开发效益，以确定开发决策。

4. **高度概括的原则**

休闲资源评价过程中涉及的内容众多，评价结论应明确、精练、高度概括出其价值、特色和功能，以使评价结果有可操作性，利于开发定位。

5. **力求定量的原则**

在评价调查区域休闲资源时应尽量避免带有强烈主观色彩的定性评价，力求定量或半定量评价，并要求不同调查区尽量采用统一标准的定量评价，以保证休闲资源的评价和比较在同一基准之下进行。

6. **动态进展的原则**

休闲资源的特征以及开发的外部社会经济条件是在不断变化和发展的。这就要求休闲资源的评价工作不能囿于现状，陷入僵化和形而上学之中，而必须具有动态发展的观点，用发展和进步的眼光看待变化趋势，从而对休闲资源及其开发利用前景做出积极、全面和正确的评价。

（三）休闲资源特征的评价

1. **休闲资源的特性和特色**

休闲资源的特性和特色是衡量其对休闲者吸引力大小的关键性因素，也是休闲资源开发的灵魂。它对休闲资源的利用功能、开发方向、开发程度和规模及其经济和社会效益起着决定性作用。因此，休闲资源的特性和特色是休闲资源开发的生命线。

2. **休闲资源的价值和功能**

休闲资源的价值包括休闲资源的艺术欣赏价值、文化价值、科学价值、经济价值和美学价值，它直接决定休闲开发的功能。一般说来，艺术和美学价值高的休闲资源，功能主要表现在观光方面；文学和科学价值高的休闲资源，其功能则主要是科学考察、文化休闲等。除此之外，还有娱乐、健康、疗养等功能的休闲资源。休闲资源的这些价值和功能是其开发规模、程度和前景的重要决定因素。

3. **休闲资源的数量、密度和布局**

休闲资源的数量是指休闲地内可供休闲利用的资源单体多少；其密度是指这些资源的集中程度，它可以用单位面积内资源的数量去衡量；其布局则是指资源的分布和组合特征，它是资源优势和特色的重要表现。休闲资源的数量、密度和布局是区域休闲资源开发规模和可行性的重要决定因素，资源数量大、相对集中并且布局合理的地区无疑是较为理想的休闲开发区。对休闲资源数量、密度的评价应有一个统一的标准，需按休闲资源的类别、等级分别统计，以便对不同地区的休闲资源进行对比。

（四）休闲资源环境的评价

1. **休闲资源的自然环境**

自然环境是指调查区内的地质、地貌、气象、水文、生物等组成的生态环境，它对休闲资源的开发有着重大的决定作用。不少自然环境的组分如植被、水文、气象本身就是休闲资源不可分割的一部分，直接影响休闲资源的质量与品位；同时，休闲资源自然环境的某些因子，如气候的季节性变化，也直接决定和影响到调查区休闲活动的淡旺季。此外，其他一些自然环境因素如地质、大气、水体等也会影响休闲资源的开发。

2. **休闲资源的社会环境**

社会环境是指休闲资源所在区域的政治局势、社会治安、医疗保健和当地居民对休闲的认识等条件。休闲是一项对社会环境较为敏感的经济活动，在稳定的社会环境中它能以较快的速度发展，而一旦出现环境的波动，它便会即时做出相关的反应。在政局稳定、人身安全可以得到保障的国家和地区，休闲资源开发和休闲业发展则是一幅欣欣向荣的局面，可见休闲对社会环境的依赖程度很大。

3. 休闲资源的经济环境

经济环境是指能够满足休闲者开展休闲活动的交通、水电、邮政、通信、食宿和其他休闲接待设施等。一个地区休闲资源的开发，必须有坚实的经济基础做后盾，上述这些设施设备的规模、档次均与该地区经济发展水平密切相关。许多休闲资源位于偏远山区，由于受交通条件的制约，将严重影响游客的可进入性；水电等基本生活需要若不能保障，也会影响休闲接待工作的正常运转；邮电通信对于出门在外的休闲者，无论是家庭还是公务联络都非常重要；各种食宿和休闲接待设施及服务质量同样影响休闲资源的开发和休闲经济效益。

4. 休闲资源的环境容量

休闲资源的环境容量是指某项休闲资源自身或所处地区在一定时间条件下休闲活动的容纳能力，包括容人量和容时量两个方面。所谓容人量是指休闲地单位面积所能容纳休闲者的数量，它反映了休闲地的用地、设施和投资规模等指标。休闲资源的容人量并不是指休闲地能容纳休闲者的最大数量，在评价休闲资源环境容量时必须要考虑休闲资源的性质及由此而决定的休闲活动的方式、观赏要求、休闲点及其周边环境、休闲者的反映、经济与社会效果，只有当这些方面的要求都得到较好的体现，休闲者数量的最高值才是休闲地的最佳容量。休闲资源的容时量是指休闲地游玩时所需要的基本时间，它体现了休闲地的游程、内容、景象、布局和建设时间等内容。休闲资源越多样、层次越丰富、产品越有趣味，它的容时量就越大；相反，那些单调的以景观类为主的休闲资源，容时量就较小。

第三节　国家旅游休闲区发展定位

一、“定位理论”要点

定位（Positioning）由美国营销专家艾尔·列斯（Al Ries）与杰克·特劳特（Jack Trout）于 20 世纪 70 年代初提出，他们在美国《广告时代》上发表了名为《定位时代》的系列文章，后来将相关观点和理论集中在《广告攻心战略》一书中。正如他们所言，这是一本关于传播沟通的教科书。1996 年，杰克·特劳特将其 25 年的经验进行整理，出版《新定位》，核心思想仍源于 1972 年提出的定位论。

“定位不是去创造某种新奇的或与众不同的东西，而是将本企业产品在未来潜在顾客的心目中确定一个合理的位置，在广告宣传中为自己的产品创造、培养一定的特色，去操纵、联想人们原有的认识，在顾客心目中占据有利地位，赢得有利的市场竞争位置。”①

定位理论的影响远远超过了一种传播技巧的范畴，而演变为营销策略的基本思想。营销大师科特勒认为，定位是对公司的提供物（offer）和形象的策划行为，目的是使它在目标消费者的心目中占据一个独特的有价值的位置，是对产品的心理定位和再定位。

二、国家旅游休闲区发展定位的内涵

基于对“定位”概念的理解，很多学者提出了旅游定位的概念。国家旅游休闲区是一类旅游政策区，所以国家旅游休闲区发展定位的理解，可以基于“旅游定位”的概念进行分析。

（1）旅游定位是创造性的实践，立足于顾客需求，研究区域资源并把资源优势与消费者需求创造性地有机结合，确定旅游产品或服务在目标顾客心目中应占据的独特位置，与其进行充分沟通，使其

① 艾·里斯，杰克·特劳特，等．定位：争夺用户心智的战争［M］．北京：机械工业出版社，2015.

认同、产生共鸣并发生行动[①]。

（2）城市旅游的基本定位问题即城市将在游客心目中树立并传播怎样的一种形象，它到底是怎样一座旅游城市，这种形象如何成为吸引客人前来旅游的动因和源泉。它是城市旅游形象设计的核心和前提，决定着整个旅游形象系统发展的方向[②]。

（3）以市场为导向、以传播为重心的凸显目的地的独特性和服务利益点的概念整合过程。以市场为导向，即定位对象是游客，最终目标是激发游客旅游动机，赢得市场；以传播为重心，即通过传播使整合的概念成为人们对目的地共同的良性认知，助推目的地良好形象的构建；概念整合即依照定位理论的核心思想，对目的地的优势品质与人们心中的旅游需求进行整合对接，创造出具有影响力的全新概念[③]。

从以上定义可知，国家旅游休闲区发展定位是将国家级旅游休闲区的产品方向和主要功能在未来潜在顾客的心目中确定一个合理的位置，在旅游休闲市场宣传中为自己的产品创造培养一定的特色，让人们去联想他们原有的认识，在旅游休闲者心目中占据有利地位，赢得有利的市场竞争位置。

三、国家旅游休闲区发展的定位方法与策略

结合旅游目的地定位的方法和策略，借鉴李蕾蕾[④]等学者的方法，国家旅游休闲区发展定位可采用的方法策略有领先定位、比附定位、逆向定位、空隙定位、重新定位、组合定位和多头定位。

（一）领先定位

使旅游者依据各种不同的标准和属性树立形象阶梯，在这些形象阶梯中占据第一位置，形成领先的形象。领先定位是最容易的一种定位方法，适宜于那些独一无二、不可替代属性的事物。

（二）比附定位

比附定位并不去占据原有形象阶梯的最高位。实践证明，与处于领先地位的第一品牌进行正面竞争往往非常困难。比附定位避开第一位，但抢占第二位。由于第一的位置只有一个，而大多数商品和服务都不甘居人之后声称第二，在这种情况下，少数定位于第二的品牌反而会给消费者留下较深的印象。比附定位最经典的例子是美国汽车出租公司 Avis 公司的形象定位，该公司最先承认屈居人们心中第一位的 Hertz 公司之后，大获成功。旅游地也可通过与原有人们心中第一位的形象相比附，确定“第二位”的形象。牙买加定位表述为“加勒比海中的夏威夷”，从而使牙买加从加勒比海区众多海滨旅游地中脱颖而出。

（三）逆向定位

逆向定位强调并宣传定位对象是消费者心中第一位形象的对立面和相反面，同时开辟了一个新的易于接受的心理形象阶梯。例如，美国的“七喜”饮料就宣称为“非可乐”，从而将所有的软饮料分为可乐和非可乐两类，“七喜”则自然成为非可乐饮料中的第一位了。深圳野生动物园的形象定位也属于逆向定位，它一反人们熟识的普通笼养式动物园形象，形成开放式动物园，游客与动物的活动方式对调，人在“笼”（车）中，动物在“笼”外，从而建立起国内优秀城市野生动物园的形象。

---

① 刘晓辉．贵州旅游定位初探［J］．贵州师范大学学报（社会科学版），2002（3）．

② 董鸿安．宁波城市旅游形象的定位与塑造［J］．宁波经济（财经视点），2002（12）．

③ 刘庆．旅游目的地形象定位探索与实践［J］．广西教育学院学报，2009（3）．

④ 李蕾蕾．旅游地形象策划：理论与实务［M］．广州：广东旅游出版社，1999：29-177.

（四）空隙定位

比附定位和逆向定位都要与游客心中原有的旅游地形象阶梯相关联，而空隙定位则是全然开辟一个新的形象阶梯。与有形商品相比，旅游点的形象定位更适于空隙定位，尽管旅游点的数目也呈现爆炸性增长，特别是同类人工景点相互模仿，使景点数量剧增，但仍然存在大量的形象空隙。旅游者期待着个性鲜明、形象独特的新类型景点出现。空隙定位的核心是分析旅游者心中已有的形象阶梯的类别，发现和创造新的形象阶梯，树立一个与众不同、从未有过的主题形象。例如，中国第一个小人国“锦绣中华”的建立，在国内旅游者心中形成小人国旅游景观的概念，并随着各地微缩景观的大量兴建，产生小人国旅游点形象阶梯，显然，“锦绣中华”比后来者处于强势地位。

（五）重新定位

严格说来，重新定位并非一种独立的定位方法，而是原旅游地应当采取的再定位策略。由于旅游地的发展存在生命周期，如何面对衰落，一直是旅游经营者的一大难题。重新定位不失为一条可选之路。旅游地的发展历经产生、成长、成熟、衰落各个阶段，已在游客心中建立起稳固而清晰的形象，再去宣传老形象，已不能适应旅游需求的变化，更难以生发号召力和吸引力，人们总是希望有新的东西去取代旧的东西，重新定位可以促使新形象替换旧形象，从而占据一个有利的心灵位置。重新定位的成功之例可能是美国加州的重塑新形象。加州的形象在旅游者心中早已浓缩、简化为空洞的概念：游泳池、沙滩、金门大桥、好莱坞，而且，这些形象描述不断被其他旅游地“借用”，加州需要重新定位。加州新形象紧紧围绕其在地理、气候、人种、文化等方面的“多样性”这个核心特点，用复数地名“那些加利福尼亚”（The Californias）为定位。这样，即使最不好奇的人也会询问有几个加州。

（六）组合定位[①]

一个旅游地同时存在好几个形象定位的情况是允许的，也是可行的，如北京市的旅游形象定位就同时有国际和国内两个不同的旅游形象定位。这种多头定位之所以有它存在的可能和必要是由其功能和区域角色决定的。从国内来讲，北京是国家首都，全国政治、文化和交流活动的中心，是全国旅游的中心地及中转地。而从国外来看，北京是一座历史悠久的皇城，东方文明的集中体现地，亚太旅游中心城市之一。由此可见，我们从不同的角度透视同一个旅游地，其感知印象是有差异的。但这种差异是互补性质的（而非相互矛盾），有利于我们全面认识对象。

（七）多头定位

以集群形态出现的中小城市或小型旅游地，可以采取相辅相成、互助合力的组合形象定位策略，以区域联合的形式推出大区域整体旅游地形象。根据组合协作关系的平衡性，组合定位又可细分为主从组合定位、并列组合定位和互补组合定位。我国很多旅游地已经自觉或不自觉地使用组合形象定位的策略。例如，近几年比较流行的“后花园”的提法，实质上采用的就是主从组合形象定位的方法。目前兴起的红色革命旅游线路就一般是由好几个革命城组合连接起来的，也具有一定的组合定位特征。

---

① 赵伟兵．城市旅游形象定位的理论与实践研究［J］．广西大学学报（哲学社会科学版），2001（s2）：9-12.

表4–4 国外地区形象定位举例

Denver——Economic, business, transportation, and financial center of the Rocky Mountain Region 丹佛：落基山脉地区的经济、商业、交通和金融中心
Seattle——Leading center of Pacific Noorthwest——the alternative to California 西北太平洋的中心西雅图：又一个通向加州的门户
Atlanta——Center of the New South 亚特兰大：新南部的中心
Miami——Financial capital of South Americ 迈阿密：美国南部的金融之都
Fairfax County——Nation's second most important address 费而非斯：全美第二重要的地址
Berlin——Capital of the new Europe 柏林：新欧洲之都
Spain——Rising star of the European Community 西班牙：欧共体冉冉升起的一颗星
Thailand——Tourism heaven of Far East 泰国：远东旅游天堂

资料来源：李蕾蕾.旅游地形象策划：理论与实务［M］.广州：广东旅游出版社，1999：29–177.

四、国家旅游休闲区发展定位原则

曲颖[①]总结了旅游目的地定位的指导原则，而国家旅游休闲区突出国家性、突出休闲性、突出公益性，那么其发展的定位的原则就有所不同。归结起来，应该包括如下几点：

（1）以市场为导向，确保定位对目标游客有吸引力；

（2）以资源环境为基础，定位必须有实有据；

（3）强调差异化，突出自身的特色；

（4）注重定位的整合性，避免面面俱到；

（5）注重定位的社会性、公共性，突出正面、积极的因素；

（6）考虑形象的区域层级性；

（7）挖掘、体现区域文化精髓；

（8）参考区域发展目标和总体形象进行定位；

（9）可视客源市场情况做多重定位；

（10）兼顾定位的前瞻性、稳定性和动态发展性；

（11）定位形象口号的语言表达应简练、艺术、可辨识和顺应时代。

第四节 国家旅游休闲区产品开发

一、休闲产品概念

对休闲产品的定义，比较有代表性的如下：

第一，休闲产品即生产经营者提供的、用于满足休闲消费者需要的各种产品和劳务的总和，既包括各种直接用于休闲消费的物质产品，也包括各种满足休闲消费者休闲需要的休闲项目、休闲设施与休闲活动[②]。

第二，休闲产品是指由休闲经营者凭借休闲吸引物和休闲设施生产或开发出来的，为了迎合休闲

① 曲颖，王京传.国内旅游目的地定位研究综述［J］.地理与地理信息科学，2011，27（4）：89–93.

② 魏小安.中国休闲经济［M］.北京：社会科学文献出版社，2005.

者的体验和愉悦需求，通过市场途径提供给其消费的一切有形实物产品和无形服务产品的总和①。

第三，休闲产品即生产经营者提供的、用于满足休闲消费者需要的各种产品和劳务的总和，既包括各种直接用于休闲消费的物质产品，也包括各种满足休闲消费者休闲需要的休闲项目、休闲设施与休闲活动②。

而休闲旅游产品的定义，学者的观点如下：

首先，休闲旅游产品是为了满足人们进行休闲活动和旅游活动的需要，以休闲者的目的、特征和指向等为目标而在城市或周边上被设计或开发出来的物象与劳务的总和③。

其次，休闲旅游产品是指旅游者以休闲活动为目的，借助一定的自然或人文环境，通过较轻松的旅游活动方式，使身体心理愉快与精神放松的旅游④。

最后，休闲旅游产品是支撑休闲旅游发展的重要基础，是游客选择休闲活动所关注的核心元素，是旅游经营者为满足游客进行休闲活动的需要，以休闲者的动机与特征为导向，凭借一定的旅游吸引物和设施向旅游者提供的各种服务的总和，休闲旅游产品是旅游产品的类型之一⑤。

二、休闲产品的构成要素

休闲产品与普通旅游产品有一定区别，观光旅游产品更注重景点、景区，而休闲产品要突出休闲需求的满足。李经龙将休闲产品的构成要素归结为休闲吸引物、休闲设施、休闲服务三项⑥。

（一）休闲吸引物

休闲吸引物是休闲者选择目的地的决定因素。它的具体形态可以是物质的，也可以是非物质的事件或现象。休闲吸引物往往是休闲资源直接转化而成的，因而它广泛蕴藏于自然环境和人类社会中，代表着自然界的各种资源形态和人类社会的各种传统文化特色，其数量多寡和吸引力大小是一个地区能否开发成著名休闲地的先决条件。

需要指出的是，环境品质同样是休闲产品吸引物的构成要素。休闲需求是指要到环境优美、气候宜人的休闲地放松身心和消遣娱乐。因此，休闲环境，如优美、清新的山水生态环境，宜人的气候环境和独特的社会人文环境等，可开发成为休闲度假旅游产品。

（二）休闲设施

休闲设施是直接或间接向休闲者提供服务所凭借的物质条件，分为休闲服务设施和休闲基础设施两种。休闲服务设施是指休闲经营者直接服务于休闲者的凭借物，包括住宿、餐饮、交通及其他服务设施；休闲基础设施是指不直接对休闲者服务，但作为休闲产业日常运行的基础保障设施，如水电供应系统、通信设施系统、排水排污系统、交通运输系统、医疗救护系统等。休闲设施既是休闲活动和接待服务必不可少的基本要素，其本身往往又可以是休闲吸引物。

（三）休闲服务

休闲服务虽然是一种无法独立存在的具体行为，但在有休闲需要的情况下，休闲服务可以实现其

① 马勇，周青．休闲学概论［M］．重庆：重庆大学出版社，2008.
② 魏小安．中国休闲经济［M］．北京：社会科学文献出版社，2005：31-44.
③ 王红宝，张启，苗泽华．城市休闲旅游产品深度开发研究［J］．改革与战略，2010，26（12）：120-122.
④ 梁朝信．旅游资源开发［M］．郑州：郑州大学出版社，2006：7.
⑤ 杨美霞．休闲旅游产品内涵建设与层次提升——以江苏泰州为例［J］．社会科学家，2015，7（7）：91-95.
⑥ 李经龙．休闲学导论［M］．北京：北京大学出版社，2013.

载体——物质产品的价值。休闲产品能以一种混合体的形态出现，主要是由它的服务性质决定的。休闲活动的性质决定休闲者对休闲地的设施条件和服务水平有着更高的要求，优质的休闲旅游服务是休闲者高质量休闲经历感受的重要因素。

三、休闲产品的分类

休闲产品的分类按不同的标准和角度，具有不同的分类方式。李经龙[①]对休闲产品的分类进行了系统梳理。

（一）依据休闲产品的形式

依据休闲产品的形式，可将休闲产品分为物质型休闲产品和劳务型休闲产品两大类。

物质型休闲产品是直接以物质产品的消耗满足休闲消费者休闲需要的产品，如休闲食品、休闲服装、休闲生活用品、休闲房地产及各种精神产品的物质载体。

劳务型休闲产品又可以分为设施服务型休闲产品和活动服务型休闲产品。设施服务型休闲产品是凭借各种休闲设施向休闲消费者提供服务，以满足休闲消费者需要的服务性产品，如娱乐游艺场、主题公园、运动场馆等提供的各种游乐游览、康体休闲等服务，以及各种住宿设施等。活动服务型休闲产品是指通过组织休闲消费者完成某项休闲活动，以满足消费者休闲需要的服务，如旅行社组织的观光旅游、工业旅游和农业旅游向游客提供的参观游览活动、果实采摘、钓鱼、民俗节庆活动等。

（二）依据是否具有非排他性和非竞争性

非排他性是指产品一旦被提供，就不可能排除任何人对它的不付代价的消费，也就是说要排除任何消费要付出很大的成本。

非竞争性是指一旦产品被提供，增加一个人的消费不会减少其他任何消费者的受益，也不会增加社会成本，其新增消费者使用该产品的边际成本为零。

依据此种分类标准，可将休闲产品分为两大类：私人休闲产品和公共休闲产品。

1. 私人休闲产品

私人休闲产品的定义来自于该物品的使用或消费的排他性。私人休闲产品可以理解为人们为参加休闲而使用或消费的他人不能同时使用或消费的产品。例如，人们对私人休闲健身教练的消费，以及为进行休闲而购买的服装、辅助器材等相关产品等。

2. 公共休闲产品

所谓公共休闲产品就是所有成员集体享用的集体消费品，社会全体成员可以同时享用该产品，而每个人对该产品的消费都不会减少其他社会成员对该产品的消费。根据是否同时具有非排他性和非竞争性，可将公共休闲产品二次划分为纯公共休闲产品和准公共休闲产品。

（1）纯公共休闲产品是指严格满足非竞争性和非排他性两个条件的产品。

（2）准公共休闲产品有两类，一类是在消费上具有非竞争性，但是却可以轻易排他的俱乐部产品，它们可以采用门票、会员制等排他技术，有效地解决“搭便车”现象；另一类是具有竞争性，但是却无法有效排他的共同资源，也就是对于这种产品，不付费者不能被排除在消费之外。

（三）依据人类休闲活动的种类

人们在进行休闲活动时必须消费一定的休闲产品，所以可根据休闲活动种类来进行休闲产品分类。

---

① 李经龙 . 休闲学导论［M］. 北京：北京大学出版社，2013.

休闲活动主要包括艺术活动、美食活动、园艺活动、体育活动、节庆活动、旅游活动、民俗活动、聚会活动、宴庆活动等。通过这些活动提供的线索，可以找出蕴含在其他休闲活动中的休闲产品。美国学者杰弗瑞·戈比曾提出一个休闲产品体系——与休闲相关的产品与服务（表 4–5）。

表4–5　休闲产品体系——与休闲相关的产品和服务

演出	小艇和摩托	野营设备	设备
（a）电影； （b）戏剧、音乐会、博物馆等； （c）体育比赛、马戏、宾果游戏。	（a）帆船； （b）独木舟； （c）观赏比赛； （d）摩托。	（a）帐篷； （b）睡袋； （c）冷藏器、炉子、灯等。	（a）游泳池； （b）网球场； （c）滑冰场及冰球场； （d）保龄球场； （e）公园、操场、体育馆； （f）大型运动场、跑道。
食品和饮料	**业余爱好和手工艺品**	**电子家庭娱乐**	**出饭物**
（a）啤酒、白酒、葡萄酒； （b）软饮料。	（a）手工艺工具； （b）乐器； （c）其他爱好。	（a）留声机； （b）录音机、卡式收录机、CD 机； （c）电视； （d）卡式录音机； （e）激光唱盘播放机； （f）组合音响。	（a）书； （b）杂志； （c）报纸。
照相器材和设备	**电动工具和草坪管理**	**运动物品**	**运动服和运动鞋**
（a）照相机； （b）放映机； （c）胶片； （d）闪光灯等。	（a）家庭—工作时间需要的动力工具； （b）园艺工具； （c）草坪修剪工具和除雪工具； （d）园艺设备、种子等。	（a）游泳池； （b）自行车； （c）渔具； （d）猎具； （e）团队体育设备： （f）体育馆设备； （g）其他体育设备。	（a）运动衫、运动衣等； （b）运动鞋。
旅游	**玩具和游戏**	**交通工具**	**杂项**
（a）假日背包旅行； （b）跨城市旅行； （c）行李； （d）其他假期消费。	（a）儿童玩具和游戏； （b）二轮车或四轮车； （c）涉水池； （d）雪橇。	（a）汽车； （b）摩托车； （c）有动力脚踏车和单脚滑行车； （d）雪地摩托； （e）野营拖车和度假屋。	（a）珠宝； （b）彩票； （c）宠物和宠物看管。

资料来源：[美]杰弗瑞·戈比．你生命中的休闲[M]．康筝，译．昆明：云南人民出版社，2000.

（四）依据人文文化功能

以人类的休闲活动种类为标准来划分休闲产品，尽管涵盖了大部分休闲产品，但没有完全涵盖能够彰显人文文化功能含量的，既可满足休闲活动，又可满足非休闲活动的第二自然物。以彰显人文文化功能为标准的休闲产品分类有地域特色饮食产品、艺术风情服饰产品、文化装饰建筑产品、艺术修饰日用产品、公共设施文化产品、生态环境保护产品、文化用品专用产品、文化修饰消费产品。

（五）其他分类

例如，根据休闲产品供给形式，可以分为自给性休闲产品、社会供给性休闲产品和商业供给性休闲产品。根据休闲产品与休闲活动发生区域，可以分为室内休闲产品、社区休闲产品、城区休闲产品、环城休闲产品、异地休闲产品等。根据休闲产品的组织形式，可以分为单项休闲产品和集合休闲产品。例如，旅游景点、娱乐项目等是人们在休闲时消费的单项休闲产品；而旅游线路、旅游城市及休闲城市的观光与游览，则是人们在休闲时以目的地的有关休闲产品集合为消费对象的，因而消费的是目的地整体休闲产品。日常生活中常见的休闲产品主要有五大类：第一类是户外运动休闲产品，包括高尔夫、露营、攀岩、蹦极等；第二类是水疗康体休闲产品，包括温泉、SPA，足疗等；第三类是购物美食休闲产品，包括休闲购物和休闲餐饮等；第四类是都市娱乐休闲产品，包括主题公园、环球嘉年华、慢摇吧、KTV 等；第五类是乡村体验休闲产品，包括农家乐和休闲农业等。此外，也有学者提出了休闲旅游产品的基本类型（表 4–6）。

表4–6　休闲旅游产品的基本类型

类型	具体分类	内容
度假休闲旅游	滨海型	潜水、日光浴、海上摩托艇、冲浪、帆板、沙滩排球等
	山地型	高山滑雪、疗养、避暑、登山、攀岩、观光等
	湖泊型	泛舟、垂钓、疗养、游泳、观光等
	环城游憩带型	农家乐、品茗、登山、度假等
产业休闲旅游	农业旅游	农家乐、农业观光、种植旅游、放牧、垂钓、采摘等
	工业旅游	工业产业与旅游休闲融合
	其他产业旅游	服务业、商业等
主题公园	乐园型	欢乐谷、海洋馆、冰雪大世界等
	民俗型	民俗文化村、民族文化村等
	历史型	宋城、唐城、三国城等
	微缩景观型	锦绣中华、世界之窗等
	高科技型	恐龙馆、航宇科普中心等
体育休闲旅游	水上体育休闲	龙舟、漂流、帆船等
	山地体育休闲	登山、攀岩等
	草原体育休闲	摔跤、赛马、射箭等
	沙漠体育休闲	滑沙、沙滩排球等
	其他体育休闲	民族舞蹈、竞技类体育项目等
其他休闲旅游	购物休闲旅游	城市观光购物旅游、特色产品购物等
	美食休闲旅游	品尝美食、体验食品制作等
	娱乐休闲旅游	舞蹈、KTV，篝火晚会等

资料来源：李经龙 . 休闲学导论［M］. 北京：北京大学出版社，2013.

四、休闲产品开发原则

（一）多样化开发

对休闲产品的开发要认真分析休闲需求市场的潜在心理和需要，明确自身的服务定位，根据不同的需要进行休闲产品类型的开发。休闲产品开发应针对当地休闲的细分市场，设计出满足不同需求、主体多样化需要的休闲产品，并随着休闲者需求的发展趋势，更新市场定位和产品设计。

（二）丰富情境化体验

在休闲产品的开发中，应更加注重对体验情境的营造，以期创造出能使休闲者全面参与、值得休闲者回忆的活动和项目。体验情境的营造要不断结合产品的主题，为休闲者创造一个新的环境或者条件，在休闲者的体验需求得到满足的同时，实现产品开发经济利益。

（三）突出文化内涵

文化是休闲产品的灵魂，是休闲产品开发的永恒主题。一个没有特色文化的休闲产品不可能产生持久的吸引力。休闲目的地应该在充分挖掘当地文化的基础上进行休闲产品的开发，使休闲产品成为当地文化内涵的展示平台，让休闲者在参与休闲活动的同时更了解当地的文化，增强当地的文化吸引力。休闲产品开发应该努力彰显地方文化，让休闲产品的开发建立在文化基石之上。

（四）强化特色

休闲产品的趋同化现象，严重影响了休闲目的地的休闲发展。为了适应休闲者常变常新的休闲需求，休闲目的地要在休闲产品开发中持续注入特色化的产品内涵，提升产品的核心竞争力。

（五）彰显个性时尚

在一些时尚与潮流的聚集地中，休闲产品的时尚化个性要素的显现变得越来越重要。让休闲产品时尚起来，使其成为休闲目的地吸引力增强的一个重要因素。以当前时尚潮流为主题，将众多时尚文化元素融入休闲产品的设计过程中，不仅可以促进休闲目的地的宣传与休闲产品的推广，更可以创造和引导休闲者的消费。

（六）不断创新升级

休闲产品创新是增强休闲地核心竞争力的关键。休闲消费者更加注重产品的个性化、多样化和体验参与度。休闲产品创新可以加大对体验型、参与型休闲产品的开发力度，提高休闲者在休闲活动中的参与体验经历和感受，增强休闲者对休闲地的理解与认知。因此，休闲产品的开发在这些方面的创新，可以有效防止产品同质化现象。

第五节　国家旅游休闲区项目策划

一、旅游休闲项目的理解①

（一）关于项目

项目一词，《辞海》解释为“事物分成的种类或条目”。《现代汉语大词典》认为项目就是“事物分成的门类”。John M. Nicholas（2001）对项目的描述性定义为：项目是一个单一的、可定义的目标或产品，具有独特性（不能复制）、临时性、跨专业性、陌生性、风险性等特征。管理领域的“项目”是指一种管理现象，一项有待完成的任务，这种任务具有复杂性。

① 王庆生．旅游项目策划教程［M］．北京：清华大学出版社，2013.

（二）旅游休闲项目

苏格兰旅游委员会在1991年对旅游项目有一个表述：所谓旅游项目应该是一个长久性的旅游吸引物。旅游项目的主要目的是让公众和旅游者得到消遣的机会，使他们做自己感兴趣的事情或者是受到一定的教育；而不应该仅仅是一个游乐场、一场歌舞剧或电影、一场体育竞赛等。旅游项目不仅应该吸引严格意义上的旅游者、一日游者，还应对当地居民具有一定的吸引力。

Walsh–Heron and Steven 于1996年对旅游项目特征进行了以下描述：

（1）吸引旅游者和当地居民来访，并为达到此目的而经营；

（2）为到来的顾客提供获得轻松愉快经历的机会和消遣的方式，使他们度过闲暇时间；

（3）将其发展的潜力发挥到最大；

（4）按照不同项目的特点来进行针对性的管理，使游客的满意度最大；

（5）按照游客的不同兴趣、爱好和需要提供相应水准的设施和服务。

旅游项目是旅游吸引物：它借助于旅游地的旅游资源，吸引旅游者和旅游地居民，并为其提供休闲消遣服务；它应该具有持续旅游吸引力，以实现经济、社会、生态环境效益为目标。这里所指的旅游吸引物是一个广义的概念，它既包括了传统意义上的旅游线路、旅游景点，也包括了旅游地的节庆活动、文化背景以及旅游地的旅游商品。

旅游项目除了满足项目的要求之外，尤其强调项目的独特性：

第一，就旅游规划和项目咨询而论，它的独特性还在于项目开发的过程是个资源再造的过程，也是资源价值和产业价值提升的过程。我们做的项目都是基于一定的旅游资源基础上的，也不排除有的资源是在我们做项目的过程中创造出来的、原来所没有的。

第二，项目开发实际上是在挖掘差异、挖掘项目的资源稀缺性和项目形成后，它的垄断和相对垄断条件的一个过程。旅游业的项目不同于一般工商业的项目，很多工商业的项目是可以雷同的、重复的，而旅游项目则不然，在同一个地方有一个一模一样的项目通常是不行的。

第三，旅游规划项目的组合特征是独一无二的，包括在项目开发的过程中，在资源整合、市场细分后对特定需求的编组，甚至包括对游客的感受分析。因此，项目策划与开发应该是一个独特创造性活动。

二、旅游项目策划的需求导向

（一）概述

旅游策划人员策划出来的旅游产品，只有通过旅游者的消费才能实现其价值，因此，市场是旅游产品的试金石，能否发现并满足市场需求是旅游策划成功与否的关键条件。一个旅游策划成功的原因有很多，最重要的是顺应了旅游市场需求，如哈尔滨冰雪大世界、西部影视城等策划。旅游策划失败的理由也有很多，其中最重要的一点就是不能满足市场需求。由此可见，旅游策划人员必须深刻认识旅游需求的特点和变化趋势，把握旅游市场细分、定位、开拓、竞争的一般规律，坚持以旅游需求为根本导向，这是旅游策划成功的前提条件。

（二）内容

旅游策划应以现实的旅游需求为依据，并充分考虑旅游需求的发展变化趋势，全面认识人性，深刻把握旅游者的深层心理。从需求的角度评价旅游资源并寻求旅游资源与旅游需求之间的最佳对接点，以使策划出来的产品符合心理学规律和市场需求。策划人员应考虑旅游产品能够带给旅游者什么样的利益和价值，这种利益和价值是否符合旅游者需要。在此基础上策划人员应挖掘产品的潜在价值，创造产品的新价值，建立产品的价值链。

顺应需求是旅游策划的基本思路，激发需求、引导需求是中级层次，创造需求属于高级层次。社会的高速发展使人类的需要和欲望变为可以引导、改变和创造的，策划人员的任务就是把握旅游者潜在需求的发展脉络，在恰当时机、恰当地点，以恰当的创新手段去挖掘需求，继而提供相应的产品来满足他们。

三、旅游项目策划的原则

对于旅游项目策划的原则，王庆生[①]总结了“八化”“八结合”“八性”的基本原则，具有较高的代表性。

（一）“八化”

1. 资源开发“特色化”

特色是旅游开发的灵魂，是旅游产品生命力的体现，没有特色就没有效益，因此旅游项目策划要突出“人无我有，人有我新”的开发方针，要突出自己的特色。没有特色难以形成强大的旅游吸引力，没有特色就不能激发人们的旅游动机。多一份特色就多一份竞争力，从一定程度来讲，有特色就有效益，就有发展。

2. 项目设置“市场化”

旅游业是一个经济产业，在市场经济的大环境下，要以市场为导向，必须考虑市场的需求和竞争力，要把旅游市场的需求和供给情况作为旅游项目策划与决策的基础。一切要按照旅游市场来进行项目设置，同时还要根据旅游资源的冷热原则，预测未来旅游市场的发展趋势，以对旅游项目做出合理的实施开发序列。

3. 旅游氛围“生态化”

目前的旅游趋势是：生态旅游、绿色旅游、回归自然旅游。因此，在旅游开发过程中，一定要突出生态化、原始化、自然化，从植被保护到服务设施皆要营造生态化的环境氛围。

4. 游览观光“知识化”

21 世纪是知识的时代，对于旅游来讲，随着游客知识层次的提高，对旅游项目的文化内涵也提出了新的要求，这就要求旅游景点要有一定的知识性、科学性，旅游区力求做到科学性、知识性与观赏性的统一，使游人在游览观光的同时，能够得到知识的陶冶和精神的享受。

5. 建筑设施“景观化”

在旅游项目开发中，每个景点中的建筑设施都应作为景观的组成部分来对待，应该以“园林化”“景观化”为主，曲径通幽，曲折有度，强调建筑与自然的协调效果，提高观赏性、艺术性。对于以自然景观为主的景区，其景区内建筑设施要坚持“宜小不宜大、宜低不宜高、宜藏不宜露、宜疏不宜密”的原则。

6. 旅游服务“系统化”

旅游服务是一个系统工程，要把整个旅游服务看作一个大的系统，在开发建设中，大小系统综合平衡，相互协调，如果想达到吸引力与接待能力的统一，就要求旅游资源的开发建设与旅游服务设施、交通设施及基础配套（水、电等）等方面的综合平衡。在食、住、行、游、购、娱六个方面的服务上，要全面考虑各种设施系统配套，形成综合接待能力。使旅游者以最少的时间、最少的费用，看最多的景点，力求使其舒适、方便、安全。

---

① 王庆生．旅游项目策划与管理［M］．天津：天津社会科学院出版社，2010：14–16.

7. 建设投资“多元化”

旅游项目开发应在突出主题的前提下，把近期投资小、效益大的关键性基础项目规划到位，尽快进入设计与施工阶段，缩短建设周期，提高投资效益，做到全面规划、分期实施。在投资开发上，要明确开发序列，突出重点，多元筹集资金，个人、集体、单位、政府资金和外资可以一起上。

8. 开发利用“持续化”

旅游项目开发应贯彻可持续发展的思想，应把保护旅游资源及生态环境视为战略问题加以对待，它不仅关系到旅游区的命运，而且也直接关系到人类未来的生存环境。因此要求在开发过程中，一定要把保护自然资源放在首位，永续利用旅游资源。对于人文旅游资源，必须认真贯彻《中华人民共和国文物保护法》，要坚持“保护为主，抢救第一，合理利用，加强管理”的方针。

（二）“八结合”

旅游开发的“八结合”原则，即旅游开发与城市园林景观建设相结合，旅游开发与高科技农业观光相结合，旅游硬件建设与软件配套相结合，远期开发与近期建设相结合，古代题材与现代意识相结合，旅游开发与农民脱贫致富相结合，长远利益与眼前利益相结合，宏观布局与微观建设相结合。

（三）“八性”

旅游开发应体现的“八性”原则，即知识性、真实性、艺术性、娱乐性、参与性、观赏性、协调性、超前性。值得强调的是，旅游项目策划的协调性原则，主要表现在宏观上的协调和微观上的协调。宏观上的协调主要指与国家战略、政策和市场趋势的协调；微观上的协调，如景区内与景区间的协调，景观与环境的协调，景观与建筑物之间的协调，建筑设施与整体自然景观的协调，服务设施与旅游区主题的协调等。

四、旅游项目策划的方法、内容与程序

（一）旅游项目策划思路

旅游项目策划可以说是一种创造性思维过程，为此策划人首先要根基深厚，具有渊博的知识（如天文、地理、历史及社会学、伦理学、心理学、管理学、营销学等市场知识），形成策划人的文化沉淀，在这种文化沉淀中培养创新的思维。其次，策划者要有创造性的思维。策划创新的关键在于能否打破固有的思维模式、走向广阔的思维领域，能否摆脱单一的思维模式、跨入立体的思维空间。

1. 宏观采气、微观求义

宏观采气：借用气场的理论，以探讨策划客体的外部环境为客体“定位”，从宏观上理出思路。针对旅游项目策划而言，策划人从宏观的比较和分析入手，首先应做到立足国内，放眼世界，明察世界旅游发展趋势，清楚自身资源在国内外的地位，确立旅游项目的发展方向，明确主题，这样的项目才会与时俱进，不落俗套，进而构思出旅游精品。

微观求义：细节在旅游项目策划中非常重要，把握了细节，就把握了旅游项目策划的深层。如果说“宏观采气”是探讨策划客体的外部环境，为客体“定位”的话，“微观求义”就是探讨客体的内在规律，为客体“定性”。只有在“定位”“定性”的基础上，才能为客体“定向”。

旅游项目策划关键在“创意”，好的创意具有唯一性、排他性。比如CI设计，如果模仿别人，就容易雷同，只有从特定客体上发现特征，才有“唯一性”。

2. 辐集式思维与综合研究

辐集式思维与辐射思考对应，又称收敛思维，是由许多信息中引出一个正确的答案或一个多数人认为最好的答案，或是指以某个思考对象为中心，在指向这个中心的多数设想中找出可行方案的一种思维模式。收敛思维是与发散思维相对应的，又称作求同思维。在旅游项目中运用辐集式思维，往往要借助于发散思维的结果，在搜集了丰富多样的意见基础上，对多种多样的设想进行分析、概括和整理，从不同的起点方向上指向创造对象，使解决问题的思路在各种限制条件下逐步明确起来，最后集中在一种解法上。例如，在水深不足的海岸上修建旅游码头，通过发散思维，工程技术人员可以获得若干种设想：挖掘近海海底、填海筑港、浮筒式码头、栈桥式码头等。紧接着，他们就要用辐集式思维，按照修建码头的具体技术要求，逐个分析上述设想，通过判断、推理或试验进行可行性研究，最后选出一种或综合成一种现实可行的实施方案。

3. 发散式思维与综合研究

发散式思维是人在进行思维活动时，围绕某个中心问题，向四面八方进行放射状的思考和联想、诱发各种奇思异想的一种思维模式。发散思维又叫扩散思维、辐射思维、求异思维，它可以拓展思维的广度，是创造性思维所不可缺少的思维方式。通过联想、想象，使平时知识的积累、信息量的潜能与思索形成的潜意识相结合，进而迸发出智慧的火花，产生新思想、新见解，实现认识的质的飞跃。发散式思维的特点是思维的流畅性、变通性和独创性，它要求摆脱旧观念和思维定式的束缚，突破线性思维的控制。由同一个来源可以产生众多的信息输出，思维过程并不按固定的路径前进，思维的结果中可能包含着具有较大创造性的设想。因而在进行发散式思维时，就要广泛地收集与这一中心主题有关的各种信息，善于捕捉新信息。发散思维绝不仅仅是为已有的技术成果找到新的用途，更多的是利用它的思维“转换”作用提出解决某个技术课题的新思路。

4. 逆向思维与综合研究

物极势必反，就思维的方向而言，有同向思维和逆向思维。同向思维偏重于“深化”“跟风”，逆向思维偏重于“反思”“创新”。逆向思维属于发散性思维的范畴，是一种创造性的求异思维。在旅游项目策划中使用逆向思维，对于培养策划人的思维能力、提高旅游项目的策划水平具有重要作用。在各地争相申报世界自然文化遗产、风景名胜区的同时，有的旅游区却把目光转向地质公园、生态博物馆即是一种逆向思维。

（二）旅游项目策划的方法

1. 头脑风暴法

头脑风暴法又称集体思考法或智力激励法，1939 年由奥斯本首先提出，并在 1953 年将此方法丰富和理论化。所谓的头脑风暴法是指采用会议的形式，向专家集中征询他们对某问题的看法。策划者将与会专家对该问题的分析和意见有条理地组织起来，得到统一的结论，并在此基础上进行项目策划。使用这种策划的方法时，策划人要充分地说明策划的主题，提供充足的相关信息，创造一个自由的空间，让各位专家充分表达自己的想法。为此，参加会议的专家地位应大致相当，以免产生权威效应，从而影响另一部分专家创造性思维的发挥。专家人数不应过多，一般 5~12 人比较合适。会议的时间也应当适中：时间过长，容易偏离策划方案的主题；时间太短，策划者很难获取充分的信息。这种策划的方法要求策划者具备很强的组织能力、民主作风与指导艺术，能够抓住策划的主题，调节讨论气氛，调动专家们的兴奋点，从而更好地利用专家们的智慧和知识。头脑风暴法的不足之处就是邀请的专家人数受到一定的限制，如果挑选不恰当，容易导致策划的失败。另外，由于受到某些专家的地位及名誉的影响，导致专家不敢或不愿当众说出与其他人相异的观点。其优点在于能够获取广泛的信息、创意，互相启发，集思广益，在大脑中掀起思考的风暴，从而启发策划人的思维，获得优秀的策划方案。

2. 德尔菲法

德尔菲法是在20世纪60年代由美国兰德公司首创和使用的一种特殊的评价方法。德尔菲是古希腊的一座城市，因阿波罗神殿而驰名。由于阿波罗有着高超的预测未来的能力，故德尔菲法成了预测、策划的代名词。所谓德尔菲法是指采用函询或电话、网络的方式，反复地咨询专家，然后由策划人做出统计。当所获得的结果具有较大差异性时，由组织者将所获专家意见进行整理总结，再将总结后的观点针对上述专家进行第二轮征询，直至得出比较统一的结论。这种策划方法的优点是：专家们互不见面，不会产生权威压力。因此，该方法可以自由充分地发表自己的意见，从而得出比较客观的策划方案。运用这种策划方法时，要求专家具备项目策划主题相关的专业知识，熟悉市场的情况，精通策划的业务操作。由于这种方法缺乏客观标准，全凭专家的主观判断，且征询的次数往往较多，反馈时间长，因此会影响项目策划的准确性。

3. 灰色系统法

系统是指相互依赖的两个或两个以上要素所构成的具有特定功能的有机整体。系统可以根据其信息的清晰程度，分为白色、黑色和灰色系统。白色系统是指信息完全清晰可见的系统；黑色系统是指信息全部未知的系统；灰色系统是介于白色和灰色系统之间的系统，即有一部分信息已知而另一部分信息未知的系统。灰色系统法是指利用一些已知的行为结果，来推断产生该行为的原因或未来模糊的不确定性行为的方法。使用该方法进行旅游项目策划主要是通过现有旅游者的行为模式，推导出未来可能拥有的客源市场并获得成功的旅游项目形式。

4. 经验分析法

该项方法主要依据对旅游资源的认识和对市场的认识。首先是策划组应该根据当地旅游资源状况，提出每种旅游资源能够开发成何种功能的旅游项目，把所有这些项目都列举出来，并对其进行功能定义和整理；其次，策划组应该根据对市场的认识，分析出旅游市场状况可能会在某个项目出现制约因素，或者在一定的时期内会有制约以及市场价值存在的问题；最后，根据市场价值和实施的可能排列出各个项目的重要程度。

5. 创意思考法

是指策划人收集有关产品、市场、消费群体的信息，进而对材料进行综合分析与思考，然后打开想象的大门，形成意境，但不会很快想出策划案，它会在策划人不经意时突然从头脑中跳跃出来。高尔基说过："文字是巨大而重要的事业，它建立在真实上，它们接触到的一切都要求真实。"意思是坚持以真为本的艺术趣味，并对想象材料进行集中概括加工，这种集中概括的心理过程，正是策划所要经历的过程。

6. 嫁接法

嫁接法指在既有的相关成熟学科的基础上对旅游项目进行策划研究的一种方法。旅游项目策划往往会建立在哲学、文学、艺术、地理、建筑等学科的研究成果基础上。

（三）旅游项目策划的内容

1. 旅游项目的名称

项目名称是旅游者接收到的关于该项目的第一信息，因此，项目名称的设计关系到项目在第一时间内对于旅游者的吸引力。有创意的项目名称能够激发旅游者对于该项目的浓厚兴趣，如"海上田园""天涯海角""康西草原""关中印象"等都能够引发旅游者的无限联想和向往。

2. 旅游项目的定位与风格

项目策划者需要将项目的定位与大致风格用文字或简要的图示描述出来，为下一步的策划提供依据和指导。具体而言，旅游项目策划者，首先要对项目定位进行表述，同时在风格方面应进行明确。

3. 旅游项目的选址

在地域空间上，规划中要明确每个旅游项目的占地面积及其地理位置，项目的选择主要表现为以下三个方面：旅游项目的具体地理范围，旅游项目中的整体空间布局，以及旅游项目中所提供的开放空间的大小和布局。

4. 旅游项目的内涵

旅游项目策划是旅游规划的重点与关键。旅游项目要有丰富的内涵，景区管理者从中可以看到景区发展的蓝图，规划者可以从中找到规划的纲领性指导，旅游者亦可得到意蕴悠远、回味无穷的体验。具体包括：透视景区的历史，蕴含丰富的文化内涵。做到项目有“出”，不是凭空而造；展现景区的美好蓝图，项目有了，规划的主要内容就落实了。项目策划要符合景区的资源现状、市场环境与社区环境，立足于严谨的调查研究，实事求是；项目策划要符合可持续发展原则，努力策划百年项目，项目策划是对当代人和后代人的共同策划。

旅游项目的策划，要明确该旅游项目的产品内涵和体系，如主导产品、支撑产品和辅助产品等。

5. 旅游项目的管理

除了对项目的开发和建设提供指导外，优秀的项目策划者还会对该项目的经营和管理提供相关的建议。因此，旅游项目的策划应针对该旅游项目的工程建设管理、日常经营管理、服务质量管理以及经营成本控制等问题提供一揽子的解决方案。

第六节　国家旅游休闲区总体布局①

一、基本概念

（一）旅游地空间结构研究进展

长期以来地理学家一直很重视对旅游地空间结构的研究。20 世纪 60 年代，区位论一诞生就有一些学者将其应用到游憩活动与地理空间结构关系的研究中。如在 20 世纪 60 年代，Christaller 就提到了休假者向城市外部旅行时形成的扩展范围问题；日本经济学博士除野信道在其《观光社会经济学》一书中曾专辟“观光的空间构造”一章来讨论旅游地空间结构；Miossec 和 Gormsen 从空间结构和空间动力学角度观察了目的地旅游演变过程，并将旅游者的行为和类型同地理分布模型结合起来考虑；Lundgren 和 Britton 建立了“核心—边缘”理论。为了刻画旅游地和旅游设施的关系，史密斯运用数学或地理方法对多种空间结构进行了归纳和描述，其中包括平均中心点、标准距离、标准偏差椭圆、紧密度系数、连接性系数、最邻近分析等。在苏联，地理学家们通过建立地域游憩系统的概念来描述旅游地空间结构模式，形成了旅游经济地区组织的基本理论。这一理论认为旅游设施在城市市区附近相对均衡分布，它们在地区内的集中配置一定要适合游憩之用，新的游憩区域在社会需求的推动下不断出现。

在国内，旅游地空间结构的研究起源于经典的区划研究。20 世纪 80 年代以来，中国地理学家对旅游区划的基本理论、不同区域范围的旅游资源和旅游地区划进行了研究。20 世纪 90 年代以后，学者对这类研究的方向有所调整，转向了区域旅游空间结构研究。对于旅游地空间结构及区域旅游空间

① 朱青晓，王忠丽 . 旅游规划原理［M］. 河南大学出版社，2013.

结构的研究都离不开目的地系统空间结构的研究。如卞显红、王苏洁认为，对旅游目的地进行合理的空间规划布局并构建旅游地合理的空间结构，是使旅游目的地经济效益最大化和负面效应最小化的最为有效的一种方式。他们分析并阐述了旅游地空间规划布局的关键要素及空间规划布局的基本内容与模式。

（二）旅游地空间结构内涵

旅游地吸引游客前来消费，它既是产品的生产场所，又是游客的消费场所。吴必虎（2001）认为，目的地系统主要是指为已经到达出行终点的游客提供游览、娱乐、食宿、购物、享受、体验或某些特殊服务等旅游需求的多种因素的综合体。因此，旅游地是旅游系统中与旅游者联系最密切的地方。具体来讲，目的地系统由吸引物、设施和服务三方面要素组成。

旅游地的存在是有条件的，从显性的物质要素来看，旅游地包含资源要素、设施要素、服务要素。只有三要素同时存在且相互协调，旅游地才能成为真正的旅游目的地。如一个地方自然风景奇妙，但可进入性差，且没有相应的服务设施，这个地方就不能称为旅游地。从旅游地空间结构方面来讲，旅游地的存在需要一定的空间结构来维持。旅游地功能系统中的资源要素、设施要素、服务要素最终都要落实到一定的地域空间上，因此，旅游地空间结构研究显得非常重要。

旅游地空间结构是指各旅游资源要素、设施要素和服务要素在旅游地空间中的存在形式以及相互作用所形成的空间组合关系，它体现了旅游地内各组成要素的空间属性和相互关系，其合理性对区域旅游发展有很大的调控作用。

二、旅游地空间结构组成要素

如果把旅游地空间体系中的资源要素、设施要素和服务要素抽象到物理学层面进行分析，从空间形态来看，旅游地空间组成要素可以分为点状、线状和面状三个层次。尽管如此，在具体的空间表现形式上，旅游目的地空间结构组成要素又有着不同的表现形式。从具体表现形式和功能看，其组成要素可分为旅游中心地、景点、景区、旅游线路、对外通道，因此，旅游地空间体系要素可概括为“三层次”“五要素”。

（一）旅游中心地

对于旅游中心地的概念，学术界不论在内涵或外延方面都有争议。总体而言，旅游中心地是指在一旅游地内，以原有城镇为基础，旅游设施要素和服务要素集中布置所形成的空间地域单元。它是旅游地的重要组成部分，无论从功能完整性角度，还是从地域完整性角度，旅游中心地都是旅游地中最核心的部分。它是旅游接待设施、旅游文化娱乐设施、旅游购物设施、旅游代理服务、导游服务、信息服务集中的地方，是旅游活动顺利完成的重要保障。通常情况下，一个成熟的旅游地应该有一个功能齐全、地域边界较明确的旅游中心地。它具有如下特点：

1. 旅游中心地是区域旅游发展的重要节点

其原因在于：一方面，旅游中心地一般以作为区域经济、文化中心的城镇为基础，因为这样有利于旅游经济增长核心的形成，进而在旅游发展的过程中形成对周围旅游景点与次级旅游中心地的功能辐射，促进区域旅游经济体系的形成和发展；另一方面，旅游中心地本身一般具有较好的基础设施，与旅游景区间交通便利，这样易于形成区域旅游中较为合理的线路。有些旅游目的地旅游业发展滞后，主要是由于旅游中心地功能较差所致。

2. 旅游中心地具有空间层次性

其原因在于：一方面，旅游地内城镇体系具有层次性。旅游地空间内的城镇体系是旅游中心地体系建设、优化的基础，旅游中心地的选择必须强调原有城镇的经济基础与基础服务接待设施的状况，旅游地内城镇体系的层次性决定了旅游中心地也具有层次性。另一方面，旅游地内的景点、景区和服务设施具有等级层次性。不同等级的住宿设施需要建在不同等级的旅游中心地。这样，旅游地内的景点、景区和服务设施的等级层次性就需要具有等级层次性的旅游中心地与之相协调。

3. **旅游中心地具有可演化性**

较低级别的旅游中心地随着旅游景点、景区的不断发展，功能的逐步完善，会成长为级别较高的旅游中心地；相反，如果在旅游开发的过程中，不注意旅游中心地功能的完善以及与旅游活动的协调，旅游中心地等级便会降低。如果再加上旅游中心地周围景点在功能上的退化，那么较低等级的旅游中心地失去其职能便成为必然。

根据以上几个特点，旅游中心地的优化应该立足于区域内城镇体系有序化、合理化的基础之上，对各层次旅游中心地的功能进行整合定位。对各旅游中心地之间、旅游中心地与旅游景区（点）之间的关系进行调整，这是旅游地健康发展的必要前提。

（二）景点

景点是旅游地空间结构组成要素中最小的空间地域单元，是相对均质的吸引物聚集体，是景区的基本组成部分，是游人游览观景的场所。景点的规模有大小之别，景物有多少之分。

（三）景区

一个或几个地理位置接近、联系方便的多个景点通过旅游线路在空间上组合起来便形成了景区。每一个景区都有自己的资源特色，与其他景区有着较为明显的差别。景区与景点的区别在于吸引物的均质性及规模。另外，各景点往往不具有旅游经济意义，只有多个景点在一定地域内以一定的方式结合起来形成主题鲜明的景区后，各景点的旅游功能才可能得以充分发挥。

（四）旅游线路

在旅游地网络中，旅游线路有两个层次的含义：一是微观层次（或者说通俗层次）上的提法，即旅游线路是指在某一较低层次的旅游区内游人参观游览所经过的路线，它仅是某种行动的轨迹，仅涉及旅游通道，在很大程度上与旅行社无关，是旅游地规划的内容；二是中观或者宏观层次上（专业层次上）的提法，即旅游线路是旅游经营者或旅游管理机构向社会推销的旅游产品在空间上的一种表现。它实际上包含了旅游产品所有组成要素的有机组合与衔接。概括起来，旅游线路具有如下作用：

第一，旅游线路是游客游览的通道。旅游流是通过旅游线路进行流动的，因此一定要根据旅游流的流量来决定旅游线路的等级和密度。

第二，旅游线路是各旅游中心地、景点、景区、旅游区之间建立联系的桥梁和纽带，因此，其走向及联系方式从空间层面直接影响旅游产品的特色和质量。

第三，旅游线路是旅游地的构成要素之一，它起着重要的结构性作用。

（五）对外通道

任何一个旅游地都是一个开放的系统，其中旅游线路给旅游流提供了系统内的通道，对外通道则保证了本目的地系统与其他目的地系统间的旅游流动。对外通道具有下列特点：第一，对外通道具有层次性。目的地系统的等级层次性使对外通道也具有等级层次性。第二，对外通道与旅游线路之间功能的互换性。对外通道与旅游线路之间不是截然分开的，对于较低层次的旅游地来讲，某一线路可能属于此目的地系统的一个对外通道，但在较高级的旅游地内，它可能属于旅游线路。

旅游地是区域旅游系统的重要子系统，其空间结构体现了旅游地内各组成要素的空间属性和相互关系，其合理性对区域旅游发展有很大的调控作用。旅游地空间结构有着最一般的组成要素，即“三层次”“五要素”。旅游地有着最一般的结构模式，即以旅游中心地、景点和景区为结点，以旅游线路为旅游地的内部连接，以对外通道为其对外连接所构成的一个多层次的空间结构体系。

三、影响旅游地空间结构的因素

旅游地空间结构主要受旅游资源、区位条件、市场和社会经济等多种因素的影响和制约。

（一）旅游资源

旅游资源的类型、数量、质量、规模、分布等情况，都在一定程度上影响旅游地的空间格局。其中，旅游资源的质量和分布状况的影响最为直接。

1. 旅游资源质量

旅游资源质量和旅游者空间行为之间存在着紧密相关性，它直接影响旅游地的空间规划布局。陈健昌等指出，对于以旅游观光为主的旅游地，进行跨国、跨省大尺度旅游的游客一般只选择国际级、国家级的旅游地；在省内进行中等程度旅游的游客除了选择国际级和国家级的旅游地之外，还选择省级的旅游地；仅在市内、县内进行小尺度旅游的游客则所有级别的旅游地都选择。也就是说，高质量的旅游地能吸引更多的旅游者，吸引范围更大，而低质量旅游地的吸引范围则较小。

2. 旅游资源分布状况

旅游资源的分布或集中或分散，集中分布的旅游资源便于开发，会成为旅游开发的优先区域，反映在空间上常常会成为增长极。而分散分布的旅游资源则决定旅游开发的格局。旅游空间格局往往是和资源的空间分布相对应的，是旅游资源开发利用在空间上的映射。

（二）区位条件

区位条件是影响旅游地空间格局的重要因素之一。区位某种程度上决定其旅游开发的尺度，决定旅游资源开发的可行性、效益、规模和程度。它还直接影响着旅游交通的布局和旅游地与客源地之间的联系，影响着区域旅游系统开发的投资规模和建设时间。从旅游空间组织的角度来看，旅游地的区位条件可包括以下三个方面：旅游地与外部客源地间的相对区位关系、旅游地内部的区位条件、旅游地与竞合旅游地之间的空间关系。

1. 旅游地与外部客源地间的相对区位关系

它主要指客源地在旅游地周围的分布和相互距离。通常，客源地的分布密度越大，越相对集中。距城市某旅游区越近，其越容易形成数量大且稳定的客源流，这种现象从本质上看，是距离衰减规律在发挥作用。

虽然旅游地与外部客源地间的距离是固定的，但随着科学技术的进步和交通条件的改善，交通费用开支所占比重可能减低，旅游交通所花费的时间也会越来越少。那么这种与外部客源地间的相对区位关系的改变影响着旅游地空间的规划布局。

2. 旅游地内部区位条件

旅游地内部存在着一个由外部客流和内部客流共同构成的客源系统。旅游地内部可能分布众多旅游区，一般来说，距旅游客源中心越近，交通越方便，内部区位条件越好。旅游地的内部区位条件还表现为游览点的分布、接待服务系统的完备程度及地域分布、沟通两者之间的交通情况等。一般来说，区域内经济发达、交通便捷、设施健全的旅游区，其内部区位条件较优越，旅游发达程度也较高。

3. **旅游地与竞合区域旅游地之间的空间关系**

竞合旅游地之间存在着一种空间相互作用的关系，这种相互作用体现为在一定的区域范围内某个旅游地在区域旅游客流分配中所处的地位受区域内其他旅游地的影响，特别是受到邻近旅游地的影响，相距较远的旅游地对其影响较小。这些旅游地间存在的空间相互关系按作用性质可分为补充关系和替代关系。不同性质的旅游地之间可以捆绑推出，形成互补关系，共同促进客流的增加。同质化的相距较近的旅游地会形成等级高的旅游地替代等级低的旅游地的效应。

（三）市场因素

旅游地的空间布局要充分考虑市场因素，根据旅游市场的特征和变化来进行或调整旅游产品及项目的布局。市场因素对旅游地空间布局的影响主要表现在两个方面：一是旅游者的需求特征，二是旅游者在旅游地的空间行为。

旅游者的需求特征由一系列复杂的属性组成，包括旅游者的收入、闲暇时间、年龄、职业、教育程度、家庭结构、健康状况、休假制度等，这些都直接影响旅游地空间布局。

旅游者在旅游地的空间行为表现为旅游者在旅游地的流量和流向特征，它是旅游者需求特征在游览地的总体体现。区域内旅游资源的等级、数量、分布及不同的经济发展水平等直接影响旅游者的活动行为，空间规划布局时应充分考虑这些因素，以引导游客行为符合其空间活动规律。

（四）社会经济因素

旅游发展离不开整体社会环境的支持，其中社区环境因素尤为重要，其主要包括两个方面：一是硬环境，二是软环境。硬环境是指支撑旅游发展的物资体系，如城市建设、工农产品的物资供应、邮电通信和各种商业服务等以物资形态为表现形式所构成的环境。软环境是指以精神文明为主要内容所构成的环境，如旅游目的地社区居民的行为举止、对待游人的态度、社会稳定程度、环境卫生状况、社区文化氛围和居民文化素养等。对旅游发展来说，良好的社区环境是社区的基本条件，没有这一个基本条件，旅游的生存和发展不可能实现。

旅游发展需要资金、技术、人才、信息等方面的投入，因此，一个地区经济发展的水平直接决定旅游的发展和空间布局。在旅游资源丰富的地区，尽管其质量、品位、富集度都较高，但没有巨大的财力作支持，只能是“养在深闺人未识”，难以开发成供人欣赏的旅游产品。而在经济发达地区即使没有旅游资源，同样也可以建设成著名的人造景观，形成著名的旅游产品。随着经济和社会的发展，旅游地空间布局正在走出资源依托型产品的约束而逐渐向人为创造型产品的方向发展。目前，全球天然赋存的旅游资源的数量在逐渐减少，而人造旅游景观则大有迅速增加之势。因此，经济发展水平在旅游空间布局中的作用将会进一步强化。

四、旅游地空间布局模式

不同旅游地空间结构的各种组成要素特点和影响因素不同，它们的空间组织形式也不同，这样便形成各种不同的布局模式。朱青晓等[①]总结了代表性的旅游地空间布局模式。

（一）常见旅游地空间布局模式

一般情况下，旅游地空间布局模式有以下四种：环核式布局、三区结构式布局、社区—旅游吸引物综合体式布局、双核式布局。

① 朱青晓，王忠丽．旅游规划原理［M］．河南大学出版社，2013.

1. 环核式布局

一般而言，在吸引物突出和单一的旅游地，这种环绕景观的布局方式可最大限度地发挥自然景观的旅游价值，布局重点是娱乐设施，其次是住宿、餐饮设施，这些设施项目围绕核心自然景观布置，各项目之间及它们与核心景观之间都有方便的交通线路或游览线路连接（图 4–1）。

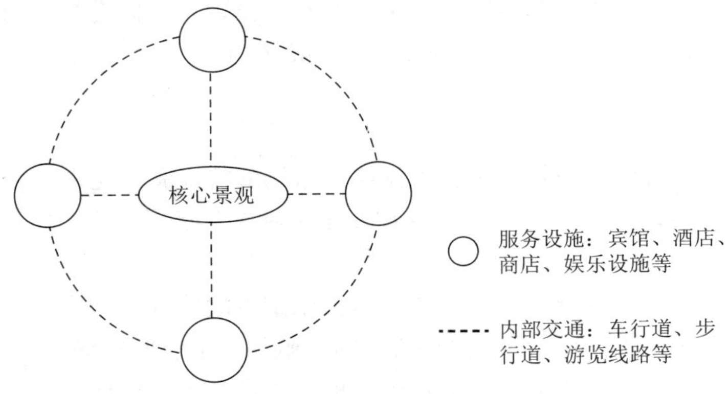

图 4–1　围绕核心景区布局示意

在缺乏核心旅游景点的旅游地，可围绕富有特色的餐饮、住宿设施布局开发相关旅游项目（图 4–2）。布局的重点是旅馆的建筑风格和综合服务设施体系。

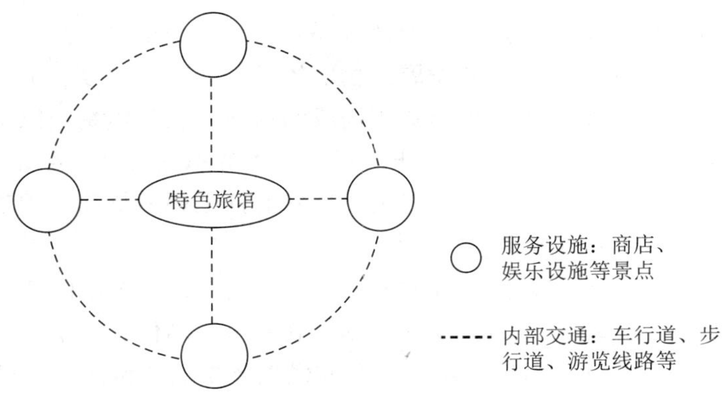

图 4–2　围绕特色旅馆布局示意

2. 三区结构式布局

景观设计师弗斯特（Forster，1973）在规划国家公园时，提出从里到外依次为核心保护区、游憩缓冲区以及密集游憩区的三区结钩，这一分区模式得到世界自然保护联盟的认可，在旅游规划中得到广泛应用，并逐渐形成了“自然保护区、娱乐区和服务区”的三区结构空间布局模式（图 4–3）。该模式中的自然保护区是受到严格保护的自然区，限制或禁止游客进入；围绕它的娱乐区，在规划时常配置野营、划船、越野、观景点等服务设施；最外层的服务区为游客提供各种服务，如酒店、餐厅、商店或高密度的娱乐设施。

3. 社区—旅游吸引物综合体式布局

1965 年，冈恩首先提出社区—旅游吸引物综合体布局模式，这一布局模式由吸引物组团、服务社区、对外通道和区内连接通道四方面的要素构成。在这四大要素中，吸引物组团（景区）的等级和吸引力决定了旅游目的地的吸引范围，对外和对内通道状况分别决定了景区和社区的可达性，社区提供的服务质量决定了旅游服务的质量。该模型以服务社区为核心，外围分散形成一批旅游吸引物综合体，在服务中心与吸引物综合体之间有交通连接，如图 4–4 所示。一般来说，该布局是在旅游资源较为丰富，但是分布较为分散的情况下产生的一种分布形式。

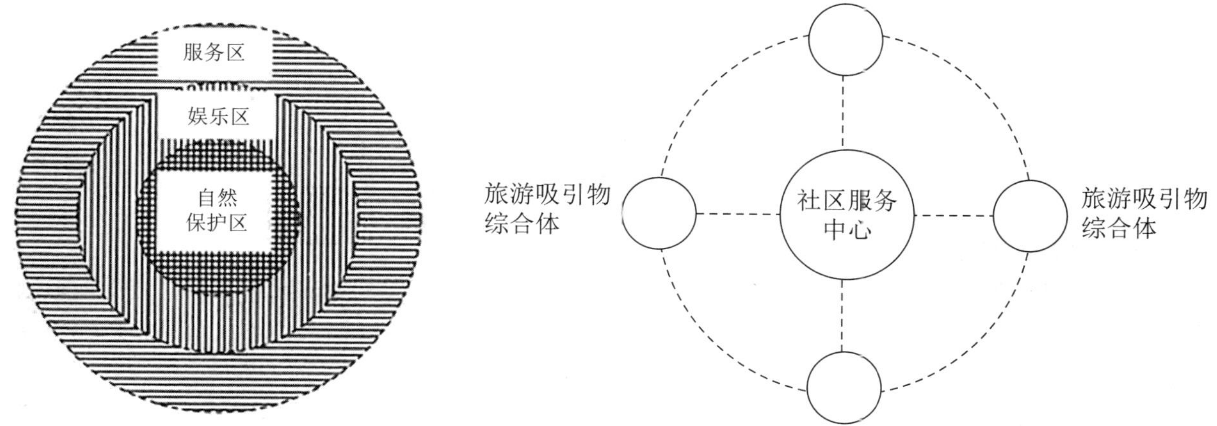

图 4–3　三区结构模式布局示意

图 4–4　社区—旅游吸引物综合体模式布局示意

4. 双核式布局

双核式布局模式由特拉维斯于 1974 年提出，它为游客需求与自然保护区之间提供了一种商业纽带，通过精心的设计，将服务功能集中在一个辅助型社区内，处于保护区的边缘（图 4–5）。

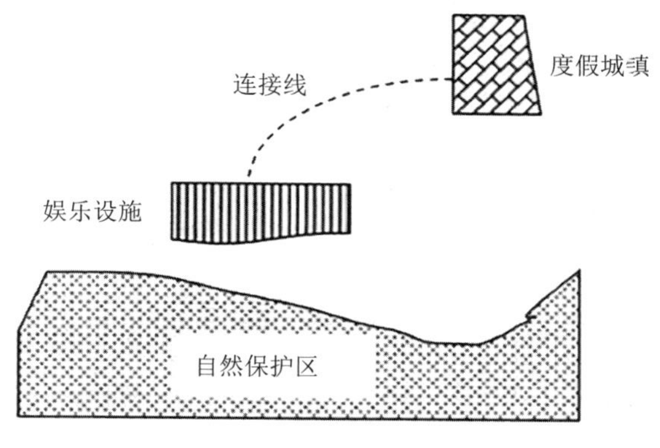

图 4–5　双核布局模式示意

（二）不同地域类型旅游地空间布局模式

1. 草原旅游地布局模式

草原旅游地的旅游吸引物较为分散，分布密度较低，分区差异小。一般情况下，草原旅游地的地质条件不允许修建大规模的旅游接待设施。草原上的蒙古包是符合当地草原环境的建筑形式，是长期适应草原环境的产物，它符合生态法则，具有一定的科学性。开展旅游活动时，可因地制宜，利用蒙古包提供接待服务。这种布局模式大多呈组团布局，中间是接待包，由中心向外依次是住宿包、厕所、草原活动区域（图 4–6）。

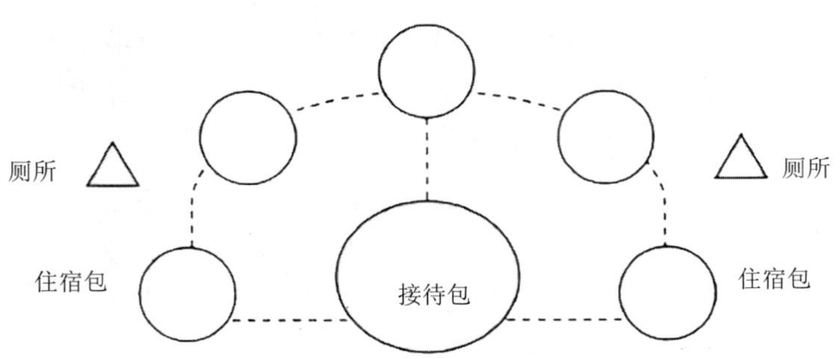

图 4-6　草原旅游地布局模式示意

2. **山岳旅游地布局模式**

山岳旅游地的地形起伏较大，其空间布局除受环境保护、方便游客等因素影响外，更受地形因素的影响。一般来说，它可以分为三种布局模式：分叉式山岳旅游地布局模式、环式山岳旅游地布局模式、综合式山岳旅游地布局模式。

（1）分叉式山岳旅游地布局模式。该类型的布局模式是将主要的旅游景点作为景区的核心置于山顶，其他的旅游吸引物则因为地形的关系而只与该主要的旅游吸引物产生单面的联系，景区内的旅游接待设施则分布于这类旅游吸引物之间（图 4–7）。

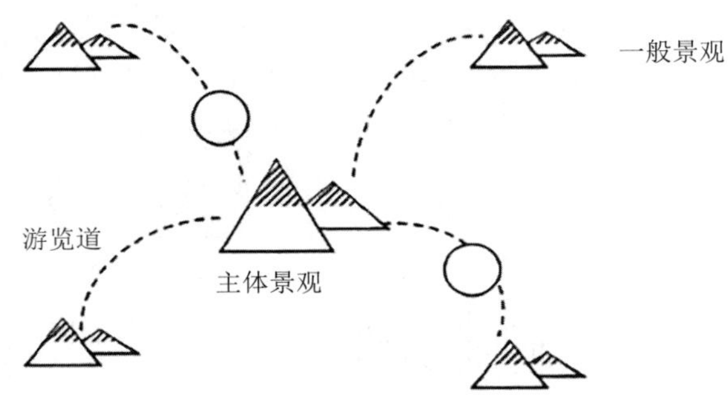

图 4–7　分叉式山岳旅游地布局模式示意

（2）环式山岳旅游地布局模式。该类布局模式中各旅游吸引物通过环状线路相互串联，旅游接待设施分布其间（图 4–8）。

（3）综合式山岳旅游地布局模式。该类布局模式综合了分叉式和环状式分布的特点，在空间上，旅游吸引物之间通过交通网络的建设而构成网状的分布（图 4–9）。

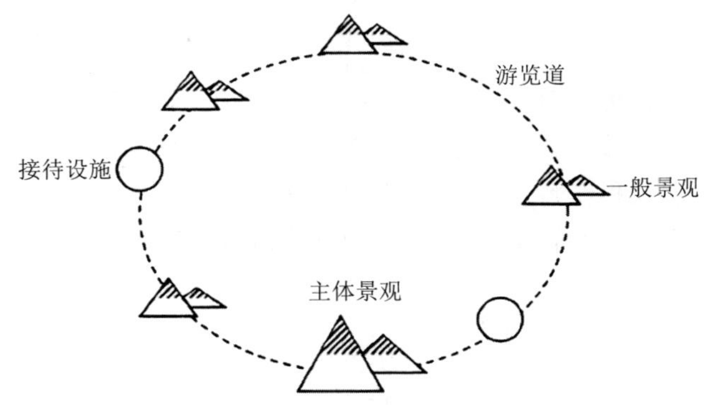

图 4–8　环式山岳旅游地布局模式示意

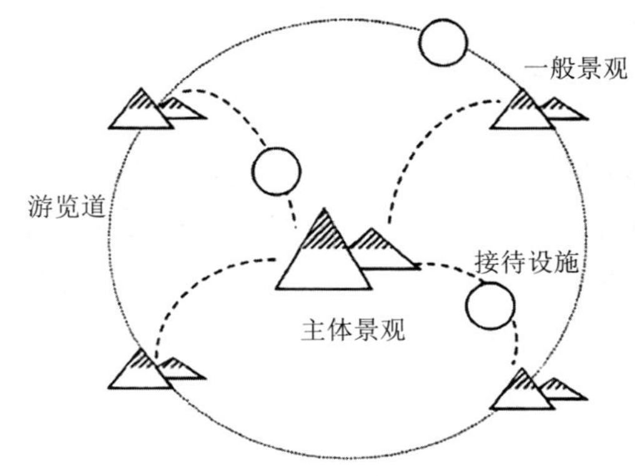

图 4–9　综合式山岳旅游地布局模式示意

3. **海滨旅游地布局模式**

海滨旅游地布局模式主要体现在旅游接待和游乐设施的空间布局及其与海岸线的位置关系上。一般而言，该空间布局会采用递进的模式。从海水区、海岸线到陆地，依次递进布局海上活动区（包括养殖区、垂钓区、海滨浴场、游艇船坞等）、海滩活动区（包括海滨公园、沿海植物带、娱乐区、野营区等）、陆地活动区（包括野营区、交通线、餐饮住宿设施、旅游中心）（图 4–10）。

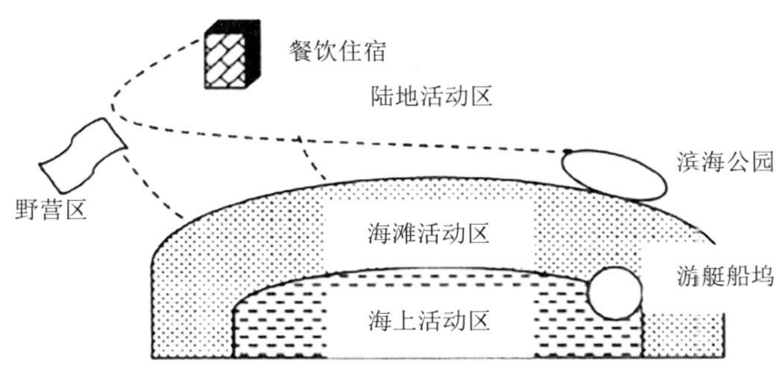

图 4–10　海滨旅游地布局模式示意

第五章

国家旅游休闲区专项规划研究

第一节 旅游休闲特色交通与线路

在旅游的六大要素中，“行”即旅游交通，是旅游者实现旅游活动的先决条件。尤其是在旅游休闲区内的旅游活动中，很多“特色”交通方式都成为吸引旅游者的一项活动。只有对旅游休闲区内交通进行特色化、科学化规划设计，做到因地制宜，以市场为导向，关注消费者需求，做到安全第一、制度化管理，才能真正保障游客在抵达后能充分享受旅游休闲区内的旅游资源[①]。

应注意旅游休闲区内不同“特色”交通的合理搭配，灵活均衡布局。要根据游客的实际需要，灵活合理地搭配使用多种交通方式，避免游客的审美疲劳。

一、绿道

根据《绿道旅游设施与服务规范（LBT 035—2014）》，绿道是“沿着河滨、溪谷、山脊、风景道路等自然和人工资源建立，联接旅游景观，内设游憩线路和服务设施，兼具旅游、生态、环保、教育、健身、休闲等功能的线性绿色开敞空间”。旅游休闲区应以绿道为主要吸引物之一，开展步行、骑行等旅游活动。

绿道带有一定的娱乐、参与、观赏性质，本身就可算是一项旅游资源，能够招徕对此感兴趣的游客，满足旅游者增长知识、追新猎奇和体育健身的需求，提高旅游价值。在一定程度上，它们还起到缓解主要交通道路运力不足的矛盾，便于游客绕过一些难行路段。

根据编者团队多年的规划实践经验，总结认为绿道应具备的五个设计原则：一是绿道应形成完整的网络；二是绿道应串联主要公园绿地、自然空间、文物古迹、人文景点等，体现旅游休闲区特色；三是应沿主要河流建设滨河绿道；四是应沿绿色空间充裕、景观特色鲜明的主要道路建设绿道；五是绿道应与公共交通有较多的接驳点。

根据绿道的景观特色可分为滨水游憩绿道、森林景观绿道、郊野田园绿道、人文景观绿道、公园休闲绿道等多种类型。不论是何种类型的绿道，在选址时都非常关键。绿道选址应遵循生态性、连通性、安全性、便捷性和经济性原则，满足旅游、景观及管理等需要。绿道途经危险或不宜进入地段时，应在明显位置设置相应的禁止、警告、指令、提示等安全标志，并按照实际需要加设护栏、扶手、照明等防护设施[②]。

二、自行车道

自行车骑行游是以自行车为交通工具，在旅游道路上骑行，借以达到观光、游览、健身、休闲目的的一种旅游方式，沿途具有为方便骑行游客而设立的，提供咨询、休憩、补给和维修等服务的服务点。通过特色自行车道系统串接各类资源，开发环湖、沿山、滨水、田园等多类主题的特色线路。

根据《自行车骑行游服务规范（LBT 036—2014）》，骑行游应具有相对固定线路，宜设置骑行游专用道路。提供骑行游的各服务主体应有相应营运资质，配备服务人员，建立健全服务规范和规章制度。自行车质量应符合 GB 3565—2005、GB/T 19994—2005 标准要求，自行车需办理非机动车保险。自行车需定期检修，各项装备完好，处于适骑状态，应外观整洁，配备有头盔、车铃（喇叭）、骑行

① 田晴. 关于旅游景区内“特色”交通规划设计的一点思考［J］. 环境艺术，2014，2（1）：71-73.

② 中华人民共和国旅游行业标准：《绿道旅游设施与服务规范（LBT 035—2014）》。

手套、车灯等，且统一外部标志，上面标注服务保障电话等信息。自行车车型和数量应因地制宜，满足不同骑行游线路与骑行游客需求，并在途经主要村落、景点、路口设立标志，标志应合理布置[①]（表5–1）。

表5–1　骑行人群道路需求分析情况

类型	一般骑游人群	骑行爱好者
特征	有明确目的地 长距离骑行旅游	挑战性 长距离
需求	局部小环线 通畅的大环线	有难度的线路 自行车赛道 安全通畅的环线

针对业余爱好者练习自行车道，道路可以柏油路面为主，少数路段为乡村土路。针对竞技性质的自行车骑行，根据国际自行车运动联盟（UCI）[②]规则中关于比赛场地的规定，国际山地自行车越野赛道应利用地形资源，赛道包括原野、砾石小道、栈道、山林土路、跨河路、急转弯路等多种复杂路况，且经铺设的路面或柏油道路不超过比赛路线总长的15%。国际山地自行车速降赛道应以原野、山林土路等原始路况为主，包括多处坡度较大的路段（坡度在25° 以上）。

总而言之，在保障安全问题的前提下，旅游休闲区内自行车特色交通的规划与设计，应该因地制宜，注意处理旅游资源保护与开发的关系，以保护旅游资源的本体价值为优先原则，避免破坏景观的整体美。骑行游线路的选取应考虑到当地的景观节点、文化节点、交通节点。尽量建设自行车旅游小环线，引导形成自行车路网，打造山地自行车旅游环线。

三、步道

步道游览的历史由来已久，国家旅游休闲区步道建设主要目的是提高游憩体验品质、增加户外游憩选择机会、提供自然学习场所、舒缓身心压力、活络休闲区产业及经济、创造多元就业机会等，因此在旅游休闲区的各个景区内串联主要旅游资源、项目及乡村聚落，构建步道系统，满足游客的深度体验（表5–2）。

步行游道路面宽度一般应不小于1米。步行游道线路坡度超过10°的路段宜设置台阶、梯道，坡度大于30°的梯道应做防滑处理，宜设置护栏设施。

在基本条件满足的基础上，应构建徒步旅游线，引导形成徒步路网，打造最具特色的徒步旅游线。配套建设完善的标识系统、环保设施、安全警示系统和户外安全救援体系，提供登山步道指导手册。

表5–2　步道相关建设内容

步道相关建设	主要内容
沿途观景平台	在沿线景色优美的地段设置，方便游人驻足观望，拍照留念。
沿途重要节点	设置于沿线风景优美、资源丰富适宜游人辨明方向、休闲游憩的重要地段。并根据节点需求配套以相应的旅游设施。
旅游咨询站	全线作为一条完整的旅游线路，在重要路段增设相应的旅游咨询站点，方便游人随时及全面地掌握旅游休闲区旅游资源。
步道指示牌	在道路起终点、沿线转弯处和其他联络线相交处设立，用于指明本线方向，便于识别本线位置及走向。

① 中华人民共和国旅游行业标准：《自行车骑行游服务规范（LBT 036—2014）》。

② 1900年4月15日由法国自行车协会发起，在意大利、瑞士、美国和比利时等国的支持下成立国际自行车联盟，简称国际自联，该组织逐渐成为世界自行车运动的领导力量。

在步道的建设方面，要根据地形的三维空间特点，将 3S 空间技术（RS、GIS、GPS）应用于步道规划中，结合不同人群的细分需求，确定步道的线路布局、主题功能、步道难度、步道材质、建设方式和服务设施配套[①]，建设包括慢行道路、绿化景观、标识系统和配套设施四类主要内容（表 5–3）。

表5–3 步道规划的综合需求分析

类型	本地居民	外来游客	耐力挑战者
特点	便捷、3~5 千米，可到达景观景点	能够游览景点、山林、水域	长距离挑战
要求	小系统、小循环、小距离接驳	直通景区或局部景观景点绿道环线	山地有难度、有特色线路或滨河优质景观体验线路

四、其他特色交通

在国家旅游休闲区内各类特色交通的规划与开发中，应尽量使其融入旅游活动成为一项“特色”的旅游项目。事实上，在很多情况下，旅游交通除了解决旅游中“旅”的问题外，还可以增加“游”的兴致。在可能的情况下，把旅游交通变成旅游者的目的之一，丰富旅途内容，增添游客游兴。这就要求在特色交通规划与设计的过程中尽可能丰富类型，将交通工具吸引物化，丰富旅游休闲区吸引物的种类。

在保障游客安全、保护旅游资源的前提下，以市场需求为导向，充分考虑旅游者的心理（寻求刺激、新意等）和体力、精力等状况，并据此规划旅游休闲区内的“另类”特色交通（表 5–4）。

表5–4 特色旅游交通规划要点

类型	规划要点	特色案例
观光巴士	结合旅游休闲区文化休闲功能和游憩项目的布局要求，完善重点核心区域的观光巴士线路配套建设，同时，开通旅游休闲区内中心城区至各主要景区的一日游旅游专线，并规范服务。 城市旅游休闲空间之间应有观光巴士等连接，已连接的空间比例以超过 20% 为宜[②]。	位于美国洛杉矶市区西北郊的好莱坞环球影城的影城之旅，为了方便中国游客游览，每天好多班汉语普通话游览无轨电车定时发车，内置有先进的高清显示器，“普通话导游”带游客探索体验完整丰富的环球影城外景场地。
水上游船	开通水上旅游线路，设置旅游码头，沟通湖泊与江河的水上交通联系，串接各类滨水、环湖等资源，实现水上游线向腹地延伸。在水体旅游资源丰富的地区，乘坐水上交通工具会有不一样的审美体验。除此之外，还有更具地域特色的竹筏、羊皮筏子、独木舟等。	上海黄浦江的游轮、武夷山竹筏、柬埔寨湄公河水乡美拖市手摇独木舟等。
索道及滑竿	索道，通常在崎岖的山坡上运载乘客或货物上山、下山，为游客大大节约了体力和时间，并提供了观景的新视角，给游客带来更多美的享受。索道建设中的站房设计体量要小，尽量“藏而不露”或者“露而生辉”。 滑竿是中国西南各地山区特有的一种供人乘坐的传统交通工具，由于特殊的制造结构，乘坐时能带给人无比的享受，且可减轻乘者的疲劳。滑竿流传了几千年，意义已不局限于交通工具，更是当地民间习俗的一种体现。特别是峨眉山上的竹椅滑竿，是为游人代步的主要交通工具。	山岳景区的观光索道、西南地区的滑竿等。

① 丁洪建，等. 国家步道规划——理论·技术·实践［M］. 北京：中国建筑工业出版社，2016.

② 《旅游休闲示范城市》（LB/T 047—2015）。

续表

类型	规划要点	特色案例
畜力交通	畜力交通工具包括各种坐骑（马、骆驼、大象等）、畜力车（马车等）。对于长期生活在现代大城市的旅游者而言，若能接触这类交通工具本身就非常有意义。 马车是古代主要的交通工具，现代旅游中使用马车作为交通工具主要是体现其乡土气息和复古风情。一般会在外观上采用比较华丽的装饰，在内部布置豪华舒适的座椅，除了作为交通工具，更重要的是给人一种新奇的旅游体验。	丽江拉市海自然保护区骑马走一段茶马古道等。
热气球	热气球经历了200多年的发展，渐成为可尝试的热门旅游项目。游客只需站在吊篮内，随着自然风向在空中升降起伏，在蓝天白云的衬托下，周边、地面风光尽收眼下。但要讲究造型、色彩和主题等，与周围景观环境在色彩、形状、视觉上保持协调与和谐。	南非热气球之旅、新西兰热气球飞行等。

第二节　旅游休闲公共服务设施

一、公共服务设施规划原则

随着旅游业大众化、休闲化发展，游客对旅游公共服务设施的需求和要求也越来越高，游客更加注重旅游品质和安全，对旅游信息服务、旅游交通便捷服务、安全保障服务等的需求更加强烈和多元。

我国目前大多数旅游休闲地的旅游公共服务，与国外发达国家相比，与日益增长的旅游公共服务需求相比，都存在较大的差距。这也是近年来多处地方政府和各有关部门加大了旅游公共服务体系建设力度的原因。虽然旅游公共服务设施涵盖的内容方面较为庞杂，但国家旅游休闲区内的旅游公共服务设施规划总的来说应遵循基本的三条原则：

一是适应大众化旅游发展需要，注重旅游公共服务系统的全方位配套，实现区域内旅游厕所数量充足、质量达标，旅游标识完备、公共信息完善，以游客体验为中心，以提高游客满意度为目标。

二是满足游客对旅游休闲区旅游信息服务、旅游交通便捷服务、安全保障服务等的更加强烈、多元的需求，适应自助游市场发展趋势。

三是公共服务设施的配套并非均衡布局，而应在全域范围内，根据类型需要和地域特点，根据服务半径，按类按需，科学合理配套。

二、公共服务设施体系

早在2012年，国家旅游局就印发了《中国旅游公共服务“十二五”专项规划》，提出了“5大体系、8大工程”的中国旅游公共服务体系“十二五”发展架构[①]，明确建设包括旅游信息咨询服务、旅游安全保障、旅游交通便捷服务、旅游便民惠民服务、旅游行政服务在内的五大内容体系。

对于承载大众休闲的国家旅游休闲区而言，公共服务设施的规划和建设至关重要，而有别于一般的旅游目的地和度假地，国家旅游休闲区服务对象的大众性、全民性、全龄性、全域性意味着大容量、多频次的接待，在这样的接待特征下，智慧设施和惠民便民设施对于国家旅游休闲区的建设就显得尤为重要。

① 关于印发中国旅游公共服务“十二五”专项规划的通知，旅办发〔2011〕222号。

新时代下的国家旅游休闲区公共服务设施体系至少应包括智慧休闲设施建设、旅游信息咨询设施建设、旅游环卫设施建设和旅游安全保障设施四大方面。

（一）智慧休闲设施建设

要加快移动互联网及手机App、物联网与可穿戴设备、大数据采集与分析、3D全息影像与模拟体验、VR（虚拟现实技术）、AR（增强现实技术）、MR（混合现实技术）及其他自动化设备和科技在国家旅游休闲区的使用，创造富于科技感和现代感的休闲区形象。

1. 力争建成国家旅游休闲区云数据中心

国家旅游休闲区管理部门与高科技企业合作，将大数据的采集与分析技术应用于游客管理。在当地旅游主管部门客流统计系统的基础上，按照统一的数据标准、统一的交换标准、统一的开放接口，整合旅游休闲区涉及各区县部门、OTA[①]等数据，形成旅游大数据库，进行数据分析和挖掘（表5-5）。

表5-5　游客原始数据的采集和获取途径

途径	数据获取方式	基本原理
方式1	与当地的通信运营商合作（如联通、移动、电信等）	运营商可以通过基站获取手机持有者的位置信息，实时分析景区的本网当前用户人数及分布，并可进一步分析用户来源等相关信息
方式2	与谷歌地图、高德地图、百度地图、腾讯地图等软件服务企业合作	企业可以通过手机App后台定位功能的开启，获取目标人群的位置分布
方式3	与有关设备企业合作，在公共场所架设智能摄像头，获取游客的一手信息	其核心设备是具有视频客流分析功能的摄像头终端，对各个通道口视频进行分析，得到经过通道的双向人流基础数据。摄像头安装在制高点，旅游管理部门可以查看人群的基本情况

2. 全面强化公共设施的智慧化水平

实现核心游览区域免费无线Wi-Fi全覆盖，建设公共场所的自动化设备。完善电子地图信息，将景区景点、酒店、餐馆、农家乐、购物场所、驿站等旅游资源点、服务点、游线的精确位置、详细信息等标注在百度、高德、腾讯等主流电子地图上，并应用在官网、微信、微博等自媒体平台和旅游休闲区的互动信息屏等服务平台上，针对游客决策、支付、社交等环节，不断强化智慧科技研发与智慧旅游发展（表5-6）。

表5-6　针对游客决策、支付、评论等环节的智慧旅游建设要点

（1）以游客为中心：能够满足日益严苛的游客需求，更精确地提供同步供求。 （2）旅游产品创新：持续开发旅游新产品和新流程，提高竞争力并打入新市场。 （3）旅游市场反应迅速：知道旅游活动或市场需求的方向，并立即提供相应的旅游公共服务或市场供给。 （4）便捷服务：远程访问“一站式”服务，可在线或通过手机支付旅游账单、预订和购物。 （5）旅游平台整合：将跨区域、跨职能部门、跨服务业务及跨渠道整合到一个平台，从而形成一个共享游客视图。 （6）旅游信息互联：经授权的旅游服务商能够根据预订游客的旅游偏好，提供个性化的旅游服务。

3. 建立智慧旅游服务管理平台

建立多语种的国家旅游休闲区旅游官方网站，建立官方微信公众号、微博，在自媒体平台上为游客提供一站式旅游信息服务。在休闲区信息咨询中心、游船码头、驿站等游客集聚的区域投放旅游互动信息屏方便游客实时在线查询，与手机终端形成互补。

推进智慧景区建设工程，确保旅游休闲区所有收费景区都建立电子售检票系统。对主要景区和乡村景点进行高清视频实时监控，并统一纳入公安视频专网，实现乡村景点、主要交通出入口、码头和

① 在线旅行社，代表有携程网、去哪儿网等。

游船等监控视频数据的实时共享。对游客进行动态监测，通过与中国移动、联通合作，对活动手机进行识别、监测，实时了解游客分布信息，与高科技企业合作，将大数据的采集与分析技术应用于游客管理，为在黄金周等高峰时段及时实施游客引导与分流奠定基础，保障旅游安全。

（二）游客休闲综合服务设施建设

构建由旅游信息咨询设施、旅游环卫设施和旅游安全保障设施组成的旅游休闲区游客综合服务系统，针对自驾车游客、普通游客和慢行（自行车、步行等）游客提供相应的旅游服务。为避免重复建设，可将三类游客服务设施进行整合规划，更集中地为游客提供便利、快捷、优质的旅游服务。

1. 旅游信息咨询设施建设

针对旅游休闲区的实际情况，可构建由城市旅游信息咨询服务中心、旅游景区游客中心组成的旅游咨询服务中心体系。

城市旅游信息咨询服务中心：在游客相对密集区域设置城市旅游信息咨询服务中心。为游客提供旅游资源展示、旅游信息咨询、宣传资料发放、旅游食宿服务、交通换乘等相关服务。

旅游景区游客中心：结合国家标准适度高于相应A级旅游景区要求水平，在3A级及以上景区内建设景区游客中心，主要提供景区信息咨询、游览解说等服务。

旅游信息咨询服务中心提供景区及旅游资源介绍、景区形象展示、区域交通信息、游程信息、住宿咨询等基本的问询功能，部分咨询点视情况许可，提供寄存服务、旅游投诉受理和临时医疗协调等功能。在手机查询已十分普遍的情况下，信息咨询点更多提供的是实时需要的非标准化的信息，选址上尽量利用景区已有游客中心、改造废旧建筑或结合其他商业设施布设，可以不单独新建（表5–7）。

表5–7 旅游信息咨询设施功能建议

<table>
<tr><th colspan="3">旅游服务功能</th><th rowspan="2">旅游信息咨询服务中心</th><th rowspan="2">旅游景区游客中心</th><th rowspan="2">咨询点</th></tr>
<tr><th colspan="2">服务功能</th><th>服务内容</th></tr>
<tr><td rowspan="3">基本功能</td><td>旅游咨询</td><td>景区及旅游资源介绍、景区形象展示、区域交通信息、游程信息、天气询问、住宿咨询、旅行社服务情况问询</td><td>√</td><td>√</td><td>○</td></tr>
<tr><td>基本游客服务</td><td>厕所、停车、寄存服务、无障碍设施、科普环保书籍和纪念品展示</td><td>√</td><td>√</td><td>○</td></tr>
<tr><td>旅游管理</td><td>旅游投诉受理、紧急救难收容及临时医疗协调</td><td>√</td><td>√</td><td>—</td></tr>
<tr><td rowspan="5">指导功能</td><td>旅游交通</td><td>交通换乘、交通补给（加油站）、旅游专线巴士、自行车租赁</td><td>○</td><td>○</td><td>—</td></tr>
<tr><td>旅游住宿</td><td>配套酒店建设</td><td>○</td><td>○</td><td>—</td></tr>
<tr><td>旅游餐饮</td><td>配套餐馆、食品超市</td><td>○</td><td>○</td><td>○</td></tr>
<tr><td>旅游购物</td><td>土特产品、纪念品商店</td><td>○</td><td>○</td><td>—</td></tr>
<tr><td>其他旅游服务</td><td>失物招领，寻人广播，电池充电、手机充值及旅游必需品售卖，邮政明信片及邮政投递服务，公用电话服务</td><td>○</td><td>○</td><td>—</td></tr>
</table>

注：“√”代表含该项功能，“○”代表可以有该项功能，“—”代表不含该项功能。

完善景区内部、旅游服务场所、城市道路等处的旅游标识，标识解说系统设计要简明扼要、生动形象，与周边景观相协调，突出地方特色，为游客提供各种信息服务，帮助游客更好地完成旅游行程。按不同的标识牌类型，设计时有不同的要求。主要标识解说要根据细分市场为游客提供多语种解说服务（表5–8）。

表5-8　旅游休闲区解说标识设置要求

种类	功能	设置要点
指示性标识	指引线路和各种设施位置	（1）部分车行道、步行道口、转折处设置指示景区方向的指路牌，重点路段旅游景区导向标识应包括景区名称（中英文对照）、等级、千米数、方向指引等内容；（2）景区内设置服务设施标牌来指示饮水间、卫生间、餐厅、码头、垃圾箱以及其他设施的位置；（3）在住宿场所、主要购物娱乐场所等设置导向标识；（4）制作材料要与周围环境相协调；（5）加强夜游导向标识建设。
规定性标识	揭示规章制度，规范游客行为	（1）设置在休息点与主要出入口等游客集中的地方，以提醒游客注意自己的行为；（2）用语人性化、灵活化，愉悦氛围下起到规范游客行为的作用。
说明性标牌	说明旅游区的相关情况	（1）在主要旅游景区入口处设置景区全景图（景区总平面图），具体包含景区全景地图、景区文字介绍、游客须知、景区相关信息、景区服务电话等；（2）在旅游线路中分别设置各旅游节点的导游示意图；（3）游客中心设立解说区，旅游者可通过阅读解说牌的规定，办理事宜和自觉遵守游览规则。
解释性标识	对区域内的环境、景观等因子进行解释	（1）历史文化类旅游区应解说其历史文化背景；（2）湿地森林公园、地质公园等应介绍该资源的背景、价值等；（3）现代主题型旅游区应重点突出其体验性和参与性。
宣传性标识	宣传主题口号，体现宣传功能	（1）主要设置于游客集散地、交通枢纽、旅游景区出入口等处；（2）设置统一、清晰、体现地区文化内涵、可识别性高的旅游标识，语言要贴切、生动、形象，要求能够突出旅游休闲区主题形象，与旅游环境和谐。

2. 旅游休闲区内的环卫设施建设

在城铁交通枢纽、各景区及旅游活动场所等游客相对密集的地方，设置满足游客需要的旅游厕所和垃圾分类收集箱等卫生设施，数量与布局科学合理，与周边植物景观配置得当，景观效果良好。旅游厕所应数量充足、卫生文明、干净无味、有效管理。旅游景点、旅游线路沿线、交通集散点、慢行绿道系统等游客密集区域的厕所应符合《旅游厕所质量等级的划分与评定》（GB/T 18973—2003）的规定和要求。旅游高峰期应配有流动备用厕所，社会单位厕所尽量能向公众开放。各景区应合理配置垃圾收集点、设立分类回收垃圾桶，配备垃圾运输车并有一定规模且管理完善的环卫队伍，并保持垃圾箱外观干净、整洁、不破损、不外溢，做到日产日清，无垃圾随意抛撒、倾倒和焚烧现象。

3. 旅游休闲区内的安全保障设施建设

对国家旅游休闲区内的船、车、码头等交通设施、繁忙路段及危险地段要定期检查，落实责任制度，加强管理和维护，及时排除不安全因素。建立旅游应急救援制度，针对大型节事活动中的突发事件及其他公共事件制定应急预案。加大应急救援辅助定位系统、水上救援船（艇）、安全防护栏、警戒忠告牌、安全提示牌等设施的投入力度。针对山地科普研学等野外旅游活动，要配备安全保障的搜救能力。在主要交通枢纽和旅游活动场所等游客相对密集地方，设安全保卫人员与医疗救护点，确保旅游者人身、财产安全。

加强旅游医疗和安全急救服务系统建设。进行游览安全、医疗急救设施建设，设置旅游安全管理部门，尤其是在运动休闲区域设立医疗救助站点，以救援医治在运动过程中出现伤病的游客。建立旅游快速救援队伍。各级医院要积极配合，强化游客医疗保障。针对山区等进入性较差的旅游区域，在旅游旺季配备急救人员和设备。

建立旅游危机管理和快速应变系统，尤其是对有一定危险性的运动休闲项目，建立全覆盖的旅游安全监管体系。逐步建立突发性事件危机预警系统和灾难应急系统，形成高效的风险防范控制系统和严格的风险预警制度，特别是要提高在旅游经营中发生的各种危机事件的信息传递和快速反应能力。

4. **其他辅助服务设施建设**

观景平台建设体现“师法自然，融建筑于环境之中”的生态理念，利用当地自然环境进行观景平台的建设，将周边景观完美地融合在整个观景平台的设计当中，创造与自然相融合的生态交流空间。

具有休闲服务性质的自驾营地针对旅游休闲区的实际情况，规划配置大本营和露营地两种营地类型。大本营作为服务基地以自驾车综合服务为核心功能，露营地以自驾综合体验为核心功能。大本营依托主要城市，临近高速公路、民航机场、高铁站场等对外交通枢纽进行布局，形成以交通集散、自驾车综合服务等为主要功能的自驾车综合管理与服务中心。露营地依托良好的旅游景区资源和景观优美的区域进行布局，形成以自驾车露营、休闲娱乐、特色度假为主要功能的自驾综合体验地。

此外，结合国家旅游休闲区的慢行系统，根据自行车、步行等活动中途补给的距离需求设置各级驿站，配备相应种类规模的服务，包括旅游信息咨询、厕所、自行车租赁、临时医疗等基本功能，可设置餐饮、购物等相关功能。驿站设计要与当地文化内涵相结合，除提供上述旅游服务外，还要兼有展示当地文化特色的功能。

第三节　旅游休闲接待服务要素体系

一、旅游休闲住宿设施规划

旅游休闲住宿是为旅游休闲者旅游休闲过程中提供的住宿设施及其服务的总和。

（一）旅游休闲住宿设施规模

旅游休闲地住宿设施规模直接关系着住宿设施的规划设计和经营过程中赢利目标的实现。住宿设施总需求量主要受旅游休闲地游客总量和停留时间影响，在具体确定住宿设施规模时要以旅游休闲者对床位和客房的需求量为准。

床位或客房需求量计算公式为：

$$床位需求量=\frac{一定时期内旅游休闲者总人数\times 住宿平均夜数}{该段时间总夜数\times 床位占用率}$$

该段时间既可以指一年，也可以指一个月或其他一段特定时间（如旅游旺季时间）。在得到床位数后，还可得到客房数，客房需求量的计算公式为：

$$客房需求量=\frac{所需床位数量}{每间客房的平均床位数}$$

根据以上公式不难看出，在确定住宿设施规模时，接待旅游休闲人数是一个非常重要的依据。由于旅游休闲接待人数是一个变数，因此还可以利用以下公式确定旅游休闲住宿设施的设计规模。

$$床位的需求数=\frac{住宿旅游休闲者总人数\times 旅游休闲者平均住宿天数}{全年可游天数\times 床位的平均利用率}$$

或者：

$$床位的需求数=\frac{旅游休闲者总人数\times 住宿者百分比\times 平均住宿天数}{全年可游天数\times 床位的平均利用率}$$

这里主要是考虑床位使用率以及旅游休闲地可游天数对床位需求量的影响。

由于旅游休闲活动具有强烈的时间性和季节性，因此旅游休闲者数量也会随季节的变动而变动，在住宿接待规模预测时应照顾到旅游休闲地淡旺季形成的旅游休闲者规模差异，因此这里可以使用各月旅游休闲者人数差异系数（也称变差系数、离散系数、变异系数）来调整住宿接待规模。

差异系数越大则表明该旅游休闲地具有明显的淡旺季差异，旅游休闲者各月人数具有较大的变动性；若该值较小则说明旅游休闲地接待人数各月较为稳定。当差异系数数值较小时，住宿接待规模易于确定，可以按照旅游休闲地预期接待人数来确定住宿设施的建设规模。而差异系数较大时，住宿设施在规划建设时就应采取相对灵活的弹性设计，避免因为接待规模过大而产生资源闲置和浪费。

就床位的平均利用率而言，一般认为平均时段不低于 55%，旅游休闲旺季时不超过 85% 是较为合理的范围，如能够将客房出租率控制在 75%~80%，则对经营更为有利。

每间客房的平均床位数，不同级别住宿设施的要求是不一样的，一般性酒店可以为 1.7，而对于商务性酒店，这个值一般为 1.2。

根据以上经验数据，结合旅游休闲地接待旅游休闲者总人数的预测数据，大体上可以估算出旅游休闲地的床位数和客房数。由于计算公式是依据旅游休闲地年平均接待水平来测算床位数与客房数的，到了旺季住宿设施可能会出现供给不足的情况。因此在住宿设施规划时，可规划一些临时性住宿设施（如野营帐篷、竹楼、木屋等）或是辅助住宿设施（如民宿、别墅、厢房等），以备旅游休闲旺季时使用。

（二）旅游休闲住宿设施类型选择

根据旅游休闲地的功能特点，确定住宿设施的类型。如果为城市旅游休闲地，一般建设中等品质的星级酒店；旅游休闲地处于商务和贸易中心地带，可在邻近地段适当建造大型的豪华宾馆；海滨度假休闲地与滑雪度假休闲地，可在附近地带选择基地修建度假公寓和宾馆，或修建疗养院、度假村等，并可辅之以高尔夫球场、网球馆和马术场地及其他设施；山地型旅游休闲地若离依托城市较远，则可以建造多功能宾馆，适当建设购物、娱乐和健身等设施以及设置形式灵活的民居旅馆、野营地等。旅游休闲住宿设施一般属于综合类接待设施，因此在功能上除提供最基本的住宿外，还应提供餐饮、娱乐、购物、休闲、导游、票务等功能，以充分满足旅游休闲者的需求。

（三）旅游休闲住宿设施布局

旅游休闲住宿设施的布局总体要符合以下基本原则：第一，要注意突出重点，在客流量大、过夜游客集中的地区多布局，形成规模。第二，要注意相对均衡，在现有住宿设施缺乏的地区，要根据现在和将来客源的流量安排适量的住宿设施。第三，选址应根据地形地物条件，充分考虑气候、坡向、坡位、空气流通性和采光度等。住宿设施一般应建在向阳坡一侧，通风条件好、采光好、昼夜温差变化相对小的地段。第四，要注意住宿的档次和类型搭配，已能满足需求的不再新建，不能满足需求的要新建，档次不够的可新建或改造升级已有的住宿设施。

二、旅游休闲餐饮设施规划

旅游休闲餐饮是为旅游休闲者旅行游览过程中提供的餐饮服务。

（一）旅游休闲餐饮设施需求量估算

餐饮设施的需求量估算，是旅游休闲餐饮设施规划的重要内容，主要依据旅游休闲地游客接待量及趋势进行预测。反映旅游休闲地餐饮接待能力的指标主要有餐馆数、餐馆营业面积和餐位数。在实际的估算过程中，一般用餐位数来反映旅游餐饮设施的数量。餐位数必须针对游客需求量最高的一餐

（中餐或晚餐）来计算，计算公式可以为：

$$餐位数=\frac{（日平均接待游客数+日接待游客不均匀分布的方差）\times 需求指数}{周转率\times 利用率}$$

（二）旅游休闲餐饮设施规划要点

一是布局与服务功能要根据游程需要安排，要符合旅游休闲者的行为方式和需求类型，如在游线当中可以适当安排茶座、点心等小型游憩型餐饮，在游线中途安排主食对旅游休闲者的精力予以适当的补充等。二是造型设计要新颖别致，造型设计能给人耳目一新的感觉，使其成为旅游休闲地新增的一道景观和一处观景场所。三是容量设计要有一定的弹性，使用上应具有多功能性，在规划设计时要使室内、室外空间有机结合、相互渗透，既要作艺术性处理，还要有实用功能，如既有室内餐厅，又有半敞开的散座，分布在廊道、平台、花架庭园等地方，各得其所。四是整体设计应具有个性及突出地方特色。旅游休闲者的一个主要目的是求新、求异，越是具有个性及地方特色的东西越受旅游休闲者欢迎。因此在旅游休闲餐饮设施规划时，要追求包括建筑外观、菜谱设计、烹饪方式的个性和特色。最好能与旅游休闲地文化、民俗、民风特点相结合，给人以新奇感。

三、旅游休闲购物设施规划

旅游休闲购物是游客在旅游休闲过程中购买商品的活动，这些商品一般具有纪念、欣赏、保值、馈赠意义或实用价值，主要包括旅游纪念品、旅游工艺品、旅游用品、休闲食品和其他商品五大类。

（一）旅游休闲购物设施选址与布局

1. 选址与布局原则

布局与选址要以旅游者的空间行为模式为基础，遵循方便旅游者和提高旅游者购物情趣两个原则，根据旅游者在旅游地活动的行为习惯而设置。一般而言，旅游商业购物设施的空间布局和选址有两种模式：一是设置在旅游过程的结束阶段，如景区出入处；二是分散设置于旅游过程当中，如景区各分区的接待服务处。此外，出售旅游纪念品的购物网点最好设置在旅游地的交通终端（汽车站、火车站等），旅游者会在离开旅游地的最后时间里珍惜旅游中的最后机会，产生购物欲望。

2. 购物设施空间布局

（1）以旅游吸引物为中心的布局与选址，即根据旅游地核心旅游吸引物的位置来确定旅游购物设施的空间布局与选址。旅游地核心旅游线路是对购物设施特别有益的位置。在旅游地或旅游景点规划中，可将购物设施作为其中一个重要的辅助设施考虑进去。

（2）以住宿设施为中心的布局与选址。旅游地住宿设施是旅游者的驻地，也是重要的休闲娱乐场所。在旅游住宿设施内部以直营或者承租方式设立旅游购物专柜或商店，已成为旅游地收入的重要来源。不同的住宿设施有着不同的目标消费者群体，必须根据他们的收入水平、消费档次、兴趣爱好等特点布置旅游购物设施。

（3）以核心地区或进入线路为中心的布局与选址。在旅游地的核心地区或进入线路上，可设置旅游购物点。市场经营者很好地利用当地的特产资源，突出其自身的特色、品位，便可将优越区位转化为现实旅游消费。

（二）旅游休闲购物设施主题选择与风格

1. 旅游休闲购物设施的主题选择

旅游休闲购物设施在主题选择上应符合旅游地的文化特点，突出地方文化特色。在购物设施的建筑造型、色彩、材质等方面，要强调与旅游地景观环境相协调；商业设施的设置不能有碍旅游者游览，不能与旅游者抢占道路和观景空间；商业购物场所内应环境整洁、秩序良好，有供游客休息的场所。

2. 旅游休闲购物设施的风格

旅游购物设施的风格设计主要体现在设施外观设计和设施内部环境两个方面。

（1）旅游购物设施的外观。基本原则是设施景观化。通过有地方特色的建筑外形设计，形成旅游地的一道独特风景，使其成为旅游地吸引物体系中的一个重要组成部分。购物设施景观化，首先是其外形建设要追求美观，要有一定的艺术气息，最好能体现地方建筑特色，要杜绝自由搭建。有的景区为了追求聚集效应，购物设施经常集中在一起而形成购物一条街、特色商品一条街等。购物街如果是历史街区，最好采取修旧如旧的方法。当购物设施以单体的形式出现且体量较大时，要尽量注意体现其特色地标效果。如果是小体量购物设施，则要很好地借景。如果为游览线上的购物服务点，其体量、造型、色彩也要与周围环境相协调。

（2）旅游购物设施的内部环境。旅游购物设施的内部环境主要注意设施内部装潢、色彩、照明、空气调节及适当的音响等构成商业设施内部环境的客观要素。旅游购物设施要充分突出特色。在设施装潢上，可采用具有本地区民俗文化特色的造型或纹样，烘托商店气氛。旅游购物设施大多与旅游区连在一起，要讲究与周围环境的协调。要强化艺术感染力，注重营造购物点的艺术氛围。

四、旅游休闲娱乐设施规划

旅游休闲娱乐是游客在旅游休闲过程中享受或参与的各类娱乐活动。文化类旅游休闲娱乐场所是具有文化观赏性或文化参与性的旅游休闲娱乐场所，如剧场、歌舞厅等。康乐类旅游休闲娱乐场所是拥有游乐、保健和健身设施及配套服务的旅游休闲娱乐场所，如游乐园、健身房、保龄球场等。

（一）旅游休闲娱乐设施类型

旅游休闲娱乐设施的种类很多，涉及文化、体育、保健、艺术等多个方面。根据旅游休闲娱乐活动的内容及功能，可以划分为歌舞、体育健身、游戏、知识和附属等类型（表5–9）。

表5–9　康娱设施的种类

类型	举例
歌舞类	实景演出、文化演艺、歌舞厅、卡拉OK厅、演唱室、舞厅等。
体育健身类	健身房（含器械健身房、体操或健美等）、球类运动场（网球、壁球、台球、保龄球、高尔夫球、室内高尔夫球练习器、乒乓球等场所）、健身浴场馆（包括桑拿浴、蒸汽浴、冲浪浴、光波滑、矿泥浴、香水浴、泡泡浴、花浴、氧浴、药浴等场馆）、按摩场所、美容室、溜冰场、嬉水乐园等。
游戏类	棋牌室、电子游戏室、大型游乐设施（如探险模拟游戏、360° 超动感全景电影、空中飞行、虚拟世界遨游）等。
知识类	影视中心、阅览室等。
附属类	鲜啤酒室，各种主题酒吧屋（如足球酒吧、拳击酒吧、攀登酒吧、爵士酒吧等），氧吧，网吧室，茶艺馆、茶吧，咖啡馆等。

（二）旅游休闲娱乐设施选址与布局影响因素

1. 城镇规划或旅游规划

研究其功能分区与布局状况，即商业区、文化区、工业区、游览区等；确定旅游休闲娱乐设施布局面向客源市场，并要符合规划要求等。

2. 区域社会经济水平与旅游发展规模

旅游休闲娱乐设施一般既要为区域居民服务，也为旅游者服务。区域社会经济发展水平和居民的文化素质等决定了当地人们的消费水平和偏好。旅游休闲者的多少、类型等也影响旅游休闲娱乐设施的种类与效益。

3. 竞争状况

区域竞争程度的激烈与否直接关系到娱乐设施的利用及盈利情况。竞争状况分析，首先要分析直接竞争状况，即提供同类型的娱乐项目可能导致的竞争。其次还要分析间接竞争状况，包括提供不同的康乐项目和设施以及不同服务类型和水准的娱乐企业。

4. 交通条件

考虑交通因素，一是通往选址地点的公共交通状况，二是供旅游休闲者专车前往的公路系统是否健全、方便及路况等。

5. 用地条件

首先要考虑用地的规模。娱乐设施及项目一般占地面积较大，除必要的建筑物、停车场及其他配套服务设施以外，还有些室外活动项目，如高尔夫球场、网球场等，占地面积较大。一些室外活动项目，对地貌有特殊要求。

6. 基础设施条件

水、电、天然气、道路、通信等设施都是娱乐设施经营过程中的必备条件，因此这些条件必须在规划时便考虑在内。

7. 周边环境条件

既要考虑与其他旅游休闲设施的联系，也要考虑对周边居民的影响。具体而言，一是要考虑其与核心旅游休闲景点、旅游休闲接待服务中心、文化中心等的距离与方向，二是要考虑周边人力资源状况及可用性，三是要考虑选址位置能否被明显地感知。

第四节 国家旅游休闲区体制机制

国家旅游休闲区是为满足人民群众在国民旅游休闲时代的旅游休闲需求、促进旅游产业转型升级而设立的以全民旅游休闲为主要内容的专项功能区。国家旅游休闲区的提出具有鲜明的时代背景。所以，在对“国家旅游休闲区”的管理中，要借鉴国际经验，探索创新有利的管理体制机制。要结合中国特色，在探索实践过程中，立足本地实际，积极理顺管理体制，建立合理高效的运营机制，推动旅游业乃至区域社会经济的整体发展。

一、体制机制建设要求

（一）国家旅游休闲区要体现公共属性

国家旅游休闲区创建的出发点，就是为居民的旅游休闲服务，满足其消费诉求，它是突出公益性的区域。国家旅游休闲区在美国是国家公园管理局等部门的直管地区，不以营利为目的，而以服务人们的旅游休闲需求为导向。所以，国家旅游休闲区的体制机制要突出强调公共属性，突出公益导向。

（二）体制机制建设要破解目前存在的问题

我国国家旅游休闲区的创建并不是在“一张白纸”上开始的，而是在我国的现有旅游休闲等相关产业地域上创建的。所以，我国国家旅游休闲区的创建既要围绕国家旅游休闲区创建的目标与愿景，又要破解我国旅游休闲现实存在的突出问题。

二、体制机制建设的衢州构想

衢州在“国家休闲区”建设中，进行了体制机制的有益创新和探索。基于相关学者的研究成果[①②③]，衢州国家休闲区体制机制建设的构想主要有如下内容。

（一）针对衢州旅游运营管理的四个问题

1. 管理体制与运营机制滞后，市场竞争力弱

衢州市旅游业管理体制与运营机制长期保持计划经济特征，即“政企不分，企事不分”。衢州现有的大多数景区为政府投资开发，政府既是管理者，又是投资者，政府工作人员同时担任景区管理职务。此种模式令衢州市的国有旅游企业普遍缺少经营和财务自主权，旅游景区的市场竞争力偏弱，收益水平较差。

2. 历史遗留问题较多，旅游运营管理受阻

受到旅游开发初期“谁投资，谁管理，谁受益”的政策机制和旅游行政管理条块分割的影响，衢州市旅游业历史遗留问题较多，其中最突出的是国有投资渠道多，包括省、市、县、区各级政府，农业、林业、水利、卫生医疗、交通等职能部门和茶厂等国有企业均在衢州市域内以各种名目进行旅游开发和运营。旅游部门受制于行政权限，对相关景区和旅游设施的管理难度较大，亟须进行改革，以便纳入国家休闲区的整体运营管理。

3. 旅游管理缺乏统筹性，亟待机制创新

旅游业是综合性很强的产业，所涉及的行业主管部门众多，旅游主管部门不可能包揽其他部门的行政职能，难以完全通过行政手段进行产业管理，往往形成制约旅游业发展的管理盲区。衢州国家休闲区目前仅成立了衢州市旅游领导小组，旅游开发则主要由市旅游局牵头，而区域旅游业发展还停留在“就旅游管旅游”，没有实现有关部门的有效联动，亟待推进由单一部门管理向有关部门协作的管理机制转变。

4. 国有平台企业能力不足，制约产业市场化运作

衢州市目前尽管已有衢州国际旅游集团有限公司、龙游石窟风景旅游有限公司、三衢石林旅游发展有限公司等国有公司，但其均不属于真正意义上的政府型投融资平台企业，无法为衢州市旅游产业发展提供必不可少的生产要素统筹与金融信贷支持，这严重制约衢州市旅游业的市场化运作。

（二）推进运营管理系统创新

针对上述衢州市旅游业运营管理的现状问题，衢州以下几个方面的创新推动了“国家休闲区”的创建。

1. 统筹管理，统一运营

以“国家休闲区”为单位，建立管控全域旅游休闲产业相关事务的高规格行政机构，将建设部门

① 李静．国家休闲区管理运营机制创新［N］．中国旅游报，2014-03-19（014）．

② 齐镭．国家休闲区运营管理机制探索［N］．中国旅游报，2014-01-22（016）．

③ 陈晓波．国家休闲区土地利用机制的系统化构建［N］．中国旅游报，2014-02-19（014）．

管辖的“风景名胜区”、林业部门管辖的“森林公园”、环保部门管辖的“自然保护区”、国土部门管辖的“地质公园”，文化部门管辖的“文保单位”，宗教部门管辖的宗教场所，水利部门管辖的“水利风景区”和交通部门管辖的旅游通廊等各种类型发展空间纳入该机构的统筹运营管理，整体解决行政部门和行政区划间复杂的权责利益关系。

2. 实现政企分离，使旅游业充分市场化

解决衢州市目前“政企不分、企事不分”的现状，厘清旅游管理和旅游运营权责关系与分配机制，淡化国有旅游企业的政府背景，给予企业更大的经营和财务自主权，并要求其直面竞争，自负盈亏，令其更快更好地进入市场化高效运营阶段。

3. 深化旅游管理的有效性

首先，旅游业的专项法律法规有待完善，旅游管理缺乏全面有力的法律支持；其次，旅游部门的大部分工作需要与平级有关部门进行协调，难以有效统筹管理；最后，旅游部门对非直属企业的管理往往受到有关部门多重管理的影响而失去有效性。因此，在衢州国家休闲区的建设运营中，要明确和提高旅游管理部门的职能地位，深化旅游管理的有效性。

（三）建立国家休闲区管理运营平台

1. 统筹全域行政功能的管理委员会

由衢州市政府牵头，建立衢州国家休闲区管理委员会，成员来自政府、企业、本地居民和学术界等利益相关方，作为国家休闲区全域建设和运营的行政主管机构。该管委会的主要工作包括协调产业、政府和社会关系，收集并落实利益相关方意见，引导保护与发展可持续均衡等。

2. 统筹市场开发功能的文化旅游产业发展集团

组建完全市场化运作的衢州国家休闲区旅游发展集团，承担综合性市场开发功能，保障资源要素合理配置。该机构作为独立法人，主要工作包括核心资源控制、土地一级开发、专项信贷分配、公共旅游休闲项目建设与运营和统筹国家休闲区市场品牌营销。

3. 统筹市场服务功能的产业协会

组织全域内各种所有制形式和经营门类的旅游休闲企业成立衢州市旅游休闲产业协会。该协会为民间行业组织，主要工作包括开展各类专项培训，组织经营单位开展联合营销，定期组办旅游休闲产业研讨会等。

三个平台，形成均衡高效的国家休闲区运营管理系统。上述三个国家休闲区运营管理机构共同构成组织层次清晰、权责均衡高效的衢州国家休闲区运营管理系统主体框架。其中，管委会通过分权给发展集团和产业协会，自身集中承担产业相关行政管理、利益相关方协调和宏观推动可持续发展等功能。发展集团和产业协会则分别集中承担“保障产业发展经济绩效”和“保障产业发展和谐有序”两项功能。

（四）三个平台的具体职能与作用

通过设立国家休闲区管理委员会、新型文化旅游发展集团和休闲旅游产业协会，令其成为分别承担决策监管、市场开发和行业促进三项职能的国家休闲区管理运营平台体系，三个平台相互协作，保障衢州国家休闲区的规范有序发展。

1. 承担决策监管职能的国家休闲区管理委员会

国家休闲区管理委员会是国家休闲区全域建设和运营的决策与监管机构，委员会主任委员应由地方行政主管担任，其他委员由政府相关部门、公私企业、专家学者和民众代表组成。国家休闲区管理委员会的职责是：

（1）拟定并组织实施全域国民休闲发展规划；

（2）研究并制定国民休闲产业发展政策，优化产业发展环境，促进休闲产业又好又快地发展；

（3）统筹协调市域生产要素和优势资源使用，推进国民休闲产业的重大项目建设，着力培育引导龙头企业发展；

（4）完善休闲旅游基础设施和公共休闲产品供给，逐步推进公共资源型景区的免费开放，协调公共性与商业性项目开发，维持市场秩序；

（5）面向本地城乡居民，通过福利性休闲供给，倡导积极健康的休闲生活方式，营造良好的社会休闲氛围。

国家休闲区管理委员会的设立，将有望从以下方面取得创新成效：

（1）打破行政区划和部门权属的界限，统筹全域旅游资源一体化开发、分类和管理，解决政出多门、多头管理、条块分割、重复建设、恶性竞争等实际问题；

（2）企业代表和群众意见代表在国家休闲区管理机构内深度参与，可充分调动群众的积极性和主动性，大大降低政府决策风险。

在实际操作中，衢州国家休闲区管理委员会将由市委主要领导亲自挂帅，联合发改、旅游、国土、交通、规划、建设、水利、林业等政府部门；同时，每个区县将设立国家休闲区管理委员会的分支机构，由区县主要领导担任负责人，作为市级委员会决策的具体实施与监管机构。

2. 承担市场开发职能的新型文化旅游发展集团

文化旅游项目既有政策支持，又有相当盈利能力，这令各地国有文化旅游产业集团纷纷涌现，对当地文化旅游产业发展发挥推动作用。然而，这些国有文化旅游集团在实际运营中，也暴露出系列问题：

（1）政企不分，定位模糊。很多企业与地方文化旅游主管部门是“两块牌子、一套人马”的运行模式，致使企业在运动员和裁判员的角色之间转换不灵；同时，这些企业的功能定位也非常模糊，在作为竞争性市场主体的同时，往往还承担着众多公益性事业功能。

（2）重投资、轻融资，重资产、轻效益。由于企业定位模糊，绩效考评就变得非常困难。大多企业只为完成如 A 级景区和旅游度假区创建等政府性任务，这些任务项目的产出效益则并非企业考核内容。当投资变为不良资产，国有资本的杠杆作用就失去原本的价值，招商引资和社会融资也因此变得非常困难。

（3）激励机制缺失，人才瓶颈凸显。休闲旅游项目所在地往往远离大城市，生活条件较为落后，同时国有企业的分配激励机制相对缺失，这令人才招募和留驻问题突出。

由此，衢州国家休闲区将明确文化旅游发展集团的功能定位，实施分类分层管理。在实际操作中将推行下述措施：

首先，将国家休闲区内所有的文化旅游企业分为两大类：第一类是以市场为导向，以经济效益最大化为目标的竞争类企业，如高星级酒店、收费性旅游景区、国有控股旅行社、主题性旅游度假区、城市休闲旅游综合体等；第二类是以确保旅游系统正常运行，实现区域品牌价值和游客体验最大化为目标的公益类企业，如公共性景区（免费景区、市政公园、博物馆、纪念馆）、旅游车船公司等。

竞争类企业应当以项目运营理念，利用资源优势和政策优势，结合市场需求建设核心项目，增强市场竞争能力；公益类企业应当以区域运营理念，控制和保护国家休闲区的各类垄断性资源，结合城市建设营造“山青、水绿、天蓝”的休闲旅游环境，确保国家休闲区的可持续发展。

其次，探索多种层次和形式的社会资本参与方式，发挥国有资本的杠杆作用。在文化旅游发展集团公司层面，鼓励社会资本以资金和资产的方式参股，进入包括一级土地整理、核心项目开发、基础设施建设等领域；在单独的项目开发公司层面，鼓励社会资本以资金、资产、管理、技术、知识产权等形式，采用控股、参股、独资方式参与开发。

最后，建立与市场机制相适应的中长效分配激励机制。文化旅游发展集团应当建立完善的中长效分配激励机制，集团内部的竞争类企业可实施股权和现金两种激励方式，特别应探索职业经理人股权激励；公益类企业则可采用任务目标奖励机制，在完成重大任务或年终考核后，给予现金激励。

3. 承担行业促进职能的休闲旅游产业协会

国家休闲区的休闲旅游协会应是一个公益性行业组织，作为政府和企业的桥梁，主要发挥下列职能：

（1）搭建国家休闲区智力资源整合平台，广纳社会智力和意见，促进国家休闲区发展；

（2）搭建国家休闲区技能培训信息平台，利用社会培训资源，为国家休闲区内各类企业培训人才和劳动力；

（3）作为国家休闲区管理委员会的决议执行者之一，执行国民休闲委员会的有关决议；

（4）整合营销资源，在国家休闲区管理委员会的指导和协助下，通过各种媒体平台开展目的地营销；

（5）通过组织各类竞赛、考察等活动，促进国家休闲区餐饮、购物、住宿、娱乐等休闲业态素质整体提升。

衢州国家休闲区以决策监管、市场开发和行业促进三项主要职能搭建管理运营机构体系，形成权责明确、高效联动的区域休闲旅游业管理运营平台，成为同类旅游产业功能区域的范例。

（五）系统构建有利的土地利用管制机制

1. 用地管控“化零为整”以推进全域产业经济发展

近年来旅游业发展态势强劲，各地对于旅游景区、旅游度假区等的申报趋之若鹜，尽管这是出于争取优惠政策和获取直接收益的需要，但实际造成诸多资源雷同的旅游项目条块分割与无序开发，导致土地资源的严重浪费，反而令相关地区难以真正推进全域休闲旅游度假经济的发展。因此国家休闲区的建设将立足于对全域土地资源进行统筹考虑，避免各个区块进行“各自为战”的粗放式土地利用，为此必须通过全域产业结构优化，统筹全域土地的管控与供给，实现可持续的经济增长。

2. 在处理旅游设施用地与耕地红线管控之间矛盾时兼顾严格性与灵活性

近年来由于经济持续高速发展和地方财政收支失衡，土地经济成为地方政府的共同选择。从全国而言，农地过度非农化和污染严重等问题是不争的事实，耕地资源保护和粮食安全已经成为全国土地管理的重要目标，这也是衢州创建国家休闲区的用地保障之一，即依法保留充足耕地和林地作为乡村休闲空间。

衢州国家休闲区为全域各个产业功能区构建差异化的农林空间用地方式，对于在农林用地内直接打造休闲度假设施的产业分区，在耕地总量保持不变的基础上可以有适当的弹性转变，如通过土地置换和低丘缓坡政策转换用地空间；对于以农林用地作为休闲度假环境背景的产业分区，则要严格保证林地、耕地的总体规模和空间组合形式。

3. 建立旅游资源与用地指标联动配置机制

我国现有土地市场以市场配置国土资源为主，相应的土地制度和交易规则完善但欠缺灵活性。由于国家休闲区的创建将以休闲度假项目作为主要构成单元，均以土地资源释放为前提。旅游休闲度假项目普遍用地量偏大，现有常规操作方式是以各级旅游度假区为单位进行大规模土地“以征代租”。但是，旅游项目受市场的转变影响较大，在追求各自经济利益的情况下容易出现集中土地需求和低效土地利用的并存状态，导致旅游区域内部的恶意竞争和土地资源的极大浪费，一方面是土地闲置严重的现实，另一方面是无序过度开发的潜在可能。

因此，衢州国家休闲区以旅游资源为导向配置土地资源，将旅游资源评价与土地配置挂钩，并积极发挥市场的供求机制、价格机制和竞争机制，以及政府在土地配置利用中的管控作用，全面提高土地利用效率，实现资源与土地的全域统筹与联动配置。

4. 政府部门合理高效主导公私部门土地配给

衢州国家休闲区对土地资源的合理保护和利用主要涉及土地产权、土地征用、土地储备和失地补偿等几个方面。政府通过基础研究工作，确定各个用地项目的产权范围，因地制宜地制定土地征用政策，并研究相应的社会保障体系，在保持社会稳定的基础上充分供给公益性设施和基础设施用地，同时保障商业性旅游项目开发主体的土地获取渠道，以求兼顾公共和私营部门的合法土地权益，为土地资源的有效利用、休闲度假资源的可持续保护和休闲度假空间的合理构成提供用地机制保障。

5. 强化和促进土地利用的区域级规划与行政协作

衢州国家休闲区总体规划属于区域级规划，需要从区域层面考虑土地供需。随着全域休闲度假产业发展大势已成，衢州国家休闲区应当引导区域内有关行政单位开展协作，建立区域级土地利用合作平台，通过制定全域规划确定区域发展的用地重点片区和土地开发模式，以及土地资源利用的空间格局和开发时序，实现区域级土地资源整合和集约化发展，确保土地资源利用的成本最小化与效益综合化、最大化。

6. 完善和强化政府调控机制以引导土地资源优化利用

国家休闲区的创建要求政府制定完善的管理调控机制，严格控制和保护土地资源的基本储备，通过科学调控实现土地资源的最优化利用，以求在合理合法框架下充分发挥市场化机制作用。

一方面，衢州政府根据国家休闲区相关规划和建设时序，制订合理有序的土地供给计划，在采取总量控制的基础上进行弹性管理。考虑到国家休闲区的建设需要，可对近期重大项目实行适度的用地指标倾斜，支持区内旅游休闲度假核心项目建设，以求促进国家休闲区的高效发展。

另一方面，强化土地利用评估和用地统筹管理。第一，根据区内产业体系的战略性转变，确认新形势下的土地支撑要素和与之对应的用地扶持政策，调控区内土地供给总量和用地格局，以促进区内产业结构升级和优化产业布局；第二，根据区位条件和资源优势差异，形成城市建成区、特色小镇、美丽旅游乡村和休闲度假项目等多元类型产业发展空间，实现旅游资源和土地指标的合理配对发展；第三，为合理布局旅游产业用途土地，政府将制定并落实产业用地获取的制度门槛，防止土地资源浪费和旅游与休闲资源的破坏。

第六章

环巢湖国家旅游休闲区规划编制实践

2015 年 8 月 14 日，国家旅游局批复同意安徽省合肥市开展创建环巢湖国家旅游休闲区试点工作。

环巢湖国家旅游休闲区是面向长三角城镇群，以巢湖及其滨湖地区的自然生态、风景名胜和乡村田园为重点地域，以休闲游憩业态集群为主要内容的多功能复合地域。

中国城市规划设计研究院进行了环巢湖国家旅游休闲区规划的编制探索。

第一节　规划解读

一、背景解读

（一）国家旅游休闲区创建背景

1. 国民旅游休闲时代：旅游休闲需求的增加

研究表明，当人均 GDP 超过 5000 美元，就将进入旅游休闲逐渐成熟的阶段。合肥环巢湖旅游的潜在核心客源市场中上海市人均 GDP（按常住人口计）高达 15290 美元，江苏省人均 GDP 为 13660 美元，浙江省人均 GDP 为 12466 美元，安徽省人均 GDP 为 5779 美元，合肥市，人均 GDP 为 11808 美元。

2. 世界级城镇群新格局：合肥打造“副中心”

2016 年 6 月，国家发改委、住房和城乡建设部联合发布《长江三角洲城市群发展规划》（发改规划〔2016〕1176 号），将合肥纳为长三角成员，提出合肥建设“区域副中心”的战略定位，将作为创新节点辐射带动更大区域范围。合肥将按照“生产空间集约高效、生活空间宜居适度、生态空间山清水秀”的总体思路，深入实施“1331”城市发展战略，优化市域主体功能，构筑长三角世界级城市群副中心空间发展新格局。根据主体功能区规划，环巢湖地区的西部被列入重点开发区域，东部被列入限制开发区域，要求“严格控制新增建设用地规模，实施城镇点状集聚开发，加强水资源保护、生态修复与建设”，这一区划与打造环巢湖国家旅游休闲区、发展环境友好型旅游休闲产业的发展定位相契合。环巢湖地区处在合肥都市圈和沿江（长江、皖江）发展带上，旅游需求、休闲需求将面向更加广阔的地域空间。

3. 长三角旅游新趋势：巨型市场、深度竞合与创新发展

长三角是我国三大核心客源市场和旅游目的地之一。2015 年江浙沪三省市接待国内旅游者 14.2 亿人次，入境旅游者 2117.16 万人次，旅游总收入 19591.33 亿元。长三角不仅是巨型客源市场，而且已经实现深度融合，三省市内部流动比例占 60% 以上。

一年一度的长三角城市经济协调会已在交通、信息、规划、科技、产权、旅游、港口、通关、人才、“一卡通”共享等领域开展一体化试点。近年来，长三角城市群“互联网 +”城市间合作的深入发展，串接上海、南京、杭州等中心城市的高速公路、高速铁路、城际铁路、跨江跨海大桥等重大交通基础设施基本建成，长三角一体化时代的到来，将加速长三角及其周边地区的旅游客源流动与旅游消费增长，激发全新的旅游休闲模式，为旅游产业的转型提升、互补协作与良性竞争带来新的机遇与平台。合肥在融入长三角旅游圈的同时，还将成为衔接中部地区与长三角的桥头堡，担当区域旅游中心的新角色与新功能。同时上海迪士尼、太湖、千岛湖、宋城等长三角旅游休闲产品迅速发展，与环巢湖地区形成深度竞合关系，创新发展成为新时期长三角旅游休闲产业发展的主线。

4. 安徽旅游新定位：万亿产业，旅游强省

《安徽省旅游业发展“十三五”规划》提出打造万亿产业、建设旅游强省的发展目标，将重点打造5个省级旅游业集聚区、20个国家全域旅游示范区、5个国家旅游度假区、5个生态旅游示范区。在“皖南、大别山、大合肥、皖北四大区域旅游协调发展”的省域旅游发展结构中，环巢湖旅游板块的发展与壮大是关键之一。环巢湖国家旅游休闲区是安徽省新“两山一湖”格局的重要板块。合肥市位列安徽省三大旅游中心城市之一，合肥经济圈旅游区是安徽四大旅游目的地之一，环巢湖地区同时位于皖江黄金水道旅游线和京福高铁线旅游组合大动脉两条旅游轴上。安徽旅游重点突出了合肥与环巢湖旅游发展，环巢湖成为安徽建设旅游强省的重要支点之一。

5. 合肥旅游新战略：打造“大湖名城”，创建环巢湖国家旅游休闲区

合肥城市未来战略目标是建设“大湖名城、创新高地”以及“全国有影响力的区域性特大城市”，成为具有国际竞争力的现代产业基地、具有国际影响力的创新智慧城市、国际知名的大湖生态宜居城市和休闲度假旅游目的地。合肥市正在向环巢湖时代的“1331”拓展，创新发展环巢湖地区是合肥城市空间战略的重要支撑。合肥城市的战略目标定位与空间格局为环巢湖旅游休闲产业发展带来了全新的机遇和平台。

2015年8月，国家旅游局批复同意合肥创建环巢湖国家旅游休闲区，环巢湖成为全国首个国家级旅游休闲区试点。2016年的《合肥市国民经济和社会发展第十三个五年规划纲要》提出合肥将大力推进环巢湖全域旅游发展，打造城市旅游品牌，推动产业转型升级，提升公共服务水平，全面迎接大众旅游新时代。环巢湖国家旅游休闲区建设成为合肥市承载“大湖名城”梦想的重要载体。

（二）环巢湖国家旅游休闲区创建意义

“环巢湖国家旅游休闲区”创建是一次突破、一次创新，实现了从旅游景区到旅游休闲区的重大转变。创建环巢湖国家旅游休闲区，是贯彻国务院促进旅游业改革发展若干意见、促进旅游投资与消费的重要举措，是国民旅游休闲时代的面向旅游休闲需求的创新工程，将在旅游休闲区建设标准、休闲业态培育、旅游消费促进等方面为全国走出一条新路，为今后的休闲区建设探索新的经验，提供成功的范例，引领今后一段时期旅游业的发展。

环巢湖国家旅游休闲区的创建是“大湖名城，创新高地”建设的重要抓手，是建设宜居、宜业、宜游城市的重要载体，是大力提升国民生活品质，推动旅游业转型升级的重要举措。可以充分弘扬城市文化、城市品牌、城市知名度、城市影响力，让合肥市民、全省、长三角、全国乃至国外的游客体验、感受、分享合肥城市发展的成果和魅力，从而提升城市形象。具体来说包含以下五点。

1. 国家层面

满足国民旅游休闲时代的消费需求，填补我国旅游休闲区建设的空白，推进我国旅游休闲转型升级、提质增效，起到重要的“创新性、引领性、示范性”作用。

2. 区域层面

满足经济发达的长三角世界级城市群旅游休闲需求，促进长三角地区一体化发展，加速长三角协同融合，促进区域发展模式创新。

3. 城市层面

为合肥产业结构调整与旅游空间划定提供新思路，有利于发挥合肥市城湖共生的独特优势，对于推进合肥建设长三角世界级城市群副中心具有重要的战略意义。

4. 旅游层面

提高合肥市旅游业在全省的整体竞争力和市场份额，为合肥旅游实现新的突破奠定基础，未来将环巢湖地区培育成为长江经济带旅游发展的重要引擎。

5. 管理层面

为建立合肥环巢湖旅游协调开发的管理机制提供抓手。为今后我国的休闲区建设探索新的经验，提供成功的范例，引领今后一段时期旅游休闲产业的发展。

（三）创建工作强力启动，需要顶层设计

2016 年 5 月，合肥市人民政府办公厅下发了《合肥市创建环巢湖国家旅游休闲区工作方案》，提出了创建的工作任务和具体内容，明确了环巢湖国家旅游休闲区建设的总体目标，即建设“美丽中国生态旅游示范区”“中国古镇名村文化旅游示范区”“中国研学旅游示范区”“中国康体养生示范区”“国际休闲运动旅游示范区”五大示范区。

环巢湖国家旅游休闲区创建工作也已强力启动，需要一个顶层设计，通过科学布局和总体安排，为环巢湖国家旅游休闲区近期创建和长远发展做出谋划。

二、规划性质与特征

（一）规划范围

本次规划范围包括合肥滨湖新区、巢湖市区、庐江县城，肥东县长临河镇，巢湖市中庙街道（中庙镇）、黄麓镇、烔炀镇、柘皋镇、中埠镇、夏阁镇、银屏镇、散兵镇、槐林镇，庐江县盛桥镇、白山镇、同大镇、坝镇、冶父山镇、白湖镇（含白湖农场片区）、万山镇和汤池镇，肥西县三河镇、严店乡等乡镇，集中连片，规划面积约 3575 平方千米（包括巢湖水面面积）。

规划核心范围为环巢湖地区的“一湖、两城、十二镇”，总面积约 2000 平方千米（包括巢湖水面面积）。“一湖”指巢湖，“两城”指滨湖新区与巢湖市区，“十二镇”指长临河镇、中庙镇、黄麓镇、烔炀镇、柘皋镇、中埠镇、散兵镇、槐林镇、三河镇、同大镇、白山镇、盛桥镇。

研究范围重点为合肥市域范围，总面积 11433 平方千米。分析范围延伸拓展到长三角城镇群，包括江、浙、沪、皖四个省市。

（二）规划期限

本规划期限为 2016~2030 年。其中，近期为 2016~2020 年，中期为 2021~2025 年，远期为 2026~2030 年。

（三）规划依据

1. 国家法律法规

- 《中华人民共和国城乡规划法》（2008）；
- 《中华人民共和国旅游法》（2013）；
- 《中华人民共和国环境保护法》（1989）；
- 《中华人民共和国文物保护法》（2003）；
- 《中华人民共和国水法》（2002）；
- 《中华人民共和国土地管理法实施条例》（2012）；
- 《中华人民共和国风景名胜区条例》（2006）；
- 《旅游发展规划管理办法》（2000）；
- 《历史文化名城名镇名村保护条例》（2008）。

2. **主要政策文件和技术规范、标准**

- 《旅游规划通则》GB/T 18971—2003；
- 《国民旅游休闲纲要（2013~2020 年）》；
- 《国务院关于促进旅游业改革发展的若干意见》（国发〔2014〕31 号）；
- 《国务院办公厅关于进一步促进旅游投资和消费的若干意见》（国办发〔2015〕62 号）；
- 《旅游休闲示范城市》（LBT 047—2015）；
- 《城市中央休闲区服务质量规范》（GBT 28003—2011）；
- 《旅游景区质量等级的划分与评定》（GB/T 17775—2003）；
- 《旅游资源分类、调查与评价》（GB/T 18972—2003）；
- 《城市用地分类与规划建设用地标准》（GBJ 137—90）；
- 《旅游度假区等级划分》（GB/T 26358—2010）；
- 其他相关技术规范、标准。

3. **地方性法规与其他规范性文件**

- 《合肥市国民经济和社会发展第十三个五年规划纲要（征求意见稿）》；
- 《合肥市旅游业发展“十三五”规划》；
- 《合肥市城市总体规划（2013~2030 年）》；
- 《合肥空间发展战略规划及环巢湖生态修复与旅游发展规划》；
- 《安徽省环巢湖地区空间利用规划》；
- 《合肥市城市基本生态空间控制规划》；
- 《合肥市生态红线保护规划》；
- 《合肥市“1331”生态体系控制规划》；
- 《合肥 1331 城市风貌、主城区“四线”与密度分区规划》；
- 《合肥市域绿道体系建设总体规划》；
- 《合肥市环巢湖地区生态保护修复与旅游发展规划思路研究》；
- 《巢湖风景名胜区总体规划（2016~2030）》；
- 《巢湖流域水环境保护区划定方案》；
- 《环巢湖生态示范区生态保护与建设规划》；
- 《环巢湖流域土地整治重大工程前期调查研究》；
- 各区、县（市）相关规划；
- 其他相关的国家和安徽省法律、法规、政策文件。

（四）规划性质

目标明确的创建规划

围绕“国家旅游休闲区”创建目标，按照“创新性、引领性、示范性”三个创建要求，规划成果体现“高度、创新、实用”三个标准，突出规划整合、空间管治与功能优化提升。以树立中国国家旅游休闲区标准典范为己任，以满足并引领新常态下国民旅游休闲市场需求、创建环巢湖地区城乡产业统筹发展的大平台为目标，以培育安徽省旅游休闲品质提升的领跑者为指引，构建能够指导全国其他旅游休闲区规划建设的规划要点与标准体系。

环巢湖地区规划建设总体要求：

（1）标杆性：国家旅游休闲区规划建设的标杆。

（2）休闲性：休闲游憩功能为主，兼具博览、商务会展、度假式社区等功能与活动。

（3）共享性：当地居民与旅游者的共享需要。

（五）规划特征

1. 全域旅游休闲

全域旅游是“4 个全”的统一（景观全域优化、“旅游 +”全域融合、旅游产业要素全域联动、服务设施全方位配套）。

将环巢湖地区作为旅游休闲目的地进行整体规划布局、综合统筹管理、一体化营销推广，促进旅游休闲产业全区域、全要素、全产业链发展，实现旅游休闲产业全域共建、全域共融、全域共享。

2. 多规合一

突出本规划与主体功能区规划、城乡规划、土地利用规划、生态保护规划等充分结合，推进“多规协调”与“多规合一”，促进旅游休闲规划的专业性与空间规划的综合性结合，努力实现“规划一张图、建设一盘棋、管理一张网”。

3. 兼顾保护与发展

环巢湖地区除创建国家旅游休闲示范区之外，还要统筹国家生态文明先行示范区、巢湖国家风景名胜区要求，协调资源环境保护与合理利用之间的关系，以实现环巢湖地区的可持续发展。

4. 强调管理与实施

环巢湖地区虽整体归属合肥市，但本次规划地域分属于不同区县和特殊功能区，分割与交叉管理的问题非常突出。为有效创建国家旅游休闲区，需要管理体制机制与模式的创新，同时强化管理实施。

5. 区域联动

推动环巢湖地区与合肥市其他区域联动发展，促进环巢湖地区与安徽两大名山之间以及长三角区域旅游协作，结合高速交通体系建设拓展全国范围内的旅游协作。

三、指导思想与规划原则

（一）指导思想

坚持生态保护与旅游休闲协调发展，以创建环巢湖国家旅游休闲区为基础，突出“创新性、引领性、示范性”。以转型升级、提质增效为主线，以改革创新为动力，统筹环巢湖国家生态文明先行示范区、环巢湖国家风景名胜区和环巢湖国家旅游休闲区建设，推动环巢湖地区全域旅游休闲产业发展，促进旅游休闲与其他产业深度融合协调发展，构建高品质旅游休闲服务链，实现旅游休闲居游共享、惠民利民，提升区域人民生活品质与幸福指数，为我国旅游休闲区建设的积极探索提供经验。

（二）规划原则

本规划遵循以下基本原则：

1. 生态优先原则

严格保护环巢湖生态环境，通过产业准入、空间管制与引导、生态保育等，实现资源和环境的永续利用。

2. 统筹兼顾原则

统筹资源环境的保护与利用，环巢湖地区与合肥城市旅游休闲发展，环巢湖旅游休闲产业与其他产业协调发展，以及旅游休闲产业开发与新型城镇化及新农村建设的关系。

3. 协同联动原则

环巢湖地区的旅游休闲产业发展要与合肥城区、大合肥经济圈互为依托，也需要与黄山、九华山、太平湖、天堂寨等知名旅游景区，与芜湖、南京等具有很高知名度的旅游城市互动发展。

4. 改革创新原则

以国家旅游休闲区创建为契机，促进环巢湖地区先行先试，突出产品业态创新、体制机制创新、发展模式创新。以开拓创新的精神，为我国国家旅游休闲区建设创立先进经验。

5. 公益惠民原则

面向居民与旅游者，突出公益性、惠民性，将环巢湖地区发展成为具有公共性特征的休闲功能地域；以提高居民幸福指数为出发点，强化提升居民生活品质。

四、相关规划解读

（一）主要相关规划梳理分析

1. 城市空间发展战略、城市总体规划——创新利用环巢湖地区

2013 年完成的《合肥市城市空间发展战略及环巢湖地区生态保护修复与旅游发展规划》提出建立“1331”空间格局，其中有 1 个环巢湖示范区，要创新利用环巢湖地区。将环巢湖的旅游发展定位为具有国际影响力的湖泊休闲度假旅游目的地。提出要将环巢湖地区建设成为世界知名、全国一流的湖泊休闲度假旅游目的地，成为安徽旅游创新发展的标杆、合肥旅游发展的核心引擎。

2013 年完成的《合肥市城市总体规划》提出要建设“大湖名城，创新高地”，建设国际知名的大湖生态宜居城市和休闲旅游目的地。

2. 国民经济“十三五”规划、旅游“十三五”规划——打造环巢湖国际旅游目的地

2016 年的《合肥市国民经济和社会发展第十三个五年规划纲要（征求意见稿）》将环巢湖的旅游发展定位为国际旅游度假目的地。

2016 年的《合肥市旅游业发展“十三五”规划》提出将环巢湖旅游休闲区建设成为“中国首个国家旅游休闲示范区”，为我国旅游休闲区建设提供示范性、引领性、创新性的工作经验。

3. 生态体系控制规划、生态文明示范区规划——城湖共生，建设生态巢湖

《合肥市“1331”生态体系控制规划》以构建合肥市域生态框架体系、划定生态保护分区，并对各地区提出管制要求为主要内容。构建了“一岭六脉，两渠联珠，九水汇巢”的市域生态体系。“一岭六脉”为江淮分水岭森林长城、大别山六条森林绿脉，“两渠联珠”为淠河总干渠—滁河干渠和瓦东干渠串联众多水库生态空间，“九水汇巢”则为巢湖与多条汇入巢湖主干河流。

《巢湖生态文明先行示范区生态保护与建设总体规划》以“生态保护优先”为总体方略，统筹保护、修复、治理三大关系，兼顾生产、生活、生态三大功能，调控水质、水量、水流三大要素，探索从区域分治到流域综治、从工程治污到源头减排、从单一治水到生态修复的大湖流域保护修复治理新模式，以及生产空间集约高效、生活空间宜居适度、生态空间山清水秀的可持续发展新路径。该规划以城湖共生为主线，建设生态巢湖、美丽巢湖。

4. 土地利用总体规划——保护控制巢湖生态环境

《合肥市土地利用总体规划（2006~2020 年）》（2012 年 6 月调整版）、《巢湖市土地利用总体规划（2006~2020 年）》（2011 年 11 月调整版）、《庐江县土地利用总体规划（2006~2020 年）》（2012 年 3 月调整版）构成了新合肥全域的土地利用总体规划。

根据土地利用总体规划，合肥市将依据区域功能定位和经济社会总体发展战略，以实现经济社会发展、保障科学发展用地和保护土地资源为目标，加快城镇化和工业化，促进合肥市经济社会可持续发展的土地利用战略。规划将巢湖等水源保护区列入生态环境安全控制区，环巢湖地区是基于生态环境安全目的需要进行土地利用特殊控制的区域。规划将沿巢湖乡镇和肥东县、肥西县的圩区等区域列入湖滨复合生态区，实施以生态改善为目标的发展策略。

5. 风景名胜区规划——建设环巢湖国家公园和国际湖泊休闲旅游体验目的地

《巢湖风景名胜区总体规划（2016~2030 年）》提出在充分保护风景区生态环境和风景资源基础上，合理利用风景资源，协调风景区与城镇的关系，适度发展休闲旅游，引导风景区产业结构优化发展，将巢湖风景名胜区建设成为生态优良、景观优美、产业优化、城景协调发展的国家公园和国际湖泊休闲旅游体验目的地。通过对巢湖水体及周边区域整体生态环境的保护和培育建设，将巢湖风景名胜区培育成为生态文明先行示范区的核心区，长江三角洲世界级城市群的大型生态绿心。

6. 其他相关规划

2015 年年底编制的《环巢湖文化旅游规划》提出，要建设首个国家旅游休闲试点区——环巢湖国家旅游休闲区，成为具有地方特色和国际化标准的湖泊休闲旅游目的地，成为安徽省“四驾马车”总体旅游发展格局的重要一员。

《“环湖十镇”特色小城镇风貌总体控制规划》以“环巢湖十镇”为重点对象，提出了环巢湖地区的总体风貌定位“乐活休闲湖，田园珍珠链”。并针对各镇提出了具体的风貌定位和控制指引。

除此之外，《环巢湖“金项链”总体规划》《环湖美丽村规划》《环巢湖大道沿线旅游服务设施专项规划》等也对环巢湖区域发展进行了规划布局，对《环巢湖国家旅游休闲区总体规划》编制具有一定的参考价值。

（二）相关规划要求与指引小结

环巢湖地区是长三角地区重要的生态文明示范区，包含巢湖国家级风景名胜区、水源保护地等，同时赋存深厚的历史文化遗存。在各层次规划中均要求保护生态环境和历史文化。

在各层面的规划中，环巢湖地区要求创新利用资源环境，打造国际旅游休闲目的地，在合肥市乃至安徽省旅游功能体系中均占据非常重要的地位。相关规划对环巢湖地区的发展方向指引是：在保护生态的前提下，促进城湖共生，创新利用旅游休闲资源环境，打造国际旅游休闲目的地，发展旅游休闲体验功能，提升培育旅游休闲产业，强化与相关产业的融合发展。

五、规划框架与技术路线

本规划采取目标导向与问题导向相结合的技术路线框架。

（一）目标导向

以环巢湖创建首个国家旅游休闲区发展目标为导向，兼顾环巢湖资源环境保护、合肥市“大湖名城”发展目标，针对环巢湖区域的特定发展阶段与基础条件，确立本次规划的重要目标导向。

（二）问题导向

以环巢湖地区面临的旅游休闲吸引物不足、面向客源市场不够、有效的体制机制未形成等重要问题为导向，探寻科学解决的对策和方法（图 6–1）。

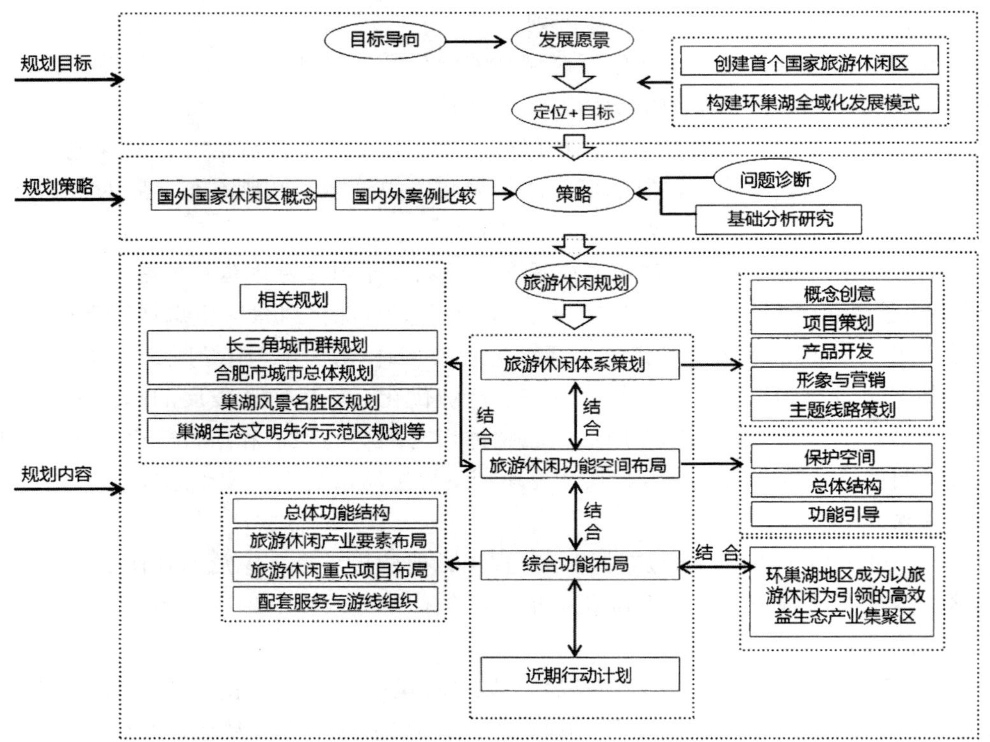

图 6–1　规划技术路线

第二节　基础分析研究

一、认知合肥

（一）区域特征

1.“吴头楚尾”与“淮右襟喉，江南唇齿”：包容与开放

合肥位于安徽中部，北面淮系文化，南临皖江文化和新安江文化。学界里也将它们称为淮河文化、安庆文化和徽州文化。得天独厚的地理环境孕育了其特征鲜明的传统文化特质。合肥号称“吴头楚尾”，又被称为“淮右襟喉，江南唇齿”，是典型的楚文化和吴越文化交会的地方。文化区位上，合肥南北兼容，承东启西，处在文化的过渡地带，具有多元荟萃的融合性特征，赋予了合肥交流融合的江淮文化特色，利于关联文化地域的文化认同，形成文化吸引力。漫长的历史演变进程赋予了合肥包容与开放的城市品格特征（图 6–2）。

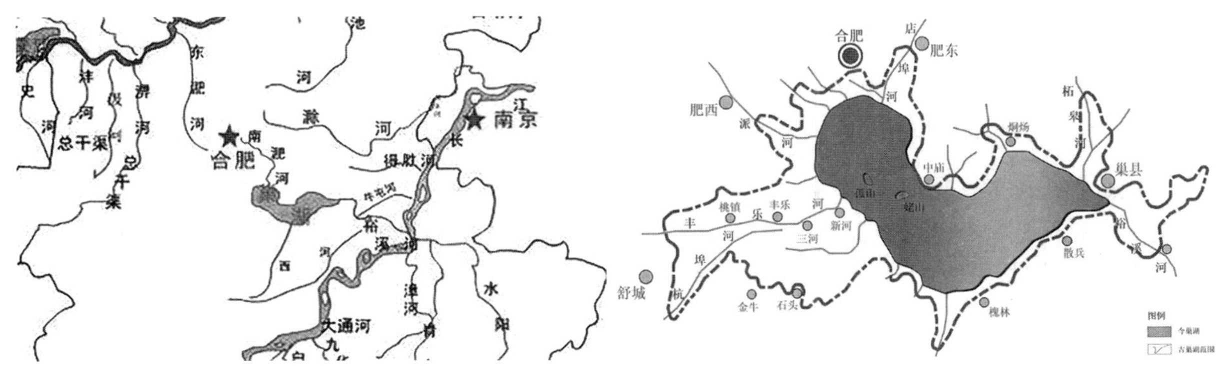

图 6-2　合肥的地形（左图）和古今巢湖示意（右图）

2. 与水结缘的大湖名城：唯一“独拥大湖”的城市

合肥的历史与水息息相关，合肥因水而生、因水而名、因水而兴，合肥是一座与水结缘的“大湖名城”。源于江淮分水岭、注入巢湖的南淝河，虽然全长仅 70 余千米，却孕育了合肥，是合肥的母亲河。2011 年行政区划调整，使中国五大淡水湖之一的巢湖成为合肥的内湖，合肥成为唯一“独拥大湖”的城市，给合肥的发展带来了新的机遇（图 6-3）。

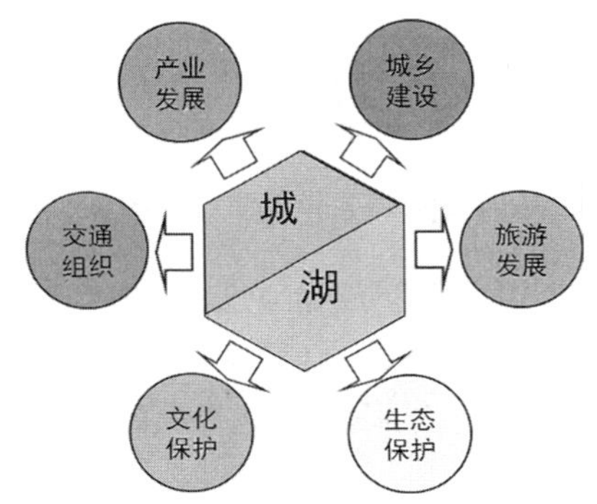

图 6-3　合肥与巢湖的“城湖共生”关系

合肥与巢湖有着深厚的历史渊源，巢湖流域文化孕育了合肥城市文明，而城市发展也加剧了巢湖的生态压力。巢湖与城市在生态修复、文化保护、旅游发展、交通组织等方面紧密关联。

3. 交通优势：国家级综合交通枢纽

合肥因南北水运联系，在历史上就具有重要的交通地位。随着近年来高速公路、高铁等交通体系的建成，合肥成为国家级的综合交通枢纽，形成了承东启西、连南通北的大交通格局。合肥建成和规划（在建）的高速铁路有 11 条，拥有“两环十三射”的高速公路体系，已建成运营 4E 级新桥国际机场，合肥“通江达海”，已成为江淮航运中心。交通优势为环巢湖面向主要城镇群建设“国家旅游休闲区”奠定了基础。

4. 创新高地：国家重要的科研教育基地，国家重要的现代制造业基地

合肥科教文化资源优势明显，是全国重要的“创新高地”。合肥是全国四大科教基地之一，是首个科技创新型试点市。虽然合肥科教总量和比重并不占绝对优势，但中科院合肥物质科学研究院、智能机械研究所、等离子体物理研究所等机构和中国科学技术大学等高端科技资源优势突出，合肥有两院院士 62 人，国家重大科学工程布局密集，仅次于北京。

合肥具有突出的新兴产业优势，是名副其实的国家重要的现代制造业基地。合肥家电产量居全国首位、全球第一。京东方（全球第四）6 代线、鑫盛 8.5 代线处国际领先水平（全球第二）。公共安全产业国内第一，同时太阳能光伏、新能源汽车也处国内领先水平。合肥已聚集了 60 多家世界 500 强企业。

（二）合肥旅游概况与问题

1. 合肥市旅游发展概况

（1）旅游产业规模快速增长。近年来合肥市旅游经济持续稳定增长，全市接待旅游人数由 2006 年的 2694 万人次增长到 2015 年的 7826 万人次，年均增长率达到 12.6%。旅游总收入由 2006 年的 247 亿元增长至 2015 年的 979 亿元，年均增长率达到 16.5%（图 6–4）。

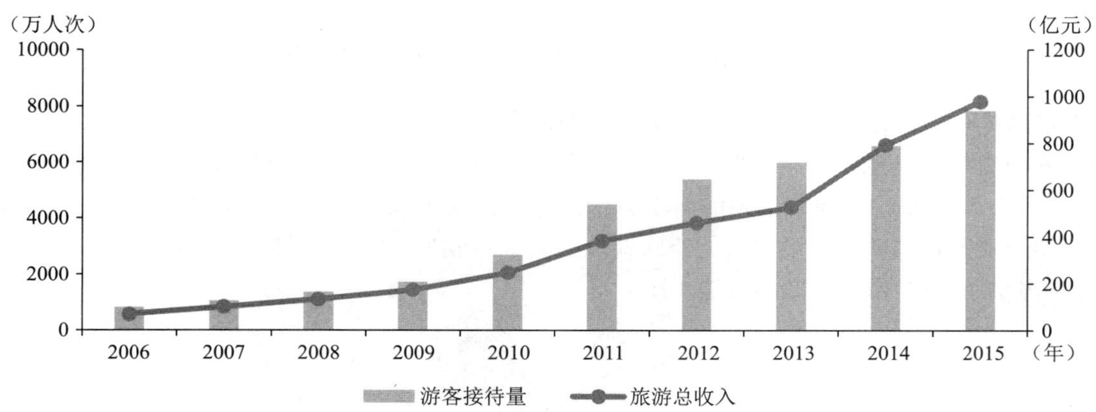

图 6–4 近 10 年合肥游客接待量与旅游总收入增长情况

（2）旅游产业地位日益提高。近年来合肥旅游业发展速度保持全省领先水平，2015 年合肥旅游总收入占全省旅游总收入的比重达到了 23.8%。合肥市旅游总收入占全市 GDP 比重持续提升，2015 年旅游总收入占 GDP 的比重达到 17.3%。合肥市旅游产业的地位和合肥旅游在全省的区域地位不断得到提升。

2. 合肥市旅游发展存在的问题

（1）旅游功能有待完善。合肥作为安徽省会和长三角城市群中的副中心城市，与上海、杭州、南京等长三角主要旅游目的地城市存在较大差距。上海等城市的都市休闲产业发展趋于成熟，而合肥城市休闲功能尚不完善，城市休闲功能提升应成为合肥旅游发展的重点方向。

（2）核心旅游产品和品牌尚未形成。现有项目还是以满足市民休闲需求为导向的，缺少国内一流影响力的旅游吸引物及旅游品牌（图 6–5）。

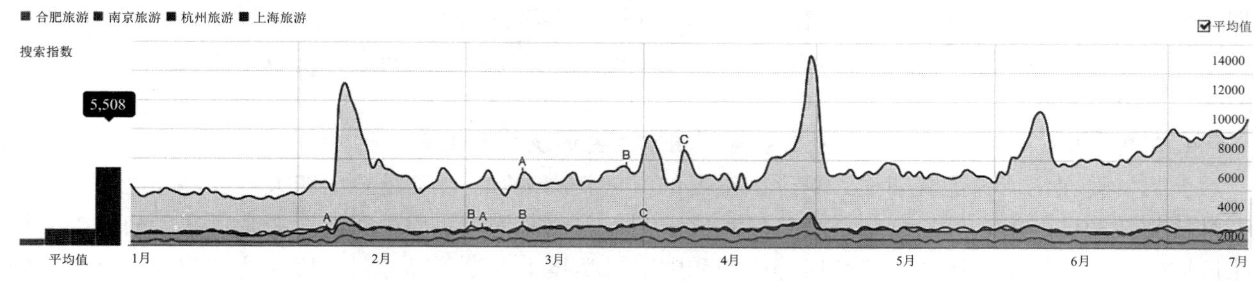

图 6–5 2016 年合肥旅游关注度低（合肥 574，约为杭州、南京 1/2，上海 1/10）

（3）产品地域文化特色不突出。合肥具有突出的江淮地域文化，其中淮军文化、包公文化、三国文化等文化资源在全国都极有影响力，但在旅游产品和旅游要素上没有得到很好的利用和体现。

（4）未融入长三角旅游体系。受传统行政区划、交通条件等多方面的影响，合肥旅游和长三角地区旅游强市的合作联动比较欠缺，现有的长三角主要旅游线路未将合肥纳入。

二、环巢湖旅游休闲资源环境条件

八百里巢湖烟波浩渺，帆樯如画。旅游休闲资源精彩纷呈，环境十分优美。环巢湖地区拥有丰富多样的自然资源、交映生辉的湖光山色、积淀深厚的历史文化、富集独特的旅游休闲资源。总体上，环巢湖旅游休闲资源特征：丰度高、容量大、组合性好，但垄断性一般。

虽然环巢湖旅游休闲资源垄断性一般，发展旅游观光的优势并不突出。但其丰度高、组合性好的特点，有利于发展多样的旅游休闲产品，尤其是通过科学的组织，形成集群效应，将会特别有利于形成国家级的吸引力。

（一）旅游休闲资源梳理

根据对旅游休闲资源相关分类研究的梳理，与国家旅游休闲区建设的总体任务目标衔接，提出针对环巢湖国家旅游休闲区的旅游休闲资源分类方案，将环巢湖地区的旅游休闲资源分为自然游憩、文化休闲、娱乐生活、户外运动、温泉疗养、湖泊山水、乡村田园等类型。共有旅游休闲资源单体156处（表6–1）。

表6–1　环巢湖地区旅游休闲资源

类型	单体	数量
自然游憩	滨湖湿地公园、四顶山森林公园、紫微洞景区、银屏山景区、东庵森林公园、平顶山三叠纪地层剖面（候选地质“金钉子”）、大小黄山、楚歌岭、散兵岭、姥山岛、冶父山森林公园、东顾山环山公园、袁家山、孤山岛、南淝河、塘西河、滨湖新区湿地、柘皋河、双楼河、黄麓湿地、烔炀湿地、龟山湿地、店埠河、兆河、白石天河、杭埠河、黄陂湖、兆河口湿地、灵台圩湿地、三汊河湿地、马尾河湿地、旗山、鼓山、银屏山、岱山、袁家山、双山、白石山	38
文化休闲	银山遗址、神墩遗址、古巢城水下遗址、温家套惨案遗址、果树窑址、金城寺遗址、三河古渡遗址、渡江战役纪念馆、安徽名人馆新馆、合肥美术馆、大张圩森林公园、金斗公园、塘西河方兴湖公园、金泉山庄、深业半汤御泉庄、鼓山景区、汉墓博物馆、巢湖艺术馆、龟山广场、中庙景区、黄麓师范、相隐寺、柘皋古镇（含巢湖李家大院）、烔炀老街、张疃村、洪家疃村、冯玉祥旧居、张治中故居、李克农故居、普仁医院旧址、巢湖三珍农业观光园、巢父生态园、振湖塔、长临河古民居、六家畈老街、吴邦国祖屋、吴忠性故居、蔡永祥烈士纪念馆、2814渔场、同大万亩葡萄园、现代农业观光园、周瑜墓园、武壮公祠、庆复禅寺、孙立人故居、三河古镇、喜洋洋生态农庄、万达文旅城、茶壶山革命烈士陵园、庐江齐嘴村，杨振宁旧居	51
娱乐生活	滨湖时代广场、世纪金源购物中心、华谊兄弟影院、巢湖安德利购物中心、沃尔玛购物广场、中影国际影城（巢湖店）、典创国际影城（庐江店）、万尚城时尚广场、联华购物广场、庐江大剧院、巢湖耳街文化创意街、巢湖市中庙商业步行街、金巢湖美食城、巢湖东门大排档（夜市）、山城啤酒美食城、木兰美食村、巢湖菜馆（徽菜）、老徽州食府（徽菜）、徽顺楼徽州私房菜（徽菜）、巢湖渔庄、荷塘月色、江南渔翁（徽菜）、特色王（徽菜）、运升楼（徽菜）、1912酒吧街、包河酒吧街、老报馆酒吧街、玛果酒吧、左耳水吧、藏宝PUB咖啡厅、栖巢咖啡、乐巢演艺酒吧、卓越网吧、金仕堡健身会所、天一国际健身俱乐部、多兰网吧、天空之城网络会所、艾克思网络会所、悦力健身运动中心、豪仕堡健身会所	40
户外运动	岸上草原运动区、环巢湖马拉松赛道、环巢湖自行车赛道、山地耐力赛赛道、毅行大会赛道、环湖挑战赛赛道、水上体育公园、木兰村湖边沙滩、巢湖水域资源、巢湖低空空域资源	10
温泉疗养	半汤温泉、汤池温泉、壹号井温泉山庄、金孔雀温泉度假村	4
湖泊山水	八百里巢湖、天屿湖、芦溪湿地、莲花圩、上下司圩、派河入湖口、白马山	7
乡村田园	巢湖北岸古村落（张家疃、刘家疃、唐家疃、中份塘、洪家疃等）、牛角大圩	6
总计		156

环巢湖地区旅游休闲资源数量较多、类型较丰富。类型上，人文类旅游休闲资源单体数量总体上比自然类资源数量多；按片区分，巢湖市、庐江县的两个片区资源数量名列前茅。

（二）旅游休闲资源特征总结

1. 八百里巢湖：江淮之“心”

巢湖位于安徽省江淮丘陵中部，巢湖面积 769.5 平方千米，是安徽第一大湖，是中国第五大淡水湖。八百里巢湖烟波浩渺，宛如跳动的“心”镶嵌在江淮大地。

巢湖是国家生态文明先行示范区，生态价值突出，是合肥绿色发展的核心地区。巢湖湿地生物多样性较为丰富，是众多野生鸟类的栖息地，水生动植物的家园。主要河流入湖口有南淝河施口、杭埠河口等。

2. 国家级风景名胜区：拥“湖天第一胜境”

2002 年 5 月，巢湖被批准为第四批国家级重点风景名胜区，具有国家级品牌，风景资源品质优良。巢湖风景区以巢湖辽阔水域风光、湖岛、山林、湾咀、湿地、圩田为自然景观要素，以古遗址文化、江淮建筑等为内涵，是综合性特大型国家风景名胜区。中庙・姥山岛景区自古就有“湖天第一胜境”之称，有皖中蓬莱美誉。此外，银屏山景区、紫微洞景区、鼓山景区、东庵森林公园皆为巢湖风景胜地。

巢湖“四绝、十名”特色突出。“四绝”包括湖光、奇花、温泉、溶洞，“十名”包括名湖、名泉、名山、名人、名馆、名洞、名镇、名寺、名圩和名花。“四绝、十名”资源为巢湖旅游休闲提供了丰富的元素。

3. 历史文化源远流长：始祖文化、古镇古村特色突出

巢湖流域地处江淮军事要津，文化特征在不同时期表现不同，多元化特点比较突出。文化类型包括神话传说（有巢氏、焦姥等）与历史故事（三国、淮军等）、古镇古村、名人故居（三将军等）、民俗节庆以及名人文化等。

（1）是中华文明发祥地之一：有中华人文始祖有巢氏。巢湖地区因湖而巢，是巢居文化的主要发祥地之一，是人居之源。安定于有巢，生灵始有家。巢湖地区是古人类的起源地，古文明的发祥地。有巢氏已成为公认的中华人文始祖，巢居时代成为代表中国先民进化的一个标志性时代，有巢氏已经成为弘扬巢湖地域特色文化，发展环巢湖旅游的一块金字招牌。

（2）国家级古镇、古村：江淮大地的闪亮明珠。环巢湖历史悠久，拥有大量古镇、古街、古村。三河古镇被住房和城乡建设部、国家文物局命名为“中国历史文化名镇”，是“国家级特色景观旅游名镇”。洪疃村拥有“中国传统村落”“国家级特色景观旅游名村”品牌。同时又有烔炀老街、柘皋老街等系列古街资源，与名人文化相得益彰，其中李鸿章、张治中、杨振宁等名人，都留下了大量历史故事。

4. 一湖拥双泉：“中国温泉之乡”

巢湖温泉储量丰富，水质优良，共有大小温泉 10 余处。2009 年，巢湖市被中国矿业联合会授予“中国温泉之乡”称号。巢湖半汤温泉、庐江汤池温泉拱卫巢湖，形成“一湖双泉”格局。巢湖温泉历史悠久，可谓“古汤温泉”。两大温泉与周边自然山水、人文景观资源组合性好，具有较大的开发潜力。

5. 世界“金钉子”候选地：地质科普资源地位突出

巢湖地区地质遗迹丰富，地质现象独特，是国际地科联三叠系殷坑组“金钉子”候选剖面所在地，在地质学界具有重要地位。应重启巢湖平顶山“金钉子”申报，为巢湖旅游的国际化发展增添光彩。

6. 传统农耕：圩田遗产、特色农业资源丰富

巢湖围湖屯垦的历史悠久，以大圩为主体的农业景观是巢湖一大特色，如东大圩、牛角大圩、灵台圩、胜利圩等。

环巢湖地区以绿色、有机果蔬粮食种植（葡萄、莲藕、有机大米等）、巢湖水产养殖等为主体的特色农业粗具规模，休闲农业发展前景广阔。

（三）旅游休闲舒适度评价

按照 THI（温湿指数）的指标对比，合肥市旅游休闲气候舒适度较高，休闲度假潜力大。

表 6–2 为合肥环巢湖与国内著名休闲度假地的舒适性比较。从气候环境看，合肥环巢湖与国内比较著名的休闲度假地相比，具有较好的休闲度假气候环境。

表6–2　合肥环巢湖与国内著名旅游休闲地的舒适性比较（THI：温湿指数）

地区	指标	1月	2月	3月	4月	5月	6月	7月	8月	9月	10月	11月	12月
辽宁大连	THI	○	○	○	○	○	○	●	●	○	○	○	○
河北昌黎	THI	○	○	○	○	○	●	●	●	○	○	○	○
山东青岛	THI	○	○	○	○	○	●	●	●	●	○	○	○
福建平潭	THI	○	○	○	○	●	●	●	●	●	○	○	○
广西北海	THI	○	○	○	○	●	●	●	●	●	●	●	○
广东珠海	THI	○	○	○	●	●	●	●	●	●	●	●	○
海南三亚	THI	●	●	●	●	●	●	●	●	●	●	●	●
浙江杭州	THI	○	○	○	●	●	●	●	●	●	●	○	○
江苏苏州	THI	○	○	○	●	●	●	●	●	●	●	○	○
安徽合肥	THI	○	○	○	●	●	●	●	●	●	●	○	○

表6–3　合肥环巢湖发展休闲度假旅游潜力评价

类别	评价因子	评价结果
基础评价	安全性	★★★★
	舒适性	★★★
	康益性	★★★★
开发评价	湖泊开发条件	★★★
	产品与设施水平	★★★
	核心客源市场	★★★★★
	可依托的城镇	★★★★
	区位交通	★★★★★
潜力评估		★★★★★

根据国际休闲度假地的发展趋势特征、国内外湖泊休闲旅游度假地的发展经验，对合肥环巢湖发展休闲度假旅游的潜力进行基础评价、开发评价两个层面的综合评估，从表 6–3 可以得出以下合肥环巢湖发展休闲度假旅游的基本结论：

第一，环巢湖发展休闲度假的基础条件良好，更重要的是具备强大的核心客源市场、优越的交通区位条件、众多文化底蕴深厚的可依托城镇、村落，是长三角地区最具潜力的新兴休闲度假区域之一。

第二，巢湖具有较高的知名度、影响力，以及长三角城镇群的较好区位，但与长三角地区的滨海、滨（长）江、环太湖、千岛湖等在休闲度假方面相比，不具有突出优势，具有较强的竞争性。

第三，合肥环巢湖的休闲度假旅游，尚需要在环境与设施、旅游产品等方面进一步提升与完善。

三、环巢湖旅游休闲市场现状分析与趋势预判

（一）旅游休闲市场分析

1. 长三角层面

（1）旅游经济总量省内领先，与长三角差距较大。作为省会城市，合肥商贸、物流等经济活动频繁，加上区域交通枢纽的地位，密集的人员往来带来日益增长的旅游客流和旅游消费，2014 年合肥市实现旅游总收入 792 亿元，居全省第一位（图 6–6）。

在长三角区域层面，合肥旅游经济总量与沪、宁、杭以及苏、锡、甬相比，差距十分明显，2014 年旅游总收入仅为上海的约 1/5，南京、杭州的约 1/2。与周边湖北、江西的省会城市相比，合肥旅游经济总量高于南昌、远低于武汉（图 6–7，图 6–8）。

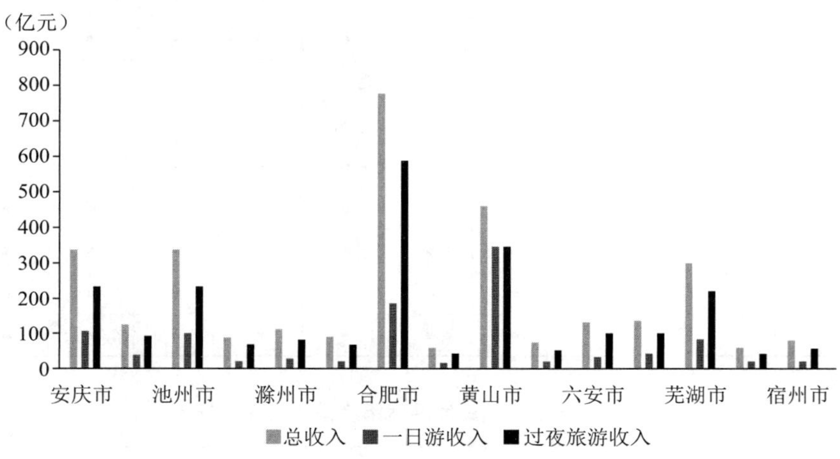

图 6–6　2014 年安徽省各地市旅游总收入对比

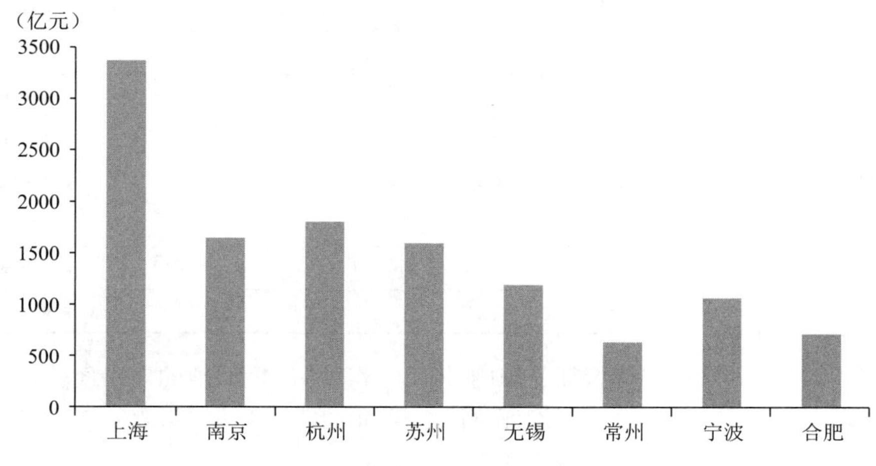

图 6–7　2014 年长三角主要城市旅游总收入

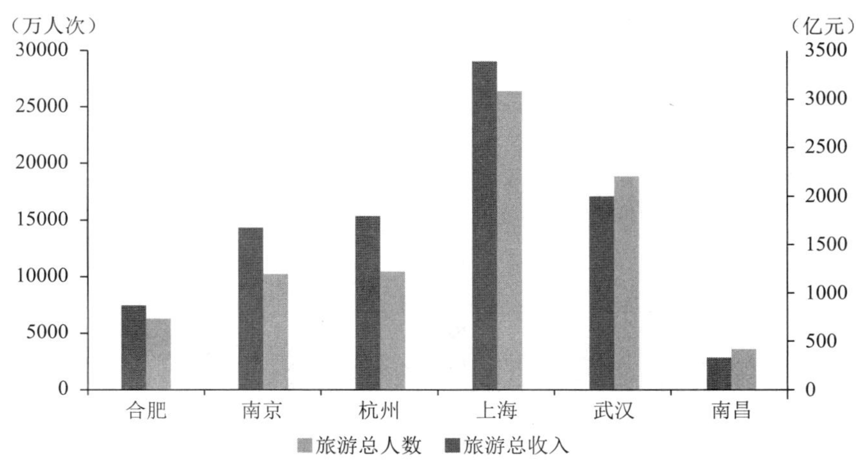

图 6-8　2014 合肥市与周边省会城市旅游发展比较

（2）市场区位优越，合肥旅游圈快速成长。研究数据表明，长三角区域是我国最大的旅游客源地和目的地，每年拥有约 10 亿人次的区内流动的旅游客流。随着全国高速铁路网的建成、长三角城际轨道网的完善，以及长三角经济一体化的深入，长三角区域旅游一体化的空间范围将扩大，对新的旅游地的需求也会呈倍数增长。合肥作为长江下游文化板块的重要组成，地理相近、文化同源、人缘相亲，其旅游发展面临融入长三角客源市场、成为长三角新的旅游地的双重机遇期，市场基础条件优良，发展前景乐观。

目前长三角区域旅游第一层级的核心城市为上海、杭州、南京和苏州；同时形成了以杭州为中心，绍兴—嘉兴—湖州等城市组成的杭州都市旅游圈，以苏州、无锡为中心的苏锡常都市旅游圈，以南京为中心，扬州—镇江—泰州等城市组成的南京都市旅游圈；杭州—千岛湖—黄山成为重要的华东精品线路之一。随着环巢湖旅游开发步伐加快，以合肥为中心、淮南—六安—安庆等城市组成的合肥都市旅游圈的形成，合肥在向南连接皖南、向东挺进长三角区域、向西传递释放长三角旅游需求中，将成为重要的核心和基地。

2. 省域层面

（1）入境旅游情况。安徽全省 2014 年入境旅游人数 233 万人次，比上年增长 16.2%；旅游外汇收入 19.6 亿美元，增长 13.3%。全省入境人数呈较快增长态势，与长三角地区的沪苏浙相比，全省入境市场规模仍较小。入境游客主要来源于日本、美国、韩国等。合肥作为安徽省对外接待的重要窗口，带动安徽中部旅游的国际化发展任重而道远（图 6-9）。

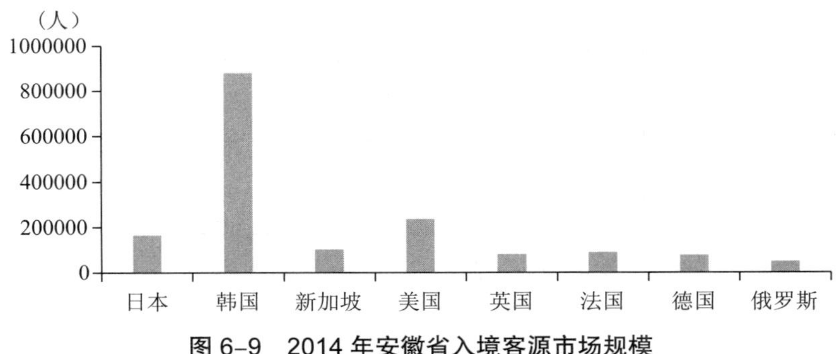

图 6-9　2014 年安徽省入境客源市场规模

（2）国内旅游需求特征。从游客的旅游动机看，到全省旅游的游客大多以休闲观光度假、商务、探亲访友等动机为主，尤以休闲观光度假最为显著。其中，合肥的游客中会议旅游占有绝对比重，远高于大合肥经济圈及全省比例，其次，安庆市商务会议旅游者也占有较大比重。黄山、芜湖多以休闲度假、探亲访友为主（图 6-10）。

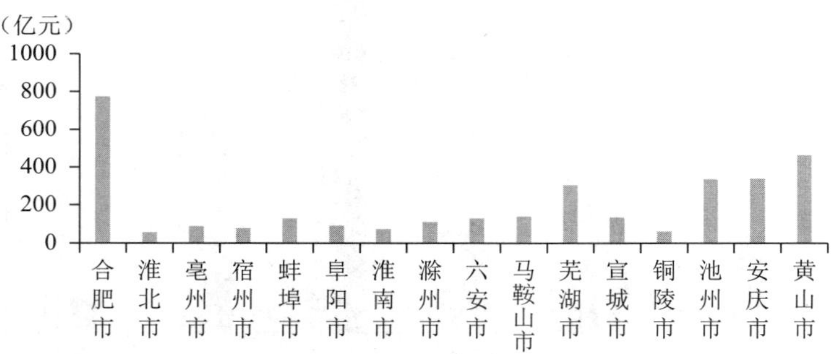

图 6-10　2014 年安徽省各市国内旅游总收入

从国内游客逗留时间看，安徽中部地区五地旅游者大多会选择过夜游方式，其中又以六安比例最大，但若综合考虑客源数，又以合肥人数最多。在一日游中，滁州所占比重最大。合肥市的一日游与过夜游的比例相近，与其地理位置有较大联系。近年来合肥市一日游比例已经连续 4 年出现增长，与现在合肥便捷的交通网不无关系。总体看来，该区域大多数城市的过夜游比例高于全省比例，并且过夜与一日游两者比例大都相对稳定。

3. 重点旅游市场区研究

（1）合肥经济圈市场。合肥经济圈包括合肥、淮南、六安及桐城等周边地区，区内城市基本实现 1 小时交通到达。合肥经济圈的市民，其出游动机以游览观光和健康疗养为主。在出游方式上，近 70% 的旅游者喜欢自由出行，大部分人员是由家庭、朋友等自由组织出游。选择近郊旅游的市民占 78%。年轻人对于文化类产品的喜好程度不如娱乐类产品，随着消费能力的提升，年轻旅游者更加追求刺激性、新奇性、娱乐性的休闲度假旅游。而中老年人则更加喜好温泉等休闲度假旅游产品。针对合肥经济圈的旅游消费特征，巢湖重点是进行有针对性市场的营销，针对年轻人，强调运动、参与性和刺激性；针对中老年人，强调温泉疗养、健康休闲和文化性。在交通的便利性上，要充分利用合肥 1 小时经济圈建设，形成完善便捷的交通服务体系。

（2）长三角城市群市场。以上海为核心的长三角地区是我国经济发达地区，也是全国主要的旅游客源市场之一。调查显示，在上海市民长假期间的休闲方式选择中，排名前三的分别是旅游度假类、社会活动类和逛街购物类。对上海白领的旅游调查表明，上海白领国内游的动机排在前三名的是观光旅游（占 66.7%）、度假旅行（占 41.4%）、享乐旅游（占 34%）。除此之外，从高到低依次是探亲访友，文化、健康旅游，工作假期，会议旅游，商务旅游，购物游，奖励、宗教旅游，特殊兴趣旅游，排在最后的是修学游。从旅游市场行为特征来看，优越的自然环境是度假的首选因素。其次，旅游者对于休闲设施的舒适化、便利化程度要求比较高，需求多样化特征明显，追求旅游产品和服务设施的特色化、个性化。针对长三角旅游者的特点，应加大对上海市场的营销力度。突出环巢湖地区旅游休闲产品的娱乐、文化、运动、康体主题。积极推出温泉旅游，尤其要主打健康温泉的概念。做好节假日旅游，在交通的便捷性、消费的便利性上下功夫，吸引更多的上海游客在节假日来环巢湖旅游休闲。

（3）武汉城市圈市场。武汉城市圈是中部三大城市群之一。武汉是我国长江流域经济中心城市，2015 年人均 GDP 高达 16700 美元（人民币 104132 元），在中部地区名列前茅。以武汉为中心的城市圈将是环巢湖地区旅游休闲的重要市场。无论大众市场还是高端市场，武汉城市圈市民对于自然山水休闲都比较青睐。在经常从事的休闲活动中，水休闲、美食、购物、温泉是几个重要项目。对休闲项目本身的特色性、创新性提出了更高的要求，甚至超过对价格、交通等因素的考虑。对于文化类景点兴趣不大，对旅游参与性活动需求较大，对于娱乐项目特别是大型娱乐项目的需求潜力较大。对应武汉城市圈的旅游偏好，环巢湖旅游休闲的发展应着重环境的建设，项目上突出休闲、娱乐、购物、养生等功能，突出参与性和温泉康体项目。

（二）旅游休闲市场预测

1. 现状分析

根据合肥市旅游局客流统计系统提供的数据，可知 2015 年环巢湖地区部分景区的游客量（表 6–4）。

表6–4　2015年环巢湖地区部分景区游客量[①]

景区名称	2015年游客量（万人次）
滨湖湿地森林公园	162.5
渡江战役纪念馆	141.7
三河古镇风景区	135.6
安徽名人馆	101.8
紫微洞风景区	13.0
金孔雀旅游度假村	34.2

结合环巢湖景区游客人数分布情况（表 6–5），以滨湖湿地森林公园为参照，大致估测环巢湖未列入合肥旅游局客流统计系统的部分景区在 2015 年的游客接待量（表 6–6）。

表6–5　环巢湖景区游客人数分布一览[②]

景区名称	日高峰人数（人次/日）
三河古镇	37000
滨湖湿地	40000
王乔—紫微洞	5000
银屏山	5000
旗鼓山	600
中庙—姥山	24000
北龟山	600
月亮湾	600
牛角大圩	40000
长临河古镇	20000

表6–6　2015年环巢湖部分景区游客量估测值

景区名称	2015年游客量（万人次）
银屏山	20.3
旗鼓山	2.4
中庙—姥山	97.5

① 注：安徽名人馆景区仅有 7~12 月份数据，根据其他景区游客量的年度分布进行数据估测。
② 资料来源：《环巢湖文化旅游规划 专题 2：环湖大道沿线旅游服务设施建设规划》

续表

景区名称	2015年游客量（万人次）
北龟山	2.2
月亮湾	2.4
牛角大圩	104.0
长临河古镇	81.3

根据各景区的空间分布情况，结合游客游览线路的安排，尽可能避免游客量的重复计算，如渡江战役纪念馆和安徽名人馆的地理位置比较相近，两者的游览人群可能会存在一定的重叠，因此需要在两者游客量加总后乘以一定的权重值。此外，部分游客量较大的景区未出现在上述统计数据中，如深业半汤御泉庄、汤池温泉等，以及还有部分游客不以景区为旅游目的地，这些因素都需要在游客量估算时加以考虑。综上，可得出 2015 年环巢湖规划区游客量约为 1000 万人次。

2. 预测模型

（1）关联模型。根据长三角地区类似大湖旅游区的发展情况，结合环巢湖国家旅游休闲区的区位条件、景区景点、品牌建设和旅游市场发展态势等，判断环巢湖与这些大湖旅游区之间的竞争关系，从而预测未来环巢湖的旅游市场规模（表 6–7）。

表6–7　环巢湖与竞合对象比较分析

竞合对象／比较指标	环太湖地区	千岛湖景区	环巢湖国家旅游休闲区
水域面积	2250 平方千米	567.4 平方千米	769.5 平方千米
游客接待量	根据环太湖主要景区游客量统计数据，估算环太湖地区 2015 年共接待游客 5000 万人次左右。	2014 年游客量超过 210 万人次。	根据环巢湖主要景区游客量统计数据，估算环巢湖 2015 年共接待游客 1000 万人次左右。
区位条件	位于长江三角洲的南缘，横跨江、浙两省，北临无锡，南濒湖州，西依宜兴，东近苏州。	位于杭州西郊淳安县境内，东距杭州 129 千米、西距黄山 140 千米。	位于安徽省江淮丘陵中部，1 小时高铁、2 小时高速公路达南京，3 小时高铁达上海。
景区建设	苏州吴中太湖旅游景区、苏州太湖国家旅游度假区、无锡影视基地、灵山大佛、太湖鼋头渚、常州武进太湖湾旅游度假区、环球动漫嬉戏谷等。		滨湖湿地森林公园、渡江战役纪念馆、三河古镇风景区等。
品牌建设	缺乏统一的品牌形象。但一首《太湖美》歌曲已将秀美太湖的品牌形象树立起来。	千岛湖——心灵的绿洲	
旅游市场发展态势	随着国民生活水平的提高和旅游行业高歌猛进式的发展，旅游已成为我国居民日常性的消费活动，越来越多的居民将会把旅游作为假期生活的首选。		

从表 6–7 分析看，虽然环巢湖空间规模约为环太湖的 1/3，但可把环太湖作为比照目标，2015 年环巢湖游客接待量约为环太湖的 20%，按空间折算的当量规模约为 30%。若近期 2020 年环巢湖游客量达到 2015 年环太湖当量游客量的 60%，即接待游客量 3000 万人次；2025 年达到环太湖 2015 年当量游客量的 90%，即接待游客量 4500 万人次。

建立环巢湖与环太湖游客接待量的关联模型有助于容量管理的横向比较，但这个模型需要解决数据统计范围及统计口径问题，并持续进行数据收集汇总方能建立关联模式、导出关联系数。这个模型可作为容量管理框架的辅助手段。

鉴于环巢湖被城市居民使用的便利性比环太湖更高，因此建议环巢湖年接待游客量可按环太湖年接待量的 40%~50% 为目标。

（2）总量份额模型。根据合肥市旅游市场规模情况，通过环巢湖国家旅游休闲区在合肥市全部景区景点中所占的地位来预测未来规划区的旅游市场规模。据对 2015 年环巢湖规划区范围主要旅游景区游客接待量的汇总计算，环巢湖年接待游客量大约 1000 万人次，同期合肥市国内游客接待量为 7784.24 万人次，即 2015 年环巢湖游客量占合肥市国内游客量的比例约为 13%。考虑未来规划区的发展，估测至 2020 年该比例可上升至 25% 左右，即到 2020 年，环巢湖国家旅游休闲区游客接待量可达 3300 万人次左右（表 6–8）。

表6–8　合肥“十三五”旅游业主要量化指标[①]

指标	单位	2014年	2020年	年均增长率（%）
国内旅游人数	万人次	6535	13250	12.5
国内旅游收入	亿元	774	1700	14
入境过夜旅游人数	万人次	40.09	83.5	13
旅游外汇收入	亿美元	2.82	6.5	15
旅游业总收入	亿元	791.32	1750	14
旅游业增加值	亿元	待定	待定	待定
旅游业增加值占 GDP 比重	%	待统计	7	—
居民人均出游次数	次	3.5	5	

（3）市场构成模型。根据环巢湖国家旅游休闲区的目标客源市场构成，结合不同客源市场的出游能力，预测未来规划区的旅游市场规模。

根据《长江三角洲城市群发展规划》，2014 年合肥市常住人口数为 770 万人。预测到 2020 年，合肥市常住人口数将达 860 万；到 2030 年，合肥市常住人口数将达 1000 万。根据《合肥市旅游业发展“十三五”规划》，到 2020 年，合肥市居民人均出游次数为 5 次。因此估测到 2030 年，合肥市居民人居出游次数可达 10 次。同时，预测到 2020 年、2030 年，规划区的合肥本地游客占游客总量的比例将分别达 80%、70%，可知到 2020 年，环巢湖国家旅游休闲区游客接待量可达 3200 万人次左右，到 2030 年，游客接待量可达 8500 万人次左右（表 6–9）。

表6–9　长三角地区各市市域常住人口预测

单位：万人次[②]

城市	2014年	2020年预期	2030年预期	城市	2014年	2020年预期	2030年预期
上海	2426	2500	2500	湖州	292	297	307
南京	822	950	1060	绍兴	496	534	551
苏州	1059	1100	1150	台州	602	625	660
无锡	650	720	850	舟山	115	150	200

① 资料来源：《合肥市旅游业发展十三五规划》。

② 资料来源：《长江三角洲城市群发展规划》。

续表

城市	2014年	2020年预期	2030年预期	城市	2014年	2020年预期	2030年预期
常州	470	570	650	金华	544	554	565
南通	730	870	910	合肥	770	860	1000
扬州	447	560	570	芜湖	362	430	530
镇江	317	360	400	马鞍山	223	260	330
泰州	464	560	580	滁州	399	460	560
盐城	722	755	800	宣城	257	290	340
杭州	889	940	950	铜陵	74	100	130
宁波	768	820	900	池州	143	160	180
嘉兴	457	590	690	安庆	538	570	630

3. 小结

综合以上三种方法，可以推断环巢湖地区各规划阶段的旅游休闲游客接待量。随着环巢湖国家旅游休闲区创建工作的推进，大量本地居民和外地游客将到环巢湖参与旅游休闲活动，环巢湖旅游休闲接待量将大幅提升。统筹考虑三种方法的结论，推断环巢湖地区 2020 年旅游休闲游客接待量将达到约 3200 万人次，2025 年将达到约 5000 万人次，2030 年将达到约 8500 万人次。

四、环巢湖旅游休闲区域竞合分析

（一）湖泊资源旅游价值不够，但潜力巨大

巢湖为全国第五大淡水湖，以同一等级的湖泊为参照进行竞争与合作分析。在五大淡水湖中，巢湖虽然面积最小，却是唯一整体属于一个地市级行政单元管辖的大湖。从资源环境类型与区位特征分析，五大湖中巢湖的主要竞争对手是太湖（表 6–10）。

表6–10　巢湖与太湖旅游价值的比较

角度	太湖	巢湖
水域面积	2338 平方千米	769.5 平方千米
水质	一般	较差，夏季多发蓝藻
风景区面积	3091 平方千米	1300 平方千米
岛屿与岸线	岛屿 51 个，如无锡太湖仙岛，苏州东山岛、西山岛等 湖岸线总长：405 千米	岛屿：2 个 岸线：185 千米
开放景区（个）	苏州—木渎、同里、石湖、光福、东山、西山、角直，常熟—虞山，无锡—梅梁湖、蠡湖、锡惠、马山，宜兴—阳羡	中庙—姥山、银屏山、紫微洞
全国文保单位	13 处	1 处
国家级历史名镇名村	5 个（名镇 3 个：同里、角直、木渎。名村 2 个：陆巷、明月湾）	1 个（名镇：三河）
国家级旅游度假区	2 个（无锡太湖旅游度假区 51.4 平方千米；苏州太湖旅游度假区—陆域 173 平方千米，启动区 11.2 平方千米）	无
国家旅游休闲区	无	首个试点
环湖 5A 级景区	4 个（同里古镇、周庄古镇、无锡影视基地三国水浒景区、灵山大佛景区）	1 个（三河古镇）
接待游客量	3692 万人次（2008 年）	≤ 100 万人次

续表

角度	太湖	巢湖
特色活动	苏州：太湖梅花节、太湖开捕节、太湖龙舟赛 无锡：太湖渔家风情节、太湖国际樱花节、中国竹文化节	国际马拉松比赛 巢湖（国际）旅游节 庐江巢湖开湖节
大型实景演艺	苏州：苏州园林实景“牡丹亭”，周庄：“笛韵”，无锡：梦回江南	无

从表 6–10 可以看出：从水质角度看，太湖优于巢湖；从景观与游览价值看，太湖整体高于巢湖；从空间承载力看，太湖较大但趋于饱和，巢湖较小但潜力巨大；从旅游产业基础看，太湖整体较强，巢湖明显偏弱；从度假环境比较看，两者舒适性、安全性、康益性相当，而巢湖旅游潜力巨大；从开发可行性看，太湖管控严格，并且是长三角重要的水源地，整体是保护性地域，而环巢湖在旅游休闲区建设引领下，保护与利用相互促进，是介于保护地和开发性地域之间的区域。

（二）风景名胜资源不具比较优势，但资源组合度高

长三角地区有国家级风景名胜区 32 个，浙江占 17 个，江苏占 5 个，安徽占 10 个，其中合肥 1 个。在 32 个风景名胜区中，约 1/2 为山岳型，1/4 为湖泊型。在湖泊型风景名胜区中，杭州西湖知名度和影响力最高；瘦西湖位于历史文化名城扬州，人文底蕴深厚；富春江—新安江—千岛湖远离城市化地区，是华东精品游线（名城—名湖—名山）的重要节点。巢湖风景区虽然规模大，但可游览的核心景区面积占总面积不到 2%（按规划测算）。从风景名胜的观光游览价值看，巢湖风景区无论在省内还是在长三角地区，优势度较低。但资源组合度较高，湖、山、河、田、泉、镇、村、文等组合起来，形成了整体优势。

（三）温泉资源在长三角具有一定的比较优势

与云南、广东、福建等温泉资源大省相比，长三角地区的温泉资源不算丰富，但品质较高，其中合肥巢湖与南京浦口区汤泉镇、南京汤山、连云港东海先后被国土资源部评为“中国温泉之乡”。在这 4 个温泉之乡中，南京和合肥的温泉资源与长三角核心城市上海距离较近，南京汤山温泉开发时间较长，为我国四大温泉疗养区之一；合肥温泉开发时间也不短，知名度不如南京，但南京温泉为深井温泉水，合肥则为自溢式医疗型温泉，目前保护和开发状况均优于南京，在长三角地区具有较强的资源独占性。

（四）与长三角相比文化差异性较明显

安徽地处南北过渡地带，分为南、北、中三大文化圈，其中尤以皖南的徽文化最具特色。合肥属于皖北淮河文化圈和皖中皖江文化圈融合形成的江淮文化板块，文化特色总体呈现出交融性、过渡性，文化通道的地理环境孕育出的三国文化、淮军文化、美食文化等合肥地域特色的多元文化，与长三角核心市场的吴越文化特色相比，呈现较明显的融合性。吴头楚尾的文化交融性，利于大都市圈之间的文化认同、交流融合，形成旅游休闲的吸引力，有条件成为环巢湖旅游休闲产品开发的切入点。

总体上，合肥旅游资源在省内不如拥有世界自然与文化遗产的黄山市以及本土文化特色突出的皖南。与长三角的杭州、苏州等城市相比，资源的吸引力和影响力也相对较弱，资源等级总体偏中等。环巢湖地区既不是自然保护地、国家公园需要的严格保护，也不是国家度假区可高强度开发，具有突出的独特性。巢湖是稀缺的大湖，又临近长三角和安徽省会，具有良好的旅游休闲利用条件。

五、USP（特殊性卖点）分析

从环巢湖旅游休闲资源与环境、目标市场特征与需求、旅游休闲发展愿景等多方面考量，环巢湖旅游休闲的 USP（特殊性卖点）主要有以下几个方面（图 6–11）：

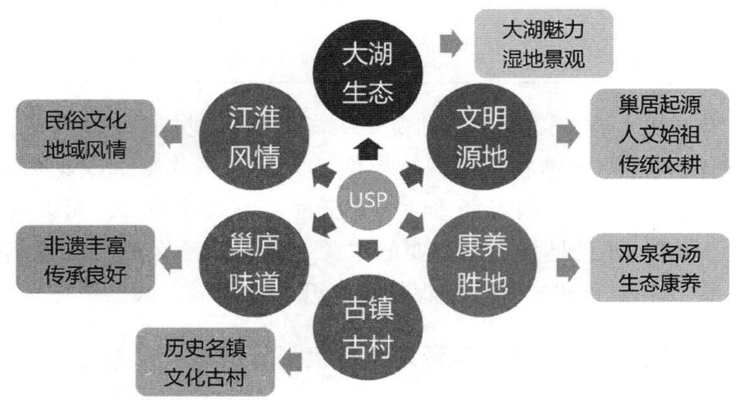

图 6–11　环巢湖 USP（特殊性卖点）

（一）大湖生态

（1）大湖魅力。巢湖，是安徽第一大湖，是我国五大湖之一，拥“湖天第一胜境”，展现出国家旅游休闲区的独特魅力。

（2）湿地景观。环湖湿地，鸟类乐园，尽显生态景观。巢湖湿地，旅游休闲，胜似西溪。

（二）文明源地

（1）巢居起源。巢湖是巢居文化的发源地，凝聚了人类宜居的智慧。今日巢湖，建设国家旅游休闲区，要成为游客的港湾，建设“中国旅巢”。

（2）人文始祖。有巢氏，开创有巢文明。安定于有巢，生灵始有家。

（3）传统农耕。千年圩田，利用湖泊淤地发展农耕，防旱抗涝，常保丰收，是劳动人民的智慧结晶。

（三）康养胜地

（1）双泉名汤。一湖拥双泉，均是千古名汤，使巢湖成为“中国温泉之乡”。

（2）生态康养。森林养生、户外运动、健康休闲，环巢湖必将成为康养天堂。

（四）古镇古村

（1）历史名镇。江淮名镇，荟萃历史名人，成为游人如织的特色景观旅游名镇。

（2）文化古村。传统村落，文化高地。古村旧居，田园乡愁。

（五）巢庐味道

（1）非遗丰富。环巢湖地区非物质文化遗产类型齐全、数量丰富、等级很高。

（2）传承良好。非物质文化遗产整体性保护与活态传承良好，基本保留了独特的巢庐味道。

（六）江淮风情

（1）民俗文化。处江淮之中，庐剧、民歌之乡，民俗文化丰富多彩。

（2）地域风情。鱼米之乡，人文之地，尽显江淮风情。

六、环巢湖旅游休闲现状与问题

（一）现状分析

环巢湖区域不断优化旅游发展环境，加大旅游基础设施建设，大力发展休闲旅游产品，具备了发展成为国家旅游休闲区的条件。经过近年的精心打造，环巢湖地区旅游休闲产业已经形成一定的基础，已成为合肥居民休闲游憩的目的地。

1. 景区建设实现突破，旅游休闲功能强化

环巢湖区域已经建成 A 级旅游景区 20 处，其中 5A 级旅游景区 1 处、4A 级旅游景区 6 处、3A 级旅游景区 6 处，类型涉及风景名胜、温泉度假、特色文化、乡村旅游等方面。三河古镇于 2015 年 10 月成功创建国家 5A 级旅游景区。近年滨湖国家森林公园、中庙姥山岛也成功创建了国家 4A 级景区。从景区类型看，古镇古村休闲、乡村休闲等休闲型景区逐渐增多，旅游休闲功能持续强化（表 6–11）。

表6–11　环巢湖区域A级旅游景区分布一览

现有景区	滨湖新区片	巢湖市片	肥西片	肥东片	庐江片
5A 级景区			三河古镇		
4A 级景区	安徽名人馆	紫微洞景区、半汤郁金香高地景区			金孔雀温泉度假村、孔雀东南飞爱情主题园、冶父山风景区
3A 级景区		银屏山景区、金泉山庄、巢父生态园、三友堂茶馆	喜洋洋生态农庄		周瑜文化园
2A 级景区		鼓山景区、巢湖艺术馆、张治中故居、李克农故居、冯玉祥旧居、中庙姥山岛景区		白马山休闲度假区	
小计	1 处	12 处	2 处	1 处	4 处
其他	渡江战役纪念馆、合肥美术馆、滨湖湿地森林公园	深业半汤御泉庄 汉墓博物馆		长临河六家畈老街	

2. 重大项目强力推进，休闲化态势日趋明显

围绕大项目、大品牌、大企业，环巢湖区域重大旅游项目引进工作取得显著进展。总投资 190 亿元的万达文旅城稳步推进，已完成投资额 120 亿元，于 2016 年 9 月开放营业。安徽名人馆、长临河古街等项目已建成开放。中庙姥山岛完成初步整治提升，半汤、汤池温泉度假区加快建设。以滨湖国家森林公园、滨湖生态湿地旅游带、滨湖文化场馆群等为代表的一批生态休闲、文化休闲重点项目也在建设之中。环巢湖地区 50 多处在建拟建项目中，休闲项目约达 90%，环巢湖地区休闲化态势明显。

3. 市场推广持续加强

合肥市加大旅游宣传力度，创新宣传手段，持续推介环巢湖旅游。合肥持续推广“大湖名城·创新高地”的整体形象，使巢湖品牌影响力大幅提升。国际马拉松比赛等休闲运动陆续开展，环巢湖地区还举办了若干重大旅游节庆活动，如“中国合肥·巢湖（国际）旅游节”（合肥市人民政府、安徽省旅游局共同主办）、中国合肥·庐江巢湖开湖节（庐江县政府牵头）等（表 6–12）。

表6–12　环巢湖地区节事活动

类别	节事活动
节庆	中国合肥·巢湖国际旅游节、中国合肥·庐江巢湖开湖节、巢湖牡丹观赏节、“春色滨湖”旅游节、巢湖温泉旅游节、庐江同大镇葡萄文化旅游节、庐江温泉养生节、肥东县“幸福长临”钓鱼节、安徽庐江温泉养生暨民俗文化旅游节、合肥市龙虾节、合肥牡丹节、合肥庐江黄陂湖河蟹节、巢湖传奇焖炀美食节、三河水文化节、庐剧文化艺术节、南巢歌会、三河美食文化节、三河龙舟文化节、巢湖中国文化体育节、巢湖渔火音乐节、鼓山庙会、中庙庙会、四顶山庙会
赛事	合肥国际马拉松、巢湖端午龙舟赛、合肥（汤池）乡土菜烹饪大赛、合肥（汤池）全国山地自行车赛

4. 基础设施提档升级

环巢湖地区旅游基础设施建设步伐加快。随着 155 千米环巢湖旅游大道全线贯通，环巢湖旅游休闲发展开启了新阶段。旅游交通日益便捷，旅游基础设施建设步伐加快，旅游码头、停车场、旅游厕所等配套服务设施也列入建设计划并陆续启动实施，沿线旅游交通与景点标识标牌得到完善提升。

5. 旅游休闲环境不断优化

近年来，合肥市抓住环巢湖国家生态文明先行示范区成功获批的机遇，深入实施环巢湖地区生态保护与修复工程，积极推进旅游业发展，取得了初步成效，为创建环巢湖国家旅游休闲区打下了扎实的基础。巢湖岸线生态整治、南淝河等入湖河流的入湖口治理与湿地建设、沿湖城镇污水处理设施建设加快进行。巢湖湿地功能得到恢复，水环境治理初见成效。

6. 试点创建全力推动

2015 年 8 月，原国家旅游局批复同意合肥市创建环巢湖国家旅游休闲区，成为全国首个国家级旅游休闲区试点。《安徽省人民政府关于促进旅游业改革发展的实施意见》中明确提出创建环巢湖国家旅游休闲区，显示了安徽省对合肥市环巢湖旅游产业发展的高度重视。合肥召开环巢湖国家旅游休闲区工作汇报会，全力推动国家旅游休闲区建设。合肥市加快实施环巢湖国家旅游休闲区试点创建工作，高度重视环巢湖生态保护修复，发展休闲旅游产业。

（二）SWOT 分析

表6–13　合肥环巢湖旅游休闲SWOT分析

优势（S）	劣势（W）
（1）资源环境的组合优势； （2）合肥江淮文化品牌的带动作用； （3）社会经济基础良好； （4）区位交通优越； （5）各级政府的重视。	（1）各项保护要求的制约； （2）可利用土地资源制约； （3）经济相对滞后、政绩评价导向引致的短期效益冲动。
机会（O）	**威胁（T）**
（1）合肥城市发展模式转型，旅游业在环巢湖产业与空间调整中将起主导作用； （2）合肥在长三角城市群副中心的定位对环巢湖旅游带动； （3）融入长三角区域（旅游）一体化。	（1）巢湖水生态环境的威胁加剧； （2）周边区域旅游地的竞争更加激烈； （3）城镇化与工业化对环巢湖资源环境的压力显著。

（三）主要问题

由于多方面的原因，环巢湖地区旅游休闲发展仍存在一些问题，如品牌包装、营销推广不够，特色资源环境优势未有效利用，科技创新优势利用薄弱，体制机制滞后，顶层设计缺乏，不能满足人民群众的高品质旅游休闲需求，尤其是与国家旅游休闲区要求有较大差距等。

1. 整体品牌包装、核心市场营销不足

随着近年来区域合作的需要，安徽日益融入长三角地区，长三角市场也逐渐成为合肥旅游休闲的核心市场。但环巢湖地区品牌形象知名度不高、影响力不足、市场识别度不高。目前环巢湖地区除了三河古镇、汤泉等少数景区外，整体品牌包装欠缺，未形成如太湖、千岛湖等目的地的整体营销局面。环巢湖地区要加强与长三角旅游休闲市场对接，加强品牌营销，拓展市场腹地，成为城镇群的休闲后花园。

2. 丰度高、容量大、组合性好的资源环境优势未转化为吸引物体系

环巢湖旅游休闲资源环境特色明显，但目前仍然处于景区观光发展阶段，创意创新利用不足，新业态不够。旅游休闲内涵不够丰富，游客可游性与体验性不够，旅游休闲吸引物不足，要强化丰富旅游休闲产品，提升环湖休闲体验性、可游性。

3. 业态创新不足，科技创新优势利用薄弱，缺少强力引擎性项目

合肥是“创新高地”，但科技创新优势与旅游休闲资源环境未充分结合，未形成旅游休闲业态创新氛围。环巢湖地区要加强资源环境特色挖掘，利用科技创新手段，强化新产品开发与新业态打造。环巢湖地区旅游休闲项目总体吸引力有限，缺少全国一流或者世界知名的旅游休闲吸引物品牌。环巢湖地区要强化整合打造，建立强力引擎性龙头项目。

4. 管理条块分割严重，体制机制严重滞后

环巢湖旅游休闲发展中涉及的不同行政单位、不同行业和部门自成体系，管理上缺乏全面性和协调性，旅游休闲经济的整体效益较难实现，尤其开发中的投融资、建设与运营管理问题有待从机制上实现突破。要以“国家旅游休闲区”的创建为契机，从要素整合、资源整合、管理整合、经营整合等入手，推动形成环巢湖旅游休闲一体化的体制机制。促进公共管理的有序性和服务化，保障市场运作的专业化与高效化。

5. 缺乏战略性、科学性的顶层设计与实操性的规划整合

环巢湖地区众多景区点、众多旅游镇，“点多面广”，但缺乏战略性、科学性的顶层设计，缺乏具有实操性的规划整合。环巢湖地区要以国家旅游休闲区创建为契机，强化顶层设计，制定具有实操性的规划，科学指导环巢湖地区旅游休闲产业发展（图 6–12）。

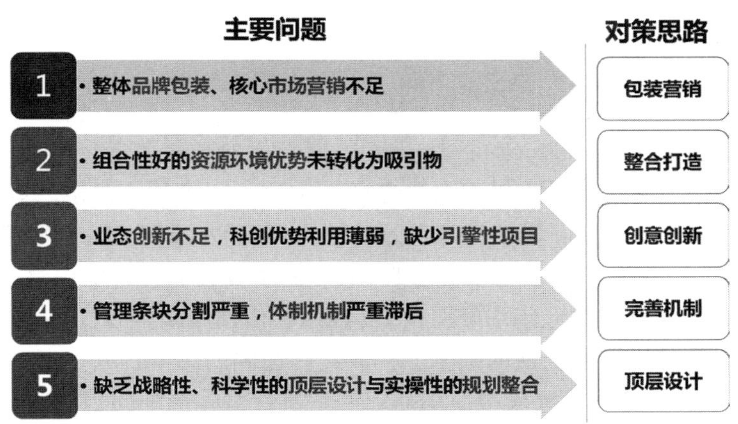

图 6–12 环巢湖旅游休闲主要问题与对策思路

七、大湖旅游休闲案例借鉴

（一）瑞士日内瓦湖（Lake Geneva）

1. 基本情况简介

日内瓦湖（Lake Geneva），位于法国和瑞士的交界处，是欧洲阿尔卑斯山区（阿尔卑斯湖群）最大的湖泊。全湖总面积 582 平方千米，因湖水清澈湛蓝而闻名世界。日内瓦湖区气候温和，温差变化极小，该地区有郁郁葱葱的牧场、古老的葡萄酒庄园、雄伟的山峰、壮丽的冰河以及阳光灿烂的岩架，为旅游休闲提供了绝佳的条件。但是在 20 世纪 60 年代，由于家庭污水和工业废水未经处理直排湖中，日内瓦湖水体出现严重污染，近乎成为“死湖”。1981 年夏天，瑞士国家广播电视台（RTS）曾对位于洛桑和日内瓦等城市的 25 个湖滨游泳区进行化验检测，结果发现其中 9 个湖的水质污染严重，已不宜再对公众开放。

2. 经验借鉴

（1）结合城镇共同发展，与周边资源优势互补形成整体系列。环日内瓦湖区有着许多著名的城镇，依托日内瓦湖优越的自然风光发展旅游业，这些城镇结合自身特点选择了不同的发展重点。例如，以国际组织、跨国公司总部集聚为基础，会议会展产业发达的日内瓦；以奥林匹克文化而带动的洛桑；以养老、休闲而著名的度假胜地蒙特勒；以高级八音盒生产、制造、销售、展示为核心的世界八音盒之都圣科瓦；以温泉湖景为特色的托农莱班等。

（2）建立共同治污机制，联手应对湖水污染问题。首先，利用生物化学技术净化被污染的湖水；其次，利用经济引导、法规控制等手段，减少湖区周边农林业农药使用，控制耕作中氮磷肥的流失；最后，建设完善管道系统，将家庭污水和工业废水输往污水处理厂，进行统一处理与排放（表 6–14）。

表6–14　日内瓦湖旅游休闲产品体系

产品系列	具体内容
水上产品	游轮、帆船、游艇、独木舟、人工喷泉、湖上滑冰、康体水上运动、游钓
湖滨产品	活水公园、玫瑰公园、珍珠公园、各式度假别墅、特色小屋、高尔夫球场、徒步旅行、山地自行车骑行
空中产品	热气球
周边城镇产品	博物馆、城堡、宗教遗迹建筑、名人故居、马术表演等
阿尔卑斯山区产品	雪域风光观光、雪板滑雪、越野滑雪、雪橇滑雪等
节庆活动	爵士音乐节、国际电影节、阿斯旺歌剧节等
旅游商品	美食、葡萄酒、巧克力、军刀、手表等

（二）日本琵琶湖（びわこ）

1. 基本情况简介

琵琶湖位于日本滋贺县内，面积 674 平方千米，周长大约 235 千米，平均水深 41 米，最深点约 104 米，是日本最大的淡水湖，也是世界上最古老的湖泊之一。湖中多岛屿，湖面最狭窄处建有琵琶湖大桥湖。琵琶湖为日本国家公园，著名游览胜地，《日本湖沼水质保全特别措置法》指定湖泊，列入《湿地公约国际重要湿地名录》中。琵琶湖的地理位置十分重要，邻近日本古都京都、奈良，横卧在经济重镇大阪和名古屋之间，是日本近年来经济发展速度最快的地区之一。1930 年该湖湖水还可以直接饮用，随着“二战”后高速经济增长期的到来，排放到琵琶湖的污染物大量增加，1977 年发生了淡水的水华现象，并在随后的 10 年内频繁发生。随后，滋贺县针对琵琶湖问题，制定了相关对策如生活排水对策、工业排水对策、农业排水对策、芦苇群落保护条例、水草的清理等，目前该湖是日本重要的淡水渔业基地和观光旅游胜地。

2. 经验借鉴

（1）沿湖地区的发展以“保护、保育”为基础。以水资源保护与综合利用为前提，琵琶湖采取了一系列综合治理水质污染与环境建设工程，奠定了旅游度假的生态基础；设立自然保护区和建设人工湿地、人工芦苇、浮岛等工程，加强自然环境与景观的保护。为了保护琵琶湖边的自然环境与景观，划定琵琶湖景观为区域和芦苇群落保护区域，保护湖边绿地；除了划定防护林与自然公园以外，严格控制高尔夫球场的开发。

（2）开展标志性的体育运动赛事活动。琵琶湖国际马拉松赛每年 3 月的第一个星期日举行，是日本著名的传统赛事，也是国际田联认证的金质级赛事。琵琶湖马拉松赛第一次举办于 1946 年，被认为是日本历史最悠久的马拉松比赛。琵琶湖国际马拉松已成为具有重要文化价值的国际顶级体育赛事。

（3）结合历史和文化的元素，充分挖掘周边的历史文化资源。悠久的历史文化积淀吸引着众多游客。琵琶湖被誉为滋贺县“母亲湖”，不只在物资上是供给之源，在精神文化上，也媲美被称为古都的京都。光是历史古城，就有日本四大国宝城之一的彦根城，此城是德川家康大将井伊家的城堡；长滨古城则是丰臣秀吉的第一个城堡，登高就可望见琵琶湖，城周围则有上千棵樱花树围绕，此外，还有织田信长当年所建的安土城遗迹，也可以眺望整个琵琶湖；还有小谷城遗迹、和歌山遗迹等。

（三）中国太湖

1. 基本情况简介

太湖古称震泽，是中国第二大淡水湖，湖面形态如向西突出的新月，是中国东部近海区域最大的湖泊，是中国著名的风景名胜区，历史上太湖水域基本属苏州所辖，今 2/3 水域在苏州行政区划之内。湖岸形态，南岸为典型的圆弧形岸线，东北岸曲折多湾，湖岬、湖荡相间分布，以湖岸计算的湖泊面积为 2427.8 平方千米。太湖中现有 51 个岛屿，总面积 89.7 平方千米。因此太湖实际水面面积为 2338.1 平方千米，湖岸线总线 405 千米。

表6–15　环太湖地区旅游产品发展情况

山水生态类	太湖水系有大小湖泊 180 多个，连同大小河道组成丰富的水系。湖中现存岛屿 40 多个，以西洞庭山最大。东岸、北岸有洞庭东山、灵岩山、惠山、马迹山等低丘、蠡园、太湖鼋头渚、龙头渚、太湖仙岛、万泽太湖庄园
人文宗教类	中华孝道园、灵山大佛、三元文化遗址、小王山摩崖石刻、统一嘉园、罗汉寺、五女墓、周庄古镇、竺山湖小镇
休闲度假类	无锡太湖国家旅游度假区、常州武进太湖湾旅游度假区
运动健身类	国家龙舟竞赛基地
创新科技类	环球动漫嬉戏谷、淹城春秋乐园、苏州无锡影视基地等
商品购物类	太湖银鱼、白鱼、白虾三味湖鲜等，太湖珍珠、太湖蟹已经形成品牌
节事庆典类	每年 9 月举办隆重的太湖捕捞节，利用太湖现有的众多游船，让游客出湖捕鱼，体验水乡风情

2. 经验借鉴

在环太湖的旅游开发过程中所暴露出的问题和失败教训值得环巢湖旅游休闲区建设借鉴。在当年太湖开发过程中，大片土地曾被成片拍卖，忽视了历史文化资源的保护，原有的水网格局、特色村落大量拆迁。随后，“遍地开花”式的开发方式无法集中开发力量，无法形成具有吸引力的亮点，分散的格局使建设完成各项目的规模都相对较小，对资源的利用也十分简单且耗资巨大，很难形成氛围。而在这一过程中，由于缺乏对“快速”“全面”开发的规划应对，控制手段过于单一，更导致了整体自然生态格局和城市开放空间难以完整形成。从中可以得出对环巢湖国家旅游休闲区建设的启示：

（1）公共资源保护方面。重视特色历史文化背景和自然景观格局，应全力保护自然山体、河道湖泊水系与历史文化遗迹，必须严格论证开发选址；强调开发边界的控制，重视大众化休闲游憩用地的预留，限制用地的无限扩展。

（2）空间及功能划分方面。保护和利用的空间分离，划分分区并进行项目准入管制，结合旅游资源的空间分布与可利用适宜性的选择，对各种类型的功能区进行保护和利用的引导与控制。环湖倡导旅游引领的新型城镇化，以商务商贸、科教创意、生态休闲为主要发展功能，突出滨水地带的景观改造和开敞空间建设；制定合理的开发部署，有序推进整体旅游项目开发节奏，为未来开发预留发展空间；以引擎项目为核心形成休闲旅游产业集聚区，注重项目品质与规模门槛，避免低水平项目遍地开花（表 6–16）。

表6–16　环太湖旅游发展过程中遇到的问题及解决的对策

发展旅游业遇到的具体问题	处理和应对的方法
问题 1：湖泊生态高度敏感	分区划分与项目准入管治：解决保护与利用的矛盾
问题 2：城市化和工业化对环太湖地区生态空间的挤压	构建环太湖生态产业带：协调生态与游憩的空间
问题 3：缺乏带动发展的引擎项目	以五大引擎项目为核心形成旅游产业集聚区：科学地驱动区域发展
问题 4：配套服务设施不足	适度超前配套旅游设施与服务：突破配套不足的接待瓶颈
问题 5：面临着日益激烈的区域竞争	建立周边城市旅游景点协作关系：应对区域竞争压力
问题 6：缺少合理的管理模式	采取“政府引导、社会参与、多元投入、市场运作”的模式：改变混乱的管理现状

（四）小结

湖泊旅游的开发模式与湖泊资源的类型和等级密切相关，国外长期的湖泊旅游开发经验表明，由于水体的敏感性，成功的湖泊旅游开发必须十分重视对湖泊及其周边生态环境的保护，实现可持续利用。根据目前国内外湖泊旅游开发的案例经验来看，合肥环巢湖旅游可借鉴的国内外湖泊旅游开发模式为综合旅游开发模式，即充分挖掘湖泊的各类旅游资源，集观光、休闲、度假、运动、疗养等功能为一体的联合开发模式。

从国际、国内众多比较成功的环湖泊旅游休闲区的发展，可以总结出以下的经验（表 6–17）：

（1）严格保护湖泊及周边地区的生态环境，尤其保持优良的水质是关键；

（2）以规模大、经济发达的客源市场为依托；

（3）进行点轴梯级开发，形成水陆结合的旅游产品；

（4）开展丰富多样、特色鲜明的主题活动和节庆活动；

（5）结合周边的城镇发展旅游服务设施；

（6）提供良好的交通可达性；

（7）积极进行区域合作，整体营销。

表6–17　中外湖泊型旅游休闲区的功能与产品总结

功能	产品与项目
旅游观光区	湖光山色、文化遗产、主题公园等
湖泊生态区	生物保护基地、湿地景观、科研中心等
周边缓冲区	景观恢复带、发展控制区、后勤服务中心等
水上休闲运动区	垂钓俱乐部、水上餐厅、水上运动场（游泳场、水滑冲浪池等）、游艇、帆船、划船、水上迷宫等

续表

功能	产品与项目
乡村旅游区	游憩乡村公园、植物、烧烤、瓜果采摘、赛马场、农家乐等、乡村体育馆等
会议商务区	商务会议中心、议事园、商务酒店
度假休闲区	高尔夫球场、网球场、画廊、动植物观赏、茶社、咖啡馆、高尔夫景观别墅等
度假住宿区	度假村、主题社区、度假别墅、托管公寓、分时度假公寓、青年旅舍、度假宾馆、帐篷营地、疗养中心等
综合服务区	购物中心、金融服务、旅游纪念品、特色餐饮街、信息中心、商业中心

第三节 环巢湖国家旅游休闲区目标定位与主要策略

一、创建要求（创新性、引领性、示范性）

“国家旅游休闲区”处于试点、探索阶段，环巢湖创建首个“国家旅游休闲区”试点，要创新试验，先行先试。

要通过开展创建环巢湖国家旅游休闲区试点工作，为我国旅游休闲区建设提供示范性、引领性、创新性工作经验。突出区域休闲旅游特色和旅游公共服务，强化旅游休闲区建设与优化旅游环境、促进旅游消费、推动生态文明建设、提升人民群众生活品质的互动发展（旅函〔2015〕294号）。

二、目标定位

（一）总体定位

1. 近期：全国首个国家旅游休闲区

秉承全域旅游新理念，对环巢湖地区旅游发展进行顶层设计，建立特色化、美誉度、长（价值）链条旅游吸引物体系框架，构建国家旅游休闲区规划建设的内容架构与标准体系，打造大湖风貌、体现江淮文化的高品质国家旅游休闲区，为我国旅游休闲区建设提供示范性、引领性、创新性的工作经验。

2. 中远期：国际特色旅游休闲目的地

突出生态巢湖和人文巢湖，通过环巢湖国家旅游休闲区的创建和持续提升，中远期建设具有江淮特色和国际化标准的，具国际影响力的湖泊休闲度假旅游目的地，具体目标为：

（1）国际影响力的湖泊旅游休闲目的地；

（2）国民旅游休闲首善之区；

（3）江淮风情特色文化展示区；

（4）幸福合肥的美好家园。

（二）产业定位

按照国家旅游休闲区创建要求，结合国家战略导向，基于城市定位的贯彻落实，确定环巢湖地区旅游休闲产业定位。将旅游休闲产业打造成为环巢湖地区的：

（1）优先发展产业与战略性支柱产业；

（2）提升长三角区域城乡居民生活品质的幸福产业；
（3）打造“大湖名城”品牌的核心产业；
（4）创业增收的富民产业与人民群众更加满意的现代服务业。

（三）市场定位

围绕市场自由行、个性化、微旅行、长居休闲度假等新趋势，依托高速交通体系，精准定位客源市场：

（1）“居游共享”市场。促进国家旅游休闲区的共建共享，使环巢湖成为合肥都市圈提升居民幸福品质的重要旅游休闲区。

（2）长三角休闲市场。以长三角城镇群旅游休闲市场为重点。

（3）国际化特色文化市场。充分利用江淮文化特色，吸引国际化旅游休闲市场。促进旅游休闲服务水平国际化，强力打造国际游客偏好的旅游休闲产品。

环巢湖旅游休闲市场定位如下：第一，面向长三角巨型客源地与周末、小长假休闲旅游圈；以省内城市（尤其是合肥都市圈市场）、长三角城市群为国内一级市场，强化旅游休闲市场推广。第二，对接合肥、长三角的国内中远程客流与入境游客，来合肥或长三角旅游的京津冀城市群、珠三角城市群、武汉城市群、中原城市群、川渝城市群为重点拓展的国内二级市场。

发挥合肥作为安徽的门户作用，加强环巢湖与长三角入境旅游休闲市场对接，以日、韩、东南亚为入境一级市场，以欧美、俄罗斯、澳大利亚等为入境二级市场，加强入境旅游休闲市场营销（表6–18）。

表6–18 环巢湖旅游休闲市场定位

类型	市场区
国内一级市场	省内城市（尤其是合肥经济圈市场）、长三角城市群
国内二级市场	京津冀城市群、武汉城市圈、中原城市群、珠三角城市群、川渝城市群
入境一级市场	日本、韩国、东南亚
入境二级市场	欧美、俄罗斯、澳大利亚

（四）品牌目标

1. 国际重要湿地

巢湖是安徽最大的湖泊，全国五大淡水湖之一，平均深度1~3米。巢湖正处在国际迁徙水鸟飞行的主要路径上，每年有大量的水鸟定期栖息。巢湖具备申报国际重要湿地的条件。

结合环湖湿地建设和入湖河道生态修复，基于巢湖鸟类栖息空间要求，可在杭埠河口附近打造大型河口湿地，开展生物生境修复，为候鸟提供栖息空间，申报列入国际重要湿地名录。

【链接】

国际重要湿地评价标准

国际重要湿地公约（又称拉姆塞尔公约，Ramsar convention），全名是“关于特别是作为水禽栖息地的国际重要湿地公约”，其评价标准是：

（1）如果一块湿地包含适当生物地理区内一个自然或近自然湿地类型的一处具代表性的、稀有的或独特的范例，就应被认为具有国际重要意义。

（2）如果一块湿地支持着易危、濒危或极度濒危物种或者受威胁的生态群落，就应被认为具有国际重要意义。

（3）如果一块湿地支持着对维护一个特定生物地理区生物多样性具有重要意义的植物和（或）动物种群，就应被认为具有国际重要意义。

（4）如果一块湿地在生命周期的某一关键阶段支持动植物种或在不利条件下对其提供庇护场所，就应被认为具有国际重要意义。

（5）如果一块湿地定期栖息有 2 万只或更多的水禽，就应被认为具有国际重要意义。

（6）如果一块湿地定期栖息有一个水禽物种或亚种某一种群 1% 的个体，就应被认为具有国际重要意义。

（7）如果一块湿地栖息着绝大部分本地鱼类亚种、种或科，其生命周期的各个阶段、种间和（或）种群间的关系对湿地效益和（或）价值具有代表性，并因此有助于全球生物多样性，就应被认为具有国际重要意义。

2. 世界地质公园

巢湖平顶山是世界“金钉子”候选地，具有独特的地质条件。巢湖金钉子候选地优势包括四个方面：一是下三叠统剖面地层出露好，便于研究；二是化石丰富，有利于进行全球对比；三是地层序列完整；四是巢湖平顶山旋回性沉积有利于开展高分辨率旋回地层学研究。

划定地质保护区域，加强保护和管理，促进其在世界地质公园网络间的交流合作，申报世界地质公园。

3. 世界农业遗产

环巢湖地区分布着数量众多的千年圩田。圩田由汉以前的围淤湖为田发展而来，至唐代已相当发达。圩田是中国古代汉族劳动人民向自然做斗争的重要创造，是农业发展史上的一大进步。圩田可与灌溉系统有机配合，体现了中国古代较高的农业技术含量。早在元代王祯的《农书》中就有对圩田的图解。可以借鉴荷兰贝姆斯特圩田的经验，申报世界农业遗产。

【案例借鉴】

荷兰贝姆斯特圩田世界文化遗产

荷兰贝姆斯特圩田可以追溯到 17 世纪初，是荷兰最早围海开垦的地区。至今仍然保留整齐的田园、道路、运河、堤防和小村庄。圩田极具创意的工法，为欧洲以及日后在填海计划上树立了一个典范。在当时社会与经济扩张的重要时期，向人与自然共存的理想迈进一大步。荷兰贝姆斯特圩田于 1999 年被列入了《世界遗产名录》。

4. 世界文化遗产（纳入拓展项目）

1999 年联合国教科文组织将中国皖南古村落西递村、宏村列入《世界遗产名录》。2001 年列入《中国世界文化遗产预备清单》，浙江的乌镇、西塘、南浔、新市，和江苏的角直、周庄、千灯、锦溪、沙溪、同里、黎里、震泽、凤凰，以“江南水乡古镇”项目联合申报世界文化遗产。

可将以洪疃村和三河古镇为代表的江淮古村镇，纳入现有世界文化遗产的拓展项目。洪疃村等可捆绑到皖南古村落世界文化遗产，三河古镇可捆绑到江南水乡古镇预备世界遗产。

5. 国家级品牌

（1）国家旅游休闲示范城市——合肥、巢湖；

（2）国家温泉旅游名镇——半汤、汤池；

（3）国家商务旅游示范区——合肥滨湖新区；

（4）国家5A级旅游景区——三河（已有）、巢湖中庙—姥山岛；

（5）国家级旅游度假区——巢湖半岛休闲度假区、半汤康养度假区、汤池康养度假区；

（6）国家湿地公园——芦溪湿地、三汊河湿地、龟山湿地等；

（7）国家农业公园——东大圩都市农业公园、牛角大圩农业园；

（8）国家康养旅游示范基地——庐江县（核心区：汤池）；

（9）国家人文旅游示范基地——肥西县（核心区：三河古镇）；

（10）国家绿色旅游示范基地——环巢湖国家旅游休闲区（核心区：环湖湿地）；

（11）国家研学旅游示范基地——滨湖文化旅游城。

三、“创新性”内容与策略

（一）创新内容

落实合肥“创新高地”建设目标，实施旅游休闲创新驱动战略，把创新作为核心贯穿环巢湖国家旅游休闲区规划建设相关工作。促进理念创新、思路创新、产品创新、机制体制和发展模式创新，推动旅游休闲产业跨越式发展。

（二）主要策略

1. 创新国家旅游休闲区机制体制

推动国家旅游休闲区体制机制先行先试。从单一的景区景点建设和管理向综合旅游休闲目的地统筹发展转变，从部门管理行为向统筹推进转变，形成相关部门各司其职、凝聚合力、旅游休闲产业综合抓的新局面。建立推进国家旅游休闲区建设领导推进机制，成立国家旅游休闲区创建与发展领导小组。

2. 推动“旅游+”，培育旅游休闲新业态

促进融合发展，充分发挥旅游业的强大渗透力，推动旅游业发展与环巢湖地区的农业现代化、信息化、新型城镇化相结合，实现经济效益、社会效益和生态效益相统一。促进旅游休闲与环巢湖地区渔业、农业、商业、服务业充分融合，形成系列旅游休闲新业态。

3. 建设系列旅游休闲创新基地

大力实施旅游休闲创新扶持计划，在巢湖半岛、滨湖新区等区域设立旅游休闲创新基地，制定扶持政策，鼓励旅游休闲产业创新。建立旅游休闲创新孵化平台，建设旅游休闲创新孵化基地。促进旅游休闲与合肥科技优势深度融合，支持旅游休闲创新型企业健康发展，实施“环巢湖旅游休闲创客行动计划”。

4. 实施旅游休闲创新人才计划

设立旅游休闲创新人才培训计划、奖励机制。充分利用合肥科教资源培养旅游休闲职业教育。建立完善的旅游休闲人才评价制度，培育职业经理人市场。加强与长三角著名高等院校合作，建立国家旅游休闲人才教育培训基地。加强环巢湖旅游休闲从业人员培训，不断提高素质和能力。吸引旅游休闲产业高端管理人才来环巢湖地区发展，提升环巢湖旅游休闲行业管理水平。

5. 创意打造旅游休闲产品与项目系列

充分利用环巢湖丰富多元的旅游休闲资源，借力合肥“创新高地”的创新优势，开发旅游休闲新产品，打造旅游休闲新项目。对旅游休闲资源与环境（如山水、气候等）进行创意利用，强调创意、创造、创新在旅游休闲发展中的重要作用，提升旅游休闲吸引力和竞争力（图 6-13）。

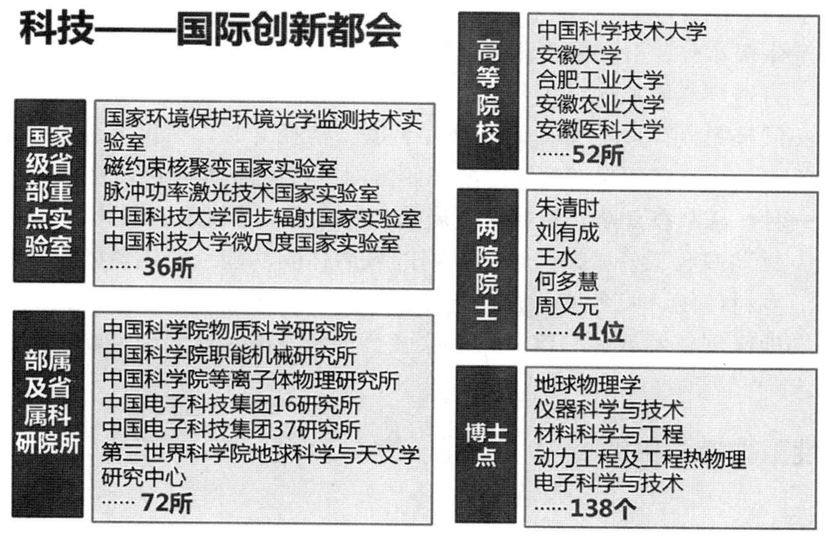

图 6-13　合肥“创新高地”的创新资源优势

四、“引领性”内容与策略

（一）引领内容

环巢湖国家旅游休闲区创建将填补我国国家旅游休闲区建设的空白，要发挥国民旅游休闲发展的先锋作用，引领带动我国旅游休闲产业改革发展。环巢湖地区旅游休闲发展要推动建设引领、管理引领和研究引领的先锋带动作用，发挥先行先试的持续引领性。

（二）主要策略

1. 先行先试，引领机制创新

强化国家旅游休闲区制度创新与政策设计，争取旅游综合配套改革试点。推进对国家旅游休闲区的管理制度创新，申报免税购物政策。推动签署《长三角民政事业协同发展合作框架协议》①，落实环巢湖与长三角地区的养老医疗异地联网报销制度。强化旅游休闲与农业、文化、科教、金融、医疗等结合发展的政策设计。要研究制定国家旅游休闲区发展规划和政策方针，充分借鉴国内外先进政策和管理手段，加强各项政策配套，发挥机制创新的引领示范作用。

2. 构建旅游休闲研究基地，引领旅游休闲研究创新

构建由多个科研院所、不同单位组成的旅游休闲研究基地，重点在旅游休闲规划、投资、改革创新、营销等方面强化研究支撑能力。同时形成有当地居民和广大旅游者参与的开放式环巢湖旅游休闲O2O 创新中心，与上述研究基地形成接口互联的创新模式。

① 京津冀签署民政事业协同发展合作框架协议［N］. 河北日报数字报，2015-12-21.

3. 应用大数据技术，引领智慧旅游休闲发展

强化旅游休闲大数据的支撑。建立环巢湖全域旅游休闲大数据库和大数据实验室，为智慧旅游休闲的开展提供基础支撑。依托技术创新，运用大数据技术和手段，率先建成旅游休闲数据中心，为游客和居民提供更贴心的服务。充分利用大数据，建立现代旅游休闲的科学评价机制。实现对旅游休闲产业要素的高效联动和精益管理。

4. 创建国际旅游休闲品牌，引领特色旅游休闲发展

实施品牌战略，打造环巢湖旅游休闲特色，强化国际旅游休闲影响力。申报世界农业遗产、国际重要湿地等品牌，拓展环巢湖国际旅游休闲品牌知名度。依托合肥作为世界级城镇群长三角副中心和安徽省首府与门户的优势，凸显环巢湖国家旅游休闲区对区域旅游休闲的引领带动作用。

5. 促进城—镇—村—旅融合发展，引领新型城镇化、城乡统筹发展新模式

强化滨湖新区、巢湖城区、各城镇、特色乡村的旅游休闲功能，突出资源环境特色，挖掘文化内涵，发展健康游憩、乡村休闲、服务消费、文化体验、现代娱乐等功能，带动消费经济增长和相关产业集聚。突出环巢湖地区创新发展城—镇—村—旅融合创新发展，成为新型城镇化、城乡统筹发展新模式的先锋与模范。

五、“示范性”内容与策略

（一）示范内容

发挥我国首个国家旅游休闲区的示范样板作用，强化示范区创建与标准规范建设同步推进。利用国内外最先进的理念指导国家旅游休闲区规划建设，使环巢湖成为绿色生态、居游共享、共建共管、旅游休闲标准化的典范，填补我国国家旅游休闲建设空白，成为促进我国国民旅游休闲发展的范例。

（二）主要策略

1. 制定与推行国家旅游休闲区标准与细则

探索制定国家旅游休闲区建设系列标准、规范与细则，结合环巢湖国家旅游休闲区的建设实践，推广国家旅游休闲区建设模式。利用国家旅游休闲区创建经验，结合国家旅游休闲区建设推广，率先倡议成立国家旅游休闲区协会，并争取成为国家旅游休闲区协会会长单位。未来争取成立国际旅游休闲区联合会，成为旅游休闲区国际合作交流的平台，将成功经验在全国旅游休闲区示范。

2. 推动居游共享、共建共管，形成全域旅游休闲的典范

统筹协调政府、企业、当地居民、游客等利益方之间的关系，鼓励全社会共同参与环巢湖全域旅游休闲目的地的建设与管理工作中，推动各方协同合作、共同开发旅游休闲产品和项目。维护游客权益，确保社区居民参与当地旅游开发建设的机会和权利，形成合理的产业收益模式和日常管理模式，实现全域旅游全民共建共享，成为全域旅游休闲的典范。

3. 强化旅游休闲区域合作，成为区域旅游协同发展的典范

面向长三角，引领安徽省，多层次推进区域旅游休闲合作，强化环巢湖作为安徽省“新两山一湖”格局中的战略支点作用，在合作中寻求共赢，形成旅游价值链的高地。充分利用区域间旅游休闲资源的互补优势，加快跨区域的产品与线路规划对接，成为区域旅游休闲合作的典范。

4. 实施绿色旅游休闲计划，成为绿色创新发展的典范

加快湖泊水质提升，推进生态文明，建设美丽环巢湖。实施绿色旅游休闲计划，推进旅游休闲节能减排，构建绿色旅游休闲产品体系，建设资源节约型、环境友好型、生态共享型的绿色旅游休闲产业，实现旅游休闲的绿色发展、循环发展和低碳发展，成为绿色创新发展的典范。

5. 划定生态红线，形成资源环境保护与旅游休闲互动发展的典范

先底后图，先保护后发展。划定并坚守生态环境保护红线，实施最严格的生态环境保护制度，严格项目生态环境评价。对旅游休闲项目开发实施“类型限制、空间规制和强度约制”管理制度。依托优质旅游休闲资源环境发展旅游休闲产业，利用旅游休闲产业发展反哺资源环境保护，形成资源环境保护与旅游休闲互动发展的典范。

六、发展理念与思路

（一）发展理念

1.“3E”、新“3S”与“4F”旅游休闲

依托环巢湖区域的特色旅游资源，面向市场需求，发展“3E”（环境 Environment、娱乐 Entertainment、美食 Eating）旅游、新“3S”（蓝天 Sky、运动 Sport、购物 Shopping）旅游和“4F”（时尚 Fashion、有趣 Fun、自由 Free、新鲜 Fresh）旅游，形成环巢湖区域旅游的特色旅游市场吸引力。

2.“旅游 +”“文化 +”与“互联网 +”

（1）推动“旅游 +”，引领环巢湖区域旅游休闲与相关产业的深度融合。

（2）深化“文化 +”认识，深度挖掘文化内涵，融入历史、人文、艺术、建筑、民俗等文化元素，凸显环巢湖区域文化特色。

（3）强化“互联网 +”意识，提升信息化水平，发展智慧旅游休闲。

3. 滨水旅游“WAVE”模式

营造环巢湖滨水休闲旅游环境，使成为可步行（Walkable）、可亲近（Accessible）、可体验（Enjoyable），同时经济上可行（Viable）的主客共享空间。

4. 环境与景观融合

精品化整治提升环巢湖生态环境，使整体环境与景观高度融合。强化环巢湖特色风貌并将其转化为一种旅游吸引物，提升环巢湖旅游的市场感召力。

5. 旅游休闲特色化与国际化

通过核心旅游产品、项目、建设、管理的国际化，实现旅游发展国际化；注重环巢湖区域旅游产品、要素与服务的特色化，提升旅游吸引力。

6. 集约与优化

通过“大保护，中规划，点开发”，在生态优先的前提下合理确定开发强度。在旅游功能区内，对旅游要素进行集中、优化配置，最终形成强大且可持续的旅游休闲产业价值链。

7. 品质·畅享·乐活

将品质作为旅游休闲繁荣发展的本质要求，推动旅游休闲服务向优质化、定制化转变，旅游休闲产品向观光、休闲、度假并重转变。提升旅游休闲发展质量和效益，对接国际水平，增进宜游性，打造品质旅游。使游客畅享环巢湖旅居新生活，感受乐活（LOHAS）新体验。

（二）发展思路

1. 先底后图，统筹资源环境保护与旅游休闲发展

首先明确环巢湖旅游开发禁建区和限建区的范围，在避开生态高度敏感区并满足区域资源环境需要之后，再安排休闲旅游开发建设用地，从而将保护与开发有机结合起来。根据地域的资源环境容量决定休闲旅游开发方向和目标，休闲旅游开发方向和目标设定在地域环境容量的阈值内进行。

2. **构建游憩机会谱（ROS），整体组织各类旅游休闲活动**

游憩机会谱（Recreational Opportunity Spectrum，ROS）概念与方法产生于美国，是对游憩资源、环境条件是否适合开发为游憩产品和开发成何种类型游憩产品的一种规划管理工具。美国林务局制定“六分法”，从影响游客体验的角度将游憩地划分为6种类型，即原始区域、半原始且无机动车辆使用的区域、半原始且有机动车辆使用的区域、通路的自然区域、乡村区域及城市区域（U.S. Forest Service），基于六分法构建的游憩机会谱用以管理各分区的游憩活动。环巢湖区域可以引入游憩机会谱工具，按照不同区域的类型，整体组织各类旅游休闲活动，实现对各类游憩项目的整体管控（表6–19）。

表6–19　游憩机会谱（ROS）六分法框架

游憩机会谱级别序列	原始	未经改变的规模很大的自然区域。 使用者之间的相互作用很低，其他使用者出现的机会极少。 在管理方面，人类限制和控制的影响很小。 区域内禁止机动车辆。
	半原始无机动车	中等到大型规模的自然区域。 使用者之间的相互作用很低，但会有其他使用者出现的迹象。 在管理方面，对使用地点的控制很小但其有一定的限制。 区域内禁止机动车辆。
	半原始有机动车	中等到大型的以自然特征为主的区域。 游客集聚的程度比较低但经常能够遇到其他使用者。 在管理方面，对使用地点的控制很小但具有一定的限制。 区域内允许使用机动车辆。
	通路的自然区域	以自然特征为主的区域。 有中等程度的人类迹象出现但基本与自然环境和谐。 使用者之间的相互作用低到中等程度，但其他使用者出现得很普遍。 资源改变和利用的人类活动很明显但基本与自然环境和谐。 为机动车辆使用提供标准的建设道路和设施。
	乡村（村庄）	主要以改变的自然环境为特征，土植基本保留原始状态。 人类迹象明显，使用者之间的相互作用中等偏多。 有相当数量的设施提供给游客使用。 为密集的机动车使用提供设施及停车场。
	城市	主要以城市环境为主，植被通常是外来种并且被修剪。 在娱乐地点人类迹象明显。 为高度密集的汽车使用提供设施和停车场， 公共交通系统可以载游客进入娱乐地点。

3. **立体网络化集群，打造旅游休闲组合竞争力**

充分利用环巢湖地区旅游休闲资源丰度高、组合性好的优势，优化组织旅游休闲活动和要素，科学组织旅游休闲时间序列、客群组合、业态组织、流线引导，形成多产业融合、多业态布局、多点支撑、立体网络化结构的旅游综合集群。通过聚集、整合、重构，形成组合优势，建立多产业、立体网络型产业集群，形成旅游休闲整体竞争力（图6–14）。

"1+1>2"

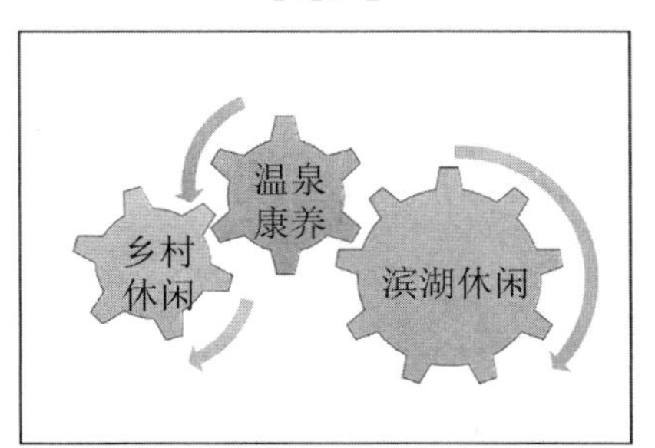

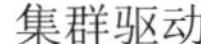

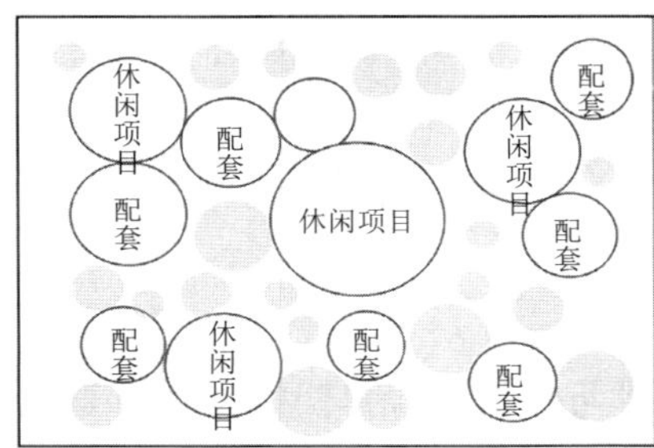

图 6-14　旅游休闲立体网络化集群示意

4. 塑造品牌，提升美誉度、强化区域吸引力

针对环巢湖旅游休闲品牌不够响亮的问题，强化环巢湖旅游品牌塑造，提升旅游休闲产品市场美誉度，推广环巢湖旅游休闲品牌。在信息爆炸的时代，"酒香也怕巷子深"，环巢湖区域要不断提升国家级乃至国际旅游休闲品牌。以市场为导向，提升价值，创造品牌，塑造形象，提高竞争力。进行品牌包装与市场营销，形成旅游休闲市场的巨大开拓（图 6-15）。

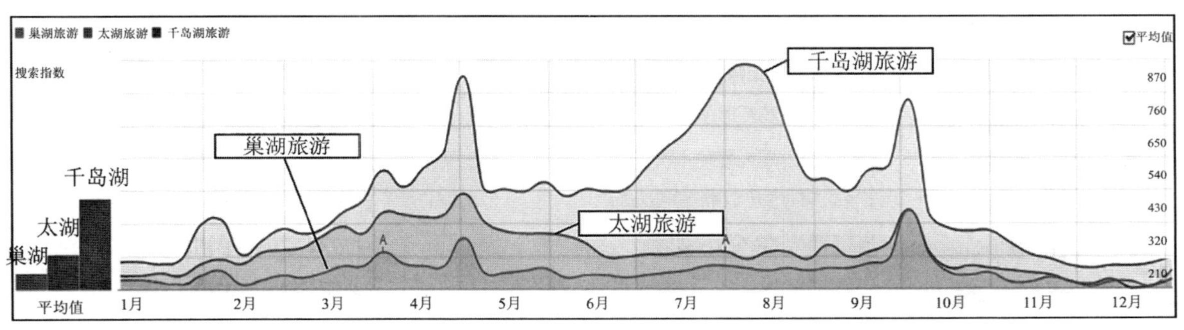

图 6-15　巢湖与太湖、千岛湖旅游的年度搜索指数对比

5. 优化旅游服务链，实现最大旅游休闲价值

（1）优化全要素配套的旅游服务链。优化组织旅游产业要素，促进旅游服务设施全方位配套。将旅游服务要素根据空间关系和市场化组合形成密切合作关系，在旅游休闲区形成彼此共享客源的联动网络。加快旅游交通等基础服务设施、信息咨询及智慧化等公共服务设施在环巢湖地区，按类按需，科学合理配套，满足游客全过程旅游体验需求。

（2）实现最大化的旅游休闲价值。围绕环巢湖游客的全过程旅游休闲体验，以品质、效益为中心，组织、优化旅游价值链。构建多层次、特色化、中高端旅游休闲产品，打造精细化旅游服务体系。丰富旅游休闲体验，延长旅游休闲时间，增加旅游休闲消费。

6. 重点突破，点轴带动引领全域发展

环巢湖旅游休闲资源丰富，所以要"集中优势兵力打歼灭战"。在长三角区域旅游休闲产业均在突飞猛进发展的形势下，环巢湖地区唯有近期重点突破才能后发取胜。环巢湖区域近期要聚焦"一城、两泉、一半岛"形成增长极，进而拓展形成点轴带动，引领环巢湖区域全域旅游休闲发展。在合肥滨湖新区，要强化完善休闲功能；在巢湖半岛，要提升打造成为国际慢城；在半汤镇、汤池镇，要提升打造成为国家温泉旅游名镇。

第四节　环巢湖国家旅游休闲区创建

一、环巢湖与国家旅游休闲区标准比照

环巢湖地区是宜居、宜游之地，是居民的幸福家园。环巢湖有条件被打造成为国家旅游休闲区。通过充分挖掘资源优势，中远期有条件建设成为国际特色旅游休闲目的地。合肥也正致力于发展其竞争力，但目前仍存在一些短板。

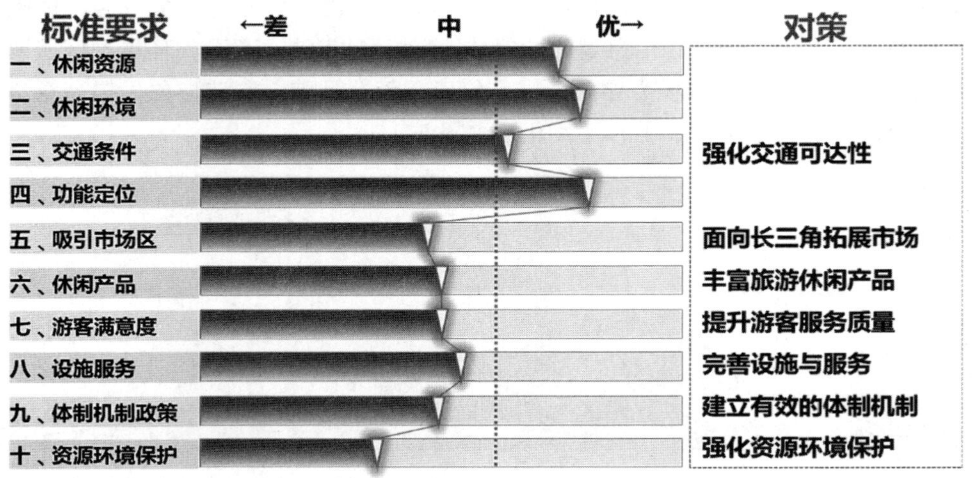

图 6-16　环巢湖与“国家旅游休闲区”标准的比照与对策

（一）长处

环巢湖具有特色旅游休闲资源，且丰度高、组合性好，大湖、汤泉、古镇等资源具有突出的区域性优势；旅游休闲环境优良，气候舒适性较高，生态环境较好，具有充足的旅游休闲空间；国家将环巢湖地区列为国家旅游休闲区创建单位，旅游休闲区功能定位列入省市发展规划，并给予高度政策支持；大交通条件优良，依托合肥，高铁、高速公路等交通条件优势，能够辐射周边大型城镇群。

（二）短板

巢湖水质仍然不佳，污染明显，资源环境保护仍需加大力度；环巢湖目前主要客源来自合肥市区，对长三角其他地区的吸引力较弱；环巢湖目前旅游休闲产品不足，不够丰富，吸引力不强，体验性不强；游客旅游休闲满意度不高，从百度旅游、马蜂窝等游客点评网站看，游客认为环巢湖可游性不够，服务质量不高；旅游休闲管理体制机制有效性不足，整体管控效果不佳；旅游休闲设施不完善，服务水平不高；虽然大交通条件优良，但部分区域交通便捷性不佳，与长三角对接便捷性不够，巢湖市区规划高铁或城际铁路线无法与马鞍山连接直达南京，汤池温泉等处也可达性不高。

（三）对策

强化旅游休闲资源环境保护，建立有效的旅游休闲管理体制机制，丰富旅游休闲产品体系，面向长三角拓展市场，完善旅游休闲设施与服务，继续强化面向都市圈的交通可达性。

二、环巢湖国家旅游休闲区创建难点、突破点与重点

（一）创建难点

环巢湖国家旅游休闲区创建，难点在于要处理好六大关系：第一，上下关系：国际视野、国家战略、行业标准、环巢湖特色的结合。第二，认同关系：政府、行业专家与旅游者对“环巢湖国家旅游休闲区”的共同认同。第三，利益关系：环巢湖地区政府相关主管部门、不同利益主体的协调。第四，保护利用关系：在区域经济快速发展、城镇化与工业化快速扩张背景下协调资源环境有效保护与合理利用的关系。第五，竞合关系：在环巢湖区域竞合中实现与环太湖、千岛湖的差异化发展，构建持续竞争优势。第六，相关产业关系：协调和统筹区域旅游发展、旅游业与其他产业的发展，合理构建旅游发展的空间格局。

（二）创建突破点

（1）改革发展与创意创新：新机遇新思路。
（2）多规合一：顶层设计。
（3）全域休闲：整合优化、共建共享。
（4）旅游 + 文化 + 生态 + 互联网：大旅游。
（5）空间融构与空间管治：创新治理模式。
（6）智慧巢湖：新技术、信息化支撑（图 6–17）。

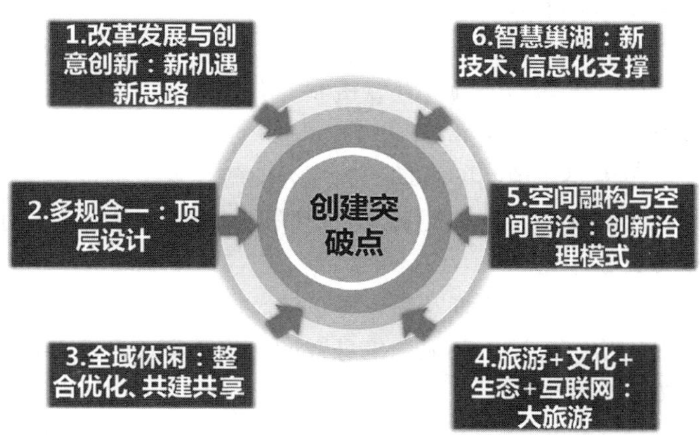

图 6–17　创建突破点示意

（三）建设重点

对照国家旅游休闲区建设标准与评定细则，确定环巢湖国家旅游休闲区重点建设领域，以功能、设施与环境的建设为抓手，推进环巢湖国家旅游休闲区建设（图 6–18）。

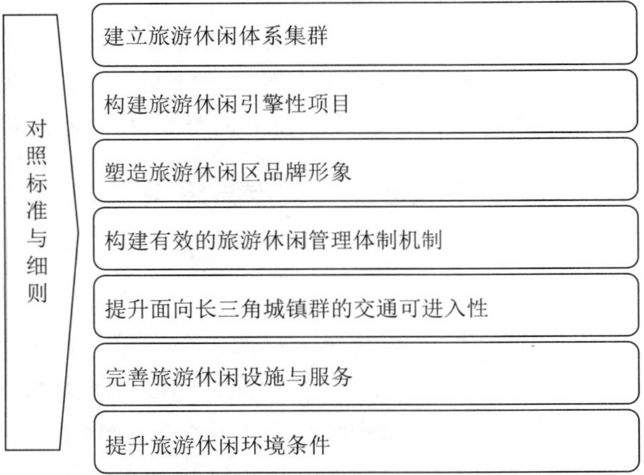

图 6–18　环巢湖国家旅游休闲区创建重点

1. 建立旅游休闲体系集群

（1）方向。旅游休闲为引领的生态产业集群。

（2）组织。旅游休闲功能集聚 + 旅游休闲要素配套。

2. 构建旅游休闲引擎性项目

（1）整合。打造中庙—姥山岛等 5A 级景区。

（2）引进。面向市场的旅游休闲大型项目。

3. 塑造旅游休闲区品牌形象

（1）申报。国际影响力的农业遗产等品牌。

（2）推广。美誉度高的市场主体形象。

4. 构建有效的旅游休闲管理体制机制

（1）目的地管理组织。整合旅游休闲开发与组织管理。

（2）共建共管。形成多元主体参与的共建共管机制。

5. 提升面向长三角城镇群的交通可进入性

（1）快行。强化与长三角主要城镇间的高铁、高速公路等快速交通联系。

（2）慢游。强化环巢湖旅游休闲区与主要交通门户联系，完善区内慢行交通。

6. 完善旅游休闲设施与服务

（1）接待服务设施。完善旅游各类要素及商、养、学、闲、奇、情等多种设施。

（2）公共服务设施。强化旅游标识、环卫、信息咨询、集散等多种公共服务。

7. 提升旅游休闲环境条件

（1）自然环境。巢湖流域水污染综合治理，推动湿地生态修复，提高森林覆盖率。

（2）人文环境。建设优质乡村田园休闲空间，形成热情好客的旅游休闲氛围。

三、发展模式与实现路径

（一）发展模式

1. 一个平台、一个机制

（1）平台。建立环巢湖国家旅游休闲区伞状管理机构——目的地管理组织（DMO）。

（2）机制。形成政府、智库、居民、企业、旅游者协商共管、责权清晰的运营机制。

（3）引导构建伞状的国际化旅游休闲目的地管理组织（DMO，Destination Management Organization），形成国际一流的旅游休闲目的地系统管理机制。邀请旅游企业、智库、旅游经营商、市民代表、游客代表等加入组织，全程参与环巢湖旅游休闲目的地的管理工作。促进社区参与，推动目的地可持续发展，提升旅游休闲体验（图 6–19）。

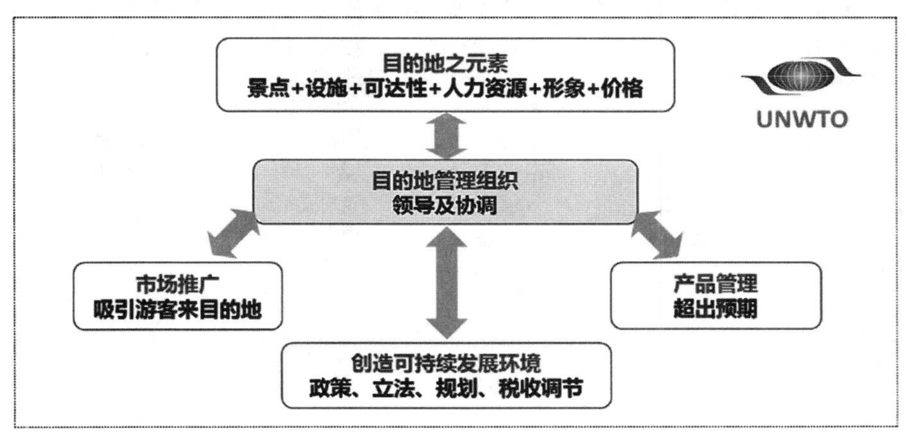

图 6–19　世界旅游组织（UNWTO）建议的世界一流目的地的 DMO 伞状架构

2. 组合优势 + 休闲集群 + 面向区域 + 创新驱动 + 政策试验 + 建推标准

在“一个平台、一个机制”引领下，形成“组合优势 + 休闲集群 + 面向区域 + 创新驱动 + 政策试验 + 建推标准”一体化发展模式，即挖掘利用环巢湖区域大湖、名城、名汤、圩田、名镇、古村等组合优势，培育多元休闲产品，构建立体网络化集群，面向大区域，以长三角城镇群为基础客源市场，培育休闲客群，利用合肥“创新高地”优势条件，营造创新创意环境，实现创新驱动，实施旅游休闲促进政策，试点创新区特殊政策，探索休闲区标准体系，推广成为休闲示范区，形成多元动力的有机结合（图 6–20）。

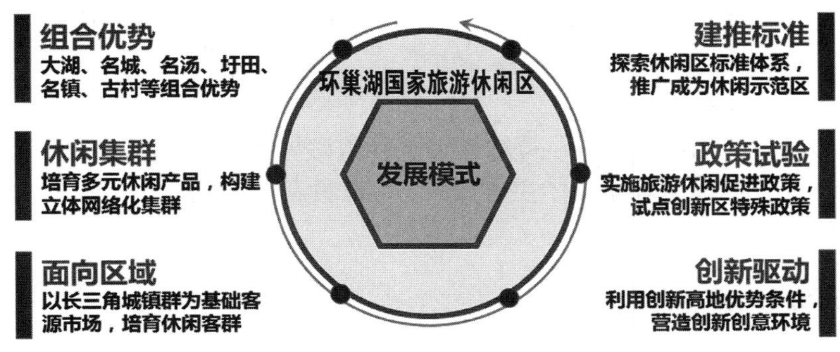

图 6–20　环巢湖国家旅游休闲区发展模式示意

（二）发展路径

实施环巢湖“国际特色旅游休闲目的地”建设“五步曲”，通过五项步骤将环巢湖建设成为“国际特色旅游休闲目的地”（图6–21）。

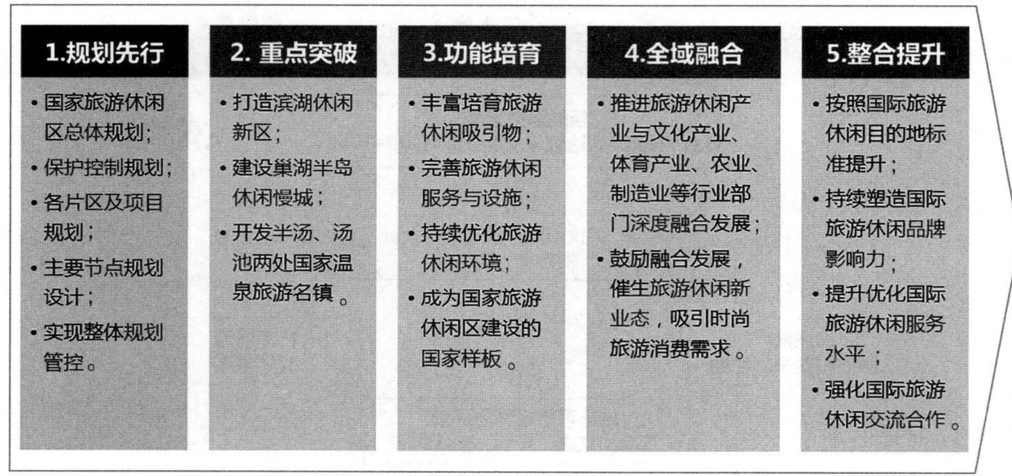

图6–21　环巢湖“国际特色休闲旅游目的地”建设“五步曲”

1. **规划先行——“开启大幕”**

以环巢湖国家旅游休闲区的创建申请与创建方案为前奏，推动规划先行，编制国家旅游休闲区总体规划、保护控制规划、各片区及项目规划、主要节点规划，实现整体规划管控，开启环巢湖“国际特色旅游休闲目的地”建设的大幕。

2. **重点突破——“奏响主题曲”**

打造滨湖休闲新区，建设巢湖半岛休闲慢城，开发半汤、汤池两处国家温泉旅游名镇，实现重点突破，奏响“国际特色旅游休闲目的地”建设主题曲。

3. **功能培育——“唱响赞歌”**

推动丰富培育旅游休闲吸引物，完善旅游休闲服务与设施，持续优化旅游休闲环境，初步创建成为国家旅游休闲区建设的国家样板，唱响环巢湖旅游休闲国际化的“赞歌”。

4. **全域融合——“高潮”**

推进旅游休闲产业与文化产业、体育产业、农业、制造业等行业部门的深度融合发展，鼓励融合发展，催生旅游休闲新业态，吸引时尚旅游消费需求，推动“全域融合”，达到环巢湖旅游休闲目的地建设的“高潮”。

5. **整合提升——“主旋律”**

按照国际旅游休闲目的地标准提升，持续塑造国际旅游休闲品牌影响力，提升优化国际旅游休闲服务水平，使旅游休闲发展成为环巢湖“主旋律”，将环巢湖建设成为特色和效益突出、美誉度高的国际旅游休闲目的地。

四、旅游休闲发展重点方向

围绕环巢湖“国家旅游休闲区”战略目标，积极推进旅游休闲产品与功能多样化与精品化、旅游休闲服务国际化、旅游休闲要素产业化。

（一）旅游休闲产品与功能的多样化、精品化

丰富环巢湖区域旅游休闲吸引物，推动环巢湖旅游休闲功能多样化。以合肥滨湖新区和两大温泉为突破口，实施旅游休闲产品精品化提升工程。通过建设精品旅游休闲区，实现产品精品化开发。环巢湖区域要重点开发的旅游休闲产品方向是：

（1）大湖、湿地、森林等生态休闲；

（2）江淮文化、历史文化、非遗文化等文化体验；

（3）名城、名镇与古村等特色聚落深度休闲；

（4）温泉康养等度假健康休闲；

（5）户外运动、体育赛事等运动休闲；

（6）露营、低空飞行等时尚休闲。

（二）旅游休闲服务国际化

提高环巢湖地区旅游休闲服务国际化水平，促进旅游休闲服务与国际接轨，服务质量要达到国际化标准。面向国内外旅游休闲市场，提高设施和服务的便利化程度。

依托滨湖新区、巢湖半岛等区域建设现代化、国际标准的旅游休闲基础服务设施，依托环巢湖地区高铁站形成便捷、舒适的旅游交通线路，配套国际标准的旅游休闲标识导引系统，形成中文普通话、英语、日语等语言解说环境，满足国内外旅游休闲消费需求。

（三）旅游休闲要素产业化

提升环巢湖地区旅游休闲各类要素发展的产业化水平。进一步扩大住宿接待、商品购物、文化娱乐等产业的规模，加快旅游休闲业与文化、农业、体育等相关产业的融合发展，依托环巢湖地区“鱼米之乡”等特色资源形成新的优势领域，完善产业体系。推动产业发展机制创新，加强旅游休闲新要素的投入和现代产业运作方式的运用，推进旅游休闲产业集聚发展，提高产业素质，提升产业竞争力。

五、旅游休闲产品体系

（一）休闲旅游体系构建思路

国家旅游休闲区建设注重“创新性、引领性和示范性”，休闲旅游体系作为国家旅游休闲区品牌建设的重要支撑，应在体系的构建上有所创新，从而起到引领和示范带动作用，本次环巢湖休闲旅游体系的构建主要结合了以下方面的分析：休闲资源对应的产品系列分析，国家旅游休闲区定位，发展效益和市场需求分析，地方提出和已经开展的休闲系列，美国、日本的休闲体系研究以及国内学术界对休闲体系的分类研究。在此基础上，形成环巢湖国家旅游休闲区的休闲旅游体系（图 6–22）。

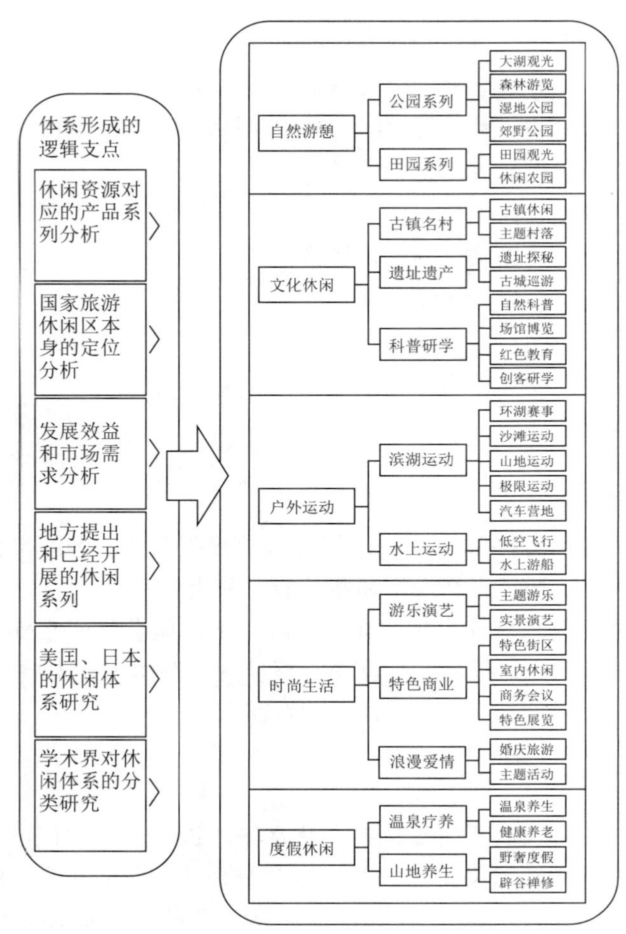

图 6-22　环巢湖国家旅游休闲区休闲旅游体系构建方案

（二）旅游休闲产品体系主要内容

1. 生态天堂——自然游憩系列

（1）开展条件。依托环湖大道、环湖十二景、二十四咀、湿地景观（芦溪湿地、炯炀湿地、龟山湿地、三汊河湿地、月亮湾湿地、槐林湿地、滨湖新区湿地、黄麓湿地、兆河口湿地、灵台圩湿地、马尾河湿地）等风景资源，滨湖湿地森林公园、四顶山森林公园、东庵森林公园、冶父山森林公园等公园资源，大圩4A级旅游景区、牛角大圩生态农业示范园、巢湖三珍农业观光园、巢父生态园、同大万亩葡萄园、现代农业观光园、喜洋洋生态农庄、百花塘乡村大世界、罗洪生态农业园、黄麓观光休闲农业示范园等休闲农园资源。

（2）主要思路。依托环巢湖品质优良的风景资源，对接合肥本地市场和长三角城市群市场，发展自然生态系列旅游产品。环绕整个巢湖开发大湖观光旅游产品；开发森林生态旅游产品，提供自然观光、户外游憩等活动；开发休闲农业旅游产品，提供农业观光、蔬果采摘、农作体验等活动。依托平顶山三叠纪地层剖面（全球“金钉子”候选地）资源，建设平顶山地质公园，结合在建的三汊河生态湿地公园和已建的滨湖湿地森林公园等，开发自然观光游览、自然游憩等活动。

2. 文化盛宴——文化休闲系列

（1）开展条件。依托环巢湖中庙、三河、长临河、柘皋、烔炀、中垾、汤池镇等古镇特色资源，庐江县灵台村、四顶山周边的靠山杨、牌坊陈、小李村以及白马山周边的洪家疃村、上洪村、庐江齐嘴村、巢湖河口张村、包河区沈福村等村落资源。依托环巢湖的银山遗址、神墩遗址、古巢城水下遗址、温家套惨案遗址、果树窑址、金城寺遗址、三河古渡遗址等遗址遗迹资源，巢湖市古城墙遗址、历史建筑、古桥、古景等历史遗存和景观，以及安徽名人馆新馆、合肥市规划展示馆、安徽省美术馆、省科技馆、百戏城等在内的八大场馆等现代文化场馆资源。

（2）主要思路

①古镇名村、文物古迹与非物质文化遗产利用思路。重点打造江淮民居风情古镇，重点修复建设古镇景观，提升古镇美食街区、旅游客栈和渔家乐的档次，鼓励收藏家乐园等新型古镇项目，将收藏家收集来的古建筑材料、古民居构建融入古镇中，拓展环巢湖休闲空间。结合美好乡村建设，打造特色主题旅游村落。以庐江县灵台村为试点打造具有圩田水乡风情的旅游特色村。鼓励、引导一批艺术家到环巢湖地区创作、写生，结合“四顶朝霞”“白马朝霞”等巢湖古景，将四顶山周边的靠山杨、牌坊陈、小李村以及白马山周边的洪家疃村、上洪村等发展为画家村。依托地方特色美食资源，在肥东长临社区、肥西木兰社区、庐江齐嘴村、巢湖河口张村、包河区沈福村等，打造一批美食村落项目。借助合肥艺术院校资源，通过壁画、艺术装置创作、艺术家工作室、乡村画廊等形式，创意化开发烔炀镇中李、河口张、长临河镇湖滨村（六家畈古民居）等一批艺术村。依托烔炀唐嘴村水下古城遗址和神秘地方传说，打造以遗址科考探秘为主的神秘村。

依托环巢湖的遗址遗迹资源，如银山遗址、神墩遗址、古巢城水下遗址、温家套惨案遗址、果树窑址、金城寺遗址、三河古渡遗址等，对接安徽省内市场，在银山遗址、神墩遗址、古巢城水下遗址通过 VR（虚拟现实）技术展示早期人类生活痕迹。果树窑址、金城寺遗址以及三河古渡遗址分别以古窑、宗教和轮渡为主题开展遗址观光活动，并可利用 3D 建筑打印的形式让旅游者亲身走进古窑、寺庙及渡口模型之中。依托巢湖市古城墙遗址、历史建筑、古桥、古景等历史遗存和景观，开展古城巡游活动，修复西坝口李家大院等古迹，开展城墙重建与展示工程，增加主题文化广场、文博园等城市旅游项目建设。

②科普研学开发思路。依托安徽名人馆新馆、合肥市规划展示馆、安徽省美术馆、省科技馆、百戏城等在内的八大场馆文化集聚区，以及一批小型的专项博物馆，在场馆设计中突出文化博览的体验性、互动性、创意性，推出专门针对儿童、青少年群体的解说服务和科普活动。

依托渡江战役纪念馆、李克农故居、瑶岗渡江战役总前委旧址、肥西小井庄纪念馆、肥东青龙场东进抗日纪念馆等红色旅游资源，以爱国主义和革命传统教育为主题，深入挖掘红色文化内涵，丰富展示体验方式，完善设施配套，力争建设成为“合肥—六安—金寨—霍山—岳西—安庆”这一国家级红色旅游精品线路上的重要节点，并全面提升该线路在全国红色旅游中的影响力和吸引力。

依托洪疃村、木兰村、灵台村等旅游资源、基础设施、公共服务、客源市场较好的乡村，招募和引进大学生、返乡农民工、城镇退休职工、艺术家、专业技术人员进行创新创业，开发如摄影写生、传统手工艺体验、文化创作、非遗传承等项目，为儿童、青少年提供一次奇妙的创客研学之旅，并积极申报全国乡村旅游创客示范基地。依托冬瓜村、西瓜村、南瓜村三个村落，对接合肥本地市场以及安徽省内市场，在冬瓜村、西瓜村、南瓜村分别发展民俗主题、美食主题、电商主题的旅游产品，如民俗体验、美食工坊、农特溯源与闪购等。

3. 运动基地——户外运动系列

（1）开展条件。依托环湖路风景道、巢湖水域资源，龟山、白马山等山地资源，木兰村、莲花村湖边沙滩、蛇山沙滩浴场、四顶山黑石咀等湖滨滩地资源，依托巢湖低空空域“范围大、净空条件良好”和环湖风景道、休闲道、自行车骑行道等的特色资源。

（2）主要思路

①滨湖运动开发思路。依托环湖路风景道，开辟环巢湖马拉松赛道、环巢湖自行车赛道、环湖挑

战赛赛道和毅行大会线路，打造巢湖东、西两线的环湖运动项目。依托龟山、白马山，开展山地自行车项目；依托银屏山、东庵森林公园的笆斗山、雅吊山、刺笼山等开展徒步穿越等山地运动项目。依托木兰村、莲花村湖边沙滩、蛇山沙滩浴场、四顶山黑石咀等湖滨滩地资源，打造亲水沙滩公园，开展沙滩靶场、沙滩摩托车、沙滩足球、沙滩风筝、湖滩拉渔船、湖滩运动会、沙滩“大力士”等活动。依托环湖公路和近湖空间，发展环湖摩托车赛、环巢湖全国自行车公开赛、国际马拉松赛、世界铁人三项赛、中国青年帆船帆板精英赛、中国热气球挑战赛等品牌赛事项目，形成水陆空综合联动的赛事品牌系列。充分利用滨湖村落自然景观和建设空间，在东庵黄窖村、张家湾村、齐咀村、高林高家山村风车山谷、万胡村、滨光村、四顶山大红村等地段建设自驾汽车（包括房车）营地、全地形车赛场，充分利用营地周边的森林、草坪、河道等资源，发展森林木屋营地、草坪帐篷营地、花丛浪漫营地等营地拓展系列。结合滨湖湿地公园、纪念馆前广场，岸上草原等城市型开敞地区，发展轮滑、滑板等受年轻人喜爱的极限运动。

②水上、空中运动开发思路。依托巢湖水域资源，在水质条件较好的巢湖西部滨湖湿地森林公园码头和南部的青龙咀、店后村等地段发展赛艇、帆船等项目，面向少年儿童及水上运动爱好者群体，打造若干水上体育公园。凭借巢湖低空空域“范围大、净空条件良好”的资源特点，利用半汤湖畔郁金香高地、岸上草原制高点、解放广场滨水地带作为起降点，发展热气球、飞艇、水上飞机等极品低空飞行项目，并结合高空跳伞、动力三角翼拉烟表演，丰富运动内容。

4. 城市记忆——时尚生活系列

（1）开展条件。依托环巢湖历史悠久且业态丰富的老街区及其历史、美食、民俗、商埠等资源，万达文旅城、安徽国际会展中心、滨湖新区国际会展中心、花木城会展中心、合肥政务文化新区等会议与展览设施资源，凭借巢湖曾是重要的三国战场这一历史文化背景以及周瑜小乔的浪漫爱情故事。

（2）主要思路。依托巢湖曾是重要的三国战场这一历史背景，重现“四越巢湖”“五攻合肥”“魏吴夺关”“曹魏御吴”等历史场景，在“红石咀—四顶山—中庙”片区打造三国军事主题实景演艺。依托万达文旅城项目，结合四顶山—红石咀片区、龟山片区，提供主题游乐旅游产品，包括电影主题乐园、室内水世界、滨湖水上娱乐、山地休闲娱乐等。

依托环巢湖历史悠久且业态丰富的老街区及其历史、美食、民俗、商埠等资源，在烔炀老街、柘皋老街、汤池老街、三河老街、中庙特色美食街、耳街等处，发展美食体验、酒吧夜游、特产购物、节庆庙会、夜市休闲等项目。美食街：中庙特色美食商业街、三河老街、汤池老街。酒吧街：三河老街。购物街：柘皋老街、烔炀老街。夜市街：三河老街、中庙特色美食商业街。依托万达文旅城、安徽国际会展中心、滨湖新区国际会展中心、花木城会展中心、合肥政务文化新区等会议与展览设施资源，引导大型国际会展、专业会展、商务会展等会展集聚区发展。完善城市酒店、办公、商业、金融、通信等商务服务设施以及会议、展览、贸易等功能。培育“有巢”建筑双年展、苗木花卉展、大师摄影展、生态文明艺术展等一批依托特色产业的品牌展览，完善展览服务配套，将商务展出与旅游休闲、展会与商务休闲相结合，提升环巢湖特色展览游的影响力和竞争力。依托室内的冰场，对接合肥市内的市场，在巢湖市金湖大道瑞丰国际开展极地冰雪嘉年华，并在其他一些大型商场开展室内真冰滑冰项目，通过冰雪项目的开发，来弥补环巢湖冬季活动较少的不足。

以周瑜小乔的爱情故事为背景，提取浪漫元素，对接合肥及周边城市的婚庆市场，在三河古镇等历史传说地点开发求婚仪式大看台、婚纱摄影坊、蜜月之地等现代爱情主题项目，打造长临河镇玉带河公园等多处婚纱摄影基地。依托湿地公园、森林公园、城市广场，开展“巢湖爱情沙龙”“为爱奔跑”“大湖真爱旅程”“巢和家”“相约巢湖”等爱情主题活动，让环巢湖成为风景怡人的“爱情圣地”。

5. 度假胜地——度假休闲系列

（1）开展条件。依托半汤和汤池的温泉资源，环巢湖历史悠久且有影响力的寺庙、临湖僻静的高山幽林、乡野山林等资源，环巢湖南部生态环境优良地区。

（2）主要思路。依托半汤和汤山的温泉资源，对接安徽本地及长三角的温泉养生度假市场，在金孔雀温泉度假村、汤池温泉度假村、深业半汤御泉庄、壹号井温泉山庄等，发展高端温泉度假、遁世养生等产品。

依托环巢湖历史悠久且有影响力的寺庙、临湖僻静的高山幽林等资源，对接合肥本地市场及周边市场，在庆复禅寺、中庙、相隐寺、巢湖寺、白云禅寺、旗鼓山等，开发辟谷[①]养生、禅修参悟等产品。

依托环巢湖的乡野、山林、温泉等资源，对接安徽省内及长三角的市场，在东庵森林公园及其周边临湖的西柳村、天灯村、大小院子等村庄、洪家疃村等发展野奢酒店、文化/自然生态度假村、天然氧吧等项目。

依托环巢湖沿岸、南部山区等生态环境优良、交通便利区域，对接安徽省内及长三角的健康养老市场，在“中黄烔半岛”（中庙街道—黄麓镇—烔炀镇）、银屏山、蛇山半岛等，发展巢湖健康养老产业基地、健康养生园养老度假基地、老年学校等项目（表 6–20）。

表6–20　环巢湖国家旅游休闲区旅游休闲产品支撑体系（例子）

系列名称	子系列	例子
自然游憩系列	湿地系列	滨湖新区湿地、芦溪湿地、三汊河湿地、灵台圩湿地、龟山湿地
	森林系列	滨湖湿地森林公园、四顶山森林公园、东庵森林公园、冶父山森林公园
	景区系列	中庙姥山岛景区、银屏山景区、紫微洞景区、鼓山风景区、平顶山地质科普公园、卧牛山公园
	乡村农业系列	大圩 4A 级旅游景区、牛角大圩生态农业示范园、巢湖三珍农业观光园、巢父生态园、同大万亩葡萄园、现代农业观光园、喜洋洋生态农庄、百花塘乡村大世界、罗洪生态农业园、黄麓观光休闲农业示范园、灵台圩世界农业遗产公园
文化休闲系列	古遗址系列	银山遗址、神墩遗址、古巢城水下遗址、果树窑址、金城寺遗址、三河古渡遗址、巢湖古城墙遗址
	名人故居系列	李克农故居、张治中故居
	古镇系列	三河古镇、柘皋古镇、长临河古镇、烔炀古镇
	古村系列	洪家疃村、灵台村、烔炀镇中李村、长临河镇湖滨村、庐江齐嘴美食村、巢湖河口张村美食村
	博物馆系列	安徽名人馆新馆、渡江战役纪念馆、安徽省美术馆、安徽省科技馆、合肥市规划展示馆、中国稻米博物馆
	红色系列	瑶岗渡江战役总前委旧址、肥东青龙场东进抗日纪念馆、肥西小井庄纪念馆
	演艺与活动系列	水师风云水上实景演艺、三河美食节
户外运动系列	体育公园系列	青龙咀水上体育公园、木兰村沙滩公园、莲花村湖边沙滩公园
	运动俱乐部系列	巢湖嗨谷极品休闲公园、郁金香高地飞艇、岸上草原热气球
	户外生活系列	槐林路亚小镇、盛桥飞行小镇、散兵游艇小镇
	运动赛事系列	环湖马拉松、环湖自行车赛、环湖挑战赛、毅行运动
	房车营地系列	张家湾村房车营地、高林高家山村风车山谷房车营地

① “辟谷”源自道家养生中的“不食五谷”，是古人常用的一种养生方式。传统的辟谷分为服气辟谷和服药辟谷两种主要类型。服气辟谷主要是通过绝食、调整气息（呼吸）的方式来进行，其效用目前缺乏科学依据；服药辟谷则是在不吃主食（五谷）的同时，通过摄入其他辅食（坚果、中草药等），对身体机能进行调节。

续表

系列名称	子系列	例子
时尚生活系列	综合娱乐系列	万达文旅城、半汤伊万豪创意休闲谷、长临河镇玉带河公园婚纱摄影基地
	美食系列	中庙特色美食商业街、中埠美食小镇
	乡居系列	汤池温泉小镇、万山爱情小镇、黄麓书香小镇、白山圩田小镇、严店花果小镇、同大水乡小镇、夏阁创意小镇、银屏奇石小镇、三瓜公社
	会展系列	巢湖市金湖大道瑞丰国际、安徽国际会展中心、滨湖新区国际会展中心、花木城会展中心
度假休闲系列	温泉系列	金孔雀温泉度假村、汤池温泉度假村、深业半汤御泉庄、壹号井温泉山庄
	森林系列	东庵森林公园野奢酒店、银屏山健康养生园
	禅修系列	庆复禅寺禅修、相隐寺禅修、巢湖寺禅修、白云禅寺禅修

（三）休闲旅游主题线路策划

1. 人文探寻线路

子线路 1 概况：该线路将环巢湖北岸的人文景点串联起来，从红色文化、名人文化、徽商文化、宗教文化、军事文化、聚落文化、有巢文化等各方面体现了巢湖地区从旧石器时代、古代到近现代的人事变迁，从中领略到合肥市乃至安徽省的历史文化缩影。

线路节点：渡江战役纪念馆、安徽名人馆→长临河古镇→中庙寺、昭忠祠→洪家疃村→张治中故居、黄麓师范→古巢国遗址。

子线路 2 概况：该线路位于巢湖南岸，能体验到 5A 级景区三河古镇的繁华与韵味，体会到三国文化的魅力，并能够在老街区、古镇等地切身地感受到巢湖的民间美食与民居建筑风貌。

线路节点：周瑜文化园→汤池老街→三河古镇。

子线路 3 概况：通过该线路能领略到巢湖地区曾经最富裕的柘皋镇的古今风貌，瞻仰革命先辈的故居，在鼓山寺接受清净佛门的洗礼并了解成语“旗鼓相当”的典故，在巢湖艺术馆畅享民间艺术收藏的博大精深，并领略到现代乡村的文化与风情。

线路节点：柘皋老街→冯玉祥故居→鼓山寺→巢湖艺术馆→三瓜公社。

2. 闲适乐游线路

线路概况：该线路集特色街区游览、购物美食体验、生态健康运动于一体，以玩乐为主，突出时尚、闲适和随心感悟。

线路节点：合肥美术馆→巢湖鱼庄→牛角大圩→木兰美食村。

3. 养生度假线路

子线路 1 概况：该线路包括了品质较高的温泉与森林资源，让游客能感受到一站式的禅修养生、温泉观光、温泉疗养、温泉度假、森林疗养等体验，在自然与人文相交融的氛围中达到遁世的境界。

线路节点：庆复禅寺→汤池温泉旅游度假区→冶父山国家森林公园。

子线路 2 概况：该线路提供了高端的度假产品，不仅有温泉养生度假的场所，更有位于僻静山林间的野奢度假酒店、森林天然氧吧，再加上有机健康的农特产品饮食，让游人达到由内而外平静放松的状态。

线路节点：半汤温泉旅游度假区→三瓜公社→东庵国家森林公园。

4. 户外运动线路

线路概况：该线路以自驾和骑行的方式，将巢湖南岸具有代表性的环湖运动、沙滩运动、房车营地、低空飞行等运动项目串联起来，为运动爱好者们提供极致的户外运动体验。

线路节点：岸上草原运动区→木兰村沙滩浴场→槐林极品运动休闲基地。

5. 越野自驾线路

线路概况：该线路为适合越野车和房车自驾的路段，将沿线圩田、湿地、森林等具有代表性的自然美景串联起来，依托房车营地的布设，为自驾越野爱好者们提供充满挑战的自驾体验。

线路节点：滨湖新区房车大本营→灵台圩→风车山谷→东庵森林公园→四顶山大森林公园。

6. 深度摄影线路

线路概况：该线路将环巢湖地区极具代表性的风景资源点串联起来，包括湿地、圩田、花海、森林、古镇、古村等，为摄影爱好者们提供极致的视觉体验。

线路节点：岸上草原（绿风鼓韵）→渡江战役纪念馆（渡江烽火）→滨河湿地森林公园（湖沼飞鹭）→长临河老街（烟雨晨曦）→四顶山景区（四顶朝霞）→中庙、姥山岛景区（湖天胜境）→芦溪湿地→洪家疃村（九龙攒珠）→银屏山景区（富贵开屏）→三河古镇（鹊渚印月）→牛角大圩（圩田花海）。

7. 水上逍遥线路

线路概况：该线路串联了巢湖由北岸到湖中再到南岸的重要码头，由繁华现代的滨湖明珠码头穿越至古风古韵三河古渡码头，游客能一览大湖风光，畅览中庙美食街，重温"陷巢州长庐州"的古老传说，并巡游于三河古镇舒展的画卷之中。

线路节点：滨湖明珠码头→中庙码→姥山码头→三河古渡码头。

8. 智慧研学线路

线路概况：该线路将环巢湖地区的经典科普研学景区景点串联起来，包括湿地公园、地质公园等自然科普景点，世界农业遗产公园、红色旅游景点等人文科普景点，渡江战役纪念馆、名人馆等省文化博览场馆，以及创客小镇等文创景点，为儿童、青少年游客提供了种类丰富的科普研学内容。

线路节点：渡江战役纪念馆→安徽名人馆→滨湖湿地森林公园→李克农故居→平顶山金钉子地质公园→三瓜公社→巢湖世界农业遗产公园。

六、环巢湖国家旅游休闲区营销策略

（一）品牌塑造

1. 巢湖印象

巢湖是中国五大淡水湖之一，但环巢湖地区在国内旅游市场的知名度并不高，目前仅在合肥本地有一定的认可度，是合肥居民休闲游憩的目的地（表 6–21）。

表6–21　中国主要淡水湖的网络评价情况①

名称	评论数	评分（满分5分）
巢湖	93	4.4
千岛湖	3295	4.3
东钱湖	560	4.3
洞庭湖	164	4.4
鄱阳湖	139	4.5
洪泽湖	182	4.3
高邮湖	12	4.5

① 数据来源：携程。

表6–22 环巢湖地区代表性景点的网络评价情况[①]

所在地区	名称	评论数	评分（满分5分）
环巢湖地区	三河古镇	652	4.1
	紫微洞	243	4.3
	金孔雀温泉旅游度假村	166	4.3
	姥山岛	114	4.2
	滨湖森林湿地公园	14	4.7
	渡江战役纪念馆	22	4.5
	深业半汤御泉庄温泉	337	4.5

根据携程网网友对巢湖的评价，可知游客对巢湖的主要印象集中在景色优美、湖鲜美食、气势壮观、夕阳、日出很美等自然禀赋要素上，与环巢湖国家旅游休闲区的创建目标存在一定的差距。要改变这种固有形象，环巢湖地区应树立自己作为"国家旅游休闲区"的品牌形象，而非仅仅"景色优美、气势壮观的大湖"（表 6–23）。

表6–23 巢湖的网络评价关键词梳理[②]

频率	关键词
32	景色优美
14	湖鲜美食
11	气势壮观
9	夕阳 / 日出很美
8	值得一去
8	五大淡水湖之一
7	环湖自驾很不错
4	适合周末游
4	温泉不错
4	原生态
4	空气新鲜
4	姥山岛
3	水上游

2. 形象定位

以"创建国家旅游休闲区"目标为统领，结合环巢湖地区"合肥旅游休闲的核心地域""大湖名城城市形象的地标区""江淮文化的富集区""市民和旅游者共享的休闲空间""合肥城市生态的重要源流"等基本特征判断，围绕"大湖名城、创新高地"的合肥城市形象，塑造环巢湖旅游休闲区主题，提出旅游形象方案：

国家休闲区，心动在巢湖

诠释：突出旅游休闲资源大湖的"心形"符号价值，以"巢"为源并向具有现代意义的"聚集

① 数据来源：携程。
② 数据来源：携程。

地”“休闲度假地”、旅游者“大本营”等方向延伸，传达巢湖旅游休闲的形象与产品诉求，提升巢湖旅游休闲的核心吸引与感召力。

备选方案有：

心之巢，爱之湖——中国巢湖

心动巢湖，一生最爱
江淮美景，欢乐巢湖
江淮之心，休闲之巢
大湖名汤，休闲时尚

3. AIDA 品牌培育路径

（1）引起关注阶段（Attention）。环巢湖地区在国内旅游市场上的知名度是不足的，因此第一步需要提升关注度，以激发潜在游客的兴趣。需要通过创建独特的景点和活动去获得关注，如媒体对环巢湖地区举办国际马拉松赛的新闻报道就可以引起公众的关注。

（2）产生兴趣阶段（Intrest）。当潜在游客对环巢湖地区有所关注之后，他们会更加地好奇和感兴趣，想要更多了解这个地方。这说明当兴趣被激发后，潜在的游客会想要了解更多。这意味着，一个介绍环巢湖国家旅游休闲区的界面友好的网站是必须要有的。网站至少应提供以下方面的关键信息：如何去，住在哪里，有哪些好看的、可玩的等。

（3）旅行冲动与愿望阶段（Desire）。那些潜在旅游者一旦对环巢湖国家旅游休闲区产生浓厚兴趣，就会进一步通过互联网、当地媒体、旅行社或者其他旅行商了解环巢湖的相关信息。因此，大量宣传环巢湖国家旅游休闲区的活动必须常年举行。此时，到环巢湖旅游的兴趣将转变成为将环巢湖纳入旅行行程或者直接以环巢湖国家旅游休闲区作为一个特别的旅行目的地的强烈愿望。

（4）购买或预订阶段（Action）。最后一步将是高铁票、飞机票或景区门票的购买或预订。无论是通过旅游代理商或其他预订机构办理，还是在有特别需要，或者有特别优惠时，这一（预订）步骤应该简便易行、可以轻松搞定。这需要建立一个易于找到并且便于使用的网站，或者与携程、途牛等在线旅游代理商进行紧密合作，以便游客能轻松购买产品。

（二）营销策略

1.“4F”旅游者感觉营销

环巢湖国家旅游休闲区的营销要借助最新的旅游地营销理论，强调旅游地的旅游休闲经历要给旅游者特别的感觉，即给旅游者“想要（wished feeling）”的感觉，让旅游者有“超值（cost-efficient feeling）”的感觉，旅游产品有“时尚（fashionable feeling）”的感觉，最终使旅游者有“难得（hard-won feeling）”的感觉。

2. 事件营销策略

事件营销即通过制造具有新闻价值的事件，并通过具体的操作使之得以传播，能产生“四两拨千斤”的效果。与一般营销方式高昂的费用、长期的运作相比，事件营销在投入成本、市场成效上更有优势。当前作为旅游消费主力军的“80 后”与“90 后”，更愿意在社交网络上分享信息，也更容易受社交媒体的营销。84% 的“80 后”与“90 后”认为，用户生成的内容比广告更能营销他们的购买行为。因此，以社交网络等新媒体为传播媒介的事件营销作为传播最快速、成本最低廉的旅游营销方式，已成为营销中的一把利器。

【资料链接】

新媒体事件营销案例

案例一：世界上最理想的工作。澳大利亚昆士兰旅游局2009年通过网络在全球招聘“世界上最理想的工作”——大堡礁汉密尔顿岛的看护人。据昆士兰旅游局估算，这项预算为170万澳元（约735万元人民币）的活动带来了超过1亿澳元（约合4.7亿元人民币）的公关价值。

案例二：台州味道　上海知道。台州旅游局针对上海百万大学生特定群体，开展以“台州味道　上海知道”为主题的200名“台州旅游体验师”招募活动。充分利用腾讯网、移动端等新媒体，总曝光量达5200万，5天报名4816人。体验期间腾讯新闻客户端全程直播，PV达43万；体验师发微信朋友圈1300余条，点赞数达12万，形成裂变式传播。体验师在活动前发挥了公关效应，活动中有效地放大了传播效应，活动后体现了积累效应，并通过PGC和UGC生成素材，200篇高品质游记、200个不同的体验和200种不同的味道，让台州营销创下了成功的奇迹。

案例三：草根大使，环球推广。杭州市旅游委员会以市场调研为基础，以“草根大使”的名义进行环球城市推广，8位“杭州大使”走过3大洲7个国家10座城市，沿“一带一路”挖掘杭州与世界的联系，传播杭州这座诗意之城。在环球活动期间，杭州旅游Facebook官方账户帖文覆盖过亿受众，粉丝增长近80000人，总粉丝数量超140000；YouTube视频点击超过百万次；共计700余家境外媒体报道转载了相关内容，覆盖杭州旅游欧美主要目标市场；境内也吸引了新华社、新浪、中新社等主流媒体关注，引发了200篇新闻报道。

3. 口碑营销策略

口碑营销即通过亲朋好友甚至陌生网友之间的信息交流来传播目的地品牌及旅游产品的策略，具有成功率高、可信度强的特点。由于线下口碑营销投入较大，效果监控难，互联网的快速转播、精准定位等优势使得线上口碑营销（即网络口碑营销）成为Web2.0时代中最有效的传播模式。

随时监控旅游网络口碑信息，及时了解旅游者对环巢湖国家旅游休闲区的意见和建议，并给予积极的回复或解释。适当刺激正面旅游网络口碑信息的传播。加强与微博大V、微信热门公众号等网络意见领袖的交流合作，通过他们有针对性地传播有关环巢湖国家旅游休闲区的正面口碑。

4. 植入营销策略

将环巢湖国家旅游休闲区“国家休闲湖，心灵归宿巢”品牌及具有代表性的景区景点（如巢湖半岛、湿地休闲游憩环、灵台圩世界农业遗产公园等）策略性融入电影、电视剧或电视节目等各种内容之中，让观众在不知不觉中留下印象，进而在未来的某个时间段产生来环巢湖旅行的愿望。比如，争取与《奔跑吧兄弟》《花儿与少年》《极速前进》《爸爸回来了》等各类明星真人秀活动的合作，成为其外景拍摄地，安排其在环巢湖的全部行程，并且为节目量身订做旅游线路和产品。

在数字营销战役中，植入营销策略同样可以直接照搬到网络平台，如网络游戏、微博段子、长微博图文等。《仙剑奇侠传4》中就出现了以居巢国为原型的游戏场景，这虽非有意植入，但可以作为思路借鉴，将巢湖的传说故事等通过包装植入网络游戏中，吸引游戏玩家前来体验虚拟世界对应的真实场景。

5. 情感营销策略

在旅游目的地的品牌推广中，可以通过情感的交流互动，搭建抒发情感营销的平台，以景区和美好乡村为载体，以强烈的震撼力和吸引力为引爆点，引起游客的广泛共鸣来实现情感与旅游品牌的融合升华。比如，乌镇：来了便不曾离开。成都：一个来了就不想走的城市。盐城：一个让人打开心扉的地方。环巢湖国家旅游休闲区应以休闲为切入点，通过“一个真正自在休闲的地方”“来巢湖找回专属于你的休闲生活”等宣传口号来打动游客。

（三）客源市场与产品匹配

通过环巢湖旅游云数据中心，采集游客来源地、游玩景点、逗留时间、回头客等个体信息，经过分析形成有效的市场营销数据，为决策提供数据支持。

结合当下的旅游市场需求、创建国家旅游休闲区的目标要求和环巢湖地区旅游资源优势与市场现状，将亲子游市场、周边游市场、自驾游市场、大学生市场、白领市场、商务市场、银发市场作为环巢湖国家旅游休闲区的重点细分客源市场，集中优势营销资源，进行差异化营销。

1. 亲子游市场

（1）市场特征。

①出游时间：周末、小长假、寒暑假。

②出游目的：丰富孩子的知识和见闻、增进亲子互动。

③目的地偏好：同时满足孩子和家长的需求。孩子较偏好游乐场所（包括动物园、海洋馆、主题乐园等）；家长则对休闲度假城市、名山大川等较感兴趣。

④活动偏好：亲子互动体验活动、科普体验活动等。

⑤旅游花费：85% 的受访家庭能接受的亲子游价位在人均 1000 元以上。

（2）产品匹配。针对亲子游市场，主打时尚生活系列（主题游乐、美食）、文化休闲系列（古镇古村休闲、科普研学）、自然游憩系列旅游产品。

（3）营销对策。与在线亲子游领先 OTA 平台携程、同程、途牛等合作，推出家庭套票或者儿童特价票，针对合肥本地家庭游客推出家庭年票。

2. 周边游市场

（1）市场特征。

①出游时间：以周末、小长假、黄金周为主。

②出游目的：以陪伴家人为主，其次是品尝美食、开阔眼界。

③目的地偏好：更偏好度假村（80%）、未经开发的自然风光（59%）和历史遗迹（34%）。

④旅游花费：30% 人均花费 600 元以下，27% 为 600~1000 元，24% 为 1001~1500 元。

（2）产品匹配。针对周边游市场，主打度假休闲系列、自然游憩系列、文化休闲系列（古镇名村休闲）、时尚生活系列（主题游乐、美食、夜间休闲）旅游产品。

（3）营销对策。与周末去哪儿等周边游 App 合作，推出景区家庭套票、情侣套票、儿童特价票等。

3. 自驾游市场

（1）市场特征。

①出游时间：以周末、小长假、黄金周为主。

②出游目的：休闲度假、观光游览。

③目的地偏好：在类型上更偏好自然风光、风景名胜，选择文化、探险类目的地的比例较低。

④活动偏好：城市周边的休闲度假村、农家乐、民俗活动、采摘节庆等是自驾游客的首选产品。

⑤旅游花费：2013 年国内单次自驾出游人均花费 969 元，略高于城镇旅游人均花费的 947 元。

（2）产品匹配。针对自驾游市场，主打自然游憩系列、文化休闲系列（古镇名村休闲）、度假休闲系列、时尚生活系列（美食、夜间休闲）旅游产品。

（3）营销对策。争取与长三角自驾游专家委员会的合作，联合携程、去哪儿等主流 OTA 平台，举办环巢湖自驾狂欢季活动，以“惠民”为主题，大力度优惠合肥本地、长三角自驾游客，以吸引自驾游客。

4. **大学生市场**

（1）市场特征。

①出游时间：周末、小长假、寒暑假。

②出游目的：以放松、娱乐为主要目的。

③目的地偏好：偏好有特色的目的地，更愿意选择趣味性强的旅游景点。

④活动偏好：娱乐性较强的活动。

⑤旅游花费：超过 60% 的大学生旅游花费为 1000~3000 元，大学生群体更爱穷游。

（2）产品匹配。针对大学生市场，主打时尚生活系列（主题游乐、美食、夜间休闲）、户外运动系列、文化休闲系列（古镇名村休闲）旅游产品。

（3）营销对策。针对大学生对价格比较敏感的特点，应制定明确的季节性价格政策、分时段旅游价格政策和套票联票等优惠性政策。

5. **白领市场**

（1）市场特征。

①出游时间：双休日出游的概率最高（53.1%），其次为带薪假期（51.9%）、黄金周（40.1%）。

②出游目的：以休闲、娱乐为主，释放工作压力。

③目的地偏好：以周边游和国内多日远途为主。

④活动偏好：追求个性化、品质化的旅游产品。

⑤旅游花费：超 50% 白领的单次旅游花销集中在人均 1000~5000 元，其中，花费在 1001~3000 元的占比最高，为 27.08%，其次是 3001~5000 元，为 24.24%。

（2）产品匹配。针对白领市场，主打时尚生活系列（主题游乐、美食、夜间休闲）、文化休闲系列（古镇名村休闲）、度假休闲系列、户外运动系列旅游产品。

（3）营销对策。与携程、途牛等 OTA 平台合作，推出如“释放自我·滨湖时尚新生活”“心灵回归·汤泉度假恣体验”等个性鲜明的品牌产品，提供定制化或菜单式旅游产品组合，采取灵活的价格策略，注重网络口碑营销。

6. **商务市场**

（1）市场特征。

①出游时间：受季节变化影响小。

②出游目的：包括商务、会务、休闲、度假等。

③目的地偏好：非自主性，根据公务需要而定。

④活动偏好：追求人性化旅游服务，有就近观光、娱乐的需求。

⑤旅游花费：各项费用基本由组织或公司支出，因此消费能力较强。

（2）产品匹配。针对商务市场，主打时尚生活系列（商务会展、夜间休闲）、自然游憩系列、度假休闲系列旅游产品。

（3）营销对策。商务市场有极高的再访率和消费水平，培育其品牌忠诚度的意义很大。与合肥本地、长三角地区的企业保持良好的合作关系，开展关系营销，协助企业制订商务旅行计划，并提供免费信息咨询服务。

7. **银发市场**

（1）市场特征。

①出游时间：不受节假日的限制，会刻意避开高峰期。

②出游目的：轻松、休闲，没有时间限制地感受生活。

③目的地偏好：近 60% 的老年游客会优先选择国内游，超过 65% 的老年人更偏好周边游。

④活动偏好：慢节奏、行程安排完善的旅游产品，追求稳定、舒适，对文化有较浓的兴趣和亲近感。

⑤旅游花费：价格因素是老年游客考虑较多的因素之一，一次国内游的平均花费在 3200 元左右。

（2）产品匹配。针对银发市场，主打自然游憩系列、文化休闲系列（古镇名村休闲、遗址遗产观光）、度假休闲系列旅游产品。

（3）营销对策。老年人属于理智型、节俭型的消费者，且更倾向于包价旅游，因此可将深受老年人喜爱的景区景点门票连同酒店、餐饮等服务进行打包，并给予一定折扣优惠。

（四）节事活动策划

1. 举办国家级品牌节事活动，提升环巢湖在国内主要市场的知名度

打造中国大湖休闲节、中华有巢氏文化寻根节、中国汤泉养生文化旅游节三大国家级品牌节事活动，打造环巢湖国家旅游休闲区节事活动精品品牌，提升环巢湖旅游在国内外主要客源市场的知名度。

2. 积极承办国际或国家级节事活动，扩大环巢湖旅游影响力

积极承办“全球重要农业文化遗产国际论坛”（联合国粮农组织主办）。争取与黄山联合举办国际旅游节。

3. 举办地方类节事活动，引爆新热点

结合环巢湖自身优势，举办自然游憩类、文化休闲类、户外运动类、时尚生活类、度假休闲类五大系列节事活动，不断在长三角市场形成新的引爆点（表 6–24）。

表6–24　环巢湖国家旅游休闲区地方类节事活动策划

系列	节庆名称
自然游憩类	“寻美巢湖”摄影·写生大赛
文化休闲类	巢湖·江淮乡俗文化旅游节
	环湖花车大游行
	巢湖乡村美食节
	巢湖艺术采风节
	“巢居传人”文化竞赛
户外运动类	全国自行车嘉年华
	环巢湖自驾露营节
	国际水陆空极限挑战赛
	国际长走大赛
时尚生活类	合肥国际音乐节
	巢湖渔火音乐节
	“巢湖之声”歌咏大赛
	巢居建筑设计大赛
	全国研学旅游讨论会
度假休闲类	“我最喜爱的温泉”评选活动

七、旅游休闲支撑体系

（一）旅游交通

1. 对外交通现状概况

（1）对外交通。规划区现有沪汉蓉高铁、合九铁路和淮南铁路线、京福铁路分别从规划区的西侧和东北侧外围经过，现设置有肥西站、合肥南站、长临河站、巢湖东站。

高速公路等对外交通以合肥市和巢湖市为枢纽，主要集中于规划区外侧，包括西侧安合高速（G3）、北侧绕城高速（G4011）、西侧合巢高速（G5011），并通过方兴大道快速连接至新桥机场。

（2）内部道路交通。规划区内以环湖大道为依托，通过巢庐公路（S316）连接庐江，合铜公路（S103）连接铜陵、安庆，合马路（S105）连接南京、马鞍山，柘无路（S208）连接芜湖。

通过盛同公路（S351\X062）、包河大道、方兴大道、栏滨路（S420）张瞳路（X012）店中路（X024）严刘路（X043）、木兰路、庐白路（X067）、槐青路（X009）、X011、X057、X060 等道路疏散至外围城镇。

（3）水上交通。巢湖水上线路主要集中于“长临河—中庙—姥山—齐咀—三河”环线，滨湖明珠码头、中庙码头、齐咀码头、长临河渔人码头、三河古渡码头具备停靠条件，但整体水运旅游交通滞后，未能形成水路交通转化体系。

2. 主要问题

区域交通服务不足，设施不完善。沪汉蓉高铁、京福高铁从规划区外围经过，但只在合肥南站设站，轨道交通进出环巢湖地区主要倚靠淮南铁路、合九铁路，巢湖站、庐江站停靠班次少，总体铁路客运能力有限。

丰富的资源本底与薄弱的旅游交通体系之间存在矛盾，环巢湖地区缺乏特色交通体系的支撑。现阶段仅有滨湖新区建设独立绿道系统，环湖区域特色出行体验较差。旅游公交、水上交通等严重匮乏。

现有交通网络较难支撑环巢湖周边散点状城乡聚落，特别是南侧庐江区域和乡镇缺乏快速交通与区域对接。

3. 发展思路

（1）分级组织内外交通。充分利用规划区周边的轨道交通、高速公路、干线公路、航空等多种交通方式，建构高效、便捷的旅游大交通客运网络。利用高铁城际汇集远距客源，通过规划新建商合杭客专、合福高铁、沪汉蓉高铁，联通长三角、中部地区及全国客源市场，进一步扩大影响范围。通过城际轨道和高速公路，重点联通省内及长三角区域，拓展环巢湖地区的辐射范围。

（2）分区域差异化供给。参照环巢湖地区主题功能区划和旅游休闲组织，以生态保护为基础，分区差别化供给，辨别生态敏感地区，对不同区域进行差异化交通供给。

划定交通基础设施供给的各类区域，包括城市地区、生态地区、特色景区、乡镇和郊野地区。城市地区采取中高路网的城市交通模式；生态地区以慢行为主，严格控制车辆进出；特色景区则加强旅游公交和枢纽设施建设。

（3）分圈层构建交通网络。外圈层为快速交通环线，形成以高速铁路、铁路、城际铁路为骨架，干线公路、城市轨道为延伸的对外综合交通体系。中圈层为城乡发展环线，以公共交通为导向，一方面服务城镇和乡村发展，另一方面促进旅游休闲功能向环巢湖地区的腹地延伸。内圈层为旅游休闲环线，以环湖大道为主要载体，环湖公交为重要依托，环湖慢行系统为主要特色，水上交通为补充的特色旅游交通体系。

（4）分主题梳理特色线路。通过特色慢行系统和自行车系统串接环湖各类资源，开发环湖、沿山、滨水、田园等多类主题的特色线路。构建层次分明、功能明确的旅游集散中心体系，包括旅游服务中心和旅游交通中心，以及服务自驾车、房车、慢行系统的营地和驿站系统。依托各级服务中心和营地体系，梳理主题房车、自驾车主题线路。开通水上旅游线路，设置旅游码头，加强巢湖与长江、巢湖与庐江、庐江与长江的水上交通联系，串接各类滨水、环湖等资源，实现水上游线向环巢湖腹地延伸。

（二）旅游产业要素

1. 旅游餐饮业

（1）现状分析。

①合肥风味名菜历史文化底蕴深厚，“巢湖三珍”驰名中外。合肥的风味名菜源远流长，属徽菜的重要组成部分，善于保持菜点的原汁原味，故成菜多汤汁清纯，味道醇厚，香气四溢。在其形成过程中，大多有着历史、人文背景和优美动人的民间传说。合肥十大特色美食有：四大名点（麻饼、烘糕、寸金、白切）、肥西老母鸡汤、庐州烤鸭、包公鱼、李鸿章大杂烩、曹操鸡、泥鳅挂面、臭鳜鱼、三河米饺、吴山贡鹅。

巢湖的饮食文化源远流长，历史悠久，特色鲜明，主要菜系属徽菜系，汤汁鲜美，包括驰名中外的“巢湖三珍”（银鱼、螃蟹、白虾）。十大巢湖地方名菜包括：荷塘三魁、鲜鱼不下锅、秘制不老鹅、清蒸刀鱼、辣炒河虾、麒麟白丝鱼、满载而归、石锅白鱼、铁板香菇盒和盐水大清虾[①]。

②环巢湖地区餐厅数量不足，主要的餐饮点集中在滨湖新区、巢湖市区、中庙镇和三河镇。合肥共有餐厅 52388 家，其中滨湖新区 1028 家、巢湖市 2553 家（半汤街道 24 家、中庙镇 10 家、烔炀镇 2 家、槐林镇 3 家、黄麓镇 1 家）、肥西县 2705 家（三河镇 21 家）、肥东县 2134 家（长临河镇 7 家）、庐江县 1456 家（盛桥镇 7 家、同大镇 1 家、百山镇 2 家）[②]（图 6-23）。

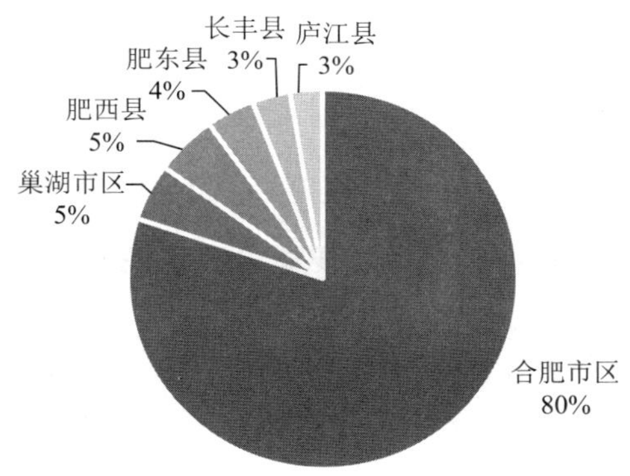

图 6-23　合肥市域餐馆数量分布

（2）发展思路。传承环巢湖地区及合肥本土饮食文化，开发具有巢湖特色的美食系列，形成酒店餐饮、社会餐饮、乡村特色餐饮相结合的旅游餐饮服务体系。打造美食品牌，加强市场营销力度，把巢湖美食打造成独具特色的旅游吸引物之一。

分别在三河镇、中庙镇、烔炀镇、中埠镇打造“传统民俗”系列、“巢湖湖鲜”系列、“农家风味”系列、“农民美食”系列特色精品旅游餐饮集聚区；鼓励其他乡镇根据当地饮食文化特色，提供农家乐餐饮服务。

将美食与文化活动相结合，增加餐饮产品中的文化含量，在餐饮点加入巢湖特色文化表演要素，

---

① 合肥市旅游局于 2012 年在巢湖举办了“十大巢湖地方名菜”评选活动结果，菜肴几乎全部是采用巢湖本地食材，具有鲜明的巢湖地方菜风味。

② 数据来源：大众点评网。

邀请庐剧剧团进行专场演出，通过举办丰富多样的文化活动，打造若干个融美食、文娱、休闲为一体的文化餐饮项目。

2. 旅游住宿业

（1）现状分析。

①酒店主要分布在市区，环巢湖地区酒店数量相对较少。合肥市拥有五星级饭店 11 家，四星级饭店 20 家，四星级及以上饭店比例占 44.93%，全球著名酒店品牌均入驻合肥；全市五星级、四星级等高星级农家乐增加到 78 家，占全市农家乐总数的 47%。合肥市的酒店数量分布如表 6–25 所示。

表6–25 合肥市酒店数量分布[①]

地区	酒店数（家）
合肥市区	2372
巢湖市区	128
肥西县	134
肥东县	66
长丰县	83
庐江县	72

②环巢湖地区的酒店主要集中在滨湖新区、巢湖市区和三河古镇。

表6–26 环巢湖地区酒店数量分布

地区	酒店数（家）
滨湖新区	82
巢湖市区	135
中庙镇	2
三河古镇	16

需求预测：环巢湖地区住宿接待设施总量主要考虑游客规模预测以及游客出游特征、季节变化、开发阶段等因素，根据以下公式计算：

床位数 =（平均停留天数 × 年过夜游客）/（年可游天数 × 客房平均出租率）

若年旅游天数按 300 天计，则各规划阶段的系数指标及需求结果如表 6–27 所示：

表6–27 环巢湖国家旅游休闲区各规划阶段床位需求预测

指标	2015年（现状）	2020年	2025年	2030年
总游客量（万人次）	1000	3200	5000	8500
过夜游客比例（%）	—	20	30	40
过夜游客人均逗留天数（天）	—	1.4	1.5	1.6
客房平均出租率（%）	—	45	60	75
床位需求总计（万张）	—	6.6	12.5	24.2

（2）发展思路。合理引导住宿设施建设，优化类型结构，突出特色化、主题化发展，鼓励业态创新，推动品牌化发展，提升服务水平，提高客房出租率。

加强旅游住宿和科技创新的融合，引入绿色饭店文化，打造“低碳”的旅游住宿产业。

① 资源来源：艺龙网。

鼓励和扶持生态酒店、时尚旅馆、健康饭店、特色民宿、汽车营地、帐篷营地等个性化住宿设施的发展。提高汽车旅馆、乡村酒店、景区及周边住宿设施的服务水平。积极推行产权式酒店、分时度假酒店等经营模式。

滨湖新区、巢湖市区、庐江县城等城镇化地区作为星级酒店和度假型接待设施集聚的地区，要树立旅游接待服务形象，推进设施的升级改造，针对商务、散客和家庭游客的需求，发展商务型、度假型、康养型等设施。环湖的自然景区周边应控制开发强度，配套生态化、特色化的住宿设施。完善旅游镇村的接待体系建设，推动旅游镇村旅馆设施的主题化改造。

3. 旅游购物与旅游商品

（1）现状分析。

①合肥购物和旅游商品吸引力与长三角热点旅游城市存在差距。

②虽然合肥的城市商圈比较发达，但特色化、主题化的购物街区较少，合肥主要有以下城市商圈：

- 四牌楼步行街商圈（合肥百货大楼、商之都、鼓楼商厦、百盛百货、合肥金鹰国际购物中心大东门店、合肥银泰中心等）；
- 三孝口商圈（女人街市场、香街、城隍庙、CBD 购物中心），政务区商圈（天鹅湖万达广场、新地购物中心、合肥银泰城、华润万象城）；
- 三里庵商圈（国购广场、之心城、安徽国际金融中心、合肥港澳广场）；
- 滨湖区商圈（滨湖时代广场、滨湖世纪城、滨湖国际广场、万达文化旅游城），元一商圈（元一时代广场、胜利广场欢乐城、信地城市广场）；
- 马鞍山路商圈（包河万达广场、金中环广场、万振城市广场）。

“中隐于市・赤阑桥”文化创意街区和金大地 1912 街区是合肥较具特色的两处购物场所。“中隐于市・赤阑桥”文化创意街区自 2013 年 12 月 25 日试营业以来，由最初的十几家商户发展到现在的 53 户商户，包括创意工作室、主题餐饮、创意小百货、原创服饰、文艺主题客栈、文艺静吧、国际青年旅社、特色咖啡馆等多种业态。金大地 1912 街区在建筑方面都入乡随俗地运用了徽派风格，包括马头墙、青砖石材、雕花门栏等，设立了沉式戏院，将具有历史感与厚重感的戏楼植入，作为合肥的精神符号，形成一种文化体验与时尚风情的激烈碰撞。街区还举办了景观装置展、涂鸦展，不单单有可爱的卡通涂鸦，还有“场地 + 材料 + 情感”的综合展示艺术——装置艺术，吸引了不少年轻市民，营造出一种“公园式”的慢生活情调。

③旅游商品的品牌知名度有待提升。2016 年 4 月，合肥市旅游局评选出首届“合肥旅游必购商品”和“合肥旅游特色商品”，分别是“姥山牌”巢湖印象、“英雄畾”系列、吴山铁字、四大名点、白云春毫茶叶、海神黄酒、石塘驴巴、凤落河酱干、麦秆画、三河羽毛扇（以上为必购商品），以及长丰草莓、三河米饺、七色美粮十谷米、越橘干红蓝莓酒、庐江小红头、公和堂狮子头、侨鑫户外折叠用品、“天徽庄牌”茶雕、原味豆香礼盒、包公手工绢人系列（以上为特色商品）等。

④旅游购物场所空间集中于几处热点地区。环巢湖地区旅游购物场所主要集中在三河古镇、中庙镇特色美食商业街等旅游发展较为成熟的区域，特色旅游商品包括“姥山牌”巢湖印象、三河羽毛扇等。

（2）发展思路。鼓励将文化的展示体验与购物相结合，发展具有巢湖、合肥当地文化特色的主题购物街区和商铺。全面规范旅游购物环境，建立大型商业中心、旅游商品专卖店、景区购物点等覆盖不同受众的旅游商品销售体系。

强化地理标志农产品的注册和管理工作，提升巢湖特色水产品、果蔬等土特产品的品牌价值。以巢湖三珍、严店葡萄、三河米酒、白湖荸荠、芹芽等特色农产品作为土特农产品的核心类型，并有步骤地建设该类商品的农村销售点，依托大圩 4A 级旅游景区、牛角大圩生态农业示范园等将农产品销售与采摘休闲结合。

加强旅游纪念品的研发与设计，包括规模、种类、质地、造型、题材、花色、包装等，提升其品质和档次。除了三河羽毛扇、牛角梳、柘皋火笔画、洋蛇灯等本地民俗工艺品外，为丰富旅游纪念品种类，还增加了系列图书、风光明信片、创意地图、音像制品、特色文化衫等，加强"巢居文明""汤泉文化""江淮水师""圩田农耕"等主题旅游纪念品的设计和推广，鼓励各旅游景点、设计单位和生产企业三方合作开发专题纪念品，并从政策、资金、人力、税收等方面扶持和培植几家旅游纪念品定点生产企业。

4. 旅游娱乐业

（1）现状分析。旅游娱乐种类丰富，规模在长三角地区处于第二阶梯。合肥市共有 8945 家商铺经营休闲娱乐类项目，包括 KTV 428 家、真人 CS 46 家、密室 47 家、游乐游艺 186 家、桌球馆 243 家、桌面游戏 129 家、酒吧 297 家等（表 6–28）。

表 6–28 长三角地区典型旅游城市休闲娱乐类商铺数量[①]

城市	休闲娱乐类商铺数量	
	总量（个）	每万人拥有商铺数量（个/万人）
合肥	8945	11.5
上海	29408	12.2
杭州	12842	14.2
南京	9460	11.5
苏州	13839	13.0
无锡	8145	12.5
宁波	8600	11.0
常州	6389	13.6
扬州	4801	10.7
温州	7224	7.9
绍兴	4071	8.2
嘉兴	4444	9.7

（2）发展思路。根据环巢湖国家旅游休闲区的要求，积极开展娱乐休闲，重点以各类景区和度假村为阵地，完善其作为核心吸引区域的娱乐、休闲功能。

挖掘环巢湖地区的文化内涵，以"江淮水师"为主题，推出品位高、吸引力强的大型实景演艺项目，树立品牌，形成环巢湖地区娱乐休闲的引擎。

在滨河新区、中庙等地打造特色酒吧街，丰富旅游者的夜间生活。

加强市场规范和法规建设，树立健康娱乐形象。加强旅游部门与文化、公安等部门合作，按照《游乐园（场）安全和服务质量》国家标准，加强管理，严格执法，促进旅游娱乐业的健康发展。

① 资源来源：大众点评网。

（三）旅游公共服务体系

1. 观景平台

（1）现状分析。环巢湖大道沿线规划建设共28座观景平台，多数以花名命名，并以该种花作为主要设计植物[①]。现状已建成观景平台共15座，其中北岸11座，南岸4座。由于各县市区对环湖大道沿线驿站平台建设工作重视程度不同、管理水平不同，导致建设进度和建设质量参差不齐。滨湖新区因已有一定的旅游建设基础，已建成2座品质较高的观景平台；肥东县建设起步较早，已建成2座观景平台，质量亦较好；肥西县在建一座观景平台；巢湖市共建成6座观景平台，集中位于北岸，具备一定游客接待能力，但建设质量不高。南岸因环湖大道远离湖岸，沿湖驿站观景平台很多尚不具备建设条件。

（2）发展思路。体现"师法自然"、融建筑于环境之中的生态理念，利用当地自然环境进行观景平台的建设，将大湖、湿地、圩田等景观完美地融合在整个观景平台的设计当中，创造"与自然相融合的生态交流空间"。已建的15座观景平台，根据其建设质量，进行适当的整改；未建的13座观景平台，将严格按照上述原则进行设计和建设。

2. 游客综合服务系统

（1）现状分析。三河镇、渡江战役纪念馆、中庙镇、长临河镇现有旅游接待中心，承担着旅游交通集散、交通换乘、旅游咨询、导览等服务功能；滨湖湿地森林公园、岸上草原、滨湖万达文绿城、牛角大圩、银屏牡丹、龟山、紫微洞、东庵森林公园、月亮湾湿地现有游客服务中心，主要提供景点导览、旅游咨询等旅游服务。

现有中庙的旅游接待中心、银屏山的游客服务中心，限于游览设施的等级和规模，已经无法承载周末和节假日的游客量，在停车、住宿、餐饮等方面尤为突出，这也对景区的环境保护和管理维护以及游客的旅游体验，产生了一定影响。

（2）发展思路。构建由自驾营地、游客中心、驿站组成的环巢湖国家旅游休闲区游客综合服务系统，分别针对自驾车游客、普通游客和慢行（自行车、步行等）游客提供相应的旅游服务。为避免重复建设造成资源浪费，将这三类游客服务设施进行整合规划，更集中地为游客提供便利、快捷、优质的旅游服务。

①自驾营地。针对环巢湖地区的实际情况，规划配置大本营和露营地两种营地类型。服务基地以自驾车综合服务为核心功能，露营地以自驾综合体验为核心功能。

大本营：依托主要城市，临近高速公路、民航机场、高铁站场等对外交通枢纽进行布局，以交通集散、自驾车综合服务等为主要功能的自驾车综合管理与服务中心。

露营地：依托良好的旅游景区资源和景观优美的区域进行布局，以自驾车露营、休闲娱乐、特色度假为主要功能的自驾综合体验地。

②游客中心。针对环巢湖地区的实际情况，规划构建由城市旅游信息咨询服务中心、旅游景区游客中心组成的旅游咨询服务中心体系。

城市旅游信息咨询服务中心：在游客相对密集区域设置城市旅游信息咨询服务中心。为游客提供旅游资源展示、旅游信息咨询、宣传资料发放、旅游食宿服务、交通换乘等相关服务。

旅游景区游客中心：结合国家标准适度高于相应A级旅游景区要求水平，在3A级及以上景区内建设景区游客中心，主要提供景区信息咨询、游览解说等服务。

③驿站。结合环巢湖国家旅游休闲区的慢行系统，根据自行车、步行等活动中途补给的距离需求设置三类等级驿站，配备相应种类规模的服务，包括旅游信息咨询、厕所、自行车租赁、临时医疗等

① 资料来源：《环湖大道（巢湖南岸段）沿线绿化及观景平台规划》。

基本功能，以及餐饮、购物等指导功能。驿站设计要与当地文化内涵相结合，除提供上述旅游服务外，还兼有展示当地文化特色的功能（表 6–29）。

表6–29 环巢湖旅游信息咨询服务中心体系

旅游信息咨询服务体系			城市旅游信息咨询服务中心	旅游景区游客中心	环湖旅游驿站		
服务功能		服务内容			一级	二级	三级
基本功能	旅游咨询	景区及旅游资源介绍、景区形象展示、区域交通信息、游程信息、天气询问、住宿咨询、旅行社服务情况问询	√	√	√	√	○
	基本游客服务	厕所、停车、寄存服务、无障碍设施、科普环保书籍和纪念品展示	√	√	√	√	○
	旅游管理	旅游投诉受理、紧急救难收容及临时医疗协调	√	√	√	○	—
指导功能	旅游交通	交通换乘、交通补给（加油站）、旅游专线巴士、自行车租赁	○	○	√	○	—
	旅游住宿	配套酒店建设	○	○	—	—	—
	旅游餐饮	配套餐馆、食品超市	○	○	√	○	○
	旅游购物	土特产品、纪念品商店	○	○	√	○	—
	其他旅游服务	失物招领，寻人广播，电池、手机充值等旅游必需品售卖，邮政明信片及邮政投递服务，公用电话服务	○	○	○	○	—

注："√"代表含该项功能，"○"代表可以有该项功能，"—"代表不含该项功能。

将自驾车大本营与城市旅游信息咨询服务中心进行整合建设，分别在滨湖新区、巢湖市区、庐江县城三处布点。一方面为游客提供旅游资源展示、旅游信息咨询、宣传资料发放、旅游食宿服务、交通换乘等相关服务，另一方面为自驾游客提供交通集散、自驾车综合服务。

将露营地与一级驿站进行整合建设，分别在滨湖湿地森林公园、芦溪湿地、柘皋、半汤、散兵、青龙咀、大丁、齐咀、木兰村、汤池、冶父山、黄陂湖 12 处布点。一方面为慢行游客提供旅游信息咨询、厕所、自行车租赁等服务，另一方面为自驾车游客提供露营、休闲娱乐、特色度假等服务。

3. 旅游标识系统

（1）现状分析。环巢湖地区大部分景区景点的入口处和内部都有标识牌进行介绍和指引。但仍有一些标识牌或与周边景观不相协调，或未体现地方特色，还有未提供多语言或中英文对照解说服务的。

（2）发展思路。完善景区内部、旅游服务场所、城市道路等处的旅游标识，标识解说系统设计要简明扼要、生动形象，与周边景观相协调，突出地方特色，为游客提供各种信息服务，帮助游客更好地完成旅游行程。按不同的标示牌类型，设计时有不同的要求。

主要标识解说要根据细分市场为游客提供包括汉语、英语、日语、韩语等在内的多语种解说服务（表 6–30）。

表6–30　环巢湖旅游标识解说系统规划

种类	功能	设置要点
指示性标识	指引线路和各种设施位置	（1）部分车行道、步行道口、转折处设置指示景区方向的指路牌，重点路段旅游景区导向标识应包括景区名称（中英文对照）、等级、千米数、方向指引等内容； （2）景区内设置服务设施标牌来指示饮水间、卫生间、餐厅、码头、垃圾箱以及其他设施的位置； （3）在住宿场所、主要购物娱乐场所等设置导向标识； （4）制作材料要与周围环境相协调； （5）加强夜游导向标识建设。
规定性标识	揭示规章制度，规范游客行为	（1）设置在休息点与主要出入口等游客集中的地方，以提醒游客注意自己的责任； （2）用语人性化、灵活化，愉悦氛围下起到规范游客行为的作用。
说明性标牌	说明旅游区的相关情况	（1）在主要旅游景区入口处设置景区全景图（景区总平面图），具体包含景区全景地图、景区文字介绍、游客须知、景区相关信息、景区服务电话等； （2）在旅游线路中分别设置各旅游节点的导游示意图； （3）游客中心设立解说区，旅游者可通过阅读解说牌的规定，办理事宜和自觉遵守游览规则。
解释性标识	对区域内的环境、景观等因子进行解释	（1）历史文化类旅游区应解说其历史文化背景； （2）滨湖湿地森林公园、平顶山金钉子地质公园等应介绍该资源的背景、价值等； （3）现代主题型旅游区应重点突出其体验性和参与性。
宣传性标识	宣传主题口号，体现宣传功能	（1）主要设置于游客集散地、交通枢纽、旅游景区出入口等处； （2）设置统一、清晰、体现环巢湖地区文化内涵、可识别性高的旅游标识，语言要贴切、生动、形象，要求能够突出“国家休闲湖，心灵归宿巢”主题形象，与旅游环境和谐。

4. 智慧旅游

（1）现状分析。2014 年 6 月，合肥市被确定为全省智慧旅游试点市。全市共建成三河古镇、滨湖湿地森林公园、渡江战役纪念馆、安徽名人馆、金孔雀旅游度假村、紫微洞风景区、包公园风景区、非物质文化遗产园、李鸿章故居 9 家智慧景区（其中 6 家在环巢湖地区），实施游客流量智能监测、景区安全智能监控和游客无线网络服务，实现客流量人工统计到智能监测。

2014 年 10 月，合肥旅游信息一体化平台建成上线，包括网上申报审批、游客在线投诉、旅游电子导游图等 15 个子系统，实现了全市 257 家旅游企业的互联互通。

（2）发展思路。

①建设环巢湖旅游云数据中心。在合肥旅游局客流统计系统的基础上，按照统一的数据标准、统一的交换标准、统一的开放接口，整合环巢湖地区各区县部门、国内 BAT[①]、OTA[②] 等数据，形成环巢湖旅游大数据库，对数据进行统一的清洗、分析和挖掘。

②完善智慧旅游基础设施建设。实现环巢湖核心游览区域免费 Wi–Fi 全覆盖。完善电子地图信息，将环巢湖景区景点、酒店、餐馆、农家乐、购物场所、驿站、环湖骑行线路等旅游资源点、服务点、游线的精确位置、详细信息等标注在百度、高德、腾讯等主流电子地图上，并应用在官网、微信、微博等自媒体平台和环湖多媒体互动信息屏等服务平台上。

③建立智慧旅游服务管理平台。建立中、英、日、韩四种语言的环巢湖国家旅游休闲区旅游官方网站，联合官方微信公众号、微博等自媒体平台上为游客提供一站式旅游信息服务。在景区信息咨询中心、游船码头、环湖驿站等游客集聚的区域投放旅游互动信息屏方便游客实时在线查询，与手机终端形成互补。

推进智慧景区建设工程，确保环巢湖地区所有收费景区都建立电子售检票系统。对环巢湖地区的

① 中国互联网公司三巨头，百度、阿里巴巴和腾讯。

② 在线旅行社，代表有携程网、去哪儿网等。

主要景区和乡村景点进行高清视频实时监控，并统一纳入公安视频专网，实现湖区和乡村景点、主要交通出入口、码头和游船等监控视频数据的实时共享。对游客进行动态监测，通过与中国移动、中国联通合作，对环巢湖地区内活动手机进行识别、监测，实时了解游客分布信息，为黄金周等高峰时段及时实施游客引导与分流奠定了基础，保障旅游安全。

八、旅游休闲服务质量标准要求

（一）景区服务质量

主要景区应实行旺季或节假日高峰门票预约制度。各类公园等公共休闲空间，应在容量控制的基础上制订旺季游客疏导预案，以保障游客安全。

（二）旅游经营企业服务质量

旅游经营企业应严格按照《旅游法》要求提供旅游服务。旅游经营企业应严格按照原国家旅游局制定的相应旅游服务质量要求标准，包括《旅游特色街区服务质量要求》《温泉旅游服务规范》《旅游演艺服务与管理规范》等，为市民、游客提供高品质的旅游休闲服务。

（三）导游服务质量

应对旅游行业培训资金给予保障性支持。应设有面向旅游从业人员的培训基地或固定培训点，每年参与的培训天数应多于 10 天（含 10 天），从业人员中具有旅游相关专业学历或培训证书者应多于 50%（含 50%）。

（四）政府旅游主管部门监管

政府旅游主管部门应依法实施监督检查，以保障旅游市场秩序良好。应设立统一的旅游投诉受理机构，保障投诉渠道通畅、处理及时。

（五）健全旅游质量评价体系

建立健全以游客满意度为核心，以环境质量、旅游设施质量、产品质量、服务质量等为主要指标的旅游质量评价体系。完善游客满意度测评体系和评价制度，继续发布季度和年度游客满意度调查报告，促进调查成果向旅游监管手段转化。逐步开展旅游目的地居民满意度、旅游从业人员满意度调查与评价工作，促进旅游综合满意度的提升。

九、环巢湖国家旅游休闲区创建程序与路线图

（一）创建程序

国家旅游休闲区创建要实施如下措施与程序：

（1）成立环巢湖国家旅游休闲区创建领导机构、实施主体及工作方案；

（2）选取具有专业研究能力和规划实践经验的技术单位承担本次规划任务；

（3）获选规划单位研究确定国家旅游休闲区概念、特征与建设标准，并与地方政府一起广泛征集各方意见，特别是文化和旅游部的意见；

（4）编制科学性、创新性、前瞻性、针对性、操作性强的《环巢湖国家旅游休闲区总体规划》及《创建环巢湖国家旅游休闲区建设提升方案》；

（5）《建设提升方案》实施步骤与实施效果的监督检查；

（6）获得“环巢湖国家旅游休闲区”验收与授牌。

（二）创建线路图

按照规划准备、创建实施、评定验收三个阶段，分12个步骤，成功创建国家旅游休闲区（图6–24）。

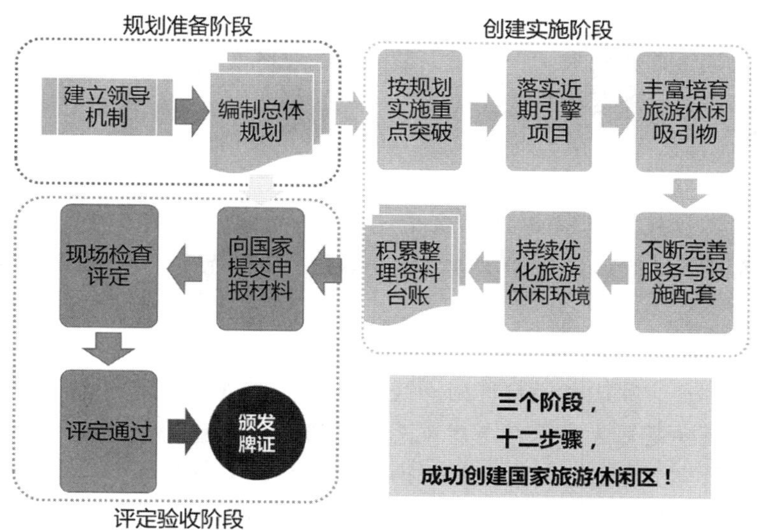

图6–24　环巢湖国家旅游休闲区创建线路

第五节　环巢湖国家旅游休闲区空间结构与发展引导

一、上位与相关规划空间梳理

（一）城市总体规划

1. 合肥市城市总体规划（2013~2020年）

用地规划中对环巢湖区域的用地布局呈现：北部乡镇镇区临湖面，镇区面积较大，乡镇彼此距离更紧密；南部乡镇镇区沿主要交通干道串珠式等距布局，镇区面积较小。

空间管制规划对环巢湖区域的用地布局呈现：北部建成区面积大，适宜建设用地集中，限制建设用地少；南部多为连片的限制建设区；严店乡主要为适宜建设区。

2. 巢湖市城市总体规划（2014~2030年）

用地规划对环巢湖区域的用地布局呈现：巢湖城区围巢湖入水口集中布局，南北两侧以生态用地为主作为绿化隔离地区，南部布局工业区。

3. 合肥巢湖经济开发区总体规划（2012~2030年）

用地规划基本与巢湖城市总体规划方案保持一致。

4. 合肥市土地利用总体规划（2006~2020年）

（1）滨湖新城。城区范围内基本为允许建设区，两侧为一般农业发展区（即耕地）。

（2）肥东长临河镇。允许建设区面积较小，镇域多为一般农业发展区。

（3）肥西严店乡。沿湖大面积一般农业发展区，镇区离湖较远。

5. 巢湖市土地利用总体规划（2006~2020 年）

（1）巢湖市。城区范围以允许建设区和有条件建设区为主，限建区较少。

（2）巢湖北岸。有条件（含允）建设区较集中，大部分为基本农田保护区。

（3）巢湖南岸。有条件（含允）建设区较少，林业用地较多；用地狭长，拓展面积不大。

6. 庐江县土地利用总体规划（2006~2020 年）

（1）庐江县城。允建区面积较大，东部有少量一般农业区。

（2）巢湖南岸。沿岸为允建区和一般农地区，河道网络交织。

（二）相关规划

1. 巢湖风景名胜区总体规划（2016~2030 年）

（1）风景名胜区范围。北至滨湖大道沿线，南至 S351 省道沿线，西至牛角大圩，东至碾盘山—岱山一线。

（2）一级保护区。巢湖北岸的四顶山、白马山、碾盘山、凤凰山和平顶山，巢湖南岸的岱山、银屏山、巢湖寺沿线、庙咀—袁家山和灵台圩田沿线，巢湖西岸的大圩等。

2. 巢湖生态文明先行示范区生态保护与建设总体规划

（1）生态控制区。环湖湿地、山体、森林保护区和水系沿线为主。

（2）生态保育区。生态控制区外围到生态协调区的过渡地带。

（3）生态协调区。以范围内各城区、乡镇所在地为主，除三个城区集中连片布局外，其余各乡镇均为点块状分布。

3. 合肥市域生态空间体系控制规划

基本与《巢湖生态文明先行示范区生态保护与建设总体规划》生态控制方案保持一致。

二、旅游休闲区保护规划

（一）主体功能区划

《长江三角洲城市群发展规划》提出主体功能区规划：环巢湖地区的西部，包括滨湖新区、肥东长临河镇、肥西严店乡三部分被列入重点开发区域；东部巢湖市和南部庐江县被列入限制开发区域，要求“严格控制新增建设用地规模，实施城镇点状集聚开发，加强水资源保护、生态修复与建设”，这一功能区划与打造环巢湖国家旅游休闲区、发展环境友好型旅游休闲产业的发展定位相契合。环巢湖地区处在合肥都市圈和沿江发展带上，旅游休闲需求将面向更加广阔的地域市场空间。

（二）景观生态保护与利用

湿地公园共 17 处，集中分布在巢湖西岸和北岸，面积较大的有位于滨湖新城的大张圩湿地、位于三河—同大的杭埠河河口湿地和白石天河湿地、位于中埠的中埠湿地。

森林公园、地质公园共 5 个，其中冶父山森林公园为国家级，滨湖湿地森林公园、东庵森林公园为省级，以及四顶山森林公园和平顶山地质公园。

河流水系和山体等生态走廊集中在巢湖西、南、东三个方向。其中水系生态走廊集中在巢湖西、南两岸，包括滨湖新区东西两侧的南淝河、派河，同大镇两侧的丰乐河—杭埠河、白石天河，盛桥镇东侧的兆河，银屏镇东侧的裕溪河。

山体生态走廊集中在巢湖东北岸，包括巢湖市区北部的龟山—岠嶂山，长临河镇的桴槎山—白马山—四顶山。鱼类洄游区域主要依托区域内的河流水系。环巢湖区域水系径流，在空间上环绕贯穿整个旅游休闲区；山体奇据，在空间上形成分明的生态屏障。

注重河湖水系网络化的建设。在落实《巢湖流域水污染防治条例》确定的一级保护区要求的同时，加强岸线的生态化维护，其中出入湖水道和饮用水源保护区为重点。

建设一批开放型和管理型的滨湖湿地，并将湿地休闲与环保科普教育功能结合，成为巢湖水生态保护与治理的桥头堡。环巢湖景观大道、南淝河等工程应尽可能减少人工硬化岸堤的建设，道路、村镇等建设应尽可能保留原有的沟渠、池塘，以延续巢湖沿岸湿地生态的基本格局。

保护现有珍稀、濒危、特有鱼类和水生动物，保护现有水生生物的栖息地，特别保护珍稀、濒危、特有水生生物的栖息地。建设新项目充分考虑水生生物栖息地的保护。除规划划定的围网养殖区外，其他地区不得设置围网养殖设施。

（三）风景名胜区保护与利用

包括巢湖风景名胜区、冶父山风景名胜区和汤池风景名胜区，以及环巢湖区域重要的风景资源。

强化巢湖风景名胜区核心景区保护。加强核心景区内自然山形地貌、湖泊水域、动植物以及人文景观的严格保护，禁止违反风景名胜区规划，在核心景区内建设宾馆、招待所、培训中心、疗养院以及与风景名胜资源保护无关的其他建筑物；已经建设的，应当按照风景名胜区规划，逐步迁出。

控制游客规模和接待设施规模。在对整个景区实行环境容量总控制的同时，加强对各景区游客规模的控制，细化控制要求和管理措施。同样，旅游接待设施的布局和规模也应根据总量分解到各个组团或片区，以实现有效保护、永续利用的目标。此外，游览接待设施的布局要注重与特色村镇建设的结合。

（四）基本农田保护与利用

基本农田在巢湖北岸主要分布在中庙—黄麓—烔炀片、中垾—柘皋片，在巢湖南岸主要分布在三河—同大—白山片、盛桥—白湖片。严店—滨湖新城—长临河、夏阁—巢湖—银屏、冶父山—庐江县城三个区域，即巢湖东西两岸和庐江县城基本农田很少。

适度发展都市农业观光，合理调整基本农田保护区范围。环巢湖地区现有基本农田主要集中分布在巢湖北岸和巢湖南岸各乡村。随着巢湖沿岸退耕还湖、退渔还湖等综合整治工程的实施，合巢经济开发区的建设，巢湖东西两侧的基本农田布局将有所调整，建议将其向镇域适当集中，在保障面积指标总量的同时，保留城乡之间的田园景观背景。结合巢西圩田、巢南特色苗木和白湖稻米等地农业示范园区、生态农业基地的建设，在不影响农业生产的前提下，可适当辟出部分区域用于观光、采摘等农业休闲活动。

（五）文物古迹保护

环巢湖区域国家级文保单位 1 处，省级文保单位 13 处。依照《中华人民共和国文物保护法》及相关规定，对环巢湖国家旅游休闲区范围内各级文物保护单位建立保护名录，实行全面保护，保护名录中明确文物保护单位名称、年代、价值特征，明确划定并公布文物保护范围和建设控制地带，对重要文物保护单位划定环境协调区，提出明确管理规定。

具有教育宣传价值的文物保护单位可结合环巢湖国家旅游休闲区旅游功能分区、项目布局建立主题文化馆、展览馆、博物馆等，增强文物保护单位的教育和参观游览功能。

（六）名镇名村保护与利用

保护对象主要为历史文化名镇 1 处、历史文化街区 5 处、传统村落 1 处。

表6-31　环巢湖国家旅游休闲区历史文化资源一览

旅游城镇村	数量	项目
中国历史文化名镇 国家级特色景观旅游名镇	1	三河镇
历史文化街区	5	三河古镇历史文化街区、汤池老街、西门港湾历史文化街区、烔炀老街、柘皋老街
中国传统村落 国家级特色景观旅游名村	1	洪疃村

三河历史文化名镇是巢湖文化底蕴的精华和物质体现之一，应注重以文物保护单位为主体的核心保护区、建设控制地带及风貌影响区的整体化保护，注重历史风貌和景观的保持和维护，避免古镇不古的趋势。强化 5 大历史文化街区建筑风貌和整体街道尺度的引导与控制。协调洪疃村保护与利用之间的关系，突出乡村旅游服务的功能。

（七）空间管制规划

采用“先底后图”的规划方法，综合环巢湖地区饮用水源保护区、基本农田、风景名胜区、湿地公园、文保单位、名镇名村等资源环境要素的空间分布及保护要求，划分空间管制分区，对旅游发展进行分类与空间分区引导、控制与管理，实现环巢湖地区大面积保护基础上的小范围的旅游开发利用，从而进行资源环境的科学、有效的利用，防止无序利用、盲目利用与过度利用。

根据以上思路将整个区域分为四种类型：旅游禁止利用区、旅游弱度利用区、旅游中度利用区、旅游高度利用区（表 6–32）。

表6-32　环巢湖地区旅游空间管制分区

管制分区	地域范围	
旅游禁止开发区	饮用水源一级保护区	巢湖在巢湖闸取水口为中心周围半径 500 米范围
旅游弱度开发区	巢湖湖体及沿岸	环巢湖沿岸 200 米范围内
	基本农田保护区	—
	山体及周边	山体及周边 200 米纵深
	风景名胜区核心景区（一级保护区）	巢湖风景名胜区、冶父山风景名胜区、汤池风景名胜区的核心保护区
	文保单位主体保护范围	文物保护单位的主体保护范围
	饮用水源二级保护区及鱼类洄游区	巢湖在巢湖闸取水口上游 2000 米、下游 1000 米范围； 南淝河入巢湖河道上溯 10 千米以及沿岸两侧各 1 千米范围； 鱼类洄游河道两侧各 500 米
旅游中度开发区	环巢湖沿岸	环巢湖沿岸 200~500 米范围
	基本农田保护区	—
	巢湖风景名胜区其他区域	巢湖风景名胜区、冶父山风景名胜区、汤池风景名胜区的二级、三级保护区、外围保护地带
	湿地公园	17 处滨湖湿地
	森林公园	冶父山国家森林公园、滨湖湿地省级森林公园、东庵省级森林公园、四顶山森林公园、平顶山地质公园
	历史文化名镇	三河镇
	特色旅游街区	5 处历史文化街区
	传统村落	洪疃村

管制分区	地域范围	
旅游高度开发区	旅游度假区、文旅项目	万达文旅城、华谊兄弟影城、环巢湖马拉松赛道、中影国际影城、巢湖耳街文化创意街等
	旅游乡村	18 个旅游示范村
	其他景区	规划区内其他已开发的景区和农业旅游示范点

表6-33 各级分区的项目准入管治

空间管制分区	设施管理	活动管理	限制性产业	准入项目
旅游禁止利用区	禁止建设	严格限制旅游活动	工业、服务业	生态修复、生态保育、科研观测、农业生产
旅游弱度利用区	严格控制旅游设施建设	严格控制旅游活动的类型、方式和强度	电子信息产业、建材、医药、机械、汽车、船舶、航空航天、轻工、纺织、能源、建筑	生态修复、生态保育、风景游览、生态旅游、文物修缮保护
旅游中度利用区	可以建设必要的旅游服务设施	组织适宜的风景游览、休闲旅游活动	建材、机械、汽车、船舶、航空航天、轻工、纺织	风景游览、生态旅游、古村休闲、户外休闲体育旅游、游客中心、特色主题餐厅、旅游宾馆
旅游高度利用区	集中建设旅游服务设施和项目	多样化的观光、休闲、度假、娱乐活动	建材、机械、汽车、船舶、航空航天、轻工、纺织	集散中心、游客中心、旅游宾馆、会展中心、大型综合性文化娱乐项目、历史街区的保护性开发、古镇休闲、旅游文化休闲街区、酒吧咖啡厅、康体保健中心、特色主题餐厅、旅游工艺品展销中心、创意文化产业、文化主题园、旅游房地产、新农村社区建设、户外休闲体育旅游、乡村休闲旅游、新农村社区建设

三、旅游空间结构

环巢湖国家旅游休闲区空间结构布局为“一环六区、三城三心”的钻石形结构。其中“一环六区”是环巢湖国家旅游休闲区的空间分区，“三城三心”是承载旅游休闲功能的核心节点。

一环：“绿带银环”湿地生态游憩环。

六区：滨湖都市时尚休闲区、巢湖创意文化休闲区、庐江山水养生休闲区、巢北传统文化休闲区、巢西圩田乡村休闲区、巢南极品户外休闲区。

三城：滨湖国际休闲城、巢湖文创休闲城、庐江康养休闲城。

三心：半岛文化休闲中心、灵台圩乡村休闲中心、槐林极品休闲中心。

四、重点发展区域

（一）旅游功能区

1. 滨湖都市时尚休闲区

该功能区包括巢湖西部合肥滨湖新区及大圩、严店、肥东部分片区，是整个旅游休闲区中城市化水平最高的片区。依托滨湖新区的大都市人群，高品质建设现代时尚滨水休闲城市，引导发展高端服务业、精品商业、休闲娱乐业、文化与体育产业、都市休闲农业等多种休闲产业功能，同时建设高品质、国际化的都市休闲空间，包括时尚购物广场、主题公园、文化艺术街区、运动休闲公园、特色郊野公园等，成为最能体现合肥城市休闲功能的活力新区、现代滨湖大都市的形象窗口。

2. 巢湖创意文化休闲区

该功能区包括巢湖市主城区、银屏镇与夏阁镇的部分辖区范围。以巢湖市深厚的历史文化为基础，以山屏水绕的空间格局为载体，以创意创新为引领，利用区域内的历史街区、山林乡村、温泉资源，积极加载创新性、时尚性、趣味性的休闲元素，打造融创意城市、创意街区、创意乡村（三瓜公社）、创意活动、奥莱小镇、温泉度假为一体的创意文化休闲区。

3. 庐江山水养生休闲区

该功能区是以庐江县城为中心，涵盖汤池温泉、冶父山、黄陂湖、白湖农场等资源的功能地域。依托庐江县的文化底蕴、冶父山的生态环境、黄陂湖的水域景观、汤池镇的温泉资源，面向合肥都市圈及长三角城镇群，建设高品质的山林养生、水岸养生、温泉养生、文化养生、中医药养生休闲度假设施，打造精品山水养生休闲区。

4. 巢北传统文化休闲区

该功能区包括巢湖北岸的中庙、黄麓、长临河、烔炀、中垾、夏阁、柘皋等镇，这些小镇都具有极为悠久的历史和深厚的积淀，是承载巢湖地区传统文化保护与传承的重要片区。该片区依托丰富的古镇古村、传统老街、名人故居，重点发展古迹观光、人文探秘、传统文化体验、科普研学、乡村旅游等文化休闲产品。

5. 巢西圩田乡村休闲区

该功能区包括肥西县的三河镇，庐江县的同大、白山两镇及其陆地内延部分地区。该区域有最具代表性的河网湿地与人工圩田，具有独特的空间形态和地貌景观。该片区重点发展农业遗址观光、湿地生态观光、古镇文化旅游、休闲农业、生态度假、乡村旅游等，发展成为集水乡特色体验与巢湖生态休闲于一体的功能片区。

6. 巢南极品户外休闲区

该功能区包括盛桥、槐林、散兵、坝镇 4 个镇，片区背山面水、腹地开阔，自然环境基础好，山水林田空间类型丰富。以对接市场、创造特色为主线，重点发展时尚休闲为主题的旅游新业态项目，包括低空飞行、游艇、高尔夫、马术、赛车、热气球、山地自行车、户外拓展训练等高端特色休闲产品。

（二）旅游休闲城

1. 滨湖国际休闲城

以合肥滨湖新区为核心载体，按照国际休闲城市标准，建设滨湖国际休闲城。在现有八大文化场馆、文化旅游综合体的基础上，进一步富集体育、会展、娱乐、购物、科技、文化等场所与设施，使之成为代表合肥现代大都市形象与功能的核心片区。同时进一步营造城市特色休闲空间，如特色文化街区（如上海新天地）、时尚艺术区（如伦敦南岸艺术区）、滨湖消费娱乐区（如新加坡克拉码头）等，同时打造功能性和地标性有机统一的城市景观标志区，开展一系列具有国际影响力的节庆节事活动，打造比肩国际都市的时尚休闲高地与魅力城市空间。

2. 巢湖文创休闲城

以巢湖市区为核心载体，以文化品牌战略为引领，以创意创新为触媒，建设特色文化城市。通过创意元素的植入，重新激发河南网场等历史文化街区的业态与活力，成为传统与时尚有机融合、文化与艺术创新发展的“城市客厅”，同时做足“水”文章，打造独特的“巢湖之咀、江淮水城”。创新利用传统文化资源，深入挖掘“有巢文化”，建设巢居主题文化园，通过高科技手段、特色建筑景观等方式，让游客深入了解“有巢—南巢—巢国”的历史演变及人类居住文化的发展历程，同时举办“巢湖国际建筑双年展”“国际庇护所（Shelter）设计大赛”等文化事件，展示现代居住技术与艺术。保护和传承巢湖地区非物质文化遗产，建设巢湖非遗项目馆、巢湖民歌广场，为传统文化艺术提供展示和交流的平台。

3. 庐江康养休闲城

以庐江县城为核心载体，充分利用其北冶父山优越的生态环境、其南黄陂湖良好的水域景观、其西汤池镇著名的康益温泉，以及合肥市 1 小时交通圈内的铁路、高速交通条件，面向合肥市的庞大需求建设健康养生休闲城。进一步提升城市的公共基础设施水平与营建品质，加强配套完善医疗、康养、文化等服务设施，提供多种类型的健康养生养老产品。利用安徽省中医、中药的深厚基础，形成中医药康疗养生的竞争优势。同时进一步加强区域轨道交通配置，力争通过高速铁路的串联，将与合肥的交通时间缩短在半小时内，成为宜居、宜养、宜游的康养休闲城。

（三）特色休闲中心

1. 半岛文化休闲中心

以中庙、黄麓两镇为核心，涵盖长临河、烔炀、姥山岛等区域，建设巢湖半岛文化休闲中心。依托深厚的历史文化、军事文化、宗教文化、名人文化，以及背山面湖的独特山水格局，通过精品化提升现有文化遗产，活态化展示利用历史文化资源，创新化建设文化主题景区，重点发展大湖观光与人文探秘，历史文化与军事主题体验，主题小镇与巢居度假功能，将巢湖半岛建设成为环巢湖地区最具吸引力的文化休闲中心。

2. 灵台圩乡村休闲中心

以灵台圩田为核心，整合周边滨光、齐咀等特色村落及圩田景观，依托独具特色的江淮圩田、人工湿地，通过建设世界农业遗址公园，保护与展示江淮地区的传统农耕文化；对现有村落进行改造更新，引入民宿客栈、观光农业等乡村旅游新业态；开发湿地泛舟、观鸟旅游、花海蟹田等体验型产品，在生态环保的前提下大幅提升乡村旅游的品质与收益，建设江淮地区最具特色的乡村休闲中心。

3. 槐林极品休闲中心

以槐林、盛桥、散兵三镇为核心，充分利用现有山水自然环境条件，面向长三角区域高端休闲产品的需求，建设极品休闲中心。包括建设江淮区域的首家低空飞行基地（直升机、固定翼、滑翔机、热气球等）、国际路亚基地、游艇基地、国际马术俱乐部、赛车及越野体验中心、国际户外极限运动训练营等，成为江淮区域高端精品休闲产业中心。

（四）旅游小镇

1. 中庙：朝宗小镇

依托中庙“湖天第一胜境”的美誉，继续做强中庙宗教文化品牌，进一步凸显中庙佛道儒“三教合一”的文化特色，结合宗教朝觐配套完善相关食、宿、游、购等旅游要素，利用三面临湖的独特美景提升滨湖街区的旅游品位和档次，建设精品禅意酒店、素食斋堂，打造极具徽派人文景观和禅意心灵港湾的朝宗小镇。

2. 黄麓：书香小镇

依托黄麓师范与张治中故居两大极具影响力的文化资源，大力发展文化观光旅游、研学教育培训，充分运用“麒麟才子”“书香世家”等文化品牌，与文化馆、图书馆、艺术馆、书院等文化设施相结合，同时利用“九龙攒珠”的独特传统村落格局，打造崇文重教、文化浓郁、别具一格的书香文化小镇。

3. 长临河：渔乡小镇

突出巢湖北岸第一镇、紧邻城区的区位优势，以及四顶山、南淝河的生态山水环境优势，结合长临河突出的渔业生产基础，进一步凸显特色渔业的优势品牌。同时依据优质的滨湖景观带，串接滨湖五码头、激活散点渔村、复兴老镇老街，打造环湖首镇的渔乡主题小镇。

4. 炯炀：巢居小镇

以居巢古国遗址、炯炀老街和大量古建筑为载体，复原古街埠的历史风貌，恢复晚清鼎盛时期京货店、广货店、茶馆酒楼、旅栈戏园、宗祠当铺等特色商铺和“祖一元”“亿泰和”“长春园”“清河园”等一批知名老字号店，同时结合旅居设施的建设，营造悠然慢生活的休闲环境，打造居巢主题的特色文化小镇。

5. 中垾：美食小镇

依托中垾美食城项目，提升改造现状美食街的消费购物环境和街区建筑风貌，同时深入挖掘环巢湖区域的美食制作技艺，以及“巢湖三珍”等地域特色食材，形成融汇徽州、誉冠江淮的特色招牌菜品，打造江淮美食印象体验地。

6. 柘皋：千古名镇

以柘皋老街、李鸿章故居等众多历史遗迹为载体，以千年柘皋文化为主线，以似马山、柘皋河为环境依托，通过复原古镇整体形制，以及老街、教堂、当铺、新华饭店等历史建筑载体，配套古镇特色业态和文化表演形式，打造巢湖北岸的江淮千古名镇。

7. 夏阁：创意小镇

结合夏阁良好的地理区位优势，以及高铁站、高速出入口的便捷交通条件，结合合巢新区以及巢湖创业创新中心的建设，建设创意小镇。通过创新产业的引领、创新要素的整合、创意人群的集聚，建设服务大众创业、万众创新的特色创意小镇。

8. 银屏：奇石小镇

依托“银屏牡丹”的独特景观，以银屏山为资源载体，发展奇石鉴赏、艺术雕刻制作、银屏牡丹园、创意矿坑公园等特色旅游项目，带动银屏镇由初级的工矿开采业向生态型、效益型文创休闲产业转变，打造兼具地质科普、花卉观览、艺术创意、主题游览等多功能的特色小镇。

9. 散兵：游艇小镇

依托散兵镇滨湖临山、休闲港湾独有的自然风貌和水域优势，打造游艇休闲产业的集聚地，包括游艇展示销售、驾驶培训、租赁在内的游艇配套产业，以及水上娱乐、运动、会展赛事、餐饮服务、港湾公园、游艇沙龙等多功能综合型旅游休闲小镇。

10. 槐林：路亚小镇

依托槐林渔网产业的深厚基础，逐步打造成为以渔具生产为主导产业的特色制造小镇，包括钓竿、拟饵、钓线、浮漂、网袋等相关产品，同时重点打造以路亚为核心特色的休闲垂钓运动公园，举办相关国际赛事活动，扩大知名度与影响力，打造特色路亚小镇。

11. 盛桥：飞行小镇

依托规划低空飞行基地项目的建设，结合区域的旅游、环境、休闲、健身等资源基础，以低空飞行体验、飞行执照培训为核心特色，打造江淮区域的低空飞行运动大本营，包括固定翼、直升机、滑翔机、热气球等多种类型，同时依托低空旅游强大的消费带动力，建设飞行主题的特色小镇。

12. 白山：圩田小镇

借助白山片区良好的圩田生态环境，建设圩田主题的农业观光园和景观村落，展示江淮农耕文化与民俗文化，发展新业态乡村旅游。同时利用白山码头通江达海、与姥山岛水运相连的水运优势，打通巢湖到庐江的水运通道，打造观三山龙脉、观天河九十九湾、观姥山仙岛的圩田主题小镇。

13. 三河—同大：水乡古镇

综合利用三河历史文化名镇的品牌优势、同大灵台圩田水乡的生态环境优势，以杭埠河、小南河、白石天河绕城而过汇聚巢湖的水系网络，以及圩区特色的湿地肌理为载体，强化沿岸的景观联系和风貌，形成三河古镇以观光旅游为主、同大新镇以休闲消费为主的区域联动发展。

14. 严店：花果小镇

依托现有果蔬种植基础、整合利用多个重点农业采摘园区，结合严店平坦的地理优势和临近城市的区位优势，建设融种植基地、果品加工、冷链仓储物流、休闲旅游观光采摘、有机食品销售、主题蔬果农庄为一体的果品生态科技镇。利用良好的种植条件和现有的鲜花种植基础，发展特色花田，集观光农业、鲜花配送、花产品深加工等功能，使严店乡成为花果飘香、四季多彩的特色小镇。

15. 汤池：温泉小镇

依托现有汤池温泉旅游度假区，增加全时四季温泉、中医养生温泉、山谷温泉等新型温泉型主题休闲度假项目，充分利用安徽中医中药大省的资源优势，将中医康疗与温泉养生有效结合，使汤池从单一温泉度假走向复合型康养度假。打造全国知名的温泉康养小镇。

16. 万山：爱情小镇

以皖中婚庆民俗文化为主题，重点挖掘地域才子佳人、爱情文化品牌，着力发展婚庆文化旅游产业，塑造爱情元素旅游生态景点、婚纱外景基地，组织举行安徽省婚博会等有影响力的婚庆主题会议、活动，打造成观瞻古今中外爱情文化的特色小镇。

17. 冶父山：禅修小镇

依托合肥一小时经济圈的便捷交通优势、冶父山良好清幽的生态环境，以及茶文化、禅文化等传统文化底蕴，在山林之间建设禅修主题客栈、高端精品人文酒店、特色文化主题民宿，满足现代人全新的禅意静修、舒缓身心的旅居生活方式。

18. 白湖：稻米小镇

依托白湖稻米的品牌效应和市场知名度，以及黄陂湖鱼蟹丰硕的独特资源优势，开展农业观光体验型稻米主题的田园郊野型休闲度假目的地，并充分利用长三角地区发达的电商网络，建立产销一体的区域物流平台。

19. 坝镇：古坝小镇

借助高速沿线和北接槐林、南连白湖的良好地理优势，依托“千年魏家坝，百里关河街”的历史文化素材，恢复古坝原貌和周边景观环境，展现古代水利设施的科技与历史，成为科普研学、探古寻奇旅游的特色小镇。

（五）旅游乡村

1. 环湖美好乡村

依托沿湖十二镇的美好乡村的建设，充分利用环巢湖的优美景观、自然环境、建筑和文化等资源，在传统农村休闲游和特色农业体验游的基础上，开展野行、栖居、第二居所等游居模式，与主题小镇的定位结合对旅游乡村的发展进行综合考量，使乡村旅游内容丰富化、形式多元化（表 6–34）。

表6–34　环湖十二镇美好乡村统计

县市	乡镇	旅游乡村	合计	总计
肥东县	长临河镇	长临社区西胡中心村	3	3
		罗洪村罗家疃中心村		
		四顶社区大红中心村		
肥西县	三河镇	木兰行政村木兰中心村	3	3
		茶棚社区范大郢中心村		
		九联行政村新周粉坊中心村		

续表

县市	乡镇	旅游乡村	合计	总计
庐江县	白山镇	同春村齐咀中心村	3	9
		代桥社区街道中心村		
		觉海行政村觉海寺中心村		
	同大镇	永安村永安中心村	4	
		薛家圩村薛家圩中心村		
		新河行政村新河中心村		
		灵台行政村灵台中心村		
	盛桥	东岳村大丁中心村	2	
		许桥行政村丁塘院中心村		
巢湖市	中庙街道	河西村金村中心村	2	43
		中庙社区姥山岛渔村中心村		
	黄麓镇	芦溪村上吴中心村	6	
		建麓村洪疃中心村		
		花塘行政村西杨中心村		
		芦溪行政村九疃中心村		
		跃进行政村杨谢中心村		
		临湖社区童家岗中心村		
	烔炀镇	中李村中李中心村	7	
		中李村南湖方中心村		
		唐嘴行政村西宋中心村		
		唐嘴行政村唐嘴中心村		
		曙光行政村四许中心村		
		凤凰行政村凤凰集中心村		
		太和行政村太和集中心村		
	中垾镇	小联圩行政村埠李中心村	4	
		滨湖行政村温村中心村		
		小联圩行政村大荚中心村		
		广严行政村大吴中心村		
	柘皋镇	兴坝行政村塘头赵中心村	3	
		板桥行政村分路埠中心村		
		汪桥行政村汪桥集中心村		
	夏阁镇	竹柯村竹柯中心村	5	
		大庙行政村电厂新村中心村		
		独山行政村西峰集中心村		
		里岗行政村里岗中心村		
		尉桥行政村尉桥集中心村		

续表

县市	乡镇	旅游乡村	合计	总计
巢湖市	银屏镇	白牡山行政村芦塘新村中心村	5	
		岱山行政村岱山新村中心村		
		箕山行政村香家潭中心村		
		吕婆行政村大司中心村		
		白牡山行政村芦塘新村中心村		
	散兵镇	项山行政村项山（东西）中心村	7	
		散兵居委会金龙新村中心村		
		佛岭中心村六谷山中心村		
		佛岭行政村佛岭新村中心村		
		姥山行政村大王中心村		
		莲塘行政村大艾中心村		
		莲塘行政村清水塘中心村		
	槐林镇	平安行政村大山朱中心村	4	
		兆河行政村大姜中心村		
		兆河行政村丁庄中心村		
		万年行政村万年庄中心村		

2. 典型乡村发展建议

（1）洪疃村。充分发掘洪疃村的历史文化遗存，传承传统文化，统筹传统村落的保护整治与旅游开发，发展乡村经济，将洪疃村建设成为江淮地区以“山、水、田、村”空间、船形风水、乡村教育、名人故里、民国风貌等多种类型组合为特色，并集中体现“九龙攒珠”格局的文化遗产集中地。

（2）灵台村。以“美好乡村”建设为契机，根据灵台村典型的“二龙戏珠”地理形态为载体，重点发扬城邦文化、圩区文化，打造沿巢湖圩区特色城邦文化型旅游驿站，形成拥有新型文化旅游体验的巢湖原乡旅游新村。

（3）木兰村。结合木兰村以水产养殖、生态观光、民俗体验为主的农业观光游和以水上娱乐、休闲垂钓为主的休闲度假游形成的良好品牌，提升旅游服务设施水平、完善旅游基础设施建设和旅游行业管理，建设形成合肥乡村风情旅游服务基地示范村。

（六）房车自驾营地与驿站

按照需求导向、分级配置、设施整合、全域覆盖原则，针对环巢湖资源情况和功能分区，结合自驾车房车旅游发展需求，规划环巢湖自驾车营地体系分为大本营、露营地、交通服务站、驿站四种营地类型。

1. 大本营

大本营与游客服务中心结合设置，以综合服务为核心功能。大本营是以交通集散、自驾车综合服务等为主要功能的自驾车综合管理与服务中心，要临近高速公路、高铁站等对外交通枢纽进行布局。规划滨湖新区建设一级大本营一处，庐江城郊和巢湖城郊各建设二级大本营一处。

2. 露营地

露营地与一级驿站共建，以综合体验为核心功能。露营地需依托良好的旅游景区资源和景观优美的区域进行布局，建设以自驾车露营、休闲娱乐、特色度假为主要功能的自驾综合体验地。规划露营地 12 处，主要集中于环巢湖区域、汤池冶父山区域。

3. **交通服务站**

交通服务站由公路服务区改造建设，以基础补给为核心功能。交通服务站集中于规划区外环高速沿线，包括规划六宣高速、在建北沿江高速，以及京台高速、合芜高速、绕城高速等。

4. **驿站**

结合环巢湖国家旅游休闲区的慢行系统，根据自行车、步行等活动中途补给的距离需求设置三种等级的驿站，配备相应种类规模的服务，包括旅游信息咨询、厕所、自行车租赁、临时医疗等基本功能，以及餐饮、购物等指导功能。驿站设计要与当地文化内涵相结合，除提供上述旅游服务外，还应兼有展示当地文化特色的功能。

五、关键轴带通道

（一）对外交通廊道

以合肥市和巢湖市的交通基础设施为枢纽，充分利用环巢湖地区周边的轨道交通、高速公路、干线公路、航空等多种交通方式，建构高效、便捷的旅游对外交通廊道，形成“环形 + 放射”的对外交通格局。

1. **高速铁路**

区域内铁路客运专线主要承担区域内部与区域外部的中长距离客流，同时兼顾部分区域内大城市之间点到点的客流。

环巢湖区域周边未来总计 7 条高铁，包括：沪汉蓉、合福铁路、京九高铁、合杭高铁、合郑高铁（合西）、合安九以及合蚌连高速铁路。通过合肥南站与巢湖东站承担本区域对外客运交通。随着高速铁路建设，1 小时可达南京及省内主要城市，2 小时可达武汉、南昌、徐州、上海、杭州，3 小时可达郑州、济南，4 小时到达北京、福州、西安等。

2. **城际铁路**

城际轨道交通主要满足区域城市密集地区中短途旅客出行需求，承担轨道交通沿线各个城市、中心城市之间中短途旅客运输，是密集开行公交化列车的快速轨道交通系统。

合肥市未来城际铁路为合肥至南京、合肥至马鞍山、合肥至芜湖 3 条城际铁路。另外还有合肥至巢湖、合肥至淮南、合肥至六安、合肥至庐江、合肥至新桥机场 5 条市域快速线承担本区域城际客运交通。其中合巢、合庐线经过风景区边缘并设立站点。

3. **快速道路**

依托高等级公路，发挥合肥市交通枢纽的核心作用，与航空、铁路、水运之间建立方便快捷的公路联系和客运中转服务。

疏解过境交通，优化环湖大道旅游功能。将规划新建的六宣高速、在建的北沿江高速，与京台高速、合芜高速、绕城高速，构建高速外环线。

提高或改善干线公路至各规划区联系道路的等级，保证环巢湖地区对外交通的通达与顺畅，并提高公路设施及服务的水平和质量。重点通过 G329、S316、S208、S104 等加强巢湖南北两岸乡镇和休闲景点与外部快速通道的联系。

（二）环湖休闲游憩带

结合滨湖湿地修复、河流入湖口综合治理、退垦还湖、生态清淤等环巢湖生态示范区建设工程，建设环巢湖湿地绿带，营造良好的生态环境与滨水景观。

依托环湖路的建设，将机动车道与自行车道、滨湖慢跑道、步行道、湿地景观栈道等有机结合，使之成为开展环湖自驾游、环湖自行车游、环湖慢跑、健走等运动休闲活动的绝佳区域。

同时以线串点，连接湖岸沿线的湿地公园、森林公园、农业公园、人工沙滩等休闲节点，打造环巢湖游客与居民亲水游憩、健身运动、生态休闲的开放空间带。

（三）运动休闲风景道

以环湖休闲游憩带为基础，结合环巢湖地区及周边山水环境资源和旅游休闲功能，构建各具特色、相互联通的主题风景运动休闲道网络，包括登山健身、内河游览、圩田湿地、名镇观光、城市运动等多元主题。

各主题运动休闲道统筹结合慢行系统和自行车系统建设，登山健身运动休闲道以登山步道为主，内河游览、圩田湿地、名镇观光、城市运动等运动休闲道兼顾慢行系统和自行车骑行系统。

第一，登山健身运动休闲道，连接银屏山—槐林—冶父山—汤池沿线浅山区域，以登山健身步道为主题的运动步道。

第二，内河游览运动休闲道，平行于黄陂湖、白石天河、洮河、杭埠河、南淝河、裕溪河等水系布置，串接沿河码头和滨水景观节点，以亲水游览为主题的休闲步道。

第三，圩田湿地运动休闲道，集中于巢湖南岸圩田乡村休闲区，结合圩田、湿地、乡村、休闲运动设施呈网状布局，以田园景观和湿地运动休闲为主题的步道。

第四，名镇观光运动休闲道，集中于巢湖北岸传统文化休闲区，通过名镇观光步道连接中庙、黄麓、长临河、烔炀、中垾、夏阁、柘皋等主题小镇，展现湖畔历史文化与城镇风貌。

第五，城市运动休闲道，集中于合肥滨湖新区及巢湖城区，结合城市绿道和景观廊道，建设高品质的运动休闲步道系统，承载都市运动休闲空间。

（四）自驾环线

1. 主环线

以环湖景观大道为主体，依托“绿带银环”湿地生态游憩环核心旅游休闲功能，连接主要滨湖引擎项目和主题片区，打造环巢湖自驾游品牌项目。

2. 次环线

以方兴大道、宿松路、S105、G346/S316、S351、G330/S103 为基础，构建干线公路环，实现滨湖新区、巢湖、庐江及主要乡镇间各主要功能片区之间高效通达，实现自驾线路从环巢湖沿岸向大环巢湖区域的拓展，丰富自驾线路选择。

3. 联络线

一方面联通主环线与次环线，完善路网结构，实现区域大环线与片区小环线的衔接。另一方面连接周边资源节点和功能延伸片区，丰富旅游休闲产品结构和自驾体验。

（五）航道与水上游线

充分利用引江济淮的机遇整治提升白石天河、兆河、裕溪河干线航道，以滨湖国际休闲城、巢湖文创休闲城、庐江康养休闲城“三城”和巢湖半岛、灵台圩、槐林“三心”为水上游线枢纽，疏通巢湖、庐江、黄陂湖、湿地、圩田之间的水系网络，开辟环巢湖地区通江达海水上交通和游览航线。

1. 环巢湖水上游线

建设和完善环巢湖旅游码头体系，与游客中心、旅游驿站、露营地、水上俱乐部进行整合，进行一体化建设。结合环巢湖旅游码头建设，形成环湖水上旅游交通游览的线路。

水上游线重点突出姥山岛与孤山岛的游览线路，并通过水上游线连接南北岸景点，实现各景点之间的互动，丰富环巢湖地区交通方式。

2. 内河休闲水网

规划提升白石天河、杭埠河、南淝河、裕溪河内河航线等级，打造城区、湖岛、名镇之间的水上无缝旅游观光线路。

重点打造两条江淮水上主航道，分别是巢湖—巢湖市区—长江线和巢湖—庐江—黄陂湖—长江线，沿线布置航运枢纽和旅游码头。

提高湿地、圩田、河道区域等支流的通航能力，结合品牌项目、景观节点、休闲区、主题乡镇等，构建特色鲜明的环巢湖休闲水网体系。

六、旅游休闲项目策划

（一）引擎项目策划

1. 巢湖故事——半岛文化休闲区

（1）项目位置。中庙镇及黄麓镇、长临河镇部分区域。

（2）策划思路。立足于综合展示巢湖的传统文化底蕴（历史名人、传说故事、风水民居、民间艺术等），整合巢湖半岛景区、景点，包括中庙、姥山岛、昭忠寺、洪家疃村、张治中故居、黄麓师范、四顶山森林公园等，并将传说故事和部分历史名人塑像景点化。配套特色休闲娱乐活动（滨水酒吧街、实景演艺等），优化旅游休闲环境，挖掘巢的故事，营造旅居慢生活氛围，成为风景、环境、人文、历史有机结合的体验巢湖传统文化的首选旅游地。

（3）建设内容

子项目 1：传说故事与部分历史名人塑像的景点化与标志化。讲好巢湖故事，需要景点化的故事相配合，如此才能形成可游性强的旅游内容。充分利用环巢湖焦姆文化、有巢文化、名人文化等内涵，挖掘传说故事，将部分历史名人塑像景点化与标志化。

【案例借鉴】

丹麦哥本哈根美人鱼

布鲁塞尔尿童

芬兰西贝柳斯公园

图 6–25 可借鉴的著名塑像

子项目 2：姥山仙境。姥山岛是深度感受巢湖仙境的核心区域，也是适合停留驻足的唯一岛屿，应强化“姥山浮翠”整体景观的打造，还原古巢国时期的生活场景，建设仿古生态度假设施，开展生态旅游，让游客在此体验“世外桃源”的休闲度假生活。

子项目 3：中国庐剧盛典。以中庙、姥山岛、昭忠寺等巢湖传统文化景区景点为实景舞台，每年举办“中国庐剧盛典”节庆活动，邀请国内优秀的庐剧表演艺术家、庐剧团前来表演，同时也为民间业余庐剧爱好者提供表现的舞台，真正实现庐剧的振兴、传承和发展。

【案例链接】

乌镇戏剧节

以拥有 1300 年历史的乌镇为舞台，上演世界级精品剧目以及年轻戏剧人的原创作品。透过戏剧与生活、小镇与大师的相互融合与碰撞，共邀全球戏剧爱好者和生活梦想家来到美丽的乌镇体验心灵的狂欢（图 6–28）。

图 6–26　乌镇戏剧节

子项目 4：半岛漫步酒吧街。开发一条特色滨水酒吧街，融巢湖传统文化、慢生活文化、时尚娱乐文化为一体，汇集不同风格类型的酒吧餐厅，为人们提供更丰富的夜间休闲选择。

【案例链接】

桂林阳朔

阳朔县是中国广西壮族自治区桂林市辖县，位于漓江西岸，距桂林市区 65 千米。除了阳朔段漓江风光、十里画廊、古寨石城、兴坪古镇等特色自然生态、民族文化景区景点外，阳朔西街酒吧和《印象·刘三姐》实景演艺更是外地游客的必游点，是阳朔夜间旅游的精华所在（图 6–29）。

图 6–27　夜游阳朔

2. 水师风云——中国水师文化博览园

（1）项目位置。中庙镇临湖水岸及湖面。

（2）策划思路。依托巢湖水师文化基因，借助现代科技及展示手段，在中庙附近水面，以军事主题水上实景演艺为核心，带动陆上相关文化项目系列开发，对接当今市场新需求，开发高品质的文化展演场所和高科技情景体验馆，打造大湖、演艺与展馆综合联动的中国水师文化博览园和军事文化体验园。

【背景资料】

淮军水师

淮军在近代化军事变革中发挥了重要贡献和作用，合肥是李鸿章等大批淮军将领的故里，巢湖是淮军的摇篮，中庙昭忠祠更是为了纪念牺牲的淮军将士而兴。

（3）建设内容

子项目 1：水上实景演艺。依托中庙镇的临湖水岸，组建船队、舰队进行淮军水师巡航、演练表演，营造军旅豪情、战鼓喧天的热烈氛围；在湖岸修建大型石舫，并搭建水景球幕演艺系统，石舫上可以进行近景演出，水景球幕演艺系统使岸上观众能够近距离、全方位地观看水上演艺（图 6–30）。

图 6–28　实景演出

子项目 2：情景体验馆。沿湖岸设置高科技情景体验馆，在体验馆内通过 VR（虚拟现实技术）让观众参与到淮军水师受训、演练与作战的场景中，通过全方位摄影结合 AR（增强现实技术）让观众能够互动式地参与现场演绎的“水师风云”及近景演出，为观众提供浸入式的体验观感，打造高科技情景体验的样板。

【案例链接】

水景球幕演艺系统

采用数字球幕影视技术，不受现场灯光、风力、风向的影响，可以体现水幕成像的所有效果，无光斑，功耗小，可 180°~360° 广角度观看，并且可实现水幕所不能体现的趣味互动效果（图 6–29）。

图 6-29　水景球幕电影

子项目 3：水师文化长廊。建设水师文化长廊，采用互动式地设计展陈与水师文化相关的历史、故事等图文、声像及模型资料，借助科技的展示手段丰富游客体验。

图 6-30　借助科技手段丰富游客体验

子项目 4：军事文化体验园。利用巢湖丰富的水师文化、军事文化，以水站广场、军事科普园、国防教育和军事体验区为主体，以鲜明的军事特色为特征，打造现代游乐型军事文化主题公园，同时围绕军事文化形成军事旅游关联业态。

3. 灵台圩世界农业遗产公园

（1）项目位置。巢湖南岸灵台圩一带。

（2）策划思路。依托巢湖圩田的特色和价值，申报“世界农业遗产”等相关国际或国家品牌，在此基础上，通过景观整治、配套展陈设施建设、体验性活动的注入等方式，打造世界农业遗产公园，发挥科普、旅游和保护的多重价值。

【背景资料】

巢湖圩田

巢湖圩田是江淮圩田的代表，始于三国，盛于两宋。圩田堤岸、水门建筑等独具匠心设计，与田间村落辉映成卷，令巢湖一带流传着“有丰年而无水患”之名。这种极具地域特色的耕作方式不仅是孙吴时期社会的安定、军事的保障，也将宋朝与整个政权的存亡联系在一起。

（3）建设内容

子项目 1：江淮圩田小型博物馆。将圩田间散布的部分村舍整理为带有不同主题的江淮圩田博物馆，将连接各博物馆的小径设计为充满互动科普体验设施的农业科普之路，令游人得以赏今时圩田之秀色，考旧日圩田之历史。

子项目2：圩田景观大看台。巢湖千年圩田独有的江淮地区乡村田园风貌与厚重的历史文化渊源使其具备了成为世界农业文化遗产的资质以及建设巢湖世界农业遗产公园的资源基础。在此基础上，依托现有圩田肌理进行适当景观提升，通过农作物的种植配置，形成色彩变幻的圩田大地景观，配套建设若干横跨于圩田之上的观景塔和空中栈道，增加观景体验。

【案例链接】

荷兰贝姆斯特圩田

基本情况：

贝姆斯特圩田位于北荷兰省，在 Alkmaar、Hoorn 和 Purmerend 等城市之间。1999 年，联合国教科文组织世界遗产委员会将这一大块北荷兰省最老的圩田列入了世界文化遗产名录，理由是：贝姆斯特圩田代表了人类创造力的优秀成果，将古典和文艺复兴的理念融入圩田的设计中；独特而优美的圩田景致对欧洲及世界其他地区的圩田建设产生了深远的影响；贝姆斯特圩田的建成标志着在一个重要的社会经济发展历史时期内，人类在治水实践上所迈出的一大步（图 6–31）。

经验借鉴：

（1）完好且有序地保存了圩田的重要元素。按照古典文艺复兴的理念，将田地规划设计为整齐的棋盘格子样式，将田地、道路、运河、地方以及居民点景观都保存了下来。

（2）充满地域性的设计理念。农舍的房基一律为正方形，房子所有的功能和空间都集中在一个金字塔形的大屋顶下面，有些农舍的外部还按城里的风格加建了荷兰传统式样的山形墙。今天，这些农庄和农舍中的很大一部分由于其独特的设计风格而被列为国家级名胜古迹。

图 6–31　荷兰贝姆斯特圩田

子项目3：圩田 VR 科普体验馆。利用 VR 技术（Virtual Reality，即虚拟现实，简称 VR）展示千年古圩田农业文化，选址建设圩田 VR 科普体验馆。虚拟展示千年圩田的形成、发展过程，使游客能够体验人与自然互动的过程，展示古人与大湖共生的聪明才智。

4. 南巢记忆——居巢创意岛

（1）项目位置。巢湖老城及环城水系。

（2）策划思路。将巢湖老城独特的环形水网结构及沿线的滨水亲水空间、水岸传统徽派民居建筑、广场绿地、植物景观等提升改造利用，加强沿岸民居改造和风貌打造，将传统空间和建筑进行当代改造利用作为小型技艺馆和民俗馆，同时引入文化创意群体和店铺，打造滨水创意商业，此外通过疏通水道开辟特色环城游船体验等。

（3）建设内容

子项目 1：南巢休闲民俗馆群。加强沿岸徽派民居的规划与设计和特色风貌打造，利用特色传统空间和建筑打造小型休闲技艺馆、休闲民俗馆，引入休闲型文化创意商品和店铺。通过完善休闲服务配套设施，引入文化创意、特色休闲、滨水游憩等新业态，将其打造成为一处集文创、住宿、购物、美食于一身的具有创意休闲趣味的城中休闲空间。

子项目 2：环城水上体验营。结合巢湖老城四面环水的水系结构，疏通环城水道，开辟休闲创意游船等水上休闲娱乐项目。同时改善信息咨询、标识系统、交通配套等旅游基础设施。充分利用巢湖老城四面环水的地理环境特色以及靠近高铁站等的市场区位优势，提升改造滨水岸线亲水空间和游憩空间。

子项目 3：传统文化业态集聚街区。利用河南网场等特色街区，打造传统文化业态集聚街区。丰富旅游休闲购物、美食餐饮、精品酒店、创意体验店等业态，成为传统文化休闲业态集聚区。

【案例链接】

■ 文化休闲街区汇聚人气、激发城市活力

清水坂、三年坂、二年坂街区（临近世界遗产清水寺）

- 保留原有木造町屋房舍，展现历史老街传统风貌

- 地方特产店、手工艺店、茶坊食肆、陶庵艺廊、和风旅社等特色店铺

图 6–32　京都文化休闲街区

5. 畅意滨湖——未来生活公园

（1）项目位置。滨湖新区临湖地区。

（2）策划思路。引领城市未来生活新体验，借助 VR（虚拟现实）、AR（增强现实）、MR（混合现实）等高科技手段，整合万达文旅城（含徽文化主题乐园、室内恒温水乐园、高科技电影乐园、滨湖酒吧街、万达茂体验式商业中心）、岸上草原、八大文化场馆等景区景点，打造合肥本地市民和外来游客都喜爱的滨湖未来生活休闲集聚区。做好巢湖岸线景观，提升城市品质，努力营造良好的交通、生态、教育、医疗、购物、休闲环境，实现城与湖、人与自然和谐相处。

【案例链接】

新加坡克拉克码头（Clarke Quay）

克拉克码头坐落在新加坡河岸边，这个百年前商铺和仓库林立的古老码头，今时今日经过改造已经成为新加坡最吸引人的景点之一，从原来的传统的二手贸易区改造成为“外来人都必去，本地人都想去”的旅游目的地与城市商业休闲生活的集聚区，是都市滨水区城市文化传承与再生的典范。

整体定位：依托水岸资源与区位优势，在原有商贸氛围的基础上，把都市休闲娱乐的概念从白天到黑夜诠释到极致，希望将项目打造成24小时不夜之河（图6–33）。

图6–33 新加坡克拉克码头

产业打造：通过打通商业休闲产业链，打造一站式休闲消费体验，最终成为既吸引外来游客的旅游目的地又吸引本地人群休闲消费的活力区。

功能组成与空间布局：以餐饮娱乐为主涵盖办公、零售的复合功能组成，在空间布局上，以临河距离为依据，进行功能板块的划分，同时预留了大面积的停车设施。

【案例链接】

杭州西湖天地

以杭州独特的园林、历史建筑为基础；以自然与时尚的融合、历史与现代的对话为表现形式，改造成具有国际水平的集餐饮、零售、文化、娱乐的综合性时尚地标（图6–34）。

图6–34 杭州西湖天地

6. 半汤伊万豪创意休闲谷

（1）项目位置。临近三瓜公社、半汤温泉，择地新建奥特莱斯购物中心。

（2）策划思路。依托创新创意的文化氛围和温泉养生的休闲度假环境，整合三瓜公社和半汤温泉，强化旅游购物功能，采用“1+2>3”的发展路径，通过增加彼此间的产品组合、要素联动、客源互动，在温泉养生休闲和创意乡村体验的基础上，增加世界名品购物和折扣购物体验，将其打造成为一处集创意休闲、温泉休闲、购物休闲于一身的旅游综合休闲区。

（3）建设内容

子项目 1：伊万豪（Ivanhoe）购物小镇。在临近三瓜公社、半汤温泉，择地新建奥特莱斯购物中心，并利用三者之间的天然区位联系、客源互动关系、功能互补关系，实现温泉产品、文化创意产品、旅游购物产品之间的优化组合，实现“游”“购”“娱”之间的要素联动，从整体上提高项目的综合吸引力和效益。

子项目 2：创意休闲谷配套推进计划。强化政府的引导，通过完善服务配套设施，建设项目内及项目之间的信息咨询、标识系统、交通配套等旅游基础设施，改善项目间的区域可达性，提升现有项目三瓜公社、半汤温泉的档次品位，合理引导奥特莱斯购物中心等业态发展。

【背景资料】

三瓜公社

安徽三瓜公社投资发展有限公司于 2014 年 9 月 1 日正式成立，由安徽淮商集团与合巢经开区联手打造，注册资本 3000 万元，项目总投资 3 亿元，建设周期 36 个月。三瓜公社位于巢湖市区西北部，是一个做生态农业的电商，依托合肥巢湖经济开发区的一个小村庄，围绕民俗、文化、旅游、餐饮等多个领域，综合现代农特产品生产、开发、线上线下交易、物流等环节，是信息化时代“互联网 + 农村”的一种途径。

【背景资料】

半汤温泉

半汤温泉历史悠久，因其拥有丰富的地热资源，是安徽省著名的风景疗养区。半汤温泉是全国四大温泉之一，大小泉眼，星罗棋布。最大的有两口，一为烫泉，一为冷泉，两泉汇合为温泉，故名“半汤”。泉水中含有铁、锌、锰、钡、锶、氡等 30 多种对人体有益的活动性元素，能治疗 50 多种疾病，热泉水温 60℃，日流量 1000 吨左右，冷泉水温 40℃，日流量 1 万多吨。

现状问题：

（1）温泉旅游开发相对独立，与周边景区的互动性不强。

（2）温泉旅游开发档次低，依托名泉，未出名品；尽管半汤地区温泉知名度高，资源丰富，但是尚未打造形成具有竞争力的温泉品牌。

7. 巢湖嗨谷——极品休闲公园

（1）项目位置。槐林镇、散兵镇一带。

（2）策划思路。两镇具备丰富的自然山水资源，海拔高程变化明显，坡度多样，拥有开展综合“水—陆—空”系列极品休闲活动的山形水势条件，依托这些基础条件面向小众人群建设体验丰富的极品休闲公园。

为推动该项目的成形，配备齐全的市政及公共服务设施，尽快打通槐林、散兵两镇的内外部交通系统，提高连接道路的等级，落成巢湖通用机场，设置游艇码头。在一些地势平坦、景观视野良好的地点，配备直升机起降点，便于直升机的起降。建立智慧景区系统，便于对游人进行引导、管理和讲解，使游人获得自导、快捷、安全的游览体验。在公园内配备多个安全保障站，并安排专业人员就位，为项目的开设提供安全支撑。

（3）建设内容

子项目 1：水上速滑码头。建立水上速滑码头，配备专业教练人员，为游客提供水上摩托艇、香蕉船、游艇滑伞等水上刺激体验项目，同时包含了涉水和低空体验，为游客亲近巢湖提供了新的角度。

子项目 2：山谷极限驿站。在海拔高程变化明显、坡度多样的区域建立山地极限驿站，配备越野赛道、马术障碍等，为游客提供越野赛车、山地码数等高端竞技项目，体验到巢湖除娴静与大气之外的速度和激情。

子项目 3：嗨 FLY 低空基地。凭借巢湖低空空域“范围大、净空条件良好”的资源特点，建立嗨 FLY 低空极地，发展水上飞机、低空跳伞等空中项目，让人畅享“一览大湖小”的畅快淋漓之感。

【案例链接】

郑州通航试验区

郑州通用航空试验区是郑州航空港经济综合实验区的配套工程，规划范围为连霍高速以南、陇海铁路以北、昆仑路以东、金华路以西的区域，面积约 21.3 平方千米。

试验区以上街机场为平台，着力打造通航运营、通航制造、通航服务三大主导产业，引进通航及公务机运营、应急救援、航空培训、航空旅游等产业项目，打造全国领先的通航经济示范区。

做法借鉴：

1. 基础设施完善。自建设以来，完成了“九路一湖”、武庄变电站、污水处理厂、南水北调水厂以及水电气暖等基础设施建设，已经形成“七纵三横”的路网格局。完成机场改造工程，将跑道加宽至 45 米，硬化停机坪约 5000 平方米，使上街机场初步具备 4C 类飞机的起降条件，是目前国内规模最大、条件最好的通航机场。

2. 利用通航优势，运营业务全面展开。试验区内的河南大宇通用航空集团公司前身为河南大宇国际飞行俱乐部，是郑州市一家起步较早，具有雄厚实力的通航企业。经过多年的发展，初步形成了集飞行培训、飞行体验、飞机展示交易、通航服务、农林作业、应急救援、机场建营等于一体的综合性通用航空服务企业。另外，河南蓝翔、河南永翔等通用航空公司，也积极开展农林作业、航空培训、应急救援、航空运动、飞行体验等运营业务（图 6–35）。

图 6–35 郑州通航试验区

8. 韵动巢湖——湿地休闲游憩环

（1）项目位置。环湖大道及周边湿地。

（2）策划思路。依托环湖大道，建设集步道、自行车道、亲水游步道等设施于一身的运动休闲系统，串联环湖湿地公园，定期举办马拉松赛、自行车公开赛、健身走等体育赛事活动，使市民、游客、体育爱好者都能享受到丰富多彩的休闲运动生活。

（3）建设内容

子项目 1：韵美环湖湿地。整合提升环湖湿地景观，包括滨湖新区湿地、滨湖湿地森林公园、芦溪湿地、月亮湾湿地公园、龟山湿地、槐林湿地、灵台圩湿地、三汊河湿地等。

子项目 2：乐动环湖赛事。定期举办各类环湖体育赛事，包括：合肥国际马拉松赛、环巢湖毅行、越野跑、健身走，环巢湖全国自行车公开赛、国际骑游大会、快乐骑行，世界铁人三项赛等。

【案例链接】

芝加哥滨河公园及绿道系统建设

芝加哥河流沿岸很多地段的土地归私人所有，政府与这些土地所有者合作，共同维护河岸环境，建造完整的沿河绿道系统，保护自然环境，提升河流的景观、娱乐、历史、资源以及经济价值。这些公园与绿道系统为散步、远足者和自行车爱好者提供了连续的运动场所，也为沿途社区居民提供聚集、娱乐、体验自然景观的场所。

滨河公园：开放式的公园带替换原工业片区，并以公园为基础，布置了文化、休闲娱乐、商业会展以及体育等相关功能设施，完善了其河滨区滨水开放空间。

绿道系统：在全长 32 千米的滨河绿带中，机动车和行人均有较强的可达性。每隔 1.2 千米就有一个机动车交叉入口进入河滨地区。停车场多达 14 个。除了滨河路以外，西边的人行和自行车辅路给市民提供更多在河滨地带亲水活动的可能。

附属设施：为了提高步道使用的便捷性和舒适性，在风景优美处应放置固定的坐凳，并配置垃圾箱、饮水器、自行车停放架等。安全、耐用、经济、美观的铺装、栏杆和照明设施，喷泉等水景和公共艺术也有助于提高沿河绿道的吸引力。此外，还应有清晰明确的解说系统为人们指示方向、区位，讲述区域的历史或其他故事，以及将一些限制性规定告知游客。此外，政府还希望通过沿河餐饮设施进一步提升滨水景观的价值（图 6–36）。

图 6–36　芝加哥滨河公园绿道

【案例链接】

法国罗纳河岸

罗纳河岸改善项目于2007年完工，这个10公顷的区域给里昂人们提供了一个用于休闲娱乐的线性空间。河流的东面之前是用于停车场，现在成为一个动态空间，建造了人行道和自行车道，促进人们进行运动，提升可持续性交通（图6–37）。

图6–37　法国罗纳河岸

9. 世界露营大会·安徽房车大本营

（1）项目位置。滨湖新区以南牛角大圩以北的滨湖区域。

（2）策划思路。打造“体系型”的房车营地项目，作为安徽房车大本营，承办世界露营大会，并作为该会的永久会址。在环巢湖地区构建由“房车大本营、房车露营地和房车驿站”三种营地类型组成的功能完善、布局合理的营地体系（表6–35）。

表6–35　房车营地的类型体系及布设原则

类型体系	布设原则
房车大本营	是房车的集散中心与综合服务中心，主要依托城镇交通枢纽布设
房车露营地	是房车旅游的目的地，主要依托景区、景观优美地域布设
房车驿站	是房车的中途补给站，在干线道路沿线择点布设

（3）建设内容

子项目1：房车和自驾车大本营建设。大本营是房车的交通集散中心和综合服务中心。依托滨湖新区基础设施、临近高速公路、集散广场等对外交通枢纽进行布局。大本营建设以交通集散、房车综合服务、旅游信息咨询、基本游客服务等为主要功能，同时兼备城市游客中心的相关功能（表6–36）。

表6-36　房车和自驾车大本营的主要功能

主要功能	具体内容	级别		
		一级	二级	三级
交通集散	交通接驳换乘中心	◇	◇	○
房车综合服务	房车（汽车）租赁	◇	◇	○
	房车培训服务	◇	○	○
	房车（汽车）保险服务	◇	◇	○
	房车（汽车）维护	◇	○	△
	房车（汽车）基础补给：水电桩	◇	◇	◇
	加油站	○	○	△
	停车场	◇	◇	◇
	房车营位	◇	◇	◇
旅游信息咨询	信息咨询	◇	◇	◇
	展示宣传	◇	◇	◇
	票务中心	◇	◇	◇
	商务中心	○	○	△
游客服务	餐饮	◇	◇	◇
	零售商业	◇	◇	◇
	休息设施	◇	◇	◇
	康体娱乐	○	○	△
	住宿接待	○	○	△
	卫生设施	◇	◇	◇
	医疗救护服务	◇	◇	◇
	邮政投递	○	○	△
	无障碍设施	◇	◇	◇
行政后勤	管理中心、后勤服务	◇	◇	◇
市政配套	供水供电、照明通信、消防、排水排污、生活设施、垃圾处理	◇	◇	◇

注：◇——必备性功能，○——建议性功能，△——依据条件可选功能。

子项目2：世界房车露营大会。通过举办和参加世界房车露营大会、中国国际露营大会等旅游类、房车类国内外大型展会进行推介，争取成为世界露营大会永久会址，树立环巢湖房车营地的形象和影响力。

（二）特色项目

未来环巢湖国家旅游休闲区建设过程中，通过新建、提升和纳入，打造一批特色旅游休闲项目（表6–37）。

表6-37 环巢湖国家旅游休闲区特色旅游休闲项目库（重点例子）

类型	项目名称
新建项目	（1）汤池温泉养生谷 （2）木兰美食村旅游开发项目 （3）玉带河婚纱摄影小镇
提升型项目	（1）三河古镇整治提升项目 （2）月亮湾活水公园 （3）平顶山金钉子地质科普园 （4）三汊河生态湿地乐园 （5）冶父山森林公园生态旅游休闲项目 （6）周瑜文化园景区提升项目 （7）银屏山景区旅游开发项目 （8）紫微洞景区提升项目 （9）百花塘乡村大世界 （10）罗洪农作体验园 （11）中国稻米博物馆旅游开发项目 （12）昆虫王国项目
纳入型项目	（1）风车山谷体验营 （2）孔雀东南飞爱情主题园项目 （3）郁金香高地景区 （4）大圩生态农业休闲项目 （5）环巢湖“金项链”绿道工程

第六节　近期建设

一、近期建设目标

（一）成功创建国家旅游休闲区

落实《环巢湖国家旅游休闲区总体规划》，成立环巢湖国家旅游休闲区创建领导机构，实施重点旅游休闲项目，完善旅游休闲设施与服务配套，积累整理资料台账，向国家提交申报材料，成功创建全国首个国家旅游休闲区。

（二）接待规模

到2020年环巢湖国家旅游休闲区接待本地居民和外来游客达到3200万人次以上，力争达到合肥全市游客接待量的20%以上。

（三）品牌建设

依托灵台圩等千年圩田资源，成功创建世界农业遗产。整治滨湖湿地资源，成功申报国际重要湿地。成功创建两项国际旅游休闲品牌。

成功新建中庙—姥山岛5A级旅游景区，近期力争形成2处以上5A级旅游景区（三河古镇、中庙—姥山岛景区等）。

成功创建半汤和汤池两处国家级旅游度假区。

成功申报国家商务旅游示范区、国家旅游休闲示范城市、国家农业公园、国家康养旅游示范基地、国家研学旅游示范基地等系列国家级品牌。

二、近期重点建设区域

（一）滨湖新区休闲功能提升

在合肥滨湖片区，结合滨湖新区的完善建设，推进重大文化基础设施的建成使用，推进城市型综合娱乐休闲、主题游乐等重要旅游新业态项目的建设，实现“城湖一体”互动发展。丰富城市休闲、商务休闲功能，打造成为国家商务旅游示范区。参照国家旅游休闲示范城市标准，提升滨湖新区旅游休闲功能。

（二）推进巢湖半岛文化休闲区建设

在巢湖半岛片区，依托业已建成的滨湖大道（巢湖北岸段），以中庙湖天胜境景区提升、长临河与柘皋古镇及“九龙攒珠”古村落群、名人故居的挖掘利用为重点，启动巢湖的观光旅游、温泉度假、乡村旅游产品和项目的开发建设。在中庙片区，打造“水师风云”水上实景演艺。

（三）提升打造两处温泉旅游度假区

提升打造汤池、半汤两处温泉，优化汤池、半汤的温泉度假区品质，完善功能布局，促进温泉度假与生态度假、乡村度假融合发展，创建国家级旅游度假区，申报国家温泉旅游名镇。

在巢湖主城半汤片区，在温泉养生休闲和创意乡村体验的基础上，结合交通条件的改善，增加世界名品购物和折扣购物体验。加快半汤郁金香高地等景区建设，启动度假区核心区冷泉湖公园与月泉台广场建设，建成连接“一心三谷”的交通环线，完善旅游公共服务设施。

在汤池片区，挖掘养生文化，融入传统中医疗养非物质文化内涵，开展康养旅游度假。大力推进汤池金孔雀度假村二期、南山集团一期建设，实施马潜河、中心街改造。建设百花谷、禅茶谷旅游道路，发展乡村旅游、乡村度假。

（四）申报世界农业遗产，发展乡村旅游

以灵台圩、胜利圩等千年圩田为依托，启动千年圩田申报世界农业遗产行动。以“申遗”行动为引领，推动环巢湖乡村旅游向国际化品质提升。结合千年圩田资源，展示传统农业文化，开展传统农业体验。结合美好乡村建设，加快推进合肥美食示范村、美食示范街、美食示范户建设，规划一批、建设一批、提升一批观光农园，发展乡村度假，推动乡村旅游向乡村文化体验、乡村田园养生、乡村度假等高级形态的旅游度假产品发展。

三、近期重点旅游休闲项目

（一）中国水师文化博览园项目

1. 完成实景演艺的前期策划和选址

（1）邀请国内外知名导演或实力企业进行前期的演艺策划。

（2）于中庙附近水面，在湖岸修建大型石舫，并搭建水景球幕演艺系统。

（3）制造研发淮军水师巡航仿古船队、舰队，进行景观要素布置。

2. 开展情景体验馆及其配套设施项目建设

（1）沿湖岸建设高科技情景体验馆，配置 VR（虚拟现实技术）、AR（增强现实技术）相关科技设备。

（2）建设水师文化长廊，采用互动式地设计展陈与水师文化相关的历史、故事等图文、声像及模型资料。

（3）完成历史元素的恢复和整治传统风貌，重点对中庙餐饮一条街两侧建筑进行整治改造。

（二）灵台圩世界农业遗产公园

1. 申报世界农业遗产

（1）向联合国粮农组织提出申请，按照《全球重要农业文化遗产名录》的申报程序和要求积极准备。

（2）建立圩田相关的重要农业文化遗产及有关的景观、生物多样性、知识和文化保护体系。

2. 建设小型展示馆、栈道和配套观景设施

（1）整理部分村舍农宅改造为带有不同主题的江淮圩田博物馆。

（2）建设农业科普之路等文化栈道，将连接各博物馆的小径设计为充满互动科普体验设施。

（3）营造大地景观，依托现有圩田肌理进行适当景观提升，通过农作物的种植配置，形成色彩变幻的圩田大地景观。配套建设若干横跨于圩田之上的观景塔和空中栈道，增加观景体验。

（三）畅意滨湖——未来生活公园

建设连接各个项目的文化栈道和创意广场，整合万达文旅城（含徽文化主题乐园、室内恒温水乐园、高科技电影乐园、滨湖酒吧街、万达茂体验式商业中心）、岸上草原、八大文化场馆等景区景点。

提升巢湖岸线景观，提升城市品质，营造良好的交通、生态、教育、医疗、购物、休闲环境。

（四）巢湖嗨谷——极品休闲公园

1. 完成嗨 FLY 低空基地、水上速滑码头建设

（1）建设嗨 FLY 低空极地，发展水上飞机、低空跳伞等空中项目，全面展开运营业务。

（2）建设水上速滑码头，配备专业教练人员，为游客提供水上摩托艇、香蕉船、游艇滑伞等水上刺激体验项目。

2. 开展市政及公共服务设施配套

（1）打通槐林、散兵两镇的内外部交通系统，提高连接道路的等级，落成巢湖通用机场，设置游艇码头。

（2）在一些地势平坦、景观视野良好的地点，配备直升机起降点，便于直升机的起降。

（3）建立智慧景区系统，便于对游人进行引导、管理和讲解，配备多个安全保障站，并安排专业人员就位，为项目的开设提供安全支撑。

（五）韵动巢湖——湿地休闲游憩环

1. 全面整合运动休闲系统

（1）依托环湖大道，建设集步道、自行车道、亲水游步道等设施于一身的运动休闲系统，串联环湖湿地公园。

（2）整合提升环湖湿地景观，包括滨湖新区湿地、滨湖湿地森林公园、芦溪湿地、月亮湾湿地公园、龟山湿地、槐林湿地、灵台圩湿地、三汊河湿地等。

2. 提升环湖赛事的广度和知名度

定期举办各类环湖体育赛事，包括：合肥国际马拉松赛、环巢湖毅行、越野跑、健身走，环巢湖全国自行车公开赛、国际骑游大会、快乐骑行，世界铁人三项赛等。

四、近期基础与服务设施配套

（一）旅游交通设施与服务

1. 积极推动区域交通基础设施建设

（1）以京福铁路、商合杭铁路建设为契机，加强合肥南站、巢湖东站等交通枢纽与旅游功能衔接。

（2）结合合巢城际铁路、合庐城际铁路、六宣高速、北沿江高速建设，完善轨道站点和高速出入口的旅游服务功能配套。

2. 完善环巢湖区域交通网络

（1）以环湖旅游生态公路为主体，建成环湖公路与景区景点的连接线道路。

（2）提升 S315、S105 等道路等级，兼顾沿线乡镇建设和旅游发展，初步构建环巢湖地区的中圈层交通廊道。

（3）提升 S420、X089、S316、S351、槐青路等连接线，实现环巢湖地区内、中、外三圈层的高效衔接。

3. 优化旅游交通公共服务

（1）完善和新建 8 处旅游交通集散中心，即滨湖新区、中庙、柘皋、巢湖主城、庐江县城、汤池、齐咀、三河。

（2）开通环巢湖旅游巴士，结合观景平台、旅游景区设立停靠站点。

（3）结合环湖观景平台、游客中心、重点景区及旅游码头，建设沿湖公共停车场。

4. 开发慢行和水上特色游线

（1）重点打造环湖休闲游憩带，丰富环巢湖沿岸自行车和慢行系统。

（2）银屏山、冶父山区域结合主题休闲区优先建设登山健身步道体系。以灵台圩为主体建设圩田湿地运动休闲道。梳理中庙、黄麓、长临河、烔炀、中埠、夏阁、柘皋等主题小镇之间的历史文化线路。

（3）丰富环巢湖水上游线，新建或提升完善旅游码头，包括万年埠码头（滨湖新区）、长临河码头、中庙码头、姥山岛码头、齐咀码头、三河码头、龟山码头，完善水上游线服务。

（二）旅游公共服务体系

（1）完成环湖 28 座观景平台的建设工作。

（2）在滨湖新区、巢湖市、庐江县建设自驾车大本营兼城市旅游信息咨询服务中心；4A 级及以上景区配建旅游景区游客中心；建设完成 12 个自驾车露营地兼一级驿站，有序推进二级驿站的建设工作。

（3）完善旅游标识系统（环湖大道、观景平台、驿站、旅游码头处的指示性、规定性、宣传性标识和 4A 级及以上景区内的说明性、解释性标识）。

（4）建设环巢湖旅游云数据中心；实现 4A 级及以上景区免费无线 Wi-Fi 全覆盖、电子售检票（收费景区）、游客流量动态监测、景区安全智能监控等智慧旅游功能；建立中、英、日、韩四种语言的环巢湖国家旅游休闲区旅游官方网站，完善官方微信公众号、微博等自媒体平台。

第七节　保障措施

一、加强国家旅游休闲区创建与发展组织领导

在上级部门指导下，成立环巢湖国家旅游休闲区创建工作领导小组，市委主要领导任组长。环巢湖各级相关区域要把旅游休闲产业作为优先产业和重要支柱产业来培育。要健全各级旅游管理机构，加强旅游休闲工作目标绩效考核。各级有关部门要按照规划任务及进度安排，制订具体实施方案，落实工作责任，细化政策措施，推动工作落实。

二、促进旅游休闲综合改革先行先试

申报旅游休闲综合改革试点，促进政策体系先行先试。在体制改革、土地利用、经营流转、产业融合、项目带动、服务提升等方面先行先试。构建伞状的国际化旅游休闲目的地管理组织（DMO）。推进旅游休闲管理体制创新，探索放权于区县、放责于协会的管理体制机制。构建环巢湖旅游休闲发展集团，加强资源整合力度，推进旅游休闲管理改革和资源优化重组，发挥一批优质旅游休闲资源的潜力。整合旅游休闲产业链，做强环巢湖旅游休闲服务品牌。对接上海国际游客 72 小时免签政策，争取放大过境免签政策效应，使适用范围拓展到合肥。参照海南国际旅游岛经验，争取旅游休闲购物免税政策。

三、加大旅游休闲财税和金融支持

加强环巢湖国家旅游休闲区创建的资金支持，把旅游休闲基础与服务设施建设纳入环巢湖综合治理工程，统筹解决资金问题。加大对旅游休闲产业发展支持力度，财政资金重点投入具有转型性、带动性的旅游休闲新产品和新业态，重大旅游休闲基础设施建设和旅游休闲区创建，旅游休闲环境营造、宣传促销、人才培养，以及旅游休闲信息化平台建设和管理等方面。鼓励旅游休闲企业通过上市、发行债券等多种方式募集资金，引导金融机构加大对旅游休闲企业融资支持。支持企业通过政府和社会资本合作（PPP）模式投资、建设、运营旅游休闲项目。

四、强化旅游休闲人才队伍建设

加强环巢湖地区旅游休闲人才队伍建设。加强智慧旅游、创意产业、市场营销、乡村旅游等环巢湖地区紧缺人才的培养和引进。将环巢湖地区导游整体纳入全市导游评价制度，规范和落实导游薪酬和社会保险制度。举办环巢湖导游之星选拔推荐活动。用合肥市旅游休闲职业教育体系，培养环巢湖地区旅游休闲人才。将环巢湖旅游休闲行政管理人才、基层旅游休闲管理干部纳入合肥市旅游人才年度培训计划，持续提升环巢湖地区旅游休闲管理和服务水平。加强交流与合作，引进高级旅游休闲人才，重点是旅游休闲创意人才、高端经营管理人才、旅游休闲市场开发人才。建立健全环巢湖旅游休闲专家人才库和新型智库。

五、积极推动带薪休假制度落实

推动出台《合肥市职工带薪年休假制度实施细则》，保障市民旅游休闲时间。按照《职工带薪年休假条例》等法规规定，鼓励机关、团体、企事业单位引导职工灵活安排全年休假时间，切实保障其旅游休闲权利。优化休假安排，激发旅游消费需求。鼓励错峰休假，鼓励弹性作息。鼓励职工结合个

人需要和工作实际分段灵活安排带薪年休假。

六、营造良好的旅游休闲市场环境

加强旅游休闲市场监管，营造良好的旅游休闲市场环境。协同有关部门，增强对旅游休闲市场的监管，加大对违法行为的查处力度，多策并举、疏堵结合，实现综合治理、标本兼治。强化旅游休闲综合执法机构职能，积极推动“旅游警察”试点工作。建立旅游休闲相关企业和从业人员诚信记录。积极营造诚实守信的消费环境，引导旅游休闲文明消费。邀请社会各界人士对旅游休闲业服务质量进行监督检查，并形成长效机制。

七、旅游休闲智库建设

通过“借智（与国内外著名旅游休闲规划设计研究机构合作等方式）+ 聚智（整合利用合肥旅游休闲研究资源，并引进专业人才）”建设环巢湖国家旅游休闲区创建服务的智库，紧紧围绕环巢湖国家旅游休闲区创建与发展过程中亟待研究解决的重大理论和现实问题提供智力支持，持续为环巢湖国家旅游休闲区管理机构进行规划、建设、管理、研究、营销、申报品牌、招商引资等，使旅游休闲智库为环巢湖国家旅游休闲区的创建与发展提供全程技术服务。

责任编辑：谯　洁
责任印制：冯冬青
封面设计：中文天地

图书在版编目（CIP）数据

国家旅游休闲区规划理论与实务 / 周建明，宋增文编著. -- 北京 : 中国旅游出版社，2019.11
ISBN 978-7-5032-6393-4

Ⅰ. ①国… Ⅱ. ①周… ②宋… Ⅲ. ①休闲旅游－旅游规划－中国 Ⅳ. ①F592.1

中国版本图书馆CIP数据核字（2019）第254092号

书　　名：国家旅游休闲区规划理论与实务

作　　者：周建明　宋增文　编著
出版发行：中国旅游出版社
（北京建国门内大街甲9号　邮编：100005）
http://www.cttp.net.cn　E-mail:cttp@mct.gov.cn
营销中心电话：010-85166536
排　　版：北京旅教文化传播有限公司
经　　销：全国各地新华书店
印　　刷：三河市灵山芝兰印刷有限公司
版　　次：2019年11月第1版　2019年11月第1次印刷
开　　本：889毫米×1194毫米　1/16
印　　张：17.25
字　　数：420千
定　　价：118.00元
ISBN　978-7-5032-6393-4

环巢湖国家旅游休闲区总体规划

01 旅游资源分布图

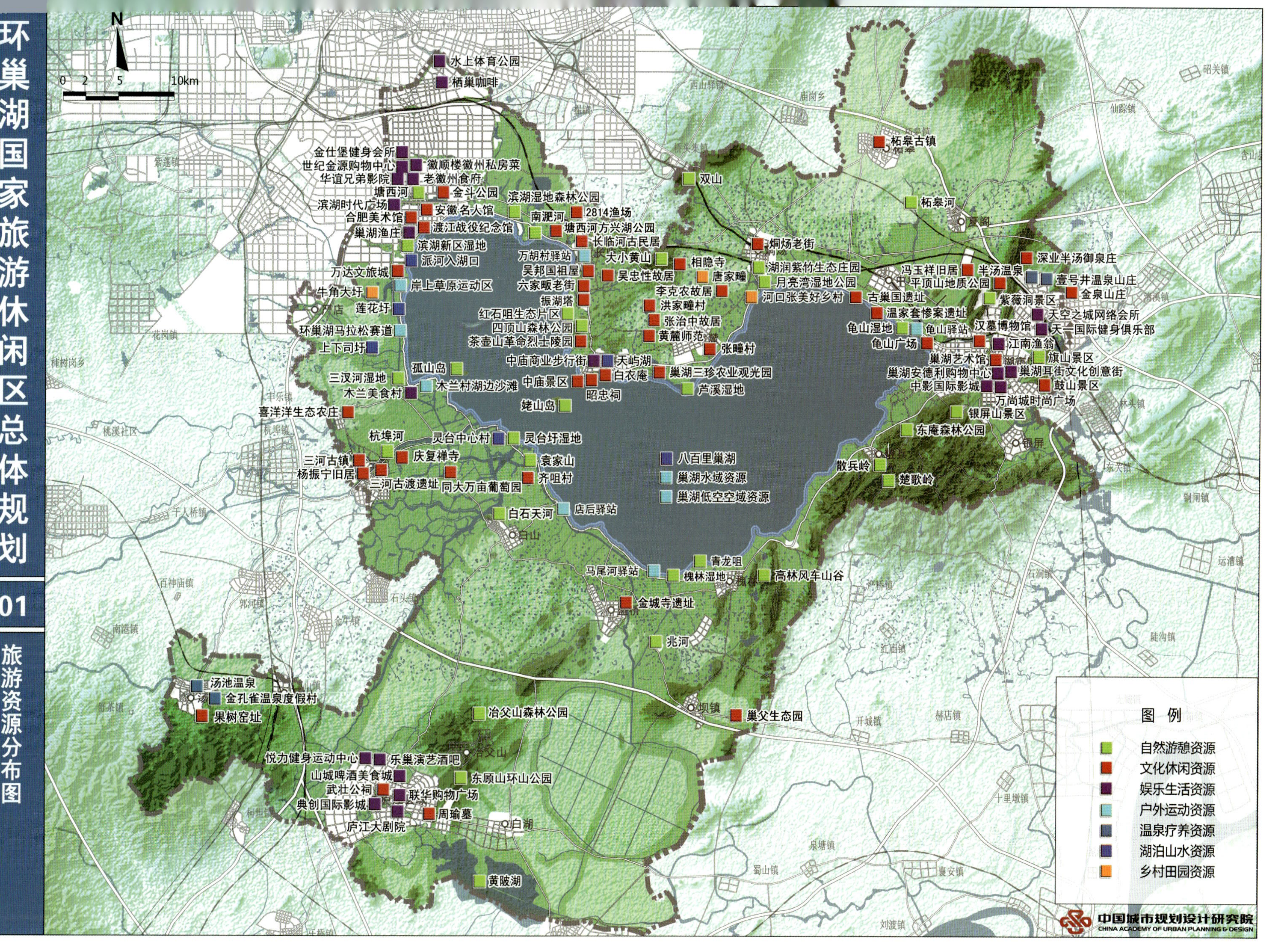

环巢湖国家旅游休闲区总体规划

02 空间结构及功能分区规划图

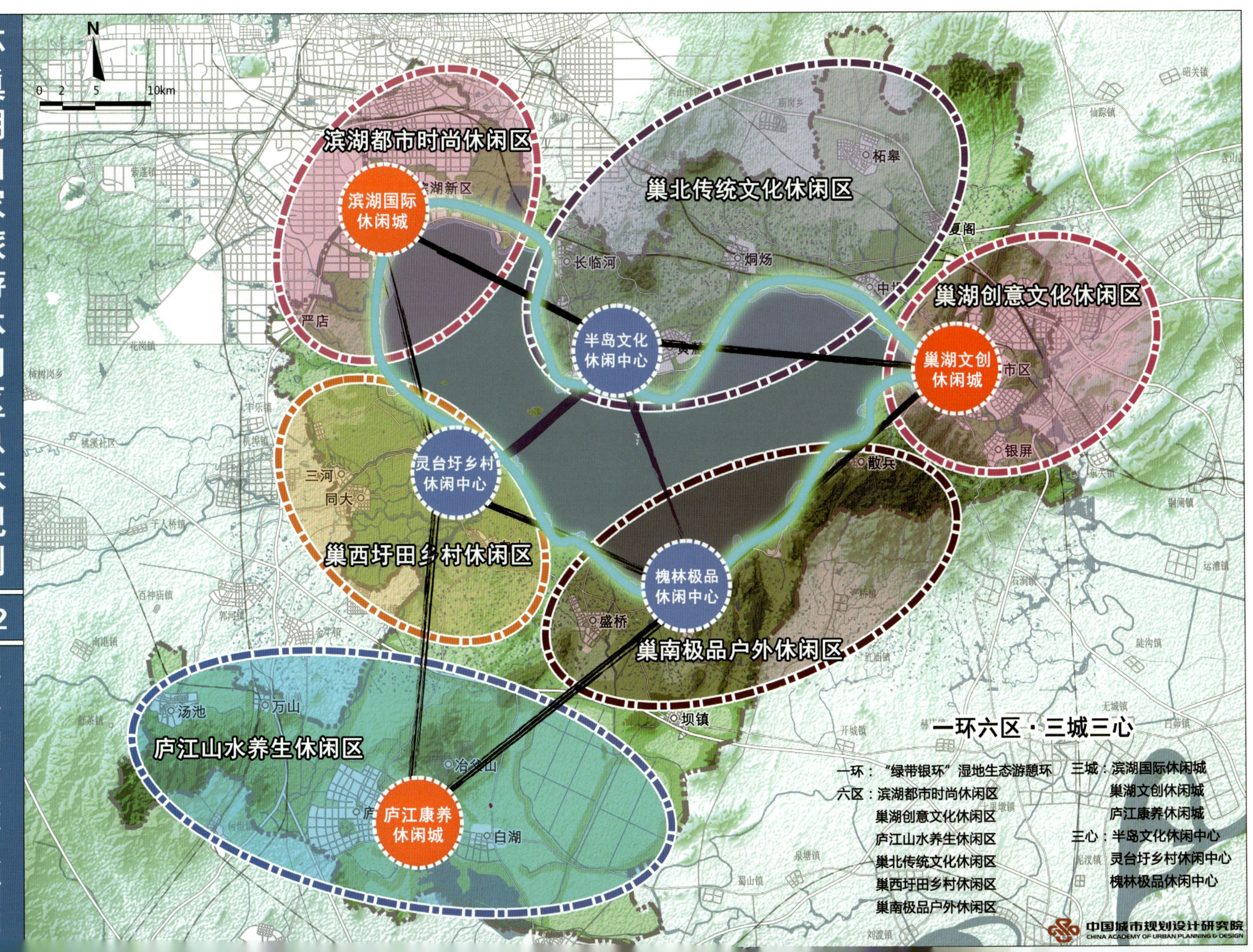

环巢湖国家旅游休闲区总体规划

03

产业空间布局图

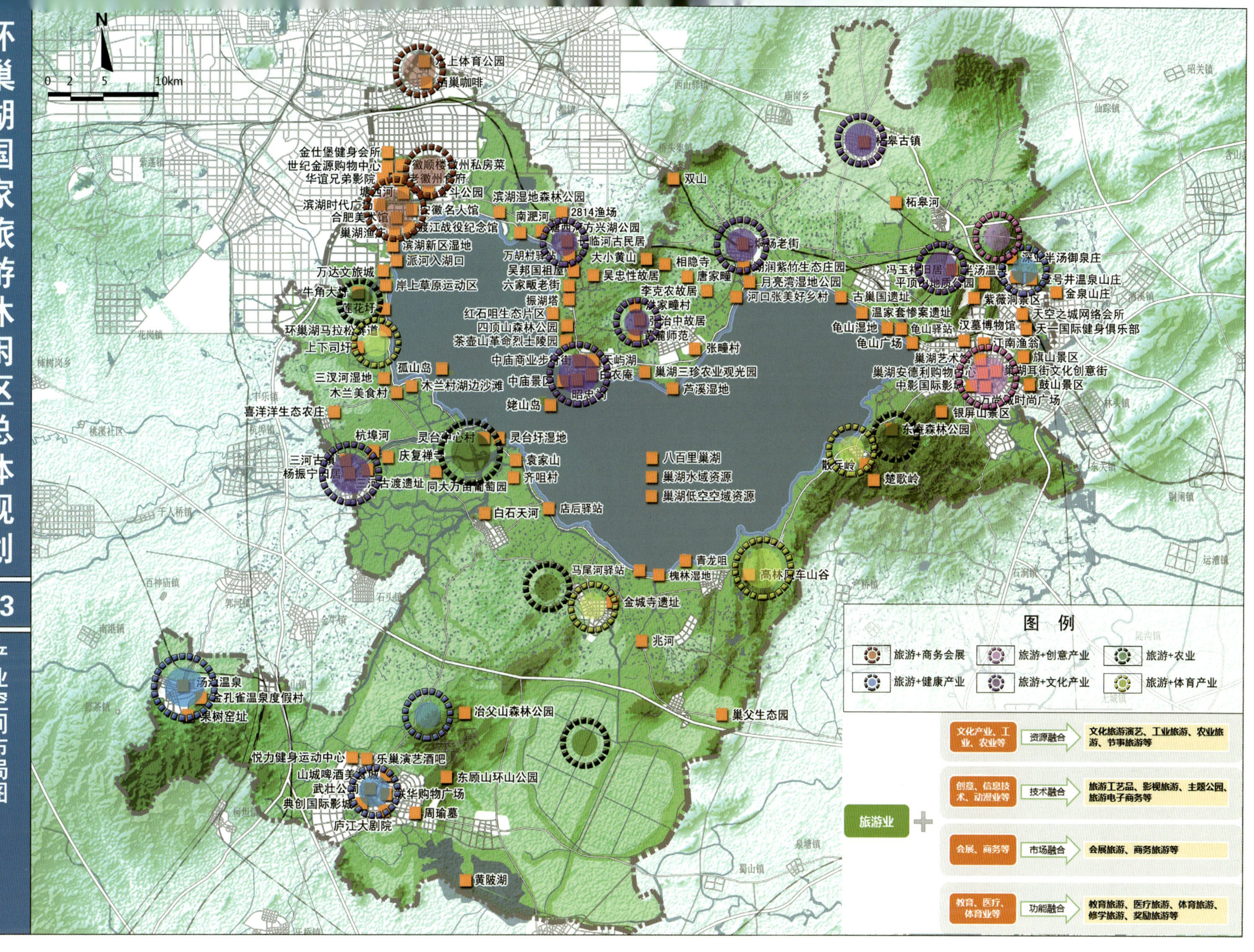

环巢湖国家旅游休闲区总体规划

04

环巢湖旅游服务体系规划图

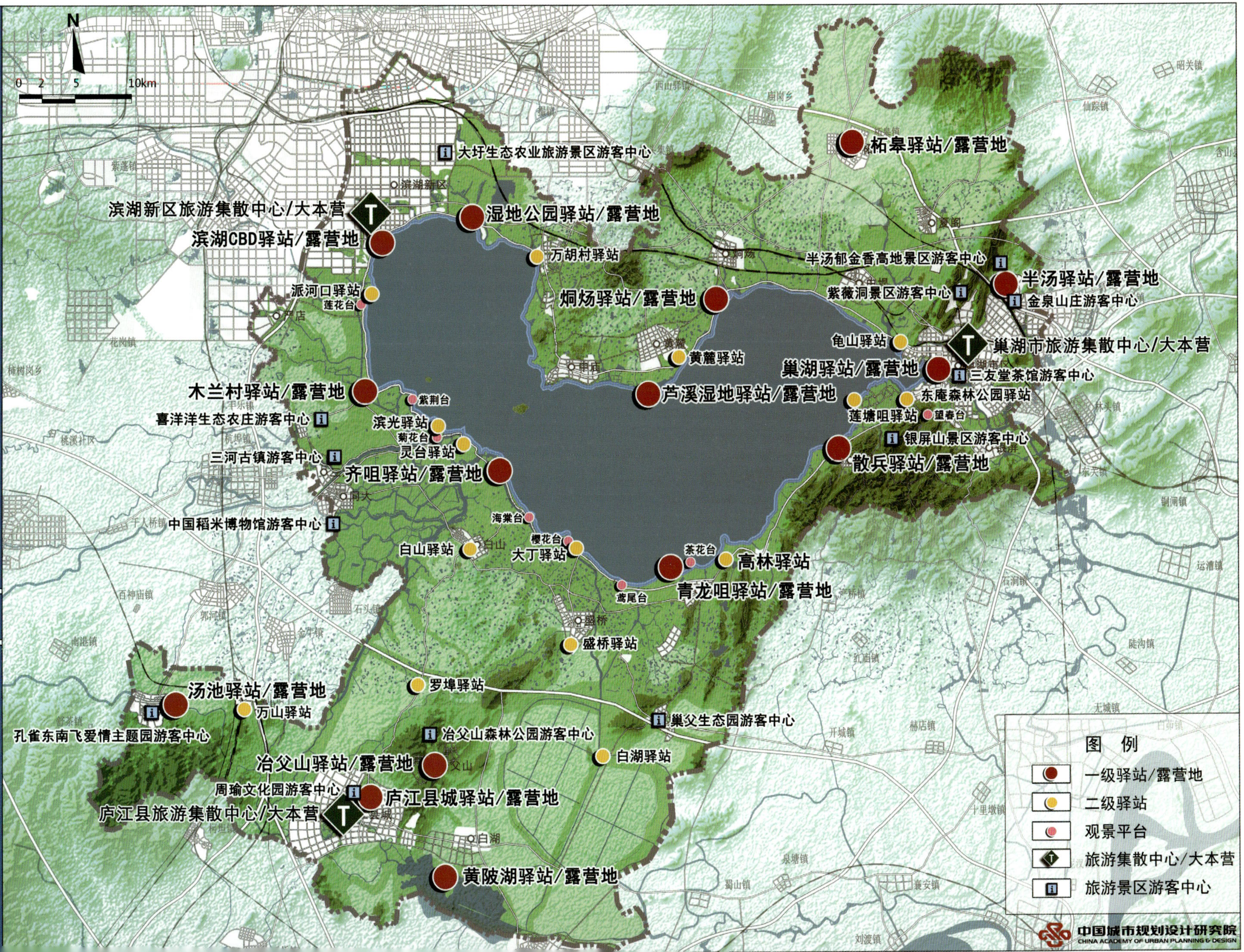

N

0 2 5 10km

大圩生态农业旅游景区游客中心
滨湖新区旅游集散中心/大本营
滨湖CBD驿站/露营地
湿地公园驿站/露营地
万胡村驿站
柘皋驿站/露营地
半汤郁金香高地景区游客中心
半汤驿站/露营地
金泉山庄游客中心
紫薇洞景区游客中心
巢湖市旅游集散中心/大本营
龟山驿站
巢湖驿站/露营地
三友堂茶馆游客中心
东庵森林公园驿站
莲塘咀驿站
望春台
银屏山景区游客中心
散兵驿站/露营地
炯炀驿站/露营地
黄麓驿站
芦溪湿地驿站/露营地
派河口驿站
莲花台
木兰村驿站/露营地
紫荆台
喜洋洋生态农庄游客中心
滨光驿站
菊花台
灵台驿站
三河古镇游客中心
齐咀驿站/露营地
中国稻米博物馆游客中心
海棠台
白山驿站
樱花台
大丁驿站
茶花台
高林驿站
青龙咀驿站/露营地
鸢尾台
盛桥驿站
罗埠驿站
巢父生态园游客中心
汤池驿站/露营地
万山驿站
孔雀东南飞爱情主题园游客中心
冶父山森林公园游客中心
冶父山驿站/露营地
白湖驿站
周瑜文化园游客中心
庐江县城驿站/露营地
庐江县旅游集散中心/大本营
黄陂湖驿站/露营地

图 例

- 一级驿站/露营地
- 二级驿站
- 观景平台
- 旅游集散中心/大本营
- 旅游景区游客中心

中国城市规划设计研究院
CHINA ACADEMY OF URBAN PLANNING & DESIGN